高等职业教育铁道交通运营管理专业系列教材

铁路行车组织

宋建业◎主　编
王　蕾◎副主编
赵　周◎主　审

中国铁道出版社有限公司
CHINA RAILWAY PUBLISHING HOUSE CO., LTD.

内 容 简 介

本书为适应铁路科学技术的进步和运输组织方法的变化，根据“铁路行车组织”课程教学大纲编写的教材，主要内容包括车站工作组织、车站运输统计分析、货物列车编组计划编制、列车运行图编制、铁路货物运输技术计划编制、铁路运输调度指挥等。本书以“紧密联系生产实践、理论够用、加强实践环节、提高动手能力”为目标，编写力求深入浅出、便于自学，部分项目列出了所依据的铁路规章和标准，在每个学习任务后给出了复习思考题，便于读者研读、复习和掌握实作技巧。

本书适合作为高等职业教育铁道交通运营管理专业教材，也可供铁路运输现场作业人员参考学习。

图书在版编目(CIP)数据

铁路行车组织/宋建业主编．—北京：中国铁道出版社有限公司，2024.6
高等职业教育铁道交通运营管理专业系列教材
ISBN 978-7-113-30957-2

Ⅰ.①铁… Ⅱ.①宋… Ⅲ.①铁路行车-行车组织-高等职业教育-教材 Ⅳ.①U292

中国国家版本馆 CIP 数据核字（2024）第 024683 号

书　　名:铁路行车组织
作　　者:宋建业

策　　划:侯　驰　　　**编辑部电话:**(010)83527746
责任编辑:张松涛
编辑助理:张家畅
封面设计:高博越
责任校对:刘　畅
责任印制:樊启鹏

出版发行:中国铁道出版社有限公司(100054，北京市西城区右安门西街 8 号)
网　　址:http://www.tdpress.com/51eds/
印　　刷:河北宝昌佳彩印刷有限公司
版　　次:2024 年 6 月第 1 版　2024 年 6 月第 1 次印刷
开　　本:787 mm×1 092 mm 1/16　**印张:** 21.25　**字数:** 500 千
书　　号:ISBN 978-7-113-30957-2
定　　价:55.00 元

前　言

党的二十大报告明确提出："建设现代化产业体系。坚持把发展经济的着力点放在实体经济上，推进新型工业化，加快建设制造强国、质量强国、航天强国、交通强国、网络强国、数字中国。实施产业基础再造工程和重大技术装备攻关工程，支持专精特新企业发展，推动制造业高端化、智能化、绿色化发展。巩固优势产业领先地位，在关系安全发展的领域加快补齐短板，提升战略性资源供应保障能力。"铁路是国家交通运输体系的骨干，优先发展铁路运输是国家的既定政策。

2018 年以来，我国铁路运营管理体制又发生了一些变化，部分铁路运营管理规章制度发布了新版，铁路运输设备不断更新、完善。"铁路行车组织"课程教材需要适应形势的发展，及时更新。

为适合高等职业教育的特点，满足基层工作需要，本书以"紧密联系生产实践，理论够用，加强实践环节，提高动手能力"为目标，编写力求深入浅出，便于自学，重点放在车站工作组织，使学生掌握接发列车和调车作业的基本理论和作业方法；列车编组计划和列车运行图是行车工作的基础，应当看懂、会用；还应掌握 18 点统计的原理和方法；对于技术计划和运输调度指挥做一般了解。本书既突出重点又形成比较完整的铁路运输组织知识体系，能使学生对于铁路运输生产组织过程有一个整体的概念。

铁路规章、制度是铁路长期运营经验的总结和结晶，有的还是用血的教训换来的，熟悉规章、严格按章办事是每个铁路职工应具备的基本素质；掌握基本概念和理论、增强动手能力需要抓住重点、认真实践。本书每个项目后都配有复习思考题，部分项目列出了所依据的铁路规章和标准，部分任务后还有实践环节指导及相应的习题，便于读者研读、复习和掌握实作技巧。

本书参考学时 96 学时，其中理论教学 80 学时、实践教学 16 学时。为便于教学和学术探讨，提供了按课时的教学课件，课后复习思考题、习题的参考答案，以及部分现场行车作业的视频资料。

参加本书编写工作的有西安交通工程学院宋建业、高磊、孔德扬、陈永钊，新疆铁道职业技术学院王蕾、哈云霞、高永宏，西安铁路局新丰镇编组站陈晓东。宋建业任主编，王蕾任副主编，由兰州铁路局集团有限公司赵周主审。编写分工如下：宋建业（项目 1、项目 4），高磊（项目 2），孔德扬（项目 3），陈晓东（项目 5、项目 6），哈云霞（项目 7），陈永钊（项目 8、项目 9），高永宏（项目 10），王蕾（项目 11）。全书由宋建业负责统稿、定稿。

由于编者水平所限，全书内容的取舍及描述难免存在疏漏之处，敬请业内同行和广大读者批评指正。

编　者
2023 年 12 月

目　录

▶项目1◀

我国铁路建设与运营管理的特点及作业组织过程认知

项目描述

铁路是国家重要的基础设施、国民经济的大动脉、交通运输体系的骨干，在巩固国防、维护国家的统一和领土主权完整，发展经济、满足人民生活需要方面发挥着不可替代的重要作用。

铁路运输运量大、速度高、安全可靠、运输成本低、单位能耗小，受地理、气候条件的影响小，对环境污染程度轻，铁路客运方便、舒适，货运经济、快捷，具有大规模疏解客流、货运的能力。因此，优先发展铁路运输是我国的基本国策，铁路运输有着广阔的发展前景。

本项目主要介绍我国铁路建设与运营管理的特点以及铁路客、货运输的生产过程及运营管理方法。

学习目标

1. 素质目标

认识铁路运输工作的重大意义，牢记“人民铁路为人民”的根本宗旨，树立以国家和人民需要经营铁路的思想，树立热爱铁路、服务铁路的思想，培养一丝不苟、精益求精的工作作风。

2. 能力目标

对我国铁路建设与运营管理特点做到心中有数，能够整体把握行车组织基本原理与规律。

3. 知识目标

以史为鉴，理解我国铁路建设和经营管理的特点，坚持和传承人民铁路的优良传统；了解客货运输的组织体系，从而明确铁路行车组织的课程内容。

学习任务1　认识我国铁路建设与运营管理特点

学习内容

1. 中国铁路发展历程。
2. 中国铁路建设和运营管理特点。

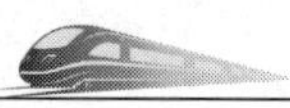

一、我国铁路的发展历程

我国铁路的发展基本上可以按中华人民共和国成立前后，划分为两个阶段。

1. 新中国成立前的铁路

自1876年第一条铁路在中国大地上出现至今，中国铁路已经走过了140多年的历程。中国铁路从屈辱和苦难中走来，历尽坎坷、艰难前行。当时中国的铁路带有明显的半殖民地半封建性质，日益没落的清朝政府从1842年第一次鸦片战争失败至1900年八国联军攻陷北京，短短50多年内，就先后与列强签订了《南京条约》《天津条约》《瑷珲条约》《北京条约》《中法新约》《马关条约》《辛丑条约》等一系列开放口岸、割地赔款的不平等条约，先后有英国、美国、俄国、日本、法国、德国和比利时等国在中国划分势力范围，修建铁路，铁路成为帝国主义国家掠夺中国资源的工具和特权的象征。

1881年6月9日动工、当年11月建成通车，由英国工程师金达(Kinder Claude William)主持修建的河北开平矿务局唐胥铁路是中国历史上第一条由政府批准修建的铁路，金达还主持设计、制造了中国第一台蒸汽机车——“中国火箭”(The Rocket of China)号，因机车左右各装饰了一条飞龙，又名“龙”号机车。

京张铁路是中国人自己设计、施工修建的第一条铁路，在詹天佑主持下解决了许多设计和施工难题，例如设置“人”字形展线解决高程问题、开凿竖井加快隧道施工进度，用了4年时间于1909年10月建成通车。

1911年辛亥革命以后，鉴于铁路的重要作用和中国铁路四分五裂、被列强控制的现状，孙中山先生发出“今日之世界，非铁道无以立国”的感慨，积极倡导铁路国有化，1919年在《建国方略》之“实业计划”中进一步制定了修建10万mile(约16万km)铁路的宏伟蓝图，其中为西藏规划了8条线路，包括青藏、川藏、滇藏和新藏铁路。但是在当时条件下，均无法实现。

至1949年，中国总共建成了2万多公里铁路，多处于东北和东南沿海地区，且标准混杂、设备质量差、线路病害多，行车安全得不到保障。

2. 新中国成立后的铁路

1949年，中国铁路终于迎来了黎明的曙光。中华人民共和国诞生前夕，随着中国共产党领导的解放区不断扩大，人民政权接管、修复和管理的铁路也越来越多。在这种形势下，1949年1月成立了中国人民革命军事委员会铁道部，统一铁路的组织领导以适应战争和生产的需要，统一材料的调配和使用以加快铁路修建的进度，统一铁路管理的主要规章制度和铁路修建的规格标准以实现铁路安全、高效运营，并以“野战军打到哪里，铁路就修到哪里”作为铁道兵部队的口号，号召广大铁道兵大力支援人民解放战争。至1949年底，铁路被铁道部接管，主要干线基本修复并连接成网。

1949年10月1日，根据1949年9月27日中国人民政治协商会议第一届全体会议通过的《中华人民共和国中央人民政府组织法》，设置中央人民政府铁道部。1954年9月，第一届全国人民代表大会第一次会议通过了《中华人民共和国宪法》和《中华人民共和国国务院组织法》，成立中华人民共和国国务院，将原中央人民政府铁道部改为中华人民共和国铁道部，成为国务院组成部门。此后，铁道部在1970年至1974年间曾与原交通部、邮电部合并成立新的交通部。1975年1月在国务院机构改革中又恢复成立铁道部。2005年3月，全国撤销43个铁路分局，设置18个铁路局(公司)直接管理站段，并在大多数原分局所在地设立作为铁路局派出机构的办事处，从而形成由铁道部—铁路局—基层站段三级组成的管理层次。2012年，铁道部进一步规范了铁路办事处的设置，除保留北京和徐州办事处外，对铁路局所在地和非省会(直辖市)的铁路办事处予以撤销。

2013年3月，根据第十二届全国人民代表大会第一次会议审议通过的《国务院关于提请审议国务院机构改革和职能转变方案》，铁道部实行政企分开：在交通运输部组建国家铁路局，承担铁道部的行政职责；组建中国铁路总公司，承担铁道部的企业职责。2019年6月18日，贯彻党中央关于加快推动中国铁路总公司股份制改造的决策部署，经国务院批准，中国铁路总公司改制成立中国国家铁路集团有限公司。

中华人民共和国成立以来，中国铁路整体回到了祖国的怀抱。铁路工人当家作主，在中国共产党的领导下，忘我劳动、艰苦奋斗；中国铁路欣欣向荣，快速发展，取得了举世瞩目的伟大成就。截至2023年底，全国铁路营业里程达到15.9万km，其中高速铁路4.5万km。我国铁路的运输安全得到充分保障，自动化、智能化和信息化水平显著提升，铁路设计、建设和运营管理水平均已处于世界领先地位，在中国式现代化建设中扮演着重要角色。

二、我国铁路的建设和运营管理的特点

1. 严格按照国家需要制定铁路发展规划

我国铁路的建设是根据国家制定的规划进行的，以保证铁路运输能力能够适应国家巩固国防、发展经济和人民群众的运输需求。例如我国《中长期铁路网规划》2004年1月经国务院审查通过，2008年10月31日又进一步调整，经国务院批准正式颁布执行。

2016年7月13日国家发展改革委、交通运输部和中国铁路总公司又联合发布了经过修编的《中长期铁路网规划》(简称《规划》)，规划期为2016—2025年，远期展望到2030年。高速铁路主通道规划新增项目原则采用时速250 km及以上标准(地形地质及气候条件复杂困难地区可以适当降低)，其中沿线人口城镇稠密、经济比较发达、贯通特大城市的铁路可采用时速350 km标准。区域铁路连接线原则采用时速250 km及以下标准。城际铁路原则采用时速200 km及以下标准。构筑"八纵八横"高速铁路主通道。

按照国家规划建设铁路的模式成功地避免了追逐利润、不顾整体、盲目发展引起的巨大资源的浪费和运能运量不相适应的弊端，有力地保证了路网的健康发展和运输动脉的有序运作。

2. 实行高度集中统一的调度指挥

铁路是国家具有重要战略意义的高速、便捷的大规模运输工具。中华人民共和国成立以来，中国铁路在全部路网的范围内实行半军事化、高度集中统一的调度指挥，全路一盘棋、令行禁止。铁路运输始终把国家和人民群众的需要放在第一位，在运量增长迅速、运能和运量失衡的情况下，优先满足国家重点物资的运输需求，为保障国民经济的平稳运行尽心尽

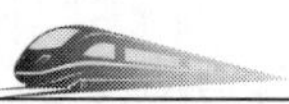

力；每年春运期间，铁路依据客流量增长的数量和分布做出统一规划，在全路范围统筹车辆装备，增强运力保障，以服务人民群众美好出行为己任动员全路上下齐心协力；在历次特大自然灾害面前，铁路全力以赴配合国家的整体部署，为减轻灾害损失和保障人民群众利益而艰苦奋斗；在战争爆发和发生重大事件的情况下，铁路更是统一调动运输资源，保证快速的军力投送和后勤补给，发挥了其他运输形式不可替代的重要作用。

3. 按照科学的计划体系组织运输生产

铁路根据国家经济发展的长期规划制定路网的新建、扩建计划和移动设备的购置计划，依据年度运输计划制定列车编组计划和列车运行图；根据月度运输计划编制技术计划和运输方案，在各铁路局集团公司间合理分配运用车保有量；依据日运量编制调度工作日班计划，组织列车开行，再依据日间阶段车流量的变化制定阶段计划和调车工作计划。实践证明，我国铁路长期实行的计划管理制度是科学的、行之有效的。铁路建设和运营管理必须具有一定的前瞻性，否则会造成资源浪费、运营秩序混乱，无法满足国家运输需求。正是由于这样一套科学的计划体系，铁路才能为国家和人民群众提供优质的运输服务。

4. 坚持自力更生、自主创新的技术发展道路

广大铁路员工和科技工作者以主人翁精神忘我劳动，独立自主地建立了完善的铁路设施设计、施工和运营管理体系，信息化、自动化和智能化的水平不断提高，为运输安全提供了有力保障。2006 年 7 月 1 日世界上海拔最高的青藏铁路通车，解决了在永久冻土带修建铁路的世界性难题。2008 年中国第一条设计运营时速 350 km 的京津城际铁路投入运营。2017 年 6 月具有完全自主知识产权的中国复兴号标准动车组在京沪高铁上首发运行。我国高速铁路起步晚但发展快，现在已经建成了具有世界先进水平、里程最长的高速路网及其配套设施。只有自力更生、自主创新，中国铁路才能长期引领世界铁路发展的潮流。

5. 秉承"人民铁路为人民"的根本宗旨

长期以来，铁路建设从国家整体利益出发，为国家战略服务，构建平衡合理的路网结构，对于加强祖国内地与边疆地区的联系，发展民族地区经济和巩固国防发挥了关键性的作用；当发生重大突发性事件时，铁路立即全路动员，采取一切措施，保证满足国家的紧急运输需要；铁路具有很强的公益性质，铁路客运票价一直处于很低廉的水平，为了方便部队运送新兵和转业军人、学生就学和残疾人乘车，铁路给予减免票价；铁路货运实行不同运价，对于农产品和国家重点运输物资规定较低的运价率；铁路始终致力于运输设备的更新换代，客运和货运还在不断推出各种新的运输产品和便民措施，接受政府和群众监督，努力改善服务质量。"人民铁路为人民"的根本宗旨已经成为中国铁路的灵魂。

铁路对于国计民生、保卫国家领土主权完整和统一、抢险救灾和应对紧急突发事件具有重要的战略意义，是国家的命脉，因而必须保证铁路高度集中统一的调度指挥权始终掌握在党和国家手中、必须坚持我国铁路长期以来行之有效的管理体制、必须时刻牢记"人民铁路为人民"的根本宗旨，奋力推动铁路高质量发展。

1. 新中国成立前的铁路管理体制有什么弊端？是怎样造成的？
2. 我国铁路的技术进步表现在哪些方面？举例说明。
3. 我国铁路的建设和运营管理有什么特点、优点？

学习任务2 认识铁路运输组织过程

学习内容

1. 了解车站客运、货运和行车作业组织过程。
2. 理解列车编组计划和列车运行图在铁路运输组织中发挥的作用。
3. 认识我国铁路运营管理调度指挥体系的构成。

相关理论知识

从在车站组织铁路客流和货流形成旅客列车流和货物车流、货物列车流，到组织列车运行，最终在车站完成旅客和货物输送任务的作业组织称为铁路行车组织。

车站是铁路客货运输的起点、中转点和终点。“车站工作组织”研究车站运输设备的设置、运用和作业组织方法，是铁路行车组织的重要内容。

为了合理利用铁路运输设备，快捷、高效地运送旅客和货物，需要根据客流、货流的流向和数量编制旅客列车开行方案和货物列车编组计划，以确定列车的始发站和终到站、列车性质以及编组内容等，还要综合考虑各种因素编制列车运行图，确定每一车次占用区间的时间及在区段内各站的到、发或通过时刻。其中旅客列车开行方案属于铁路客运组织的内容，货物列车编组计划和列车运行图在铁路行车组织中研究。

除特种货车有固定配属外，铁路货车是全路通用的。铁路局①和车站管内的运用车数量过多，将造成浪费、堵塞，还可能影响其他铁路局的装车；过少，将不能完成装车、卸车、移交重车、排送空车的任务。因而各铁路局应当保有与其担当的运输任务相适应的机车和车辆数量。这就需要依据计划货流编制铁路运输工作技术计划，确定各铁路局货车保有量，作为制定运输调度调整措施的依据，还要编制运输方案，制定铁路局实现技术计划应采取的技术组织措施。

要保证全路运输生产有序进行，需要建立各级调度指挥系统，编制和组织实施铁路运输工作日（班）计划，进行客货运输和列车运行的调度指挥；并建立运输统计、分析制度，考核铁路运输任务的完成情况，发现存在的问题，为改善运输组织、编制调度工作日常计划提供依据。

---

① 国铁集团所属铁路局均已完成公司制改革工商变更登记，名称为“中国铁路××局集团有限公司”，以下简称为××局（如北京局、兰州局，仍统称为铁路局）。

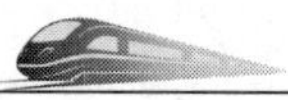

一、车站的运输作业

车站的运输作业包括客运作业、货运作业和行车技术作业。

1. 车站的客运作业

旅客出行需要根据铁路公布的列车时刻表，选择乘车日期、车次和客票种类，可以在车站售票处、市区客票代售点直接购票，也可以利用中国铁路12306网上购票。乘车时，旅客可能需要托运行包，然后经过安检到车站指定的候车室候车、检票进站上车，开始旅行生活；旅客到达旅行目的站后，下车、验票出站，领取托运的行包，乘坐地铁、公交、出租车或私家车离开车站，完成本次旅行。在现行列车运行图没有开行直达旅行目的地客运列车的情况下，旅客可能需要在旅行途中站进行中转换乘。

为办理客运作业，客运站设有相应的客运设备以及与地铁、公交等城市交通衔接的服务设施，建有售票、客运服务、行包车间等业务机构负责售票，组织旅客候车、检票进站、出站验票、行包承运、装车、卸车、交付等工作。

2. 车站的货运作业

客户要发送货物，可以到货运站营业大厅、给铁路车站货运部门打电话、利用与铁路货运系统联网的计算机终端、中国铁路95306网以及要求车站货运人员上门服务共五种方式，向铁路提出运输需求，办理托运手续。车站依据次日装车需求，向铁路局调度所提出次日订车计划，根据铁路局调度所承认的受理车数，在指定的车站货场或与车站接轨的企业专用线利用卸后空车或配送的空车组织装车；到达货物要在车站办理卸车、保管和交付作业，或送至企业专用线；集装箱营业站办理集装箱门到门运输、进行集装箱发送、中转和终到作业。

为办理货运业务，货运站设有营业大厅负责办理整车、零散和集装箱货物的计划受理、发送、到达交付等内勤货运业务；站内各货物作业线设有包线、包库货运员，负责进货、监装卸、到达交付等外勤货运业务。

3. 车站的行车技术作业

车站行车技术作业包括调车作业和列车作业。

(1)车站调车作业

调车作业是车站最重要的基础性工作，它把车站客运和货运工作的各个环节串接起来，是车站运输工作得以顺利进行的先决条件和基本保证，也是路网保持良好列车运行秩序的循环动力。

铁路旅客列车按照列车运行图规定的时刻，在列车始发站和终到站之间往返运行，担当输送旅客和行包、邮件的任务。列车终到后，进行简略试风、摘头，清空旅客、行包，车底由调车机车调送到客车车辆段进行检修和整备：车体洗刷，内部清扫、消毒，走行部、车电、供水等设备检修，更换卧具、上餐料及燃料、上水等工作；整备好的车底，依据列车运行图规定的开车时刻，由车站的调车机车提前调送到车站出发线路，挂头、试风，装运行包、迎接旅客上车，按点出发；动车组自带动力，出、入动车段及在车站转线一般采用自走行方式。由于车站在站线和客车车辆段或动车段之间调动车底和车底在站线间转线的调车作业，旅客列车的始发和终到作业才能顺利实现。

铁路车站的货运作业也是依靠调车作业实现的：技术站配备的调车机车，对终到车站的列车进行解体调车，把到达的中转车流和本站作业车流分别按其去向和作业地点分解到调车场内的固定线路集结；取送调车作业把在调车场集结的待卸重车和待装空车送往车站货场或专用线进行装卸作业，把作业完了的车辆取回调车场集结线路；大多数中间站仅设有到发线和货物作业线，不配备调车机车，在站装卸的车辆随摘挂列车到达以后，由本务机车担当摘挂调车作业：把待装卸车辆送到货物作业线、对好货位；把装卸完毕的车辆挂入摘挂列车，带到技术站。技术站的列车编组调车作业把车站汇集的出发车流编组成列车向路网发出，少数与厂矿企业专用线接轨、到发车流量较大的中间站也有能力组织始发直达列车。

因为调车作业及时调送终到客车车底入库检修、整备，按图定时刻调送始发客车车底到出发线路，旅客列车才能正点始发，完成客运任务；由于调车作业把卸后空车或配送的空车、到卸重车送到货物作业地点，并及时取回完成装卸作业的车辆，车站货运作业才能顺利进行；只有车站顺利进行列车解、编调车，才能保证路网发挥正常的通过能力、保持良好的运输秩序。可见车站调车作业对于铁路运输确实起着关键作用。

(2)车站列车作业

列车是铁路线上具有动力和列车标志独立运行的编组单元，包括由机车牵引的旅客列车和货物列车、动车组、赋予列车车次的单机和重型轨道车。动车组是具有流线型车体、由动车和拖车组成、适合高速运行、固定编组的列车。

车站列车作业包括接发列车作业和列车技术作业。

旅客列车从始发站出发以后，依据列车运行图的规定通过没有作业的中间站，在有客运作业的车站停车办理旅客乘降及行包、邮件装卸后从车站出发，直至到达列车终点站；货物列车编成后，从始发站出发，通过中间站或在站等会、待避，在终到站解体，摘挂列车和小运转列车在有作业的中间站还需要进行摘挂车辆的调车作业。车站为向区间发出列车、由区间接入列车和列车通过车站所办理的作业称为接发列车作业。

为保证列车运行安全和货运业务的顺利进行，自编始发列车在始发站进行的出发作业、直达直通列车在途经技术站进行的中转作业和终到列车在站进行的到达作业统称为列车技术作业。

车站是铁路运输的基层生产单位，车站工作组织的优劣直接关系到运输生产的安全和效率。车站工作组织所要解决的主要问题是：车站设备的合理使用和管理方法，列车作业和调车作业组织，车站作业计划的编制和执行方法，车站通过能力和改编能力的计算方法，枢纽内车站和线路的合理布局和作业分工、枢纽车流组织方法等。

二、列车运行组织工作

旅客和货物是由列车输送的。应当开行哪些旅客列车和货物列车，这些列车的始发站、终到站及列车的编组内容是什么，需要进行深入细致的客流、货流调查和预测才能确定。铁路开行旅客列车和货物列车的基本原则是按流开车，即依据客流和货流的流向和数量确定旅客列车和货物列车的运行区段、列车种类、编组内容及开行数量。为此需要依据调查和预测数据制定旅客列车开行方案和货物列车编组计划。在这一基础上，编制列车运行图，详细

规定每一列旅客列车和货物列车占用区间或闭塞分区的时间和顺序以及在各站出发、到达或通过的时间。

1. 旅客列车开行方案和货物列车编组计划

(1)客流调查、预测和旅客列车开行方案

为了满足旅客的出行需求,铁路部门首先要进行详尽的客流调查,并对客流的变化情况进行预测,准确掌握铁路各区段吸引的直通客流和管内客流的流量,绘制客流图、制定客流计划,并据此确定开行旅客列车的发站、到站、列车种类及每日开行列数,作为铺画列车运行图的依据。

旅客列车采用固定编组的方式运用,其编组内容取决于该列车吸引客流的性质和运行距离。高铁动车组由于速度快、运行时间短,除少数夜间开行的动车外,一般不挂卧铺车,仅有商务座车、一等座车、二等座车和餐座合用车;长途旅客列车可编挂有硬座(YZ)、软座(RZ)、硬卧(YW)、软卧(RW)、餐车(CA)、行李车(XL)和邮政车(UZ),有的还需要挂有空调发电车(KD)、高级软卧车(GRW);短途列车一般不必编挂餐车和卧铺车,可以仅有硬座、软座、行李车和邮政车。

(2)货物列车编组计划

我国普速铁路线由编组站和区段站划分为区段,区段中分布着数量不等的中间站,各条线路的全部区段组成全国铁路网。在路网上的几千个车站中:编组站和区段站(俗称大站)配备有比较完善的运输设备,具有编组和解体列车的能力,统称为技术站;数量占绝大多数的中间站(俗称小站)除少数车站外,一般不具备编、解能力。

铁路货运营业站每天进行装车和卸车作业所产生的重、空车流,必须编挂在列车中才能向目的地输送。为了经济合理地利用铁路运输设备、加快车流输送,对于装车量大、流向集中的车流应当开行装车地直达列车,直接由装车站送达卸车站或较远技术站改编。其余零散车流只能由摘挂列车输送到邻近技术站改编。技术站利用自装车流和汇集的中转车流,编组成各种列车向路网发出。

技术站汇集的车流,可以按区段行车制输送,即每个区段仅编开区段列车和摘挂列车:把到达邻近区段内各中间站的车流编挂在摘挂列车中送达货运装卸站;把到达邻近区段另一端技术站及以远的车流编开区段列车送达邻近技术站改编。这样,跨越多个区段的长途车流,可能需要在运行途中进行多次改编作业,如图 1-2-1 所示。

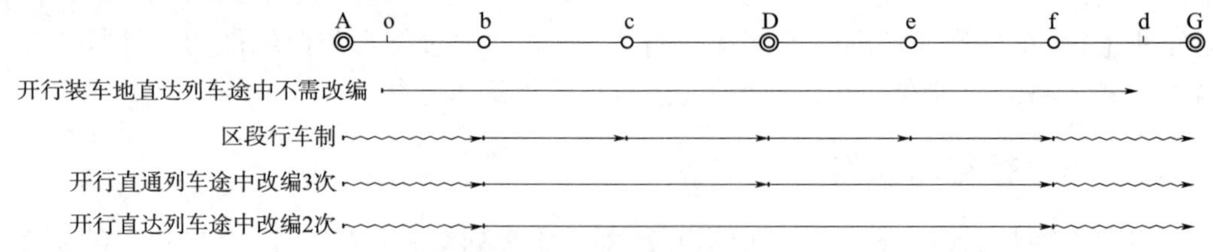

图 1-2-1　区段行车制及开行直通、直达列车的经济效果示意图

图 1-2-1 表示:如果 o 站发往 d 站的车流强大到能单独组织始发直达列车时,该支车流可以无改编通过途中所有技术站,直达卸车站,从而获得极大的经济效益;但如果车流量不

够强大,不能组织直达列车,则只能先由 A→b 摘挂列车送到技术站 b 改编。在采用区段行车制时,在 b、c、D、e、f 五个技术站都要改编,最后在 f 站编入摘挂列车送达 d 站卸车;如果 b 站仅开行到 D 站的直通列车,D 站有开行到 f 站的直通列车,则该支车流在途中改编 3 次;如果 b 站编开到 f 站的直达列车,则途中需改编 2 次。可见,采用不同的车流输送方法,铁路的运营支出和货物的送达速度是不同的,因而应当权衡利弊,找出优化的列车开行方案。编制列车编组计划的目的就是要依据计划车流和路网条件找出使全部车流在始发站集结和途中技术站改编的运营总支出最小的可行列车开行方案。

图 1-2-2 表示 A 站 A—G 方向列车编组计划规定该站开行的列车到达站及车次,表 1-2-1 给出了 A 站 A—G 方向的列车编组计划。

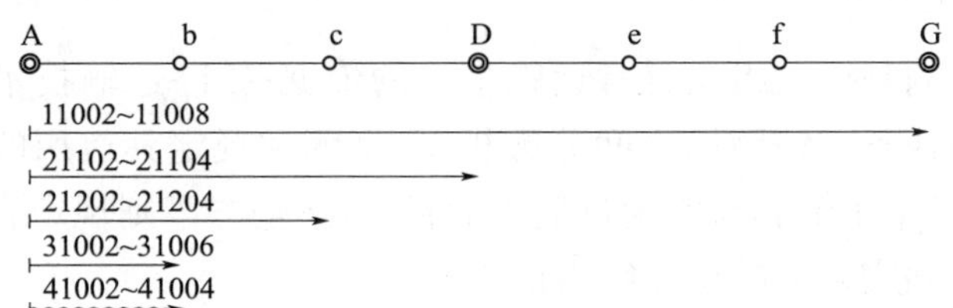

图 1-2-2 A 站 A—G 方向列车编组计划开行列车到达站示意图

表 1-2-1 A 站 A—G 方向列车编组计划

发站	到站	编组内容	列车种类	固定车次	附注
A	G	G 及其以远	技术直达	11002～11008	
A	D	D 及其以远	直通	21102～21104	
A	c	c 及其以远	直通	21202～21204	
A	b	b 及其以远	区段	31002～31006	
A	b	1. A—b 间站顺; 2. b 及其以远	摘挂	41002～41004	按组顺编组

列车编组计划规定了铁路局管内有哪些车站可以编组列车,这些列车的发站、到站、编组内容、列车种类、固定车次及列车内车组编挂顺序、列车途中补轴、减轴方法等。车站必须按照列车编组计划的规定编组列车才能经济、高效地输送车流,保证路网畅通,使铁路区段通过能力、技术站改编能力、货运站装卸能力与其所承担的作业量相适应。

2. 列车运行图

旅客列车开行方案和货物列车编组计划编制完成以后,还需要综合考虑各方面的因素,铺画列车运行图。运行图是铁路行车组织的基础,它规定了在各区段列车占用区间的顺序和时间,所有与列车运行有关的铁路部门必须按列车运行图的要求组织本部门的工作。在铁路行车组织中要重点研究列车运行图的基本原理、编制方法及铁路区段通过能力的计算方法。

由于铁路承担的客流和货流始终处于变动之中,铁路运输设备也始终处于不断更新换代和完善的过程中,每年都有许多新线、新设备投入运营,为适应变化的情况,铁路列车编组计划和列车运行图每年都要重新编制。为更好地适应客流、货流变化,近年来列车运行图每

季度都要调整，同时编制春运、五一、暑期、和十一分号图。

三、技术计划、铁路运输调度指挥和统计分析

铁路要顺利完成客货运输任务，必须保持车流均衡分布，各线、站段的运用车保有量与其承担的工作量相匹配，并统筹协调各铁路地区、各业务部门的工作。为此要编制月度货运计划，依据运量制定技术计划，确定各铁路局应保有的运用车数量指标；编制运输方案，采取运输组织措施，保证实现运输计划；建立各级调度指挥系统，组织全路运输生产；实行统计、分析制度，掌握运输生产形势，发现存在问题，为制定运输工作日常计划和进行运输调整提供依据。

1. 铁路运输技术计划

铁路月度运输计划是铁路组织日常运输生产的依据；铁路运输技术计划研究如何按照各铁路局承担的运输任务在铁路局之间分配机车、车辆和规定其运用的数量指标和质量指标，以达到有效使用机车车辆和铁路通过能力的目的；运输方案则规定直达运输组织方法及保证实现月度技术计划应采取的运输组织措施。

2. 铁路运输调度指挥

国铁集团调度负责对铁路局集团公司调度安全指挥进行监督管理和监督检查指导工作，全路日常客运、货运和车流组织工作，编制和下达国铁集团调度轮廓计划和日计划等；铁路局集团公司调度负责编制和下达铁路局集团公司调度日（班）计划、组织管内各运输生产单位按货物列车编组计划编车、按列车运行图行车、按运输生产经营计划组织运输等；编组（区段）站调度负责掌握货流、车流，根据铁路局集团公司下达的调度日（班）计划，正确编制和组织实现车站作业计划（车站班计划、阶段计划和调车作业计划），按货物列车编组计划、列车运行图和重点要求解编列车，不间断地接发列车等；运输站段调度（编组站、区段站除外）负责按作业计划、技术作业过程和时间标准组织生产等。

3. 铁路运输统计分析

铁路运输统计在每天 18:00 进行，又称为 18 点统计，用以考核铁路运输工作的实绩，为分析运输生产形势、制定日常运输调整计划提供依据。铁路运输分析则诊断运输安全、生产任务完成情况和调度指挥中存在的问题，并提出改进意见。

我国铁路运输的技术计划、调度指挥和统计分析共同构成了铁路的调度指挥体系。技术计划依据月度货物运输计划确定的工作量规定各铁路局合理的机车车辆保有量及应完成的各项运营指标，为铁路运输调度制定日常作业计划实施调度指挥提供参照。

国铁集团运输调度指挥中心监控全路运输形势，重点掌握国际联运和重点物资运输，及铁路局间分界站车辆交接情况；铁路局在国铁集团运输调度指挥中心的监督指导下，统一指挥全铁路局的运输生产活动；基层站段依据铁路局调度所制定的运输工作日常计划，按照列车编组计划和列车运行图的规定，在铁路局调度的指挥下，齐心协力，具体完成铁路运输任务。

铁路运输统计分析提供铁路运输完成情况的准确数据，为判断铁路运输生产形势，制定运输调整措施和调度工作日常计划提供依据。

1. 车站行车技术作业主要包括哪两项作业？为什么说调车作业是车站最重要的基础性工作？

2. 旅客列车的始发、终到站通常设在什么地点？哪些车站具有解、编货物列车的能力？中间站装好的重车和卸后空车怎样向目的地输送？

3. 列车运行图的作用是什么？

4. 铁路运输技术计划依据什么编制？有什么作用？

5. 我国铁路调度指挥体系分为几级管理？为什么铁路运输必须实行高度集中统一的调度指挥？

6. 铁路运输统计分析在铁路运输组织中发挥什么作用？

▸ 项目2 ◂

车站工作认知

项目描述

车站是在铁路线上设有配线，办理客、货运业务和行车技术作业的分界点，是铁路运输生产的基地。据统计，我国铁路货车周转时间中，车辆在车站的停留时间约占三分之二。因此，优化车站作业组织是提高运输工作水平的重要环节，对保证安全、快速、经济、高效地完成国家运输任务有十分重要的作用。

通过本项目的学习，学生可对车站工作有一个全面、概括的了解。

学习目标

1. 素质目标

充分认识车站在铁路运输生产中发挥的重要作用，树立纪律意识，责任意识，大局意识，将铁路运输安全放在首位。

2. 能力目标

认识车站所担负的运输任务、不同类型的车站为进行运输生产应具备的技术设备及其运用方法；知晓不同类别车站的行车工作和组织管理机构。

3. 知识目标

了解车站的分类、调车区的划分方法；掌握车流组号的划分和调车场线路固定使用和活用方法；熟悉货物列车及货车在站技术作业过程；理解压缩货车集结过程应采取的基本措施；了解车站的作业组织系统。

学习任务1　认识车站的作用和分类

学习内容

1. 车站在铁路运输生产中的作用。
2. 车站的分类及不同类型的车站在铁路运输中担负的作业任务。

相关理论知识

一、车站在铁路运输生产中的作用

车站是铁路与人民群众及国民经济各部门的重要联系环节，对外代表铁路与旅客、发货人和收货人办理客、货运业务；对内办理列车、车辆的各种技术作业，保证客、货运输工作的有序进行。

车站的生产活动包括客运作业、货运作业和行车作业。

客运作业是指车站办理的与旅客旅行有关的作业，如：客票发售，旅客列车始发和终到，旅客候车和乘降组织；旅客生活服务，行李和包裹承运、装卸、中转、保管和交付等。

货运作业是指货物在车站发送、中转和终到所必须办理的各项作业，如货物承运、装卸、保管与交付，零散、集装箱货物中转，货运票据的编制与处理等。

行车作业是指车站办理的与列车运行及调车有关的作业，如接发列车、列车终列、中转和始发技术作业，车列解体、编组、车辆摘挂和取送调车作业等。

车站工作组织的水平在很大程度上影响着铁路运输工作的数量和质量指标，完善和优化车站作业组织是提高运输工作水平的重要环节。

二、车站的分类

车站按其业务性质、技术作业性质、作业能力和车场布置的不同，分为不同种类和等级。

1. 按业务性质分类

车站按是否办理客货运业务分为营业站和非营业站。办理客货运业务的车站为营业站；既不办理客运业务也不办理货运业务，仅办理行车作业的车站为非营业站。

营业站根据办理的业务分为：

(1)客运站

客运站是专门办理客运业务的车站，通常设于作为全国或地区政治、经济、文化中心的大城市和旅游胜地等有大量旅客出行、中转和到达的地点，如北京站、北京西站、上海站、广州站、郑州站、西安站、西安北站、兰州站、兰州西站等车站。

(2)货运站

货运站是专门办理货运业务的车站，一般设于大城市、工业中心、港口、矿区或有大量货物装卸、中转作业的地点，如上海东站、吉林北站、哈尔滨南站、圃田西站(原郑州东站)等车站。

(3)客货运站

客货运站是既办理客运业务又办理货运业务的车站。我国铁路绝大多数营业站都属于客货运站。

非营业站包括：

(1)中间站中的会让站和越行站

中间站中的五等站，即会让站和越行站，为非营业站。会让站是在单线区段，专为办理

列车会让和越行设置的车站;越行站是设置在双线区段,专为办理列车越行设置的车站。

(2)技术站中仅办理列车解编作业的车站

没有客、货运业务,仅办理列车解编作业的编组站和区段站,也属于非营业站。非营业技术站的出发车流仅为中转车流,因而车流不足时本站几乎没有调整余地,只能依靠路局调度所的协调或者采用站管站的形式由本站统一调度管辖各站的车流。

2. 按技术作业性质分类

(1)编组站

编组站通常设置于大城市或大厂矿所在地或衔接三个及以上方向铁路线、有大量车流集散的地点,其主要工作是改编车流,即解体和编组各种货物列车,还办理列车的技术作业,以及机车换挂、乘务组换班和车辆检修等作业。因此,在设备上有较多的配线、若干车场和调车设备,以及机务段、车辆段等机车整备、车辆检修设备。

(2)区段站

区段站是设置在机车牵引区段的分界处,主要办理直达、直通货物列车的中转技术作业,区段列车和摘挂列车的编、解作业,机车的更换或整备,乘务组换班的车站。

编组站和区段站拥有较多的技术设备,因而具有较强的作业能力,主要办理货物列车和车辆的技术作业,统称为技术站。两个技术站之间的区间线路和车站的整体称为区段。由技术站划分成的所有区段组成全国铁路网。

(3)中间站

中间站是设置在铁路区段内的车站,一般只办理列车接发、会让、越行及摘挂列车的调车作业。某些客、货运量较大的中间站还办理市郊列车的折返和小运转列车、直达货物列车的始发、终到及补机摘挂等作业。

3. 按作业能力分类

车站按客、货运量和技术作业量的大小,在国家政治、经济、文化、外事上的地位,以及全路运输布局等方面综合因素划分为特、一、二、三、四、五等站六个等级。车站等级是车站设置相应机构和配备定员的依据。铁路车站等级的核定条件见表 2-1-1。

表 2-1-1 铁路车站等级核定条件

办理业务类别	车站等级	日均旅客发送、到达及中转人数	日均装卸车	日均办理有调作业车
单项业务站	特等站	60 000 人以上(运输进款在 300 万元以上)	750 辆以上	7 000 辆以上
	一等站	15 000 人以上	350 辆以上	3 000 辆以上
	二等站	5 000 人以上	200 辆以上	1 500 辆以上
综合业务站	特等站	20 000 人以上	400 辆以上	4 500 辆以上
	一等站	8 000 人以上	200 辆以上	2 000 辆以上
	二等站	4 000 人以上	100 辆以上	1 000 辆以上
	三等站	2 000 人以上	50 辆以上	500 辆以上

以办理客运、货运或货物列车解编作业单项业务为主的客运站、货运站和编组站,依据

其办理的单项业务量核定车站等级。例如：日均上下车及换乘旅客在 60 000 人次以上，并办理到发、中转行包在 20 000 件以上的客运站即为特等客运站；日均装卸车数之和在 750 辆以上的货运站可以确定为特等货运站；日均办理有调作业车在 6 500 辆以上的编组站达到特等站标准。

办理客运、货运业务并担当货物列车解编作业的综合业务站的车站等级依据同时具备客运量、货运量和改编作业量三项条件中的两项来判断。例如日均有调作业车 1 200 辆、装卸车数 160 辆、旅客发送、到达及中转人数之和 3 000 人次的车站为二等站。特、一、二等综合业务站不达标，但具备单项业务站条件时，按单项业务站核对车站等级。办理综合业务，达不到三等站条件者为四等站；只办理列车会让、越行的会让站和越行站，为五等站。

对某些未达到高一等级条件的车站，考虑其所在地的政治、经济、文化、外事和运输布局等情况酌定其车站等级：首都、直辖市及个别省府所在地的车站，可酌情定为特等站；省府所在地的车站及重要的国境站、口岸站，可酌情定为一等站或二等站；工矿企业比较集中地区所在地的车站及位于三个方向以上并担当机车更换、列车技术作业的车站，可酌情定为二等站或三等站。

4. 按车场布置分类

按车场的布置形式，车站分为横列式车站、纵列式车站和混合式车站。车站在沿线路方向上纵向排列的车场数称为车站的“级”，车站的车场总数称为场数。例如：某区段站只有一个 19 股道的车场，其中 1～7 道为到发场，8～19 道为调车场，则该站为一级二场横列式区段站。

单向一级三场横列式编组站、单向二级四场混合式编组站、单向三级三场纵列式编组站、双向三级六场纵列式编组站的站型分别如图 2-1-1～图 2-1-4 所示。

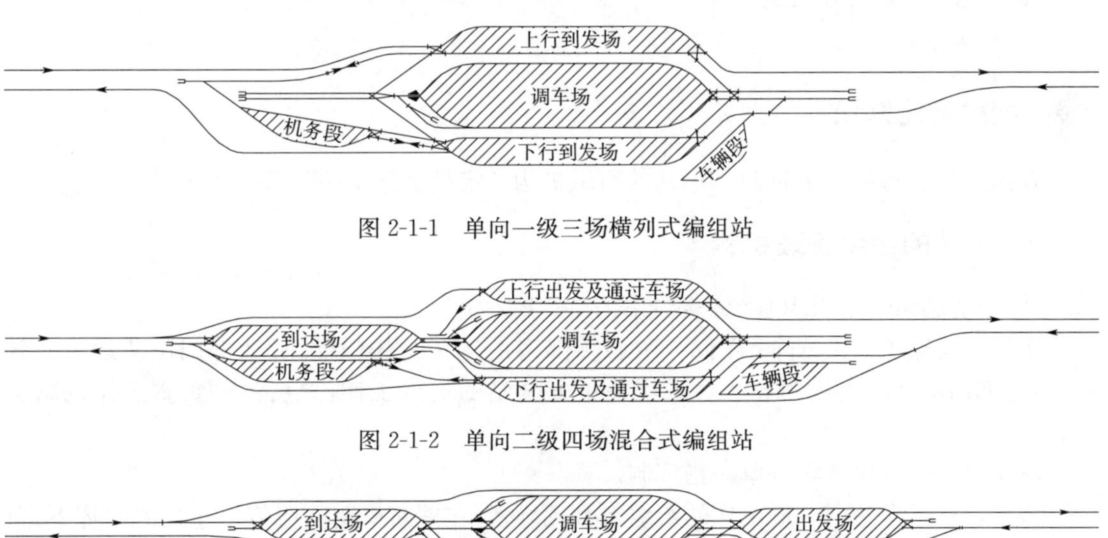

图 2-1-1　单向一级三场横列式编组站

图 2-1-2　单向二级四场混合式编组站

图 2-1-3　单向三级三场纵列式编组站

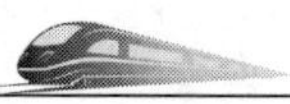

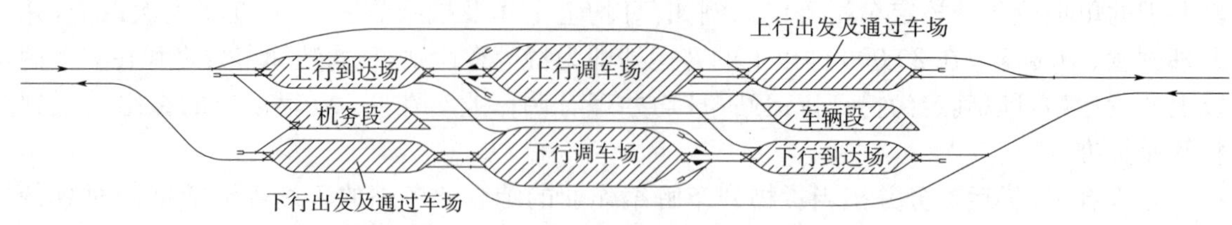

图 2-1-4　双向三级六场纵列式编组站

每个车站依据不同的分类标准同时具有多方面的特征，因而一个编组站可能是技术作业上的编组站、又是业务性质上的客货运站、车站等级为特等站，一个小站可能是中间站、客货运站、四等站。

1. 车站在铁路运输生产中发挥什么作用？
2. 车站按其业务性质、技术作业性质、作业能力及车场配置形式怎样分类？

学习任务 2　车站的组织管理机构和作业计划

1. 车站的组织管理机构。
2. 车站作业计划。

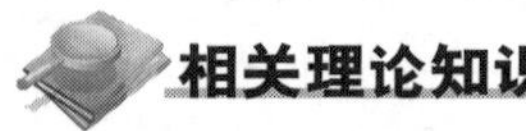

铁路车站实行站长负责制。车站的组织机构和定员根据车站的等级确定。

一、车站的组织管理机构

特、一等编组站的组织系统一般如图 2-2-1 所示。

车站的运输生产由三个部门负责：运转部门由运转主任领导，货运部门由货运主任领导，客运部门由客运主任领导。总工程师负责全站的技术工作，总会计师负责全站的财会工作。

车站日常运输生产实行单一指挥制。

值班站长是车站一个班工作的组织者和领导者，在铁路局调度所值班主任的指挥下，负责组织车站全班职工完成规定的生产任务。

车站的调车工作，由车站调度员（未设车站调度员的由调车区长，未设调车区长的由车站值班员）统一领导。分场（区）时，各场（区）的调车工作，由负责该场（区）的车站调度员或该场（区）的调车区长领导。调车作业由调车长单一指挥。

调车工作关系重大，它的作用远远超出车站自身的范围。特别是编组站作业不畅时，常

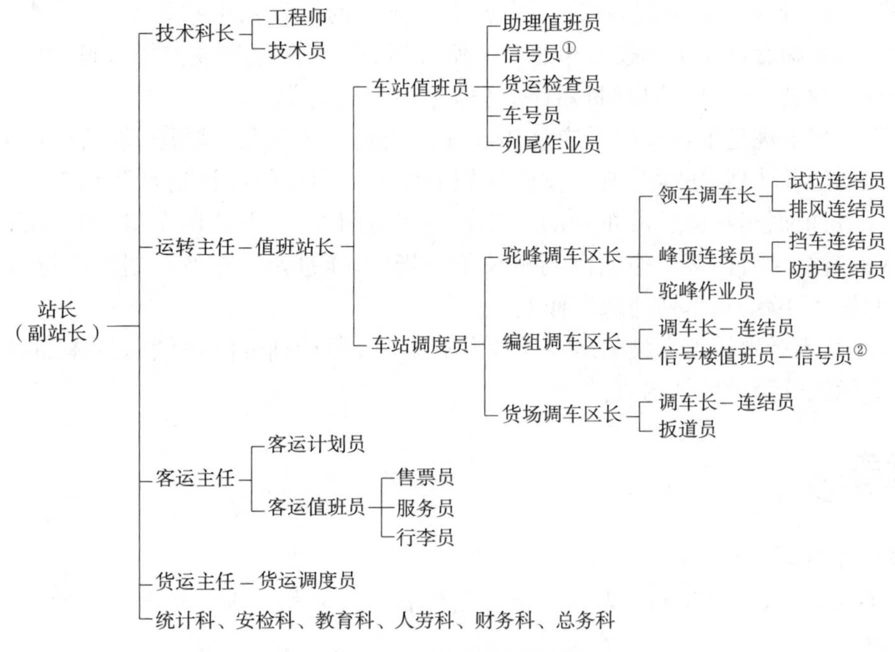

图 2-2-1　车站组织管理系统

常影响到广大的铁路地区。因此铁路调车工作必须加强领导，建立和健全各级岗位责任制，努力改善设备条件和人员素质，才能保证安全、高效地完成铁路运输任务。

车站的接发列车工作，由车站值班员领导；车站的货运工作由车站货运调度员组织；客运工作由客运值班员统筹安排。

建立和健全各种工作的岗位责任制是保证车站良好生产秩序的主要措施。每个工作人员都应有明确的分工，严格遵守车站的各项生产管理制度，如对号交接班制度、班工作总结制度、站车交接办法、设备施工、维修登记制度及运输分析考核制度等；每项工作、每个生产环节、每件工具和设备都应有专人负责，并在日常生产中各尽其责而又相互配合，共同保证运输生产安全顺利地进行。

二、车站作业计划

车站的运输生产是在多工种协调配合下完成的，各个生产过程环环相扣，因此必须周密计划、依照计划精心组织。车站作业计划包括班计划、阶段计划和调车作业计划。

班计划规定车站 18:00—6:00 或 6:00—18:00 一个班的运输任务，包括装、卸车数和接发列车工作以及车站应完成的运输工作数量和质量指标。班计划任务是铁路局调度所下达的，车站编制班计划主要是根据车站当日车流的具体流向和数量，落实每列出发列车的车流来源，找出完成计划任务的关键问题和应采取的组织措施，用以指导车站运输生产的组织工作。

为了完成班计划任务，车站调度员要利用车站技术作业表，记录车站运输工作的实际完

① 此信号员是指助理值班员岗位中负责执行《铁路接发列车作业》(TB/T 30001—2020)信号员技术作业的人员。

② 此信号员是指助理值班员岗位中负责执行《铁路调车作业》(TB/T 30002—2020)信号员技术作业的人员。

成情况，并且每 3 h 为一个阶段，在表上安排下一阶段的接发列车和调车作业，指挥全站的运输生产。车站调度员在车站技术作业表上所计划的下一阶段作业安排就是阶段计划。由于一个阶段大约是 3～4 h，所以阶段计划又称为 3～4 h 计划。

在阶段计划中规定了在本阶段应解体和编组的列车车次及其顺序、取送作业的内容和时间。要实现阶段计划，还需要调车作业计划的保证。调车作业计划是调车工作的行动计划，由调车区长根据车站调度员布置的任务和完成时间编制，下达调车组、调车司机和信号楼值班员（扳道组）执行；调车作业由调车长单一指挥，通过调车作业计划的执行，才能实际完成列车的解体、编组和车列的取送作业。

可见，车站班计划提出车站的班运输工作任务，阶段计划分阶段做出具体部署，调车作业计划则实际执行阶段计划的安排。

1. 技术站行车工作各岗位的职责是什么？

2. 车站班计划、阶段计划和调车作业计划的相互关系是什么？在车站运输生产中各发挥什么作用？

学习任务 3　认识车站的行车设备及其运用

1. 车站的行车设备。

2. 车站调车区的划分，车流组号、调车场线路固定使用及活用。

相关理论知识

为了完成列车和车辆的各项技术作业，车站根据其技术作业特点和作业量的大小配备相应的行车设备。在各站的《车站行车工作细则》（以下简称《站细》）中对于本站行车设备都有详尽的描述，其内容主要包括：线路，调车设备，信号、联锁和闭塞设备，信息处理设备等。

一、车站的行车设备

1. 线路

车站铁路线路分为正线、站线、段管线、岔线、安全线及避难线。

正线是指连接车站并贯穿或直股伸入车站的线路。

站线是指到发线、调车线、牵出线、货物线及站内指定用途的其他线路。

段管线是指机务、车辆、工务、电务、供电等段专用并由其管理的线路。

岔线是指在区间或站内接轨，通向路内外单位的专用线路。

安全线是为防止列车或机车车辆从一个进路进入另一列车或机车车辆占用的进路而发

生冲突设置的一种安全隔开设备。

避难线是在长大下坡道上能使失控列车安全进入的线路。

编组站、区段站和其他线路较多的车站，可根据线路的用途按线群划分车场。车场一般分为下列几种：

(1)到达场：办理接入到达解体列车作业的车场。

(2)出发场：办理编组始发列车作业的车场。

(3)到发场：兼办列车到达与出发作业的车场。

(4)直通场：办理无改编中转列车作业的车场。

(5)调车场：办理列车的解体与编组作业、集结各去向出发车流和到达本站作业车的车场。

(6)编发场：兼办列车编解、车流集结与出发列车作业的车场。

(7)货场：专门办理货物装卸作业的车场。

车场的设置与车站站型有关，例如：一级三场编组站在调车场两侧并列设置上、下行到发场；二级四场编组站纵列配置到达场与其他车场，横列布置上行出发场、调车场和下行出发场；三级三场编组站设纵列配置的到达场、调车场和出发场；三级六场编组站按上、下行方向分别纵列配置到达场、调车场和出发场。直通场用于办理无改编中转列车的中转作业，可设在到达场、出发场或到发场的外缘。

为了保证作业安全、提高作业效率，车场内的线路应指定固定的用途，并将其纳入《站细》，在日常运输生产中按照线路的用途使用线路。

2. 调车设备

(1)固定调车设备

车站用于调车的固定设备有两类，即驼峰和牵出线。

①驼峰

驼峰是利用车辆本身的重力并辅以机车推力，主要用以分解车列的调车设备，按其技术设备和制动工具的不同，分为简易驼峰、非机械化驼峰、机械化驼峰、半自动化驼峰和自动化驼峰。

a. 简易驼峰

多数是利用原有调车场牵出线头部平地起峰修建而成，因而推送坡较陡、峰高较低(1.5～2.0 m)，只设一股推送线和一股溜放线，道岔控制一般采用非集中操纵或电气集中操纵，峰下不设制动位，采用铁鞋制动。这种形式的驼峰设备简单、投资省、见效快，与牵出线的解体能力相比有了较大的提高，曾在我国广泛采用，但安全性和作业效率都难以保证，现已逐步淘汰。

b. 非机械化驼峰

非机械化驼峰到达场标高高于调车场，道岔控制采用电气集中或自动集中，溜行车组的速度和间距依靠驼峰线路平、纵断面的变化调整，峰下未设车辆减速器，采用铁鞋制动。

c. 机械化驼峰

道岔控制采用自动集中，在峰下咽喉区设有两组人工控制车辆减速器，分别称为第一制动位和第二制动位，用于控制车辆溜行速度、调节车组间隔。车场股道采用人工下铁鞋调速。

机械化驼峰的纵断面和编组场头部平面的设置比较合理,其峰高可以保证难行车在最困难条件下溜行到难行线的计算点,而纵断面在使用减速器条件下能在前后车组最不利的排列时,仍可保证必要的安全间隔。机械化驼峰在分解车列时,通常以 5 km/h 左右的速度定速推峰。

d. 半自动化驼峰

半自动化驼峰是在机械化驼峰的基础上装设了半自动控制设备,调车线内安装两级制动位、测重、测速及测长等设备。在分解列车时,测重、测速、测长等设备自动显示所得数据,作业人员根据这些数据给定各个制动位车辆减速器的出口速度,半自动控制系统据此自动控制车辆减速器,使溜行车组的速度达到人工给定的出口速度,安全地停留在指定的调车线上。由于车辆减速器的出口速度是人工给定的,而车辆减速器的制动和缓解是由控制系统自动控制的,所以称为半自动化驼峰。

e. 自动化驼峰

采用道岔自动集中,在驼峰溜放部分和调车场内线路上设有各种类型的调速工具,实现了驼峰进路、车列推送速度和车组溜放速度的自动控制,利用计算机和进路储存式道岔自动集中设备实现解体调车钩计划的自动传递、进路命令自动储存,进行溜放进路命令的传递与跟踪,对溜放过程进行监测,利用自动测速、测重、测阻、测风、测温、测长设备和驼峰机车无线遥控及推送速度自动控制装置,自动调整推峰速度和车辆溜行速度。

自动化驼峰调车场由于实现了进路自动控制和车辆溜放全过程的自动控制,能够实施变速溜放,保证车组安全连挂,因而具有更高的作业能力。

②牵出线

牵出线是供调车机车牵出车列进行解体、编组等调车作业的线路。纵列式车站的牵出线设在调车场尾部,与出发场相连;横列式车站的牵出线则设在调车场的一侧或两侧,并与到达场和出发场相连。

牵出线调车是我国铁路目前最基本的调车方式,即使在设有驼峰的车站上,车列编组和转线、车辆摘挂和取送等作业也要利用牵出线进行。

牵出线有平面牵出线和坡度牵出线之分。我国铁路车站上设置的是平面牵出线。

(2)活动调车设备

①调车机车

调车机车是专门用于调车作业的机车,一般采用液力传动或电力传动内燃机车,其工作特点是频繁地起动和停车。因此,调车机车应具有足够的黏着重量和较大的起动加速度,便于通过道岔及半径较小的曲线,司机室的设置须便于反复换向。因此,这种机车的车身较短,且为外走廊结构,单司机室,启动牵引力较大,但最大运行速度较低。

②无线调车灯显设备

进行调车作业时,应采用无线调车灯显设备(机车摘挂、转线等不进行车辆摘挂的作业,列车在到达线路内拉道口、直接后部摘车除外),并使用规定频率,其显示方式须符合有关要求。无线调车灯显设备应与列车运行监控装置配合使用。

无线调车灯显设备具有调车作业指令无线传输功能,能将调车指挥人通过专用电台发出的调车指令以不同颜色的灯光显示在机车控制器上,指挥机车乘务员、调车组作业(通过语音合成技术，在将调车指令显示于机车控制器的同时，辅以语音提示），还具有调车组、机车乘务组及调车领导人之间通话功能。为防止信号的串扰，每套无线调车灯显设备都有自己固定的频点，同一调车组人员所使用的每部电台均有相应的编码，当某一连接员发出紧急停车指令后，只有该连接员发出解锁指令才能解锁，其他任何人的指令均不可能使其解锁。另外，当调车长按压电台指令键后，发生调车长电台故障或电力不足等情况，造成不能发出指令时，机车控制器可测出上述故障，同时自动发出“故障停车”的指令。该设备可与列车运行监控装置连接，将各种调车指令转换为列车运行监控装置控制机车作业的数据、指令。该设备还具有数据采集和记录系统，可以记录调车指令的内容、发出时间，采集调车速度，以便分析作业情况。

3. 信号、联锁和闭塞设备

信号是指示列车运行及调车作业条件的命令；联锁设备是车站范围内用以保证行车和调车安全，实现信号机、道岔、进路之间联锁关系的设备；闭塞设备用以确定列车占用区间的顺序，以保证行车安全。

(1)信号设备

信号装置分为信号机、信号表示器和信号标志。

信号机用于显示指示列车运行及调车作业的命令，按类型分为色灯信号机、臂板信号机和机车信号机。信号机按用途分为进站、出站、通过、进路、预告、接近、遮断、驼峰、驼峰辅助、复示和调车信号机。

信号表示器分为道岔、脱轨、进路、发车、发车线路、调车及车挡表示器。

信号标志是对行车作业人员提示作业条件的标志，包括警冲标、站界标、预告标、引导员接车地点标、司机鸣笛标、作业标、减速地点标、补机终止推进标、机车停车位置标等。

(2)联锁设备

在车站，列车的进站、出站和通过以及调车车列运行的径路，称为进路。通常，在进路的始端，设有信号机进行防护，以表示进路的特征并指示是否准许列车或调车车列进入该进路。保证站内行车安全，在建立任一进路时必须满足该进路的所有敌对进路均未建立，该进路建立后其所有的敌对进路均不能建立，实现这一条件的进路间逻辑关系称为联锁。用以实现车站进路之间联锁关系的设备称为联锁设备。

目前我国铁路主要采用集中联锁（计算机联锁和继电联锁），只有极少数运量不大的岔线车站采用非集中联锁（色灯电锁器联锁和臂板电锁器联锁）。

集中联锁设备应保证：当进路建立后，该进路上的道岔不能转换；当道岔区段有车占用时，该区段的道岔不能转换；列车进路向占用线路上开通时，有关信号机不能开放（引导信号除外）；能监督是否挤岔，并于挤岔的同时，使防护该进路的信号机自动关闭，被挤道岔未恢复前，有关信号机不能开放。集中联锁设备，在控制台（或操纵、表示分列式的表示盘及监视器）上应能监督线路与道岔区段是否占用、进路开通及锁闭，复示有关信号机的显示。

非集中联锁设备，应保证车站值班员能控制接、发车进路和信号机的开放与关闭，在控制台上应有接、发列车的进路开通表示；采用色灯电锁器联锁时，还应有进站信号机的开放、关闭和出站信号机、引导信号的开放表示；到发线设有轨道电路时，应有到发线的占用表示。

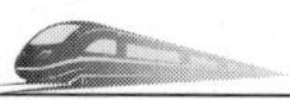

(3)闭塞设备

为防止列车在区间发生冲突或尾追事故,使运行的列车间始终保持一定安全间隔所采取的列车隔离方法称为行车闭塞法。实现行车闭塞法的专用信号设备称为闭塞设备。车站利用闭塞设备为列车取得进入区间凭证的作业过程称为办理闭塞。

我国普速铁路采用半自动闭塞、自动站间闭塞和自动闭塞,高速铁路采用自动闭塞和自动站间闭塞作为基本闭塞法,当基本闭塞法不能使用时,采用电话闭塞法组织行车。

4. 信息处理设备

随着现代科学技术在铁路上的广泛应用,我国铁路车站已经实现了信息处理与生产管理的自动化,包括列车确报系统、车号自动识别系统、车站货车追踪系统、作业计划编制系统和18点统计信息系统等。

二、车站调车机车和调车场线路的运用方法

在配备两台及以上调车机车的车站机车分区作业、调车场线路固定使用是我国铁路采取的保证调车作业安全、提高调车作业效率的基本策略。

(一)车站调车区

在调车作业繁忙、配线较多、需要两台及以上调车机车作业的车站,为保证作业安全、避免相互干扰、均衡有序地安排各台调机的工作,可以把车站的线路划分为几个调车区、为每台调车机车指定固定的作业区域。为每台机车划分的固定作业区域称为调车区。在一般情况下,每个调车区只允许一台调车机车作业(驼峰采用双推单溜或双推双溜方案者除外)。

1. 调车区的划分

可按车场配置和调车作业任务划分:

(1)对于调车作业互不干扰,设有牵出线和一定数量调车线的独立车场,可单独划区管理,例如货场调车区。

(2)两端均设有牵出线的横列式车站,可横断车场划区。横向划区时,两调车区之间应设立不少于20 m的安全区。为了保证重点和适应不同作业的需要,通常把分界线划在靠近担负编组或辅助工作的一端,尽量使担负解体或主体调车一端保有较长的线路。作业时两端均可向同一线路溜放、推送和连挂,但均不得侵入安全区,越区作业时,要得到对方的同意;或以一端为主、另一端为辅,并根据具体情况在《站细》中规定分界车组:在空线上,只准许主端作业,辅端必须事先取得主端同意并在主端停止作业之后才能进行作业;当线路上停留车辆时,两端均可向该线作业,但不得触动分界车组,如须连挂或推动分界车组时,须征得对方同意,此时相对方向应停止该线作业。

(3)在到达场、调车场、出发场纵列配置的车站,可在调车场的适当位置划界,将到达场和驼峰头部划分为解体调车区,而将峰尾和出发场划分为编组调车区;在采用双推双溜驼峰作业方案的车站或峰尾有两条及以上牵出线时,通常纵向划分调车区。

没有做好防护,不准放行越区车或转场车。调车机车越区作业的联系和防护办法,应在《站细》中明确规定。

调车工作要固定作业区域、线路使用、调车机车、人员、班次、交接班时间、交接地点、工具数量及存放地点，便于工作人员熟悉情况，保证作业安全。

2. 越区作业的要求

越区作业是指调车机车由本调车区到其他调车区进行的调车作业。越区调车影响到其他调车区的作业，如果没有做好联系和防护可能危及行车安全。因此，要求调车机车在越区作业时，两区调车领导人之间必须事先做好联系，做出书面调车作业计划，下达给参加调车作业的有关人员，并做好防护。没有做好联系和防护，不准放行越区车。

越区作业要做好以下工作：

(1)越区作业前，调车领导人先将越区的时间、地点、辆数及有关事项，与进入调车区的调车领导人联系，取得同意后，再向本区有关人员布置。

(2)越出、进入或经由调车区的信号员或扳道人员，应按本调车区调车领导人的布置，停止相抵触的作业，确认线路空闲，并准备进路。

(3)越出区的信号员或扳道员，在接到进入区进路准备妥当的通知后，方可通知本区调车指挥人指挥越区作业。

(4)划分调车区的车站，不论有无固定信号设备，均应制定越区作业的联系办法，纳入《站细》。作业时，必须按照《站细》中的有关规定办理。

(二)调车场线路的固定使用和活用

调车场是用于集结出发车流和到达本站作业车、检修车的车场。在到达场完成到达作业的终到列车、部分改编中转列车带到本站的车组和从货物作业地点、车辆检修地点取回的车辆经驼峰或牵出线解体进入调车场集结，调车场中集结满重或满长的车列由尾部牵出线编组成列车转出发场出发，调车场内集结的本站货物作业车和检修车按照车辆取送计划由取送调机送作业地点。

为了提高作业效率，应当统筹安排车站的调车作业，解体照顾编组、方便取送，取送为编组供流。为此，我国技术站普遍施行调车场线路固定使用和活用的调车作业组织方法。

1. 车流组号的划分

在列车编组计划中，对列车编成站规定的，其出发重车流的一个到达站及其中转范围称为该站的一个车流组号。显然，同一技术站各车流组号包含的车流内容不能有重复，并且同一技术站所有车流组号包含的全部车流内容必须覆盖全国路网除本站以外的所有营业站。

例如，天水区段站的车流组号划分。天水站在路网中的位置如图 2-3-1 所示，其中给出的摘挂列车作业站范围是区段内两端办理货运业务的第一站，表 2-3-1 为天水站列车编组计划。

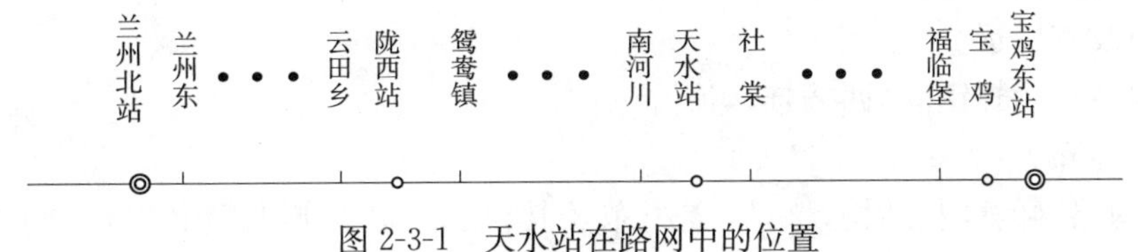

图 2-3-1　天水站在路网中的位置

表 2-3-1　天水站列车编组计划

发站	到站	编组内容	列车种类	定期车次	附注
天水	宝鸡东	1. 宝鸡东及其以远； 2. 空车	区段	33008	
天水	宝鸡东	1. 社棠—福临堡间到站成组； 2. 宝鸡东及其以远和空车	摘挂	41022	按组顺编组
天水	兰州北	兰州北及其以远和空车	区段	33011～33015	准机次成组加挂陇西、骆驼巷卸；甩车站以相同车流补轴；无流可补时，不算欠轴
天水	兰州北	1. 南河川—鸳鸯镇间站顺不含渭南镇； 2. 陇西及其以远； 3. 渭南镇站卸	摘挂	41025～41027	按组顺编组

列车编组计划规定天水区段站开行至宝鸡东的区段列车和摘挂列车、至兰州北的区段列车和摘挂列车，共 4 个列车到达站。

开行到宝鸡东的两个列车到达站：区段列车编组内容为"宝鸡东及其以远"；摘挂列车的编组内容为"社棠—福临堡间"，编组要求为"到站成组"，可以用区段车流和空车补轴。

天水开往兰州北、编组内容为"兰州北及其以远"的列车，实质是"直通列车"，列车种类定为"区段列车"是由于陇西区段站的作用已经弱化，天水—兰州北可以看做是一个区段。由于规定"准机次成组加挂陇西、骆驼巷到卸的重车流，甩车站用兰州北及其以远和空车补轴"，因而该到达站的列车可能需要在陇西站和骆驼巷站进行车组换挂作业。"骆驼巷卸"重车属于"陇西及其以远"车流，由于该站到卸重车流量较大，列车编组计划允许该到达站列车加挂，如果线路富裕，可以作为一个组号单独集结。

天水—兰州北摘挂列车编组内容为"南河川—鸳鸯镇间"，编组要求为"站顺"，可以加挂区段车流。该到达站的列车需要在陇西站整编。根据陇西站的列车编组计划，列车从陇西站出发时的编组内容为："1. 云田乡—兰州东间站顺；2. 兰州北及其以远。"所以，该摘挂列车到达站，实际上是考虑到天水—陇西和陇西—兰州北两个区段有比较密切的车辆交流，而将两个区段的摘挂列车到达站衔接起来。之所以把渭南镇的车流单独成组挂于列车尾部，是因为该站货场位于车站下行到达端，利用本务机车调车时方便作业。

可以看出，天水站的出发重车流可以划分为以下 6 个组号：

(1)宝鸡东及其以远。

(2)社棠—福临堡间(东摘挂车流)。

(3)兰州北及其以远。

(4)陇西及其以远。

(5)南河川—鸳鸯镇间(西摘挂车流)。

(6)骆驼巷卸。

由于全国路网的环状结构，该站"宝鸡东及其以远"和"兰州北及其以远"两个组号范围的划分，需根据《全国环状车流径路图》和《全国车流特定径路》文件加以确定。

编组站担负繁重的解编任务，编开的列车到达站数较多，其出发车流划分的组号可达几十个。

2. 调车场线路专门化

为了提高列车编组作业的效率，把列车的解、编作业有机地结合起来，车站的出发重车流应按列车编组计划规定的组号、空车按车种、作业车和扣修车按装卸或检修地点集结，而且每一组号的重车流和各车种的空车流在编组场内都应有固定的集结线路。为保证作业安全，装载爆炸品、气体类危险货物的车辆必须有专门的停留线路，不能与其他车辆混合集结。

调车场的每一条线路都分配有固定的用途称为调车场线路专门化。列车编组计划规定该站出发车流的全部组号在调车场内都有指定的线路集结。

调车场线路固定使用方案在《站细》中明确规定，是车站组织运输生产的一项基础性制度。只有当列车编组计划或车站的到发车流、运输设备发生了重大变化，原先的线路固定使用方案已不能适应新的情况，需要调整时，才加以修改。

调车场线路的主要用途是按照列车编组计划规定的编组去向集结车辆，其次还要集结空车、本站到卸重车、扣修车及场间交换车等。

(1)确定调车场线路专门化的依据

①本站作业车、扣修车、空车集结及装载爆炸品、气体类危险货物车辆所需要的线路数 $\gamma_{地}$。

②列车编组计划规定的编组到达站数、车流组号数及车流强度。

③各组号车流的车辆基本走行性能，难行车、易行车比例。

④调车场的线路数、各线容车数及平、纵断面。

⑤调车场与到、发场及货物作业、车辆检修地点的相对位置及径路。

(2)确定调车场线路专门化的方法

调车场线路固定使用方案的确定一般分两步进行，即先确定各种用途应分配的线路数，然后为调车场的每一条线路选定具体用途。

①确定各种用途应分配的线路数

a. 计算可供集结各组号出发重车流使用的线路数

$$\gamma_{集}=\gamma_{总}-\gamma_{地}$$

式中　$\gamma_{集}$——调车场中可用来集结各组号出发重车流的线路数；

$\gamma_{总}$——调车场全部线路数；

$\gamma_{地}$——集结本站作业车、扣修车等地方车流和空车及装载爆炸品、气体类危险货物车辆所需要的线路数。

b. 为各组号车流分配线路数

当调车场线路比较充足时，每一组号可固定一条线路，个别车流强度特别大的组号拨给两条或多条线路，摘挂列车每一方向划给一条线路。

在一般情况下，调车场线路数都不够富余，一些组号的车流必须合并使用线路。这样，在编组列车时，就会产生挑选车组的重复分解作业。调车场线路固定使用的方案应当使这种额外的改编作业量减少到最低限度。显然，应当单独集结车流量较大的组号、合并集结车流量较小的组号。在一条线路上混合集结的组号数量不能太多，以两个车流量较小的组号

为宜，一般不要超过三个，否则将会引起多次重复分解，降低作业效率。

确定了各种用途应分配的线路数以后，还需要将其与编组场的具体线路联系起来。

②为调车场每一条线路选定用途

固定调车场线路的用途主要从以下几个方面考虑：

a. 避免调车作业干扰

当调车场尾部有两条及以上牵出线时，各作业区的编组、转场、车辆取送等作业应避免相互干扰。

b. 均衡各牵出线的作业负担

调车场尾部有两条及以上牵出线时，应使每一编组调车区的作业量大致相等，避免忙闲不均或机车去外区取车的作业干扰和延误。例如尾部有两条牵出线时，可将调车场尾部和出发场纵向划分为上行编组区和下行编组区，由两台编组调车机分别担任上、下行出发列车的编组任务，车流量较小的牵出线可另分配部分取送工作以均衡作业负担。

c. 线路长度与车流强度相适应

列车重量标准和车流量较大的组号尽可能拨给位于中间的线束中容车数较大的线路，以便于编组和转场；而车流量较小的组号则配给容车数较少、作业条件相对较差的线路。

d. 照顾车辆走行性能

把经过曲线和道岔较少的易行线分配给难行车比重较大的组号，防止因车速过低而形成堵门车影响车列溜放或形成过多的“天窗”不得不增加整场次数。

e. 方便车辆编组、转场、取送等作业

同一组号的车流分配了两条及以上集结线路或一个列车到达站包含集结在不同线路上的两个及以上组号时，应选择同一线束的相邻线路集结这些车流，以减少取车的走行；场间交换车停留线要固定在便于转场的线路上；将到卸重车和检修车分配在靠近其作业地点、取送径路顺畅的线路上集结。

f. 有利于作业安全

装载爆炸品、气体类危险货物及超限货物的车辆宜停留在比较偏僻，对其他线路影响较小，有利于保证安全的线路；站修线则应安排在线间距较宽、靠近车辆段或站修所的边线。

以天水站为例，该站为二级二场纵列式区段站：Ⅰ场为上行直通列车到发场；Ⅱ场 1～8 道为下行直通列车、上下行方向区段列车和摘挂列车到发线，9～17 道用作调车场，其站线固定使用方案如表 2-3-2 所示。

表 2-3-2　天水站　场线路固定使用方案

股　　道	用　　途
1	客货列车到发及通过
2	客货列车到发
3	客货列车到发
Ⅳ	客货(超限)列车到发
Ⅴ	货物(超限)列车到发
6	货物(超限)列车到发

续表

股 道	用 途
7	货物(超限)列车到发
8	货物(超限)列车到发
9	到达卸车
10	1. 南河川—鸳鸯镇间车流;2. 陇西及其以远
11	骆驼巷卸,空车
12	兰州北以远
13	社棠—福临堡间车流
14	宝鸡及其以远
15	宝鸡及其以远
16	非通用车,检修车
17	爆炸品及特种车辆

该站在调车场中:为停放地方车流(到卸重车、检修车)和装载危险品的车辆划出了3条线路(9、16、17道);该站有6条调车线供6个组号出发车流集结,宝鸡及其以远流量较大,拨给2条线路,且分配在同一线束的相邻股道;东摘挂车流和兰州北及其以远各分配一条线路;流量较小的西摘挂车流和区段车流陇西及其以远车流合并使用一条集结线路。到达兰州枢纽内各站的到卸车流,除骆驼巷卸车流单独成组直接在该站甩车外,其余各站的作业车均作为兰州北及其以远车流送兰州北编组站改编。

3. 调车场线路的活用

调车场线路固定使用,使车站的解、编、取送井然有序,提高了编组和取送作业的效率,因而车列的解体工作必须按照调车场线路固定使用的方案进行。

但是,另一方面,车站的到达车流及货物作业和车辆检修地点取回的转场车流的去向和数量分布不是一成不变的,调车场线路固定使用的方案不可能完全适应每天各阶段的作业情况,需要实时做出调整。实践证明,我国铁路长期采用的“定而不死、活而不乱”的调车场线路使用原则能较好地适应车流的日间波动。

在日常工作中,遇下列情况,可临时活用线路:

(1)某一车流组号的固定集结线路满线

此时,为继续溜放可借用线路长度尚有宽余的邻近线路。借用线路时,应尽量借用空线或停留车辆较少的线路,避免混线车流与本线车流插花集结、过多地增加额外改编工作量,还要考虑后续到达车流的情况,防止连环借用线路。

(2)为方便峰尾编组作业

解体照顾编组,例如,对于包含两个及以上组号车流的列车到达站,在不影响驼峰解体和车流不混的条件下,可以在一个组号的集结线路上溜入另一组号的车流,以免去编组时去另线挂车的作业,或利用空线为峰尾送去编组列车急需的车流。

线路数量比较宽裕的编组站也可以划出几条线路不固定集结去向,在日常工作中根据

具体情况机动使用。

活用线路弥补了调车场线路的不足，方便了编组作业，但如有不慎也容易引起混乱，所以只是一种临时性措施。一旦条件允许应立即恢复线路的固定使用，做到不混线。如在交班前不能恢复时，应在交接班登记簿上明确记载，并向接班人员交代清楚，以防发生误编、误送。

现在，许多编组站不再硬性要求活用后恢复线路固定使用，而是采用“线路活用表”记录线路活用的情况，继续溜放时按“活用表”规定的线路用途集结车辆。例如天水站《站细》规定 12 道集结兰州北及其以远车流，如到达车列解体时 12 道已满线而 14 道空闲，此时可以将兰州北及其以远车流分解到 14 道，此后 12 道因集结的车辆编组成出发车列转出发场而空闲后，可以修改“线路活用表”为：14 道“兰州北及其以远车流”，而 12 道为“宝鸡东及其以远”，待方便时再转回原固定使用。这样做可以避免或减少恢复线路固定使用的额外调车作业。但是，由于不同去向列车的编成辆数可能不同、调车场线路的有效长、调车径路及车辆在其上运行的基本阻力也可能不同，这种线路固定使用的置换应当受到一定的限制，需要事先在《站细》中规定哪几条线路之间可以相互替换，而与其他线路的用途则不能互换。

1. 车站划分调车区的目的是什么？怎样划区？
2. 什么是车流组号？车站出发车流组号依据什么确定？
3. 调车场线路固定使用的原则是什么？怎样活用？

学习任务 4　认识货物列车和货车在车站的技术作业

1. 货物列车依据其在站技术作业的分类、作业内容及行业组织方法。
2. 货车依据其在站技术作业的分类及作业过程。

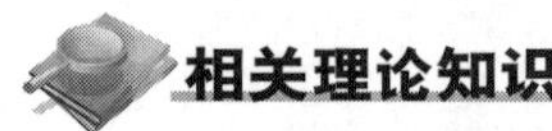

为了保证列车运行安全和货物完整，技术站须对本站到达、中转或出发的货物列车在站线上进行各项作业，这些作业称为货物列车的技术作业。货车自到达技术站时起，至由该站发出时止，所办理的各项作业，则称为货车的技术作业。

一、货物列车在车站的技术作业

货物列车在技术站办理的技术作业取决于列车在站作业的性质。

(一)技术站办理的货物列车种类

货物列车按在技术站办理作业的性质可划分为以下三类：

1. 自编始发列车

自编始发列车是由本站编组出发的列车。

2. 中转列车

中转列车是途经本站，在本站进行中转作业后，仍按原车次继续运行的列车，又分为无改编中转列车和部分改编中转列车。

(1)无改编中转列车

无改编中转列车是在本站不进行车组摘、挂、换挂或变更位置的调车作业，在车站到发线上办理了中转作业后就原列继续运行的列车。

(2)部分改编中转列车

部分改编中转列车是须在本站进行部分改编的调车作业后才能继续运行的列车，按进行改编调车作业的原因不同，又可分为：

① 变更重量的中转列车

由于直达、直通列车途经的各区段列车重量标准不同，又未划一列车重量标准，因而须在本技术站按前方区段的列车重量标准补轴或减轴的直通、直达列车称为变更重量的中转列车。

例如，A 站开往 D 站的直通列车需在 B 站加挂 C 及其以远车组 500 t，到达 C 站后又须摘解 500 t 车组才能继续运行，如图 2-4-1 所示，该列车为 B 站和 C 站的部分改编中转列车。方向上不划一列车重量标准，增加了沿途技术站的作业负担、延缓了车流输送，增加运行图铺画难度，给运输组织带来许多不利影响，可以采取划一方向上列车重量标准或在困难区段采用补机推送或双机牵引等方法，尽量消除列车在运行途中技术站的变重改编作业。

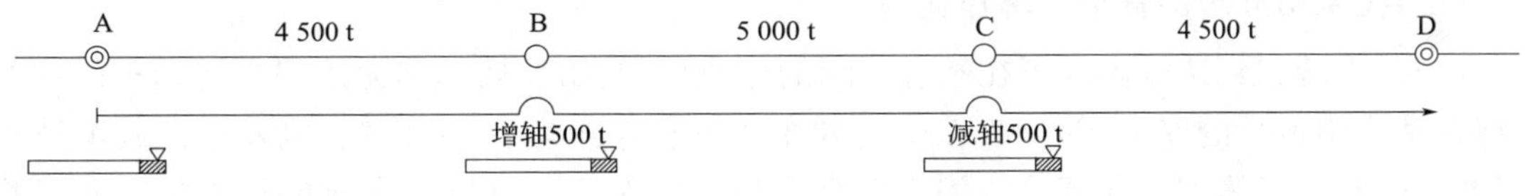

图 2-4-1 变更重量的中转列车

② 换挂车组的中转列车

当直达、直通列车到达站的车流不足时，利用较短途车流补轴开行分组列车是增加直达、直通列车开行数量、提高运输效率的有效方法。分组列车须在途中技术站摘下到达的车组、加挂符合列车编组计划要求的车组后才能继续运行。

例如，A 站开往 C 站的分组列车，根据列车编组计划编挂有 B 及其以远和 C 及其以远两个组号的车组。列车到达 B 站后，将 B 及其以远的车组摘下，加挂 C 及以远的车组，使列车达到牵引重量标准，成为单组列车，如图 2-4-2 所示。分组列车中编挂的车辆可能选分为两个及以上车组，在途中进行一次或多次换挂车组的作业。

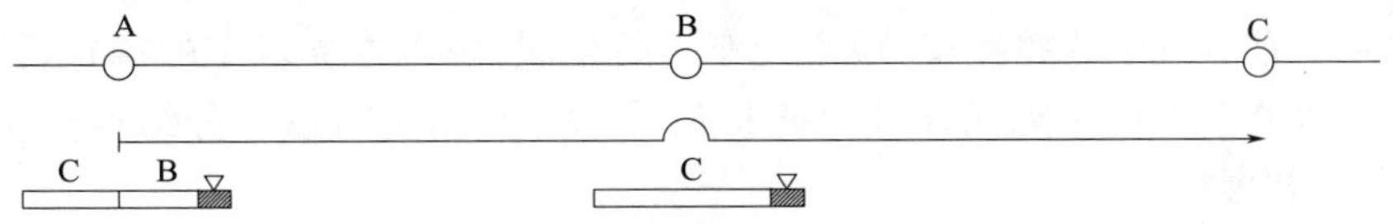

图 2-4-2 分组列车在沿途技术站换挂车组的作业

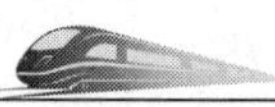

③ 在本站因变更运行方向需要进行部分改编的中转列车

在经过衔接多个方向的技术站时，因车站咽喉布置的关系，列车在进站和出站时头、尾位置发生颠倒的列车，称为变更运行方向的列车。如图 2-4-3 所示，由 A 站发往 D 站的直通列车，在 B 站作业后开往 D 站时列车尾部将变为头部。

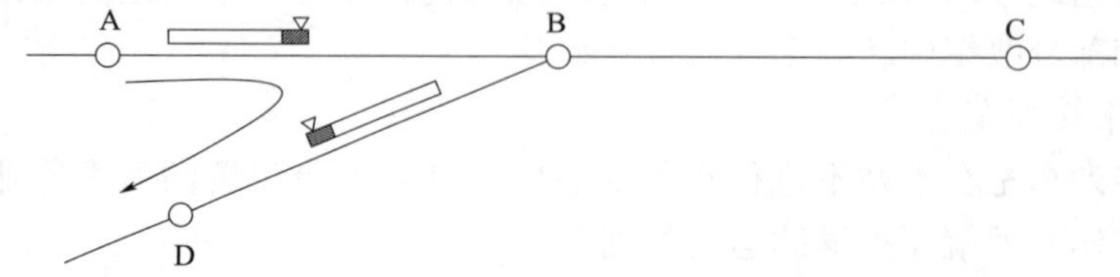

图 2-4-3　在技术站变更运行方向的直达或直通列车

由于车辆与机车的隔离限制、关门车位置等车辆在列车中的编挂条件对列车头部和尾部有不同要求，在变更运行方向时须改变部分车辆在列车中的编挂位置才能继续运行的直达、直通列车也属于部分改编列车。

目前，货物列车已经取消了守车，变更运行方向的中转列车已不再有换挂守车的作业。如果在列车编成站就考虑到列车需在途中变更运行方向，使列车中车辆的编挂顺序既符合始发站的列车编组要求，又符合变更运行方向后的列车编组要求，就可以消除在变向站的部分改编作业，只需摘去列尾装置主机、在原机次位置加装列尾装置主机，从而使变更运行方向的列车成为无改编中转列车。

3. 到达解体列车

到达解体列车是在本站终到、解体的列车。

(二)技术站办理的货物列车作业内容

始发、中转和到达解体列车在站有不同的作业目的：始发列车和无改编中转列车的作业要保证其途中运行的安全；部分改编中转列车要进行车组增、减或换挂，也要保证其继续运行的安全；到达解体列车和部分改编中转列车甩下的车组要确定其车辆的技术状态和货物装载状态，扣修定期检修到期和故障车辆，为列车解体和车辆的货物作业、定期检修做好准备。

列车在技术站的作业由列检组、车号员、货运检查员、列尾作业员等完成，主要包括以下几项：

1. 车辆的技术检查和修理

由于车辆在调车和编挂在列车中运行时会受到来自机车和钢轨的纵向、横向和垂向冲击力，车辆的各部件，特别是走行部和车钩缓冲装置的构件可能会发生磨损、毁坏或丢失，对列车的安全运行造成影响。因此，在列车始发站、途中技术站和终到站都需要对列车中编挂的车辆进行技术检查和修理。

检车员应提前到规定线路接车，观察列车走行情况，负责本务机车的摘挂、试风及车辆的检修工作。检查前要在车列两端插上防护信号、升起脱轨器，然后分组检查车辆的走行部、车钩及制动装置。

对需修理的车辆应尽量采用不摘车检修的方法作业，如必须摘车修理时应填写“车辆检修通知单"并正确使用色票，及时通知车站甩车。

列检对到达解体列车简略试风后，机车摘头，入段检修整备；自编始发列车的车列检修完毕后，本务机车挂头，简略试风；中转列车在机车折返站须换挂机车，但实行长交路的机车，在途中技术站中转时不换挂机车，仅进行乘务组的换班。

2. 车辆的货运检查及整理

车辆经过长时间的运行或调车作业后，货物装载、加固状态可能发生变化，需要进行装载状态检查，必要时进行装载整理或摘车倒装。这项作业由车站的货运检查员负责。

在列车到达前，货运检查员要在列车尾部停车地点接车，利用列车进站走行中观察货物装载状况。列车停妥后，货运检查员从车列两侧检查敞、平车上的货物装载加固和篷布苫盖情况；棚车的铅封、车体、车门、车窗等有无异常状态；罐车有无渗漏，顶盖是否关好；超限货物的装载状态是否符合挂运电报和记录内容；有无货物被盗痕迹。

发现异状应及时处理，按规定编写货运记录，在开车前不能处理完毕可能危及行车安全时，应通知车站甩车。

3. 摘挂列尾装置主机

列尾装置由机车控制盒和列尾装置主机两部分组成，其作用如下：

(1)使机车乘务员准确掌握列车尾部风压，确认列车完整。

(2)列车主管因泄漏等原因风压不足时，可直接向司机报警。

(3)折角塞门意外关闭时，司机可直接操纵列尾装置，制动停车。

(4)可起列车标志作用，为接发列车人员确认列车完整提供依据。

列尾装置主机配属于固定的编组站、运用于固定的交路：列车到达列尾装置主机配属站和折返站后须拆解列尾装置主机；列车从配属站和折返站出发时，须安装列尾装置主机；列车在列尾装置主机交路途中的技术站进行中转作业时不更换主机。列尾装置主机的摘挂和检修、保养由车站列尾作业室负责。

4. 检查核对现车

该项工作由外勤车号员负责，主要任务是检查列车编组顺序表(运统1)和现车是否相符。发现无改编中转、部分改编中转和到达解体列车不符应及时报告车站调度员并做好记录，通知发车站或途中作业站；发现自编始发列车违编应及时判明情况并通知车站调度员纠正，确保出发列车的质量。

5. 车列交接

办理出发列车交接时，车号员根据运统1核对现车无误后，连同一份运统1与机车乘务员当面办理签字交接。办理到达列车交接时，机车乘务员确认列车完整后在一份运统1上签字，将列车交付车站到达场车号人员，发现不相符的情况应立即通知有关车站处理。

6. 准备发车及发车

列检作业结束，出发司机挂头，按规定简略试风，收到车站发出的发车通知、依据列尾控制盒确认列尾风压正常、具备发车条件后，根据信号的显示起动列车。

(三)技术站货物列车技术作业过程

货物列车、货车在站办理技术作业的项目、程序及时间标准分别称为货物列车和货车的技

术作业过程。技术站的货物列车技术作业是在到达场、发车场或到发场完成的，由车站值班员负责组织指挥。作业人员要提前做好准备，加强与有关工种的协同配合，组织流水作业，避免作业中断，压缩各种等待时间，最大限度地组织平行作业，以减少作业延续时间，提高作业效率。

各种货物列车的技术作业过程如下：

1. 自编始发列车技术作业过程

自编始发列车在技术站的技术作业过程如图 2-4-4 所示。列车在始发站出发前的技术作业对于保证列车质量与途中运行安全具有重要意义。为缩短列车在出发场的作业停留时间，有关人员应提前做好准备，及时核对现车，车站值班员还应加强与机务段联系，督促机车按时出段，以保证列车正点从车站出发。

顺序	作 业 项 目	作业时间（min）0 5 10 15 20 25 30
1	检车员、货运检查员、车号员、列尾作业员等出动	
2	车辆技术检查和修理、挂机车及试风	25　7
3	货运检查及整理	20
4	车号员核对现车与司机交接	20　5
5	列尾装置技术作业	10
6	准备发车及发车	7
	作业总时分（min）	32

图 2-4-4　自编始发列车技术作业过程

2. 无改编中转列车技术作业过程

无改编中转列车技术作业过程，如图 2-4-5 所示。可以看出，无改编中转列车技术作业总时间主要受车辆技术检修作业时间控制。因此为了压缩作业时间，应充分利用自动轴温检测仪等 5T 系统先进设备，加强检修预报，组织检车人员提前到场精准检修。

顺序	作 业 项 目	作业时间（min）0 5 10 15 20 25 30 35 40
1	检车员、车号员、货运检查员、列尾作业员等出动	
2	到达试风、摘机车、车辆技术检查和修理	35
3	货运检查及整理	20
4	车号员核对现车	15
5	出发司机与到达司机交接列车	20
6	列尾装置技术作业	7　10
7	挂机车及试风	5
8	准备发车及发车	7
	作业总时分（min）	42

图 2-4-5　无改编中转列车技术作业过程

3. 部分改编中转列车技术作业过程

部分改编中转列车除需办理与无改编中转列车相同的各项作业外，按下列不同情况还要进行一定的调车作业（见图 2-4-6）：

（1）变更列车重量时，需进行减轴或补轴的调车作业；

（2）换挂车组时，需进行摘车和挂车的调车作业；

（3）变更列车运行方向需调整列车尾部车辆编挂位置时，需进行调整隔离车和关门车位置的调车作业。

顺序	作业项目	作业时间（min）0 5 10 15 20 25 30 35 40 45
1	助理值班员、检车员、车号员、货运检查员、列尾作业员等出动	
2	到达试风、摘机车、车辆技术检查和修理、挂机车和试风	7　20　8
3	摘挂车组	13
4	摘解和安装列尾装置主机	7　10
5	货运检查及整理	20
6	到达司机与车号员交接列车	5　15
7	车号员与出发司机交接列车	10
8	准备发车及发车	5
	作业总时分（min）	50

图 2-4-6　部分改编中转列车技术作业过程

决定部分改编中转列车技术作业时间的主要因素是车辆技术检修作业和调车作业时间。因此为了压缩作业时间，车站应根据列车到达确报，提前准备并检修好需加挂的车组，并调移至靠近列车到达线的线路上，以便列车技术检修后立即进行调车作业；还可对减轴、需摘下的车组进行先摘后检，集中力量检修基本车组。

4. 到达解体列车技术作业过程

到达解体列车技术作业过程如图 2-4-7 所示。加速到达解体列车技术作业的关键还是压缩车辆技术检修作业时间，同时做好解体的准备工作（排风、摘管）。因此，除了应加强检修预报、充分利用自动轴温检测仪等先进设备、组织检车人员提前到场外，车站值班员还应加强与车站调度员的联系，按照阶段计划的安排组织列检作业，保证实现车站调度员的指挥意图。

顺序	作业项目	作业时间（min）0 5 10 15 20 25 30 35
1	检车员、车号员、货运检查员、列尾作业员、制动员等出动	
2	到达试风、摘机车、车辆技术检查和修理	35
3	货运检查及整理	20
4	车号员与司机核对、交接列车	5　10
5	列尾装置技术作业	10
6	摘解制动软管、排风准备解体	20
	作业总时分（min）	35

图 2-4-7　到达解体列车技术作业过程

二、货车在技术站的作业

（一）货车按其在站作业性质的分类

货车按在车站办理的作业性质不同，分为中转车和货物作业车。

1. 中转车

中转车是指在技术站中转，不进行装卸作业的货车。按其在站有无调车作业，分为无调中转车和有调中转车。

（1）无调中转车

无调中转车指随无改编中转列车或部分改编中转列车到达、在本技术站进行中转作业

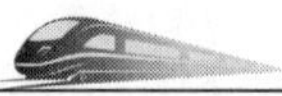

后，随原列车继续运行的货车。

(2)有调中转车

随到达解体列车或部分改编中转列车到达，在本站需要进行解、编作业的中转货车。

2. 货物作业车

货物作业车是指随到达解体列车或部分改编中转列车到达，在车站进行货物作业（卸车、装车或倒装）的货车，也叫本站作业车。按其在车站完成装卸作业的次数，可分为一次货物作业车和双重货物作业车。

(1)一次货物作业车

一次货物作业车指在本站只进行一次装车或卸车作业的货物作业车。

(2)双重货物作业车

双重货物作业车指在本站卸空后再装车，进行两次作业的货物作业车。

(二)货车在站技术作业过程

货车在站办理技术作业的项目、程序及时间标准称为货车的技术作业过程。

1. 无调中转车技术作业过程

无调中转车随中转列车到达车站，并随原列车出发。因此，它的技术作业过程与其所在列车在到发线上的作业过程相同。

2. 有调中转车技术作业过程

有调中转车随列车到站后，首先在列车到达线上进行到达作业，然后经解体调车，将车辆溜入调车场固定线路内集结，待凑够规定的重量或长度后，进行编组作业，转出发场进行出发作业。其作业过程如图 2-4-8 所示。

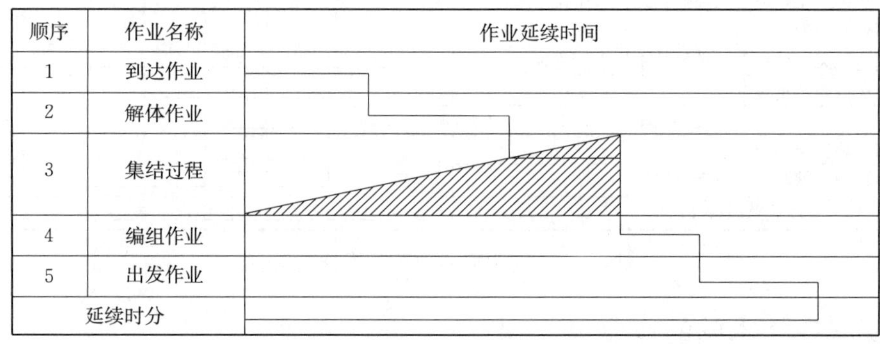

图 2-4-8　有调中转车技术作业过程

3. 本站作业车技术作业过程

一次货物作业车技术作业过程：到达、解体、待送、送车、装车或卸车、取车、集结、编组、出发，如图 2-4-9 所示。

双重货物作业车技术作业过程：到达、解体、待送、送车、卸车、调移、装车、取车、集结、编组、出发，如图 2-4-10 所示。双重货物作业车在三级三场站型编组站内的走行径路如图 2-4-11 所示。

顺序	作业名称	作业延续时间
1	到达	
2	解体	
3	（集结）待送	
4	送车	
5	装车或卸车	
6	取车	
7	集结	
8	编组	
9	出发	
延续时间		

图 2-4-9　一次货物作业车技术作业过程

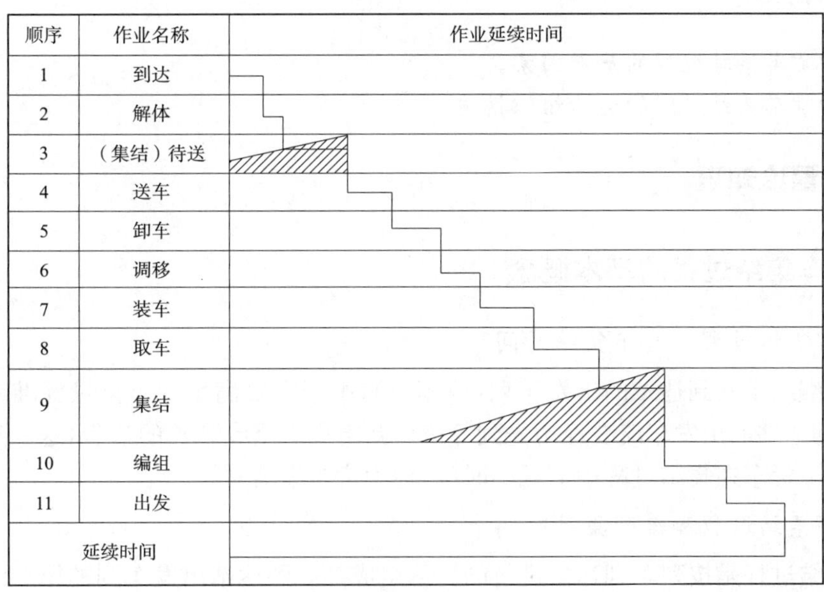

顺序	作业名称	作业延续时间
1	到达	
2	解体	
3	（集结）待送	
4	送车	
5	卸车	
6	调移	
7	装车	
8	取车	
9	集结	
10	编组	
11	出发	
延续时间		

图 2-4-10　双重货物作业车技术作业过程

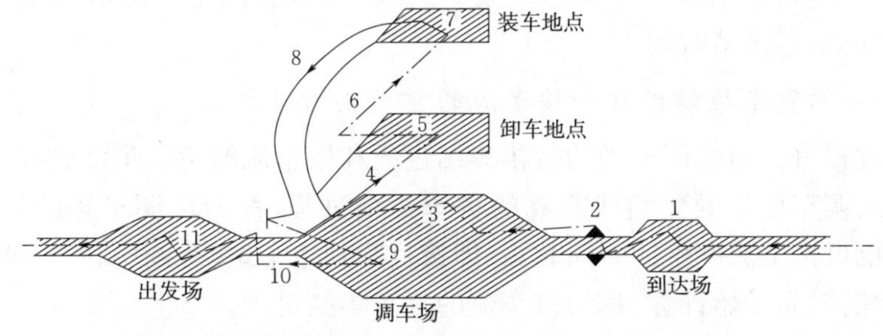

图 2-4-11　双重货物作业车在三级三场站型编组站内的走行径路

（图中的数字对应于图 2-4-10 中的作业过程）

组织货车双重作业避免了将卸后空车送往装车站的作业过程，可以有效提高车辆的运用效率。因而，在日常运输组织中，应尽量利用卸后空车在本站装车。

1. 按办理作业的性质，技术站到发的列车分为哪几类？各需要在站办理哪些作业？

2. 按办理作业的性质，技术站到发的货车分为哪几类？各需要在站办理哪些作业？

3. 什么是货物列车和货车在站的技术作业过程？车站制定货物列车和货车技术作业过程的原则是什么？

学习任务5　货车集结过程

1. 影响货车集结过程的基本因素。

2. 减少货车集结时间的运输组织措施。

一、货车集结过程的基本概念

1. 货车集结过程和货车集结时间

车站为编组某一到达站的出发车列（或车组），由于需要满足列车重量标准或计长的要求，因而该到达站的出发车流要经历先到等待后到凑集满重或满长的过程，这一过程称为货车集结过程。货车在集结过程中消耗的时间，称为货车集结时间。

2. 车列集结过程和车列集结时间

货车集结过程是按列车到达站进行的。从组成某一到达站出发车列的第一组货车加入集结之时起，至组成该车列的最后一组货车进入集结过程时止，为车列的集结过程。该过程的延续时间，称为车列集结时间。在车列集结过程中，组成该车列的所有货车消耗的车小时，称为该车列的货车集结时间。

3. 按调车场的货车集结过程和按车流的货车集结过程

货车集结过程可分为按调车场的货车集结过程和按车流的货车集结过程。

按货车进入调车场车辆集结线起算的货车集结过程，称为按调车场的货车集结过程。货车集结过程也可按车流产生的时间起算，即按货车到达车站（有调中转车）或装卸完毕（本站货物作业车）的时间开始计算，称为按车流的货车集结过程。

按调车场的货车集结过程反映任一时刻可用于编组列车的车流数量；而按车流的货车集结过程不受车站作业调整和作业进度的影响，反映车站上车流的客观集结情况。因而，编制阶段计划时，须采用按调车场的货车集结过程；编制车站班计划和查定车站技术作业标准时，则采用按车流的货车集结过程。两种货车集结过程如图 2-5-1 所示。

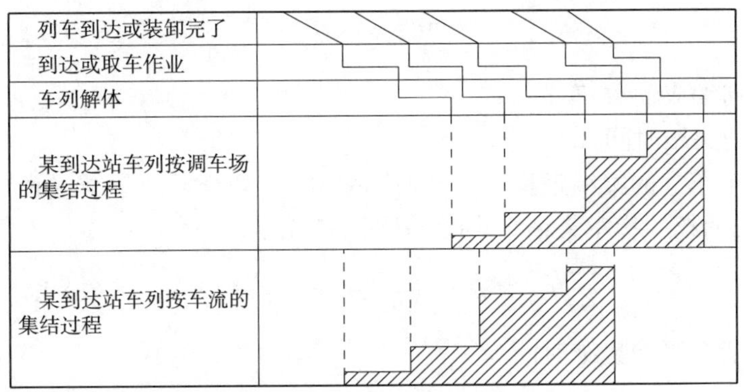

图 2-5-1 按调车场和按车流的货车集结过程

一个列车到达站在一昼夜内可能开行若干个列车，每一个列车都有一个车列集结过程，一昼夜内该到达站全部出发车列的集结车小时之和，就是该到达站的货车集结时间。

一个技术站可能编组若干列车到达站，该站所有到达站的货车集结过程组成该站的货车集结过程，各到达站货车集结时间之和为该站的货车总集结时间。

货车集结是货车在站技术作业过程中的一项既不可缺少又属于停留等待的特殊组成部分，且占有很大比重。有调中转货车在我国主要编组站的集结停留时间一般约占中转车总停留时间的 40%～50%。因而，研究分析货车集结过程及其影响因素，从而采取有效措施缩短货车集结时间对于加速车辆周转具有重要意义。

二、货车集结时间的影响因素

影响货车集结时间的主要因素包括集结中断的次数和延续时间、车组的大小和配合到达的程度等。

各到达车组车数相等、且到达间隔时间相同、无集结中断的车列集结过程，如图 2-5-2 所示。

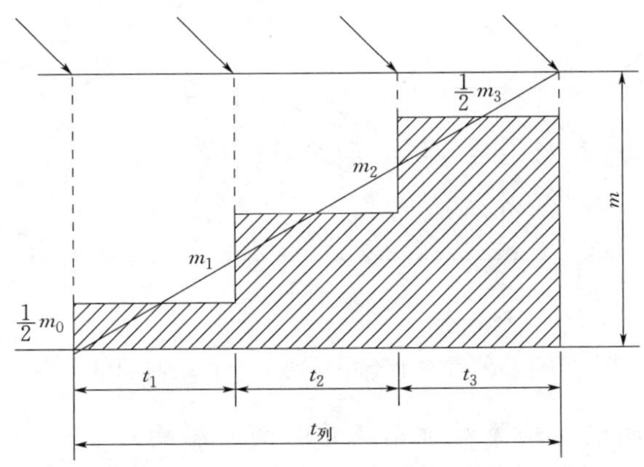

图 2-5-2 车组相等、均衡到达、无集结中断的车列集结过程图

可以看出:在车组均衡到达的条件下,集结某到达站的一个车列所消耗的货车集结时间为

$$T_{集}^{列}=\frac{1}{2}mt_{列}$$

式中　m——车列编成辆数,车;

$t_{列}$——车列集结时间,h。

以上只是一个车列的集结过程,一个到达站出发车列全天的集结过程,在不发生集结中断的情况下,全天消耗的货车集结车小时(见图 2-5-3)为

$$T_{集}=\frac{1}{2}(\sum t_{列}\times m)=\frac{1}{2}(24\times m)=12\,m\quad(车·h)\qquad(2\text{-}5\text{-}1)$$

该去向每辆货车平均集结时间为

$$t_{集}=\frac{12m}{N}\quad(车·h)\qquad(2\text{-}5\text{-}2)$$

式中　N——该去向全天集结的货车数。

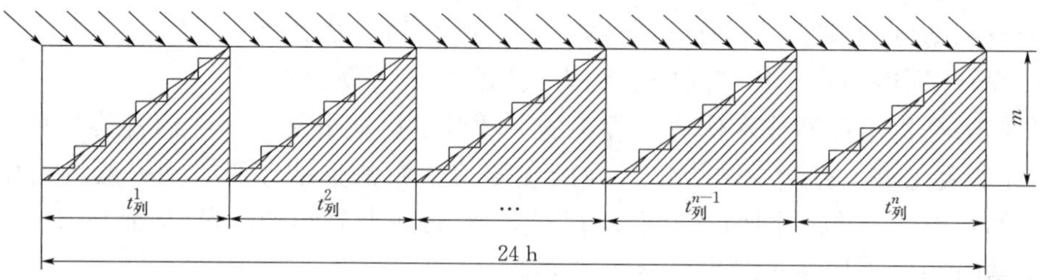

图 2-5-3　车组均衡到达、无集结中断的集结过程

实际上,日常到达本站或进入调车场的车组大小和到达时机有很大的随机性,并且在车列集结过程之间还可能出现集结中断的情况。

1. 车组大小不均等对货车集结时间的影响

如图 2-5-4 所示,在车列集结期间和车组到达间隔时间相同的条件下车组大小不等时,大车组后到,特别是以大车组结束车列集结,可以有效地减少货车集结时间。

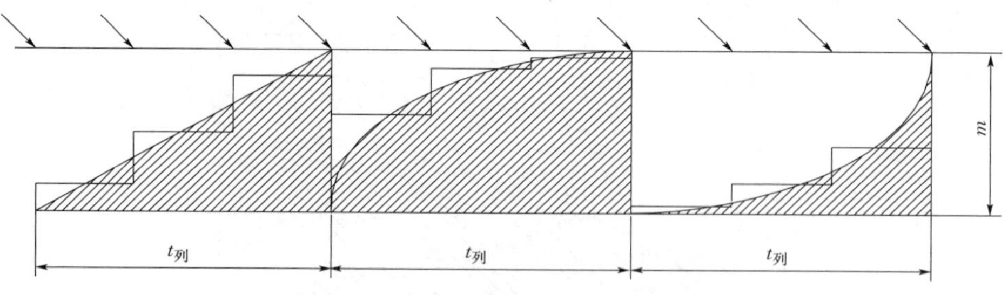

图 2-5-4　车组大小不均等对货车集结时间的影响

2. 车组到达时间间隔不均等对货车集结时间的影响

在车列集结期间相同、车组大小均等的条件下,组织车组在车列集结的后期集中到达能够显著地减少货车集结时间,如图 2-5-5 所示。

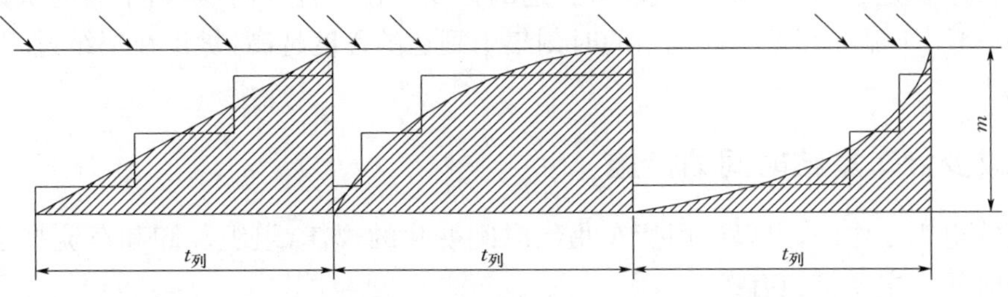

图 2-5-5　车组在车列集结后期集中到达对货车集结时间的影响

3. 集结中断对货车集结时间的影响

如果在编组列车时能够将某一列车到达站的货车全部挂走，即造成集结中断，如图 2-5-6 所示第 1 列和第 3 列编组后该线空线，则该到达站的货车全天消耗的集结时间将会缩短，且集结中断次数越多、中断时间越长，则货车集结时间越少。

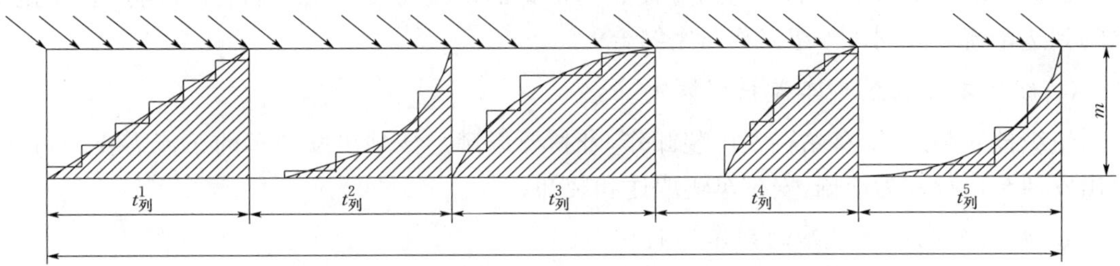

图 2-5-6　集结中断对货车集结时间的影响

在日常运输工作中，加强作业计划，使大车组在车列集结后期集中到达和造成长时间集结中断，对于缩短货车集结时间会产生良好的综合效果，如图 2-5-7 所示。

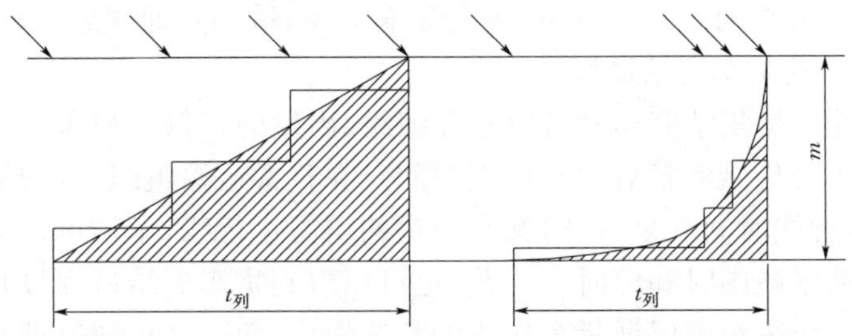

图 2-5-7　造成集结中断、组织车组配合到达对于货车集结时间的综合影响

所以，通过运输组织，一个列车到达站全天消耗的货车集结时间通常小于 $12m$，可按下式计算：

$$T_{集}=cm \quad (车 \cdot h) \tag{2-5-3}$$

式中　c——货车集结参数，是综合反映铁路车流组织水平的指标，车·h/车。

由此可以得出以下结论：编组一个列车到达站所消耗的货车集结时间 $T_{集}$，取决于货车集结参数 c 和车列的编成辆数 m，而与该到达站全天的车流量 N 的大小无关；影响集结参

数 c 的因素主要是集结中断和车组配合到达的程度。在一昼夜内，集结中断的次数越多、中断的时间越长，车流在邻近车列编组的时刻集中到达的程度越高，货车在集结过程中消耗的时间就越少。

三、减少货车集结时间的措施

在运输组织工作中，可以运用货车集结时间变化的规律，组织装卸和车流挂运，以压缩货车集结时间。主要措施有：

1. 列车编成站按列车终到站的列车编组计划和出发车流需要编车

每个车站只是全局中的一个节点，为了加速货车周转、获得最佳运输效益，车站在组织车流时不仅应满足本站列车编组计划和列车运行图的要求，而且在出发列车的车流编挂上还应尽量符合列车终到站编组出发列车的车流需要，充分考虑车流在列车终到站的接续。

2. 加强枢纽和技术站邻近区段各中间站的车流组织

邻近区段和枢纽地区的中间站应按照技术站的车流需要组织车辆装卸和挂运，使技术站的到达车流与其列车编组工作紧密结合。

3. 组织本站自装卸车流挂线装卸

组织挂线装卸，即车站在安排装卸作业时，要以满足该站出发列车的车流需要为目标，以出发列车运行线为依据，安排车辆取送和装卸。

4. 编制车流良好接续的列车运行图

铁路局运输部技术科编图工程师要积累各站各次出发列车车流来源的资料，摸清其供流车次。在编制新图时，使供流车次与受流车次在运行图上有良好的接续。

5. 加强直达列车作业组织

合理铺画重直达列车配空、出重运行线：使空车直达列车到达大宗货物装车站的时间与重直达列车自车站出发的时间良好配合；完善装车设备，采用直通式或环形装卸线，整列装车，装好即成列，以简化货车集结过程。

实际上，车列并不是集结完毕就可以立即编组、出发的。每一列车都要按指定的列车运行线出发，因而车列集结满轴后常有待编时间。在日常运输组织中，如果列车集结满轴时离规定的出发运行线时间尚早，同时又有合适的空闲运行线，车站可以与调度所联系提前编组出发，以压缩车站中时和停时。由此，也可以看到货车集结过程只是货车在站作业的一个环节，车站工作组织应保证货车作业的整体优化，而不必单纯追求某一项作业的局部优化。

1. 什么是货车集结时间？
2. 影响货车集结时间的因素有哪些？
3. 可以采取哪些措施缩短货车集结时间？

▶项目3◀

接发列车工作

项目描述

接发列车是车站办理列车向区间发出、由区间接入和通过所进行的作业，是列车运行不可或缺的重要环节。正确、及时地完成接发列车作业，对确保铁路线路畅通无阻，安全正点和质量良好地完成国家运输任务，具有十分重要的意义。

本项目主要介绍接发列车工作的基本规定，正常情况下接发列车及非正常情况下接发列车的作业方法。

本项目依据的相关规范、规程与标准包括《铁路技术管理规程》（以下简称《技规》）、《铁路接发列车作业》（TB/T 30001—2020）、《铁路行车组织规则》（以下简称《行规》）和《车站行车工作细则》。本项目中的信号员为助理值班员岗位中负责执行《铁路接发列车作业》（TB/T 30001—2020）信号员技术作业的人员。

学习目标

1. 素质目标

培养认真谨慎、一丝不苟的工作态度，以及对非正常情况下接发列车作业的钻研习惯。

2. 能力目标

具备正常情况下利用闭塞、联锁设备完成接发列车作业的能力，明确非正常情况下接发列车可能引起的不安全因素、行车作业方法及需要采取的安全保障措施。

3. 知识目标

理解制定接发列车工作基本规定的目的和依据，熟悉不同闭塞设备条件下接发列车的作业程序，掌握非正常情况下接发列车的应急处置方法。

学习任务1　认识接发列车的作业要求和基本规定

学习内容

1. 接发列车作业要求。

2. 接发列车使用线路的基本规定。

3. 列车在站内线路上停留位置的规定。

4. 到发线停留车辆的基本规定。

相关理论知识

列车除在区间运行外，还要在车站上发、到和通过。保证安全、不间断地接发列车，严格按运行图行车，是车站行车组织工作的一项基本任务。

发车工作是指单线区间从请求闭塞向邻站申请发车（半自动闭塞）或向邻站发出发车预告（自动站间闭塞、双线区间）时起，至列车尾部驶出站界并办完有关事项止的所有作业。

接车工作是指单线区间从承认闭塞允许邻站发车（半自动闭塞）或接受邻站发车预告（自动站间闭塞、双线区间）时起，至列车进站在线路上停妥并办完有关事项止的所有作业。

放行通过列车工作则是从车站办理接车工作[单线区段承认闭塞、允许后方站发车（半自动闭塞）或接受邻站发车预告（自动站间闭塞），双线区段接受后方站发车预告]、办理列车的出发作业[单线区段向前方站请求闭塞（半自动闭塞）或发出发车预告（自动站间闭塞），双线区段向前方站发出发车预告]、办理列车通过进路、开放出站和进站信号，至列车尾部驶出站界并办完有关事项止的所有作业。

车站直接参与接发列车的工作人员有：车站值班员、信号员或扳道员、助理值班员等。

车站接发列车工作由车站值班员统一指挥。在采用调度集中设备的区段，各站的接发列车工作由列车调度员直接指挥和办理，但转为车站控制时由车站值班员指挥。在实行行车指挥自动化的条件下，列车的运行和接发列车工作通过计算机和远程控制系统，在列车调度员的监视下，实现自动控制。

车站值班员应保证车站能安全和顺畅地接发列车，按图行车。为此，必须熟悉有关行车设备的性能和使用方法及各种非正常条件下接发列车的作业方法，掌握列车运行图和列车运行的实际情况，严格执行接发列车作业标准和有关规定，加强与列车调度员及其他有关人员的联系、配合，有计划、有预见地工作。

接发列车是关系到行车安全的大事，有关人员必须严格按照《技规》、《行规》、《铁路接发列车作业》和《站细》的有关规定办理各项作业。

一、作业要求

1. 作业办理权限的规定

接发列车时，车站值班员应亲自办理闭塞、布置进路（包括听取进路准备妥当的报告）、开闭信号、交接凭证、接送列车、发车。由于设备或业务量关系，除布置进路（包括听取进路准备妥当的报告）外，其他各项工作可指派信号员、助理值班员或扳道员办理。

2. 接发列车作业办理条件的规定

（1）闭塞条件

车站值班员在办理闭塞时，应确认区间或闭塞分区空闲。我国铁路采用半自动闭塞、自动站间闭塞和自动闭塞，为基本闭塞法，当基本闭塞法不能使用时，采用电话闭塞法行车。在半自动闭塞、自动站间闭塞区段及采用电话闭塞法行车的区间，列车以站（所）间区间为间隔运行；在自动闭塞区段，三显示、四显示自动闭塞列车以闭塞分区为间隔，移动自动闭塞列车以列车运行控制系统确定的移动间隔运行，因而在同一区间的一条正线上可以有多列列车追踪运行。

半自动闭塞区段或采用电话闭塞法行车时，车站值班员在办理闭塞前，必须确认区间空闲。这是因为如果发生列车在区间分离的事故，尽管列车空气制动系统减压制动，司机和接车站应能觉察，但由于半自动闭塞区段，区间无轨道电路（如图 3-1-1 所示），一旦列车在区间丢车，闭塞设备不能做出反应，待列车压过接车轨道电路两站就可以办理区间开通、再向区间发出列车。采用电话闭塞法行车时，无设备控制，也有可能不慎向占用区间发出列车，从而对行车安全带来重大风险。

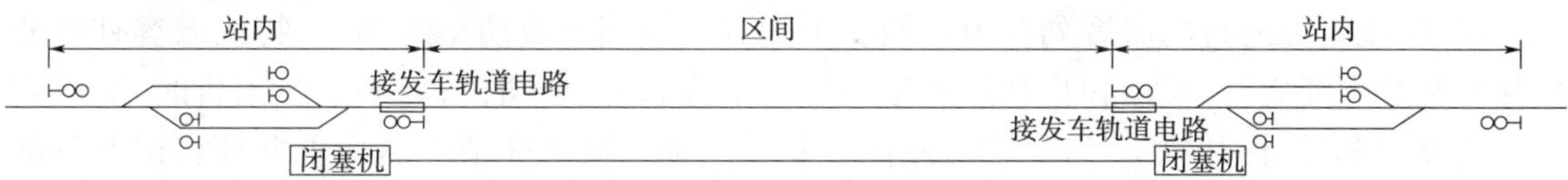

图 3-1-1　半自动闭塞设备

自动站间闭塞区间因为设置了计轴器或区间长轨道电路，可以自动判断区间是否空闲；自动闭塞区段的站间区间由通过色灯信号机划分为闭塞分区，每个闭塞分区都设置了轨道电路，可以自动显示闭塞分区的空闲数量，自动办理闭塞；在不设通过信号机的移动自动闭塞区段，由列车运行控制系统车载设备给出的速度码控制列车运行。

（2）接车条件

接车前，车站值班员必须亲自或通过有关人员确认接车线路空闲、影响进路的调车作业已经停止后，方可准备进路、开放进站信号机，准备接车。

（3）发车条件

发车前，车站值班员必须亲自或通过有关人员确认影响进路的调车作业已经停止后，方可准备进路、开放出站信号机，交付行车凭证，在旅客上下、行包装卸和列检作业等完了后发车。

3. 命令下达方式的规定

车站值班员下达准备接发列车进路命令时，必须简明清楚，正确及时，讲清车次和占用线路（一端有两个及以上列车运行方向或双线反方向行车时，应讲清方向、线别），并要受令人复诵，核对无误。

4. 作业程序标准化的规定

接发列车时，按《铁路接发列车作业》（TB/T 30001—2020）规定的程序办理，并使用规定用语。接发车人员应携带列车无线调度电话，持手信号旗（灯），站在规定地点接送列车，注意列车运行和货物装载状态。发现旅客列车尾部标志灯光熄灭时，通知车辆乘务员进行整理，在自动闭塞区段，通知不到时，应使列车停车整理。发现货物装载状态有异状时，及时处理。发现货物列车列尾装置丢失时，应报告列车调度员，使列车在前方站停车处理。

5. 报点和提请邻站安全警惕的规定

列车到达、发出或通过后，车站值班员(助理值班员)应立即向邻站及列车调度员报点，并记入行车日志(设有计算机报点系统的按有关规定办理)。遇有超长、超限列车、制动力部分切除的动车组列车、单机挂车和列尾装置灯光熄灭等情况，应通知接车站。

二、接发列车使用线路的基本规定

接发列车应在正线或到发线上办理，并应遵守下列原则：

(1)旅客列车、挂有超限货物车辆的列车，应接入规定线路。

(2)动车组列车在车站办理客运业务时，须固定股道、固定站台、固定停车位置。

(3)动车组列车、特快旅客列车通过时应在正线办理，其他通过列车原则上应在正线办理。

(4)原规定为通过的旅客列车由正线变更为到发线接车及动车组列车、特快旅客列车遇特殊情况必须变更基本进路时，须经列车调度员准许，并预告司机；如来不及预告时，应使列车在站外停车后，再开放信号机，接入站内。动车组列车遇特殊情况需变更办理客运业务的固定股道时，须经调度所值班主任(值班副主任)准许。

三、到发线停留车辆的基本规定

车站值班员应保证有不间断接车的空闲线路。正线上不应停留车辆(尽头式车站除外)。到发线上停留车辆时，须经车站值班员准许，在中间站并须取得列车调度员的准许方可占用，该线路的两端道岔应扳向不能进入的位置并加锁(装有轨道电路除外)。

在站内无空闲线路的特殊情况下，只准许接入为排除故障、事故救援、疏解车辆等所需要的救援列车、不挂车的单机及重型轨道车。上述列车均应在进站信号机外停车，由接车人员向司机通知事由后，以调车手信号旗(灯)将列车领入站内。

四、列车在站内线路上停留位置的规定

列车进站后，应停于接车线警冲标内方。在设有出站(进路)信号机的线路，列车头部不得越过出站(进路)信号机。

如列车尾部停在警冲标外方或压轨道绝缘时，车站接车人员应使用列车无线调度通信设备等通知司机或显示向前移动的手信号，使列车向前移动。

当超长列车尾部停在警冲标外方，接入相对方向的列车时，在进站信号机外制动距离内进站方向为超过6‰的下坡道，而接车线末端无隔开设备，须使列车在站外停车后，再接入站内，如图3-1-2所示。如在邻线上未设调车信号机，又无隔开设备，相对方向需要进行调车作业时，必须派人以停车手信号对列车进行防护。

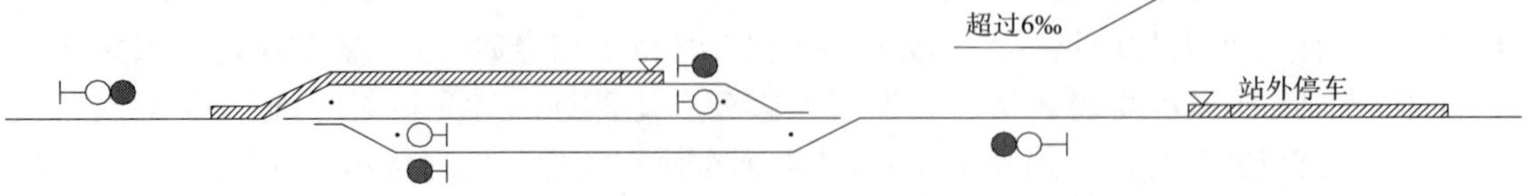

图3-1-2 超长列车会车示意图

1. 车站值班员的基本职责是什么?
2. 接发列车时哪些作业应由车站值班员亲自办理?
3. 接发列车使用的线路有什么要求?
4. 车站正线停留车辆有什么具体规定?
5. 列车在站内线路停留位置有什么要求?

学习任务2　正常情况下的接发列车作业

学习内容

1. 接发列车的主要作业。
2. 自动闭塞、半自动闭塞办理列车闭塞的作业程序。

相关理论知识

我国铁路采用自动闭塞、自动站间闭塞和半自动闭塞作为基本行车闭塞法。

为了确保生产安全,使接发列车工作程序合理化、规范化,原铁道部在1984年8月2日首次公布了TB 1500—1506《接发列车作业》标准,并于1992年5月、2003年5月和2009年2月进行三次修改、重新发布了《接发列车作业标准》。2020年12月21日国家铁路局发布《铁路接发列车作业》(TB/T 30001—2020),并于2021年7月1日实施,这项推荐的铁路行业标准规定了各种闭塞、联锁设备条件下接发列车的标准作业程序和用语。所有参与接发列车工作的人员都必须认真领会其精神实质,熟记作业程序和用语,一丝不苟地执行该项作业标准。

一、接发列车的主要作业

采用不同的联锁和闭塞设备,接发列车的作业程序也不同。在双线自动闭塞集中联锁和单线自动站间闭塞、半自动闭塞集中联锁条件下,接发列车时需要办理的主要作业有:

1. 办理闭塞(发出和接受预告)

同一区间两端车站间使用闭塞设备为列车取得进入区间凭证的作业过程称为办理闭塞。

使用半自动闭塞法行车时,发车站必须与接车站为出发列车办好闭塞手续,才可能排布出站进路、开放出站信号。列车占用区间的凭证是出站信号机或线路所通过信号机显示的允许运行的信号(一个绿色灯光或两个绿色灯光)。

使用自动闭塞法和自动站间闭塞法行车时,系统自动办理闭塞,发车站直接向接车站发

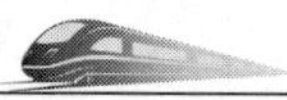

出预告。在自动站间闭塞区段,列车占用区间的凭证同半自动闭塞一样,是出站信号机或线路所通过信号机显示的允许运行的信号(一个绿色灯光或两个绿色灯光);在自动闭塞区段,列车进入区间的行车凭证为出站信号机或通过信号机的允许运行的信号(黄色,绿黄色、绿色或两个绿色灯光)。

确认区间或闭塞分区空闲,办好闭塞手续,取得列车占用区间的许可,是车站接发列车的首要作业程序。

2. 开放信号

列车到达车站、从车站出发或通过车站所需占用的一段站内线路称为列车进路。

在列车出站之前,车站值班员应按《站细》规定的时机,发布准备列车发车进路的命令;信号员应及时停止影响列车进路的调车工作,在控制台上按压进路的始端按钮和终端按钮,确认进路、信号显示正确。

接车时,车站值班员应确认接车线路空闲、通知信号员停止影响进路的调车作业并开放信号。信号员停止影响列车进路的调车工作,按压进路的始端按钮和终端按钮、确认进路、信号显示正确。

车站应根据采用的闭塞、联锁设备和作业条件确定准备进路、开放进站、出站信号机的时机,并列入《站细》。进路准备过早,进路上的道岔被锁闭,可能影响其他进路的排布;过迟,则可能造成列车机外停车或列车晚点。一般:开放进站信号的时机为邻站开车时;开放发车信号的时机为列车发车前 3 min。

3. 发车和接车

列车到达、出发或通过车站时,助理值班员应按《技规》要求,持手信号在规定地点迎送列车,密切注视列车运行情况和货物装载状态。发现有危及人身或行车安全的情况,应立即采取有效措施妥善处理。

发车时,在车站条件和列车条件均已满足时,助理值班员才能显示发车信号。

接车时,助理值班员确认信号开放正确、到规定地点接车。

4. 列车出发和到达

车站值班员通过控制台监视进路、信号及列车出(进)站,向邻站和列车调度员报点,并填写行车日志。

在半自动闭塞区段,列车到达或通过后,车站值班员还需办理闭塞机复原。

二、双线自动闭塞和单线半自动闭塞接发列车的作业流程

(一)双线自动闭塞(设信号员)

1. 发车作业

双线自动闭塞发车的作业过程包括发车预告、开放信号、发车和列车出发四个作业步骤,发车作业程序和岗位作业技术要求见表 3-2-1。

表 3-2-1 发车作业程序和岗位作业技术要求表

<table>
<tr><th colspan="2">作业程序</th><th colspan="3">岗位作业技术要求</th><th rowspan="2">事项要求</th></tr>
<tr><th>程序</th><th>项目</th><th>车站值班员</th><th>信号员</th><th>助理值班员</th></tr>
<tr><td rowspan="2">一、发车预告</td><td rowspan="2">1. 发车预告</td><td>(1)根据列车运行计划,向接车站发出:“×(次)预告”,并听取同意的通知</td><td>—</td><td>—</td><td>—</td></tr>
<tr><td>(2)填记或确认电子行车日志</td><td>—</td><td>—</td><td>不能使用电子行车日志时,填写纸质行车日志</td></tr>
<tr><td rowspan="3">二、开放信号</td><td rowspan="3">2. 开放信号</td><td>(3)通知信号员停止影响进路的调车作业并听取报告</td><td>(1)停止影响进路的调车作业、确认停止后报告</td><td>—</td><td>停止调车作业时机和通知、应答、报告用语,由企业规定。无影响进路的调车作业时,此项作业省略</td></tr>
<tr><td>(4)确认列车运行计划后,通知信号员:“×(次)、×道发车,开放信号”。听取复诵无误后,命令:“执行”</td><td>(2)复诵:“×(次)、×道发车,开放信号”</td><td>—</td><td>车站值班员认为需办理变通进路时,一并通知</td></tr>
<tr><td>(5)确认信号正确,应答:“×道出站信号好(了)”</td><td>(3)开放出站信号,口呼:“×道”,点击(按下)始端按钮;需办理变通进路时,口呼:“变通××”,点击(按下)相应变通按钮;口呼:“出站”,点击(按下)终端按钮。确认光带、信号显示正确,口呼:“信号好(了)”</td><td>—</td><td>“变通××”中的“××”为按钮名称</td></tr>
<tr><td rowspan="4">三、发车</td><td>3. 准备发车</td><td>(6)通知助理值班员:“发×道×(次)”,并听取复诵</td><td>—</td><td>(1)复诵:“发×道×(次)”</td><td>助理值班员在室外作业时,可提前告知发车计划
使用列车无线调度通信设备通知时,应在用语前增加姓名或代号
动车组列车无此项作业</td></tr>
<tr><td rowspan="2">4. 确认发车条件</td><td>—</td><td>(4)通过信号操作终端监视信号及进路表示</td><td>—</td><td>—</td></tr>
<tr><td>—</td><td>—</td><td>(2)确认旅客上下、行包装卸和列检作业等完了(或得到通知)</td><td>动车组列车无此项作业</td></tr>
<tr><td>5. 发车</td><td>—</td><td>—</td><td>(3)按规定站在适当地点,显示发车信号或使用列车无线调度通信设备(发车表示器)发车</td><td>由车站值班员使用列车无线调度通信设备发车时,应确认发车条件具备(或得到报告)
动车组列车无此项作业</td></tr>
</table>

续表

作业程序		岗位作业技术要求			事项要求
程序	项目	车站值班员	信号员	助理值班员	
四、列车出发	6. 监视列车	(7)列车起动后，及时通知接车站："×(次)、(×点)×(分)开"，并听取复诵	—	—	—
		(8)填记或确认电子行车日志	—	—	不能使用电子行车日志时，填写纸质行车日志
		(9)应答："好(了)"	(5)通过信号操作终端确认列车整列出站，口呼："×(次)出站"	(4)监视列车，于列车尾部越过发车地点，确认列车尾部标志后返回	—
		—	(6)擦(划)掉占线板(簿记载	(5)擦(划)掉占线板(簿记载	—
	7. 报点	(10)计算机报点系统自动向列车调度员报点	—	—	不能自动报点时，向列车调度员报点："×(站)报点，×(次)、×(点)×(分)开"

2. 接车(含通过)作业

双线自动闭塞车站接车(含通过)的作业程序包括接受预告、开放信号、接车和列车到达(通过)四个作业步骤，接车(含通过)作业程序和岗位作业技术要求见表 3-2-2。

表 3-2-2　接车(含通过)作业程序和岗位作业技术要求表

作业程序		岗位作业技术要求			事项要求
程序	项目	车站值班员	信号员	助理值班员	
一、接受预告	1. 接受发车预告	(1)听取发车站预告，按列车运行计划核对车次、时刻、命令、指示(必要时与列车调度员联系)，同意发车站预告："同意×(次)预告"	—	—	同意列车预告后，按企业规定通知有关人员
		(2)填记或确认电子行车日志	—	—	不能使用电子行车日志时，填写纸质行车日志
	2. 准备接车	(3)确定接车线	—	—	—
		(4)通知信号员："×(次)预告"，并听取复诵	(1)复诵："×(次)预告"	—	—
二、开放信号	3. 确认接车线	(5)复诵发车站开车通知："×(次)、×(点)×(分)开[通过]"	—	—	—
		(6)填记或确认电子行车日志中的发车站发车时间和本站接车线	—	—	不能使用电子行车日志时，填写纸质行车日志

续表

作业程序		岗位作业技术要求			事项要求
程序	项目	车站值班员	信号员	助理值班员	
二、开放信号	3. 确认接车线	(7)通知信号员、助理值班员:"×(次)开过来(了),×道停车[通过][到开]",并听取复诵	(2)复诵:"×(次)开过来(了),×道停车[通过][到开]",并填写占线板(簿)	(1)复诵:"×(次)开过来(了),×道停车[通过][到开]",并填写占线板(簿)	助理值班员在室外作业期间接到的通知,返回后、除按规定应擦(划)掉的外,应补填占线板(簿)。必要时与车站值班员联系
		(8)按企业规定通知有关人员	—	—	—
		(9)确认接车线路空闲	—	—	—
		(10)通知信号员停止影响进路的调车作业并听取报告	(3)停止影响进路的调车作业。确认停止后报告	—	停止调车作业时机和通知、应答、报告用语,由企业规定。无影响进路的调车作业时,此项作业省略
	4. 开放信号	(11)确认列车运行计划后,通知信号员:"×(次)、×道停车[通过],开放信号"。听取复诵无误后,命令:"执行"	(4)复诵:"×(次)、×道停车[通过],开放信号"	—	列车通过时,应办理有关发车作业程序 车站值班员认为需指定延续进路或办理变通进路时,并通知
		(12)确认信号正确,应答:"×道进站信号好(了)"[通过时,应答:"×道进、出站信号好(了)"]	(5)开放进站信号,口呼:"进站",点击(按下)始端按钮;需办理变通进路时,口呼:"变通××",点击(按下)相应变通按钮;口呼:"×道"(正线通过时,口呼:"出站"),点击(按下)终端按钮;设有延续进路时,口呼;"延续××",点击(按下)相应延续进路按钮。确认光带、信号显示正确,口呼:"信号好(了)"	—	"变通××"中的"××"为按钮名称 "延续××"中的"××"为延续的按钮或线路名称
三、接车	5. 列车接近	—	(6)通过信号操作终端监视信号及进路表示	—	—
		(13)再次确认信号正确,应答:"×(次)接近"	(7)第二(三)接近语音提示(接近铃响)、光带变红,再次确认信号开放正确,口呼:"×(次)接近"	—	—
		(14)通知助理值班员:"×(次)接近,×道接车",并听取复诵	—	(2)复诵:"×(次)接近,×道接车"	特快旅客列车、特快货物班列的通知接车时机,由企业规定
	6. 接送列车	—	—	(3)到企业规定地点接车	—

续表

作业程序		岗位作业技术要求			事项要求
程序	项目	车站值班员	信号员	助理值班员	
四、列车到达(通过)	7. 列车到达(通过)	—	(8)通过信号操作终端监视进路、信号及列车进(出)站	(4)监视列车进站,于列车停妥后返回。通过列车,于列车尾部越过接车地点,确认列车尾部标志后返回	—
		(15)应答:“好(了)”	(9)通过信号操作终端确认列车整列进入(通过)接车线,口呼:“×(次)到达[通过]	—	—
		(16)对通过列车通知接车站:“×(次)、(×点)×(分)通过”,并听取复诵	—	—	—
		(17)填记或确认电子行车日志	(10)对通过列车擦(划)掉占线板(簿)记载	(5)对通过列车擦(划)掉占线板(簿)记载	不能使用电子行车日志时,填写纸质行车日志
	8. 报点	(18)计算机报点系统自动向列车调度员报点	—	—	不能自动报点时,向列车调度员报点:“×(站)报点,×(次)、(×点)×(分)到[通过]”

(二)单线半自动闭塞集中联锁(设信号员)

1. 发车作业

单线半自动闭塞发车的作业过程包括请求闭塞(发车预告)、开放信号、发车和列车出发四个作业步骤,发车作业程序和岗位作业技术要求见表 3-2-3。

表 3-2-3 发车作业程序和岗位作业技术要求表

作业程序		岗位作业技术要求			事项要求
程序	项目	车站值班员	信号员	助理值班员	
一、请求闭塞(发车预告)	1. 确认区间空闲	(1)确认列车运行计划;根据闭塞表示灯、行车日志及各种行车表示牌,确认区间空闲	—	—	—
	2. 办理闭塞手续(发车预告)	(2)请求闭塞:“×(次)闭塞”[双线:“×(次)预告”],并听取同意的通知	—	—	—
		(3)通知信号员:“办理×(次)闭塞”,并听取复诵	(1)复诵:“办理×(次)闭塞”	—	双线无此项作业

续表

作业程序		岗位作业技术要求			事项要求
程序	项目	车站值班员	信号员	助理值班员	
一、请求闭塞(发车预告)	2. 办理闭塞手续(发车预告)	(4)确认无误后，应答："×(次)闭塞好(了)"	(2)一点击(按)闭塞按钮、二听语音(铃响)、三看黄色箭头(黄灯)变绿，口呼："×(次)闭塞好(了)"	—	双线无此项作业
		(5)填记或确认电子行车日志	—	—	不能使用电子行车日志时，填写纸质行车日志
二、开放信号	3. 开放信号	(6)通知信号员停止影响进路的调车作业并听取报告	(3)停止影响进路的调车作业。确认停止后报告	—	停止调车作业时机和通知、应答、报告用语，由企业规定。无影响进路的调车作业时，此项作业省略
		(7)确认列车运行计划后，通知信号员："×(次)、×道发车，开放信号"。听取复诵无误后，命令："执行"	(4)复诵："×(次)、×道发车，开放信号"	—	车站值班员认为需办理变通进路时，一并通知
		(8)确认信号正确，应答："×道出站信号好(了)"	(5)开放出站信号，口呼："×道"，点击(按下)始端按钮；需办理变通进路时，口呼："变通××"，点击(按下)相应变通按钮；口呼："出站"，点击(按下)终端按钮。确认光带(表示灯)、信号显示正确，口呼："信号好(了)"	—	"变通××"中的"××"为按钮名称
三、发车	4. 准备发车	(9)通知助理值班员："发×道×(次)"，并听取复诵	—	(1)复诵："发×道×(次)"	助理值班员在室外作业时，可提前告知发车计划 使用列车无线调度通信设备通知时，应在用语前增加姓名或代号 动车组列车无此项作业
	5. 确认发车条件	—	(6)通过信号操作终端监视信号及进路表示	(2)确认旅客上下、行包装卸和列检作业等完了(或得到通知)	动车组列车无此项作业
	6. 发车	—	—	(3)按规定站在适当地点，显示发车信号或使用列车无线调度通信设备(发车表示器)发车	由车站值班员使用列车无线调度通信设备发车时，应确认发车条件具备(或得到报告) 动车组列车无此项作业

续表

作业程序		岗位作业技术要求			事项要求
程序	项目	车站值班员	信号员	助理值班员	
四、列车出发	7. 监视列车	(10)列车起动后,及时通知接车站:"×(次)、(×点)×(分)开",并听取复诵	—	—	—
		(11)填记或确认电子行车日志	—	—	不能使用电子行车日志时,填写纸质行车日志
		(12)应答:"好(了)"	(7)通过信号操作终端确认列车整列出站,口呼:"×(次)出站"	(4)监视列车,于列车尾部越过发车地点,确认列车尾部标志后返回	—
		—	(8)擦(划)掉占线板(簿)记载	(5)擦(划)掉占线板(簿)记载	—
	8. 报点	(13)计算机报点系统自动向列车调度员报点	—	—	不能自动报点时,向列车调度员报点:"×(站)报点,×(次)、(×点)×(分)开
	9. 接受到达通知	(14)复诵接车站列车到达通知	(9)确认闭塞表示灯熄灭	—	—
		(15)填记或确认电子行车日志	—	—	不能使用电子行车日志时,填写纸质行车日志

2. 接车(含通过)作业

单线半自动闭塞车站接车(含通过)的作业过程包括承认闭塞(接受预告)、开放信号、接车和列车到达(通过)四个作业步骤,接车(含通过)作业程序和岗位作业技术要求见表 3-2-4。

表 3-2-4　接车(含通过)作业程序和岗位作业技术要求表

作业程序		岗位作业技术要求			事项要求
程序	项目	车站值班员	信号员	助理值班员	
一、承认闭塞(接受预告)	1. 确认区间空间	(1)听取发车站请求闭塞(双线为发车站预告),按列车运行计划核对车次、时刻、命令、指示(必要时与列车调度员联系)	—	—	—
		(2)根据闭塞表示灯、行车日志及各种行车表示牌,确认区间空闲	—	—	—

续表

作业程序		岗位作业技术要求			事项要求
程序	项目	车站值班员	信号员	助理值班员	
一、承认闭塞(接受预告)	2. 办理闭塞手续(接受发车预告)	(3)同意闭塞:“同意×(次)闭塞”[双线同意预告:“同意×(次)预告”]	—	—	同意列车闭塞(预告)后,按企业规定通知有关人员
		(4)通知信号员:“办理×(次)闭塞”[双线:“×(次)预告”],并听取复诵	(1)复诵:“办理×(次)闭塞”[双线:“×(次)预告”]	—	—
		(5)确认无误后,应答:“×(次)闭塞好(了)”	(2)一听语音(铃响)、二看黄色箭头(黄灯)、三点击(按)闭塞按钮、四确认绿色箭头(绿灯),口呼:“×(次)闭塞好(了)”	—	双线无此项作业
		(6)填记或确认电子行车日志	—	—	不能使用电子行车日志时,填写纸质行车日志
		(7)确定接车线	—	—	—
		(8)通知信号员、助理值班员:“×(次)、×道停车[通过][到开]”,并听取复诵	(3)复诵:“×(次)、×道停车[通过][到开]”,并填写占线板(簿)	(1)复诵:“×(次)、×道停车[通过][到开]”,并填写占线板(簿)	助理值班员在室外作业期间接到的通知,返回后,除按规定应擦(划)掉的外,应补填占线板(簿)。必要时与车站值班员联系
二、开放信号	3. 听取开车通知	(9)复诵发车站开车通知:“×(次)、(×点)×(分)开[通过]	—	—	—
		(10)填记或确认电子行车日志中的发车站发车时间和本站接车线	—	—	不能使用电子行车日志时,填写纸质行车日志
		(11)通知信号员及助理值班员“×(次)开过来(了)”,并听取复诵	(4)复诵:“×(次)开过来(了)”	(2)复诵:“×(次)开过来(了)”	—
		(12)按企业规定通知有关人员	—	—	—
	4. 确认接车线	(13)确认接车线路空闲	—	—	—
		(14)通知信号员停止影响进路的调车作业并听取报告	(5)停止影响进路的调车作业。确认停止后报告	—	停止调车作业时机和通知、应答、报告用语,由企业规定。无影响进路的调车作业时,此项作业省略

续表

作业程序		岗位作业技术要求			事项要求
程序	项目	车站值班员	信号员	助理值班员	
二、开放信号	5. 开放信号	(15)确认列车运行计划后，通知信号员："×(次)、×道停车[通过]，开放信号"。听取复诵无误后，命令："执行"	(6)复诵："×(次)、×道停车[通过]，开放信号"	—	列车通过时，应办理有关发车作业程序 车站值班员认为需指定延续进路或办理变通进路时，一并通知
		(16)确认信号正确，应答："×道进站信号好(了)"[通过时，应答："×道进、出站信号好(了)"]	(7)开放进站信号，口呼："进站"，点击(按下)始端按钮；需办理变通进路时，口呼："变通××"，点击(按下)相应变通按钮；口呼："×道"(正线通过时，口呼："出站")，点击(按下)终端按钮；设有延续进路时，口呼："延续××"，点击(按下)延续进路相应按钮。确认光带(表示灯)、信号显示正确，口呼："信号好(了)"	—	"变通××"中的"××"为按钮名称 "延续××"中的"××"为延续的按钮或线路名称
三、接车	6. 列车接近	—	(8)通过信号操作终端监视信号及进路表示	—	—
		(17)再次确认信号正确，应答："×(次)接近"	(9)接近语音提示(接近铃响)、光带(表示灯)变红，再次确认信号开放正确，口呼："×(次)接近"	—	—
		(18)通知助理值班员："×(次)接近，×道接车"，并听取复诵	—	(3)复诵："×(次)接近，×道接车"	特快旅客列车、特快货物班列的通知接车时机，由企业规定
	7. 接送列车	—	—	(4)到企业规定地点接车	—
四、列车到达(通过)	8. 列车到达(通过)	—	(10)通过信号操作终端监视进路、信号及列车进(出)站	(5)监视列车进站，于列车停妥后(货物列车未装列尾装置或列尾装置故障时，确认列车整列到达后)返回。通过列车，于列车尾部越过接车地点，确认列车尾部标志后返回	—

续表

作业程序		岗位作业技术要求			事项要求
程序	项目	车站值班员	信号员	助理值班员	
四、列车到达(通过)	8. 列车到达(通过)	(19)应答"好(了)"	(11)通过信号操作终端确认列车整列进入(通过)接车线,口呼:"×次)到达[通过]	—	—
		(20)对通过列车通知接车站:"×(次)、(×点)×(分)通过"并听取复诵	—	—	—
		(21)填记或确认电子行车日志	(12)对通过列车擦(划)掉占线板(簿)记载	(6)对通过列车擦(划)掉占线板(簿)记载	不能使用电子行车日志时,填写纸质行车日志
	9. 开通区间	(22)通知信号员:"开通×(站)区间",并听取复诵	(13)复诵:"开通×(站)区间"	—	货物列车未装列尾装置或列尾装置故障时,确认列车整列到达后,方可办理区间开通手续
		(23)确认无误后,应答:"好(了)"	(14)一看闭塞表示灯、二点击或按(拉)闭塞(复原)按钮、三确认灯光熄灭,口呼:"×(站)区间开通"	—	—
		(24)通知发车站:"×(次)、(×点)×(分)到",并听取复诵	—	—	—
	10. 报点	(25)计算机报点系统自动向列车调度员报点	—	—	不能自动报点时,向列车调度员报点:"×(站)报点,×(次)、(×点)×(分)到[通过]"

实践环节

为掌握半自动闭塞、自动站间闭塞条件下接发列车的标准作业过程,学生课后可在接发列车实验室安排4 h接发列车实验。按接车站和发车站分组,每组6人,轮流担任值班员、信号员和助理值班员,练习单线半自动闭塞(设信号员)和双线自动闭塞(设信号员)的接发列车作业过程,严格按照国家铁路局《铁路接发列车作业》要求规范作业程序和用语。

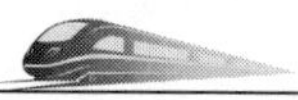

1. 我国铁路采用的基本闭塞法是什么？

2. 单线半自动闭塞区段，车站值班员在办理闭塞时怎样确定区间空闲？自动站间闭塞区段和自动闭塞区段怎样保证列车安全间隔？

3. 行车日志记载了哪些内容？对于保证接发列车作业安全有什么作用？

4. 进站和出站信号机开放的时机怎样确定？开放过早或过晚对行车工作有什么不利影响？

5. 背诵双线自动闭塞行车车站办理接发列车作业的流程和用语。

6. 背诵单线半自动闭塞车站办理接发列车作业的流程和用语。

学习任务3　非正常情况下接发列车

1. 电话闭塞法。

2. 电话中断时的行车闭塞法。

3. 引导接车。

4. 特种列车的接发。

一、电话闭塞法

基本闭塞法行车时，列车运行安全有闭塞设备的保障，所以正常情况下都应当采用。《技规》规定："当基本闭塞法不能使用时，应根据列车调度员的命令采用电话闭塞法行车。"电话闭塞法是当基本闭塞法不能使用时，利用站间行车电话人工办理闭塞的临时替代的行车方法。

1. 电话闭塞法的适用条件

遇下列情况应停止使用基本闭塞法，改用电话闭塞法行车：

(1)基本闭塞设备发生故障导致基本闭塞法不能使用、自动闭塞区间内两架及以上通过信号机故障或灯光熄灭时。

基本闭塞设备发生故障不能使用，如：半自动闭塞区段出站信号机内方轨道电路故障、出站信号机故障或灯光熄灭；自动站间闭塞不能开放出站信号机，导致自动站间闭塞和半自动闭塞法均不能使用；自动闭塞区间内两架及以上通过信号机故障或灯光熄灭，造成列车在区间一再停车，都应停止使用基本闭塞法，改用电话闭塞法行车。

(2)无双向闭塞设备的双线区间(见图3-3-1)反方向发车或改按单线行车时。

双线自动闭塞区段的每条正线一般正方向设置自动闭塞信号系统，反向配置自动站间闭塞设备。如果只设置了一套自动闭塞信号系统，列车调度员进行列车运行调整开行反方

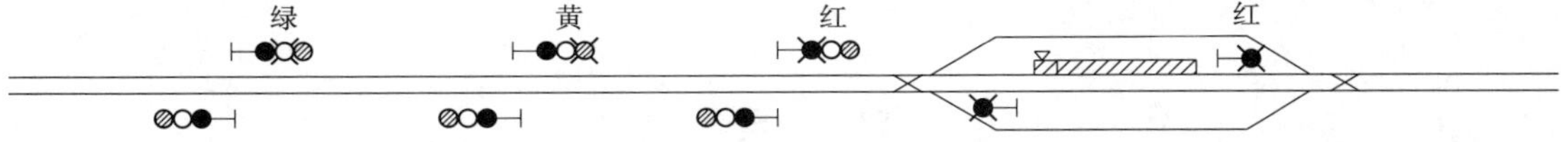

图 3-3-1　无双向闭塞设备的双线区间反方向发车

向列车时；或其中一条正线因检修或发生事故封闭，需要将另一条正线按单线行车时，只能采用电话闭塞。

(3)发出由区间返回的列车，或发出挂有由区间返回后部补机的列车时。

发出由区间返回的列车时，在列车返回前，车站无法控制不再向区间放行列车；发出挂有由区间返回后部补机的列车时，在列车到达前方站后补机返回前，车站无法控制不再向区间放行列车，如果操作失误，向有车区间发出列车将产生严重后果。

(4)自动站间闭塞、半自动闭塞区间，由未设出站信号机的线路上发车(见图 3-3-2)，或超长列车头部越过出站信号机并压上出站方面轨道电路发车时。

以上两种情况，列车无法取得进入区间的凭证，因而基本闭塞设备不能使用。

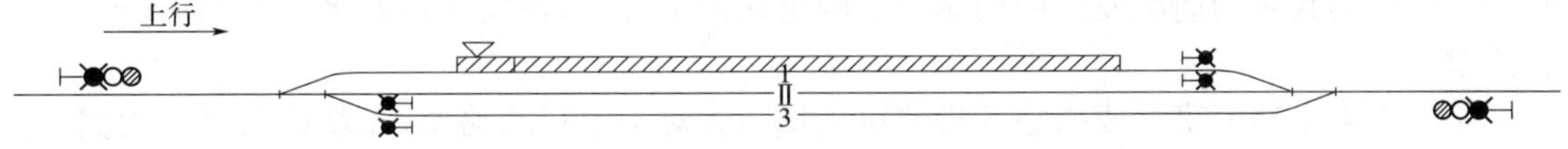

图 3-3-2　由未设出站信号机的线路上发车

(5)在夜间或遇降雾、暴风雨雪，为消除线路故障或执行特殊任务，开行轻型车辆时。

因为轻型车辆装有绝缘车轴，轨道电路不能确定其位置，为确保安全，仅限昼间封锁施工作业时使用，此时不按列车办理；但在夜间或遇降雾、暴风雨雪时，因为瞭望条件不好，应按列车办理，因此须停止基本闭塞法，改按电话闭塞法行车。

自动站间闭塞设备故障，半自动闭塞设备良好时，可根据调度命令改按半自动闭塞法行车。

当发生上述情况，车站值班员认为需要停止使用基本闭塞法、改用电话闭塞法行车时，应认真核对、确认，并及时报告列车调度员，按列车调度员的命令办理。

为了减少突发事件对列车运行的影响，遇列车调度员电话不通时，闭塞法的变更或恢复，由该区间两端的车站值班员确认区间空闲后，直接以电话记录办理。列车调度电话恢复正常时，两端站车站值班员应及时向列车调度员报告。

2. 电话闭塞法行车时列车占用区间的行车凭证

使用电话闭塞法行车时，不论单线、双线均按站(所)间区间办理，列车占用区间的行车凭证是路票。当挂有由区间返回的后部补机时，另发给补机司机路票副页(格式与路票相同，仅在右上方加盖副字戳记)。

路票为预先印好区间两端站名和编号的硬卡片，如图 3-3-3 所示。填发路票时，车站须填写邻站同意接车的电话记录号码和列车车次，并加盖车站印章。双线反方向行车使用路票时，应在路票上加盖“反方向行车”章；两线、多线区间使用路票时，应在路票上加盖“××线行车”章。

单线或双线反方向发车(正方向首列发车)时，根据“行车日志”查明区间已空闲，并取得接车站承认的电话记录号码，在发车进路准备妥当后，方可填发路票；双线正方向发车(首列

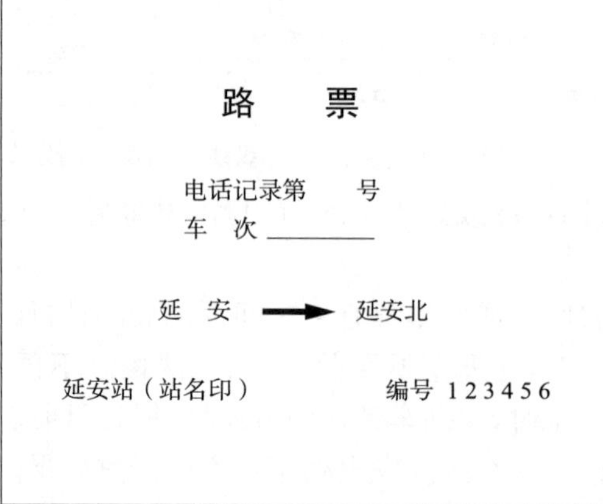
路　票

电话记录第　　号
车　次________

延　安 ──▶ 延安北

延安站（站名印）　　　编号 123456

注：1. 路票为预先印好区间（即站名）和编号的硬卡片；（规格75 mm×88 mm）
2. 加盖㊓字戳记者，为路票副页。

图 3-3-3　路票

除外）时，根据收到的前次发出的列车到达的电话记录号码，在发车进路准备妥当后，即可填发路票。

路票应由车站值班员或指定助理值班员填写。对于填写的路票，车站值班员应根据“行车日志”的记录认真核对，确认无误，并加盖站名印后，方可送交司机。

3. 办理电话闭塞时，应记入行车日志的事项

电话闭塞是依靠区间两端站值班员人工判断区间空闲，以电话联络方式办理闭塞手续的。这种方法缺乏闭塞设备的安全保证，需要格外小心谨慎。为了便于确认区间占用情况和明确责任，在办理电话闭塞时，下列事项应发出电话记录号码，并记入“行车日志”：

(1)承认闭塞。

(2)列车到达，补机返回。

(3)取消闭塞。

(4)单线或双线反方向越出站界调车。

电话记录号码自每日 0 时起至 24 时止，按日循环编号，编号办法由铁路局规定。例如，规定向本站下行方向邻站发出电话记录号码用连续单数(1、3、5、7…)，向上行方向邻站用连续双数(2、4、6、8…)。电话记录号码不得使用重号。收发电话记录，应由车站值班员亲自办理、登记签名。

4. 检查进路空闲和准备进路

采用电话闭塞法行车时：如车站联锁设备正常，应利用车站联锁设备检查进路的空闲状态，排布、锁闭和监控列车进路，开放信号；发车站联锁设备正常，因基本闭塞设备故障不能排布发车进路时，可按调车进路排布和锁闭发车进路，在关闭的出站信号机前发给司机路票作为进入区间的凭证。

在无联锁设备或联锁设备失效的线路，通常指定的胜任人员担任扳道员和引导员人工办理和确认进路。

(1)检查接车线路空闲

昼间由车站助理值班员与两端扳道员（长）现场目视检查分别向车站值班员汇报；夜间

由车站助理值班员与两端扳道员(长)站在接车线路中心以手信号灯(白色灯光显示股道号码信号,然后在下部左右大幅度摇动)对道检查,检查完成后分别向值班员汇报;天气不良或接车线为曲线时,由车站助理值班员与两端扳道员(长)相对方向检查,确认空闲后分别汇报。

(2)准备列车进路

使用人工摇动电动转辙机(简称电转机)的无联锁道岔(含联锁失效),须确保所摇动的道岔达到机械锁闭位置。对不能正常机械锁闭的道岔,车务、工务、电务三方共同采取措施,确保道岔密贴、固定后方可使用。

分动外锁闭道岔、双电转机及单电转机双牵引道岔按无联锁道岔的使用及人工加锁办法:

使用分动外锁闭道岔时,人工摇动电转机(对可动心轨道岔,只准一人按照先心轨、后尖轨的顺序进行摇动),在确认尖轨(心轨)开通位置正确、尖轨密贴于基本轨、外锁闭机构锁闭后,车务须对密贴和斥离尖轨(心轨)处使用专用钩锁器同时加锁。

使用双电转机道岔时,必须两人同时摇动,在确认尖轨开通位置正确并与基本轨密贴后,方准在尖轨处进行人工加锁。

使用单电转机双牵引点的道岔时,仍由一人摇动,在确认尖轨开通位置正确并与基本轨密贴后,在尖轨处人工加锁。

因道岔施工,道岔尖轨(心轨)与电转机脱离时,工务或施工单位须对密贴和斥离尖轨(心轨)进行钉固,车务须对密贴和斥离尖轨(心轨)加锁后方可使用。

应在道岔加锁处涂打明显标记。

(3)进路确认

需人工准备进路时,车站应设专职进路检查员,确认接发列车进路正确,检查进路上规定加锁道岔加锁正确后,向值班员汇报。

因列车停靠位置受地形、地物影响,助理值班员发车前执行与扳道员(长)对道制度有困难时,可直接在室内听取进路检查员关于“进路确认好(了)”的汇报后,方可向司机递交行车凭证发车。

5. 单(双)线电话闭塞无联锁(联锁设备失效)接发列车的作业程序

发车站在办理闭塞前,应先确认区间已空闲,再用电话向接车站请求闭塞,在接到接车站发出的同意接车的电话记录并登记于行车日志以后,才算确定了区间闭塞。发车站也只有在收到接车站发来的列车到达的电话记录并登记后,方能确定区间已空闲。

(1)发车作业

发车作业程序和岗位作业技术要求见表 3-3-1。

表 3-3-1 发车作业程序和岗位作业技术要求表

作业程序		岗位作业技术要求			事项要求
程序	项目	车站值班员	助理值班员	扳道员	
一、请求闭塞(发车预告)	1. 确认区间空闲	(1)确认列车运行计划;根据行车日志及各种行车表示牌,确认区间空闲	—	—	首列使用电话闭塞法时,核对由基本闭塞法改用电话闭塞法的调度命令

续表

<table>
<tr><th colspan="2">作业程序</th><th colspan="3">岗位作业技术要求</th><th rowspan="2">事项要求</th></tr>
<tr><th>程序</th><th>项目</th><th>车站值班员</th><th>助理值班员</th><th>扳道员</th></tr>
<tr><td rowspan="4">一、请求闭塞(发车预告)</td><td rowspan="4">2. 办理闭塞手续(发车预告)</td><td>(2)单线及双线反方向(正方向首列)请求闭塞:“×(次)闭塞”[双线正方向除首列外:“×(次)预告”]</td><td>—</td><td>—</td><td>—</td></tr>
<tr><td>(3)复诵接车站发出的电话记录[双线正方向除首列外为听取接车站同意的通知</td><td>—</td><td>—</td><td>—</td></tr>
<tr><td>(4)填记或确认电子行车日志</td><td>—</td><td>—</td><td>不能使用电子行车日志时,填写纸质行车日志</td></tr>
<tr><td>(5)口呼:“×(次)闭塞[预告]好(了)”。揭挂“区间占用”表示牌</td><td>(1)确认无误后,应答:“×(次)闭塞[预告]好(了)”</td><td>—</td><td>助理值班员在室外作业时,(1)项作业省略</td></tr>
<tr><td rowspan="6">二、准备进路</td><td rowspan="6">3. 准备进路</td><td>(6)通知扳道员停止影响进路的调车作业并听取报告</td><td>—</td><td>(1)停止影响进路的调车作业。确认停止后报告</td><td>停止调车作业时机和通知、应答、报告用语,由企业规定。无影响进路的调车作业时,此项作业省略</td></tr>
<tr><td>(7)确认列车运行计划后,通知有关扳道员:“×号、×号,×(次)、×道发车,准备进路”。听取复诵无误后,命令:“执行”</td><td>—</td><td>(2)进路上的扳道员复诵:“×号,×(次)、×道发车,准备进路”。有关扳道员回答:“×号,知道(了)”</td><td>车站值班员认为需办理变通进路时,一并通知</td></tr>
<tr><td>—</td><td>—</td><td>(3)正确及时地准备进路,并将进路上无联锁的有关对向道岔及邻线上防护道岔加锁</td><td>进路上的分动外锁闭道岔无论对向或顺向,均应对密贴尖轨、斥离尖轨和可动心轨加锁</td></tr>
<tr><td>(8)听取扳道员报告后,应答:“好(了)”</td><td>—</td><td>(4)报告:“×号,×道发车进路好(了)”</td><td>—</td></tr>
<tr><td>(9)通知扳道员:“×号,确认×道发车进路”。听取复诵无误后,命令:“执行”</td><td>—</td><td>(5)复诵:“×号,确认×道发车进路</td><td>—</td></tr>
<tr><td>(10)听取扳道员报告,应答:“好(了)”</td><td>—</td><td>(6)再次确认正确,报告:“×号,×道发车进路确认好(了)”</td><td>—</td></tr>
</table>

续表

作业程序		岗位作业技术要求			事项要求
程序	项目	车站值班员	助理值班员	扳道员	
三、准备发车	4. 办理凭证	(11)核对车次、区间，电话记录号码，填写路票	—	—	双线正方向发车，电话记录号码为：首列为接车站承认的电话记录号码；首列以后的列车，为前次发出的列车到达的电话记录号码 可按企业规定，由指定的助理值班员填写路票
		(12)与助理值班员核对路票	(2)与车站值班员核对路票	—	
	5. 交付凭证	(13)通知助理值班员："发×道×(次)"，并听取复诵	(3)复诵："发×道×(次)"	—	—
		—	(4)与扳道员对道	(7)与助理值班员对道	—
		—	(5)与司机核对路票，确认正确后交付司机	—	使用调度命令无线传送系统传送行车凭证或使用列车无线调度通信设备向司机转达行车凭证时，无此项作业
四、发车	6. 确认发车条件	—	(6)确认旅客上下、行包装卸和列检作业等完了(或得到通知)	—	动车组列车无此项作业
	7. 发车	—	(7)按规定站在适当地点，显示发车信号或使用列车无线调度通信设备(发车表示器)发车	—	由车站值班员使用列车无线调度通信设备发车时，应确认发车条件具备(或得到报告) 动车组列车无此项作业
五、列车出发	8. 监视列车	(14)列车起动后，及时通知接车站："×(次)、(×点)×(分)开"，并听取复诵	—	—	车站值班员不能确认列车是否起动时，由助理值班员报告车站值班员
		(15)填记或确认电子行车日志	—	—	不能使用电子行车日志时，填写纸质行车日志
		—	(8)监视列车，于列车尾部越过发车地点，确认列车尾部标志后返回	(8)监视列车，确认列车尾部标志，外方扳道员于列车尾部越过最外方道岔后返回	—

续表

作业程序		岗位作业技术要求			事项要求
程序	项目	车站值班员	助理值班员	扳道员	
五、列车出发	9. 解锁进路	(16)应答："好(了)"	—	(9)外方扳道员向车站值班员报告："×号，×(次)出站"	—
		—	(9)擦(划)掉占线板(簿)记载	(10)擦(划)掉占线板(簿)记载	—
		(17)通知扳道员："×号，解锁×号道岔[×进路]"	—	(11)复诵后将加锁的道岔解锁	连续使用道岔同一位置接发列车时除外
	10. 报点	(18)通过计算机报点系统向列车调度员报点	—	—	不能使用计算机报点系统时，向列车调度员报点："×(站)报点，×(次)、(×点)×(分)开"
	11. 接受到达通知	(19)复诵接车站列车到达电话记录	—	—	—
		(20)填记或确认电子行车日志	—	—	不能使用电子行车日志时，填写纸质行车日志
		(21)摘下"区间占用"表示牌	—	—	—

(2)接车(含通过)作业

接车(含通过)作业程序和岗位作业技术要求见表3-3-2。

表3-3-2　接车(含通过)作业程序和岗位作业技术要求表

作业程序		岗位作业技术要求				事项要求
程序	项目	车站值班员	助理值班员	扳道员	引导人员	
一、承认闭塞(接受预告)	1. 确认区间空闲	(1)听取发车站请求闭塞(双线正方向除首列外，为听取发车站预告)，按列车运行计划核对车次、时刻、命令指示(必要时与列车调度员联系)	—	—	—	首列使用电话闭塞法时，核对由基本闭塞法改用电话闭塞法的调度命令
		(2)根据行车日志及各种行车表示牌，确认区间空闲	—	—	—	—
	2. 办理闭塞手续(接受发车预告)	(3)发出电话记录："×号，(×点)×(分)，同意×(次)闭塞"[双线正方向除首列外为同意预告："同意×(次)预告"]	—	—	—	同意列车闭塞(预告)后，按企业规定通知有关人员

续表

<table>
<tr><th colspan="2">作业程序</th><th colspan="4">岗位作业技术要求</th><th rowspan="2">事项要求</th></tr>
<tr><th>程序</th><th>项目</th><th>车站值班员</th><th>助理值班员</th><th>扳道员</th><th>引导人员</th></tr>
<tr><td rowspan="3">一、承认闭塞(接受预告)</td><td rowspan="3">2. 办理闭塞手续(接受发车预告)</td><td>(4)填记或确认电子行车日志</td><td>—</td><td>—</td><td>—</td><td>不能使用电子行车日志时，填写纸质行车日志</td></tr>
<tr><td>(5)口呼："×(次)闭塞[预告]好(了)"。揭挂"区间占用"表示牌</td><td>(1)确认无误后，应答："×(次)闭塞[预告]好(了)"</td><td>—</td><td>—</td><td>助理值班员在室外作业时，(1)项作业省略</td></tr>
<tr><td>(6)确定接车线</td><td>—</td><td>—</td><td>—</td><td>—</td></tr>
<tr><td rowspan="7">二、准备进路</td><td rowspan="3">3. 检查接车线路</td><td>(7)通知助理值班员、有关扳道员："×号、×号，×(次)闭塞[预告]，检查×道"，并听取复诵</td><td>(2)复诵："×(次)闭塞[预告]，检查×道"</td><td>(1)复诵："×号，×(次)闭塞[预告]，检查×道"</td><td>—</td><td>—</td></tr>
<tr><td>—</td><td>(3)现场检查</td><td>(2)现场检查</td><td>—</td><td>—</td></tr>
<tr><td>(8)应答："×道空闲"</td><td>(4)向车站值班员报告："×道空闲"，并填写占线板(簿)</td><td>(3)向车站值班员报告："×号，×道空闲"，并填写占线板(簿)</td><td>—</td><td>—</td></tr>
<tr><td rowspan="4">4. 准备进路</td><td>(9)通知扳道员停止影响进路的调车作业并听取报告</td><td>—</td><td>(4)停止影响进路的调车作业。确认停止后报告</td><td>—</td><td>停止调车作业时机和通知、应答、报告用语，由企业规定。无影响进路的调车作业时，此项作业省略</td></tr>
<tr><td>(10)确认列车运行计划后，通知有关扳道员："×号、×号，×(次)、×道停车[通过][到开]，准备进路"。听取复诵无误后，命令："执行"</td><td>—</td><td>(5)进路上的扳道员复诵："×号，×(次)、×道停车[通过][到开]，准备进路"。接停车列车时，接车线末端及有关扳道员回答："×号，知道(了)"</td><td>—</td><td>列车通过时，应办理有关发车作业程序
车站值班员认为需指定延续进路或办理变通进路时，一并通知</td></tr>
<tr><td>—</td><td>—</td><td>(6)正确及时地准备进路，并将进路上无联锁的有关对向道岔及邻线上防护道岔加锁</td><td>—</td><td>进路上的分动外锁闭道岔无论对向或顺向，均应对密贴尖轨、斥离尖轨和可动心轨加锁</td></tr>
<tr><td>(11)听取扳道员报告后，应答："好(了)"</td><td>—</td><td>(7)报告："×号，×道接车进路好(了)"[列车通过或到开时，发车端扳道员报告："×号，×道发车进路好(了)"]</td><td>—</td><td>—</td></tr>
</table>

续表

作业程序		岗位作业技术要求				事项要求
程序	项目	车站值班员	助理值班员	扳道员	引导人员	
二、准备进路	4. 准备进路	(12)通知引导人员："确认×道接车进路"。听取复诵无误后，命令："执行"	—	—	(1)复诵："确认×道接车进路"	设进路检查人员时，检查确认办法由企业规定
		(13)听取引导人员报告后，应答："好(了)"	—	—	(2)确认进路正确，报告："×道接车进路确认好(了)"	扳道员兼引导人员或引导人员确认进路有困难时，由扳道员再次检查，确认正确后报告。接通过列车时，发车端扳道员再次确认正确后报告
	5. 听取开车通知	(14)复诵发车站开车通知："×(次)、(×点)×(分)开"	—	—	—	—
		(15)填记或确认电子行车日志中的发车站发车时间和本站接车线	—	—	—	不能使用电子行车日志时，填写纸质行车日志
		(16)通知助理值班员、扳道员："×号、×号，×(次)开过来(了)"，并听取复诵	(5)复诵："×(次)开过来(了)"	(8)复诵："×(次)开过来(了)"	—	—
		(17)按企业规定通知有关人员	—	—	—	—
三、引导接车	6. 引导接车	(18)通知引导人员："×(次)、(×点)×(分)开过来(了)，引导接车"。听取复诵无误后，命令："执行"	—	—	(3)复诵："×(次)、(×点)×(分)开过来(了)，引导接车"	—
		—	—	—	(4)到规定地点，按规定时机显示引导手信号	—

续表

作业程序		岗位作业技术要求				事项要求
程序	项目	车站值班员	助理值班员	扳道员	引导人员	
四、接车	7. 列车接近	(19)应答:"×(次)接近"	—	—	(5)目视列车接近,向车站值班员报告:"引导人员,×(次)接近"	—
		(20)通知助理值班员及有关扳道员:"×次、×号,×(次)接近,×道接车",并听取复诵	(6)复诵:"×(次)接近,×道接车"	(9)进路上的扳道员复诵:"×号,×(次)接近,×道接车"。接停车列车时,接车线末端及有关扳道员回答:"×号,知道(了)"	—	—
	8. 接头列车	—	(7)再次确认接车线路空闲,到企业规定地点接车	(10)再次确认接车线路空闲,到企业规定地点接车	—	—
		(21)对通过列车,使用调度命令无线传送系统传送行车凭证或按规定使用列车无线调度通信设备向司机转达行车凭证后,通知助理值班员:"×(次)、×道显示通过手信号",并听取复诵	(8)监视列车进站,于列车停妥后返回;对通过列车,得到车站值班员显示通过手信号的通知并复诵后,显示通过手信号。列车头部越过接车地点,收回通过手信号。列车尾部越过接车地点,确认尾部标志后返回	(11)监视列车进(出)站,确认列车尾部标志;停车列车,内方扳道员需确认列车尾部过标后返回	(6)待列车头部越过引导地点后,收回引导手信号	不能使用调度命令无线传送系统传送行车凭证或使用列车无线调度通信设备向司机转达行车凭证时,由助理值班员交递书面行车凭证
五、列车到达(通过)	9. 列车到达(通过)	(22)听取列车到达(出站)报告,应答:"好(了)"	—	(12)报告:"×号,×(次)到达"。通过列车发车端扳道员报告:"×号,×(次)出站"	—	—
		(23)对通过列车通知接车站:"×(次)、(×点)×(分)通过",并听取复诵	(9)对通过列车,擦(划)掉占线板(簿)记载	(13)对通过列车,擦(划)掉占线板(簿)记载	—	—

续表

作业程序		岗位作业技术要求				事项要求
程序	项目	车站值班员	助理值班员	扳道员	引导人员	
五、列车到达(通过)	10. 开通区间	(24)通知扳道员:“×号,解锁×号道岔[×进路]”	—	(14)复诵后将加锁的道岔解锁	—	连续使用道岔同一位置接发列车时除外
		(25)向发车站发出电话记录:“×号,×(次)、(×点)×(分)到”,并听取复诵	—	—	—	—
		(26)填记或确认电子行车日志	—	—	—	不能使用电子行车日志时,填写纸质行车日志
		(27)摘下“区间占用”表示牌	—	—	—	—
	11. 报点	(28)通过计算机报点系统向列车调度员报点	—	—	—	不能使用计算机报点系统时,向列车调度员报点:“×(站)报点,×(次)、(×点)×(分)到(通过)”

6. 恢复基本闭塞

当基本闭塞设备修复、销记或可以使用时,车站值班员应立即报告列车调度员,取得列车调度员的命令,及时恢复基本闭塞法行车。

二、电话中断时的行车闭塞方法

车站行车室内一切电话中断是指车站行车室内的行车闭塞电话、调度电话、站间行车电话及其他电话全部中断,车站值班员无法使用电话与相邻车站(线路所)及列车调度员取得行车联络的特殊情况。

由于自然灾害、通信设备故障及其他原因,导致车站一切电话中断时,车站值班员应及时通知电务通信工区尽快组织检修,并将通知的时间、人员、电话中断情况等内容及时登记在行车设备检查登记簿上。

(一)列车运行组织方法

车站电话中断时,依据三种不同情况采取不同方法组织行车。

1. 闭塞设备作用良好的双线自动闭塞区间

在双线自动闭塞区间,如闭塞设备作用良好时,列车运行仍按自动闭塞法行车,但车站与列车司机应以列车无线调度通信设备直接联系(说明车次及注意事项等)。如列车无线调度通信设备故障时,列车必须在车站停车联系。

2. 单线区间、双线非自动闭塞区间和双线自动闭塞设备停用的区间

单线行车按书面联络法、双线行车按时间间隔法,列车进入区间的行车凭证均为红色许

可证。红色许可证(见图 3-3-4)既是列车占用区间的行车凭证,其“通知书”又是与邻站联络、确定该区间下一次列车发车权的证据。

许　可　证

第________号

现在一切电话中断,准许第__________次列车自__________站至________站,本列车前于________时________分发出的第__________次列车,邻站到达通知已/未收到。

通　知　书

1.第________次列车到达你站后,准接你站发出的列车。

2.于________时________分发出第________次列车,并于________时________分再发出第________次列车。

站(站名印)车站值班员(签名)

年　　月　　日填发

注:1. 红色纸,复写一式两份,司机一份,存根一份;
2. 不用的字名抹消。
(规格90 mm×130 mm)

图 3-3-4　红色许可证

(1)单线书面联络法行车

书面联络法是指单线区间的车站在一切电话中断时,相邻两站间通过书面方式进行联络,确定向区间开行列车的发车权及列车运行顺序的行车方法。

由于一切电话中断、无法联系,为了避免区间两端车站同时向区间发出列车,必须事先规定在电话中断后无须取得邻站承认,有权优先向区间发出第一个列车的车站,即优先发车站。

①优先发车站的确定

单线按书面联络法行车时,下列车站可以优先发车:

a. 已办妥闭塞而尚未发车的车站。

b. 未办妥闭塞时:单线区间为发出下行列车的车站;双线改为单线行车时,为该线原定发车方向的车站;同一线路同一方向运行的列车,有上下行两种车次时,铁路局规定优先发车的车站。

第一个列车的发车权为优先发车的车站所有,如优先发车的车站没有待发的列车时,应主动用红色许可证的通知书通知非优先发车的车站。通知书应以最快的方法传送。优先发车的车站如无开往区间的列车时,在确认区间空闲后,可使用重型轨道车或单机传送。

非优先发车的车站,如有待发列车时,应在得到通知书以后方可发车。

②书面联络法办理闭塞的作业方法

优先发车站,在发车前应查明区间已空闲,并在红色许可证的通知书上记明下一列列车的发车权。

已办妥闭塞而尚未发车的车站发出第一列列车时,持有行车凭证的列车,不应再持有第二份许可证,因而只发给红色许可证通知书;如无行车凭证,列车应持红色许可证开往邻站。

以后开行的列车,均凭红色许可证中的通知书上记明的发车权办理。

(2)双线时间间隔法行车

时间间隔法行车是指在双线区间前一列车由车站出发后,不论其是否到达前方站,准许间隔一定的时间,再向该区间发出次一列车的行车办法。

为了保证行车安全、避免发生对向列车冲突事故,双线按时间间隔法行车时,只准发出正方向的列车。一切电话中断后,连续发出同一方向的列车时,两列车的间隔时间,应按区间规定的运行时间另加 3 min,但不得少于 13 min。

在双线非自动闭塞区间或自动闭塞设备故障而停止使用的情况下,一切电话中断后发出第一列列车时,在发车前必须查明区间已空闲,确认在电话中断前由邻站发出的反方向列车、越出站界调车、区间返回列车、后部补机等已腾空区间,才能发车,以防止盲目发出第一列列车,进入实际已被占用的区间而发生行车事故。

3. 车站无人应答

单线区间的车站,经以闭塞电话、列车调度电话或其他电话呼唤 5 min 无人应答时,由列车调度员查明该站及其相邻区间确无列车(包括单机、大型养路机械及重型轨道车)后,可发布调度命令,封锁相邻区间,按封锁区间办法向不应答站发出列车,以调度命令作为进入区间的凭证。

该列车应在不应答站的进站信号机外停车,无论进站信号机是否开放,判明不应答原因及准备好进路后,再行进站。司机或车站值班员应将经过情况报告列车调度员。

(二)安全保障措施

车站行车电话中断时,车站与列车调度员及与邻站间缺乏必要的联系,更需小心谨慎。

1. 一切电话中断时禁止发出的列车

为了避免影响区间两端车站疏解列流,防止列车在区间发生追尾或造成安全隐患,一切电话中断时,禁止发出下列列车:

(1)在区间内停车工作的列车(救援列车除外)。

因为车站难以掌握其工作进度及到达时间,还可能影响邻站重要列车的出发,但救援列车去区间执行任务不应受到影响。

(2)开往区间岔线的列车。

开往区间岔线的列车,待其从区间返回或开往前方站,占用区间时间太长,何时从岔线返回也难以联系,会影响其他列车。

(3)须由区间内返回的列车。

这类列车需在区间停车作业,停车时间长且返回时间不宜掌握。

(4)挂有须由区间返回后部补机的列车。

邻站难以掌握补机返回时间,发出待发列车不能确保安全。

(5)列车无线调度通信设备故障的列车。

在车站一切电话中断的情况下,再发出无线调度通信设备故障的列车,更增加了不安全因素。

2. 电话中断时封锁或开通区间

在电话中断时间内，如有封锁区间抢修施工或开通封锁区间时，由接到封锁区间请求的车站值班员以书面通知封锁区间的相邻车站。

3. 电话修复后的工作

电话修复后，车站值班员应将列车运行、保留列车和区间封锁情况，及时向列车调度员报告，听取列车调度员的指示，并根据调度命令，恢复基本闭塞法行车。

三、引导接车和特定引导接车

1. 引导接车

引导接车是当进站、接车进路信号机不能使用时的接车方法。《技规》规定："进站、接车进路信号机不能使用时，应开放引导信号。引导信号不能开放或无进站信号机时，应派引导人员接车。"

(1)发生以下几种情况时车站应使用引导信号或派引导人员接车。

①进站、接车进路信号发生故障或因联锁失效不能开放使用时。

②向进站、接车进路信号机联锁范围以外的线路上，即向无联锁的线路接车时。

③双线区段未设反方向进站信号机的车站，接入反方向开来的列车时。

(2)引导接车方法

①开放引导信号接车

进站、接车进路信号机不能使用，但设有引导信号时，由车站值班员或信号员按压引导按钮，开放引导信号将列车接入站内。引导信号开放时，进站信号机显示一个红色灯光和一个月白色灯光。

②引导员接车

因故障不能开放引导信号、未设引导信号或接入双线反方向开来列车未设反方向进站信号机的车站，应派引导员接车。引导接车时，引导员应站在进站信号机、进路信号机或站界标外方等易于司机瞭望的地点，正确显示引导手信号。显示方法：昼间为展开的黄色信号旗高举头上左右摇动，夜间为黄色灯光高举头上左右摇动。当列车头部越过引导信号，即可关闭信号或收回引导手信号。

③引导接车的安全防范规定

在使用引导信号或派引导人员接车时，为保证列车进站安全，列车应以不超过 20 km/h 的速度进站，并做好随时停车的准备。

2. 特定引导接车

因车站线路、信号设备施工引起信联闭设备停用，但施工期间车站具备正线通行列车条件时，按施工特定行车办法行车。

(1)列车进路准备方法

在采用施工特定行车办法时，所有列车固定在车站正线办理到发或通过，采用特定引导接车。车站施工开始前，必须固定正线进路，在整个采用施工特定行车办法期间不许变更进路，并对进路上的道岔和邻线上的防护道岔加锁。

(2)列车正线通过办法

采用施工特定行车办法列车正线通过时,使用特定引导手信号接车,司机凭引导员显示的特定引导信号,以不超过 60 km/h 的速度进站。特定引导手信号的显示方式为昼间展开的绿色信号旗高举头上左右摇动,夜间为绿色灯光高举头上左右摇动。

由于出站信号机不能开放,车站发出列车时,需向列车司机递交书面行车凭证,非自动闭塞区间采用电话闭塞法的凭证为路票,双线自动闭塞区间为绿色许可证(见图 3-3-5)。

许　可　证

第________号

在出站(进路)信号机故障、未设出站信号机、列车头部越过出站(进路)信号机的情况下,准许第_______次列车由_______线上发车。

站(站名印)车站值班员(签名)

年　　月　　日填发

注:1. 绿色纸,复写一式两份,司机一份,存根一份;　　(规格90 mm×130 mm)
2. 不用的子句抹消。

图 3-3-5　绿色许可证

采用施工特定行车办法行车时,通过列车须减速或停车接收行车凭证。为保证列车以较高速度通过,准许车站不向司机递交行车凭证和调度命令,但车站仍按规定标准办理行车手续,并使用列车无线调度通信设备将行车凭证号码(路票为电话记录号码、绿色许可证为编号)和调度命令号码通知司机,得到司机复诵正确后,方可显示通过手信号。列车凭通过手信号通过车站。

四、特种列车的接发与使用

1. *超长列车的接发*

超长列车指编成车列的换长超过运行图规定本区段换长的货物列车。由于超长列车的长度可能超过车站到发线的有效长,因而对其运行组织有特殊的要求:

(1)开行跨局超长列车时,应取得对方同意。

(2)始发超长列车需分组停放时,在有列检作业的车站,分组进行技术检查,由本务机车转线组成列车再进行全列制动机试验。无列检作业的车站,由本务机车转线组成列车,车站进行制动机简略试验后,按规定发车。

(3)超长列车原则上在中间站应办理通过。

(4)接入超长列车其长度不超过接车线有效长时,不按超长列车办理。非超长列车其长度超过接车线有效长时,亦按超长列车办理。

(5)超长列车尾部停在警冲标外方,影响其他接发车进路时,不得办理区间开通。

(6)超长列车到达编组、区段站需分解停留时,列检应先试风,由到达本务机车将前部车辆转线后,再进行技术检查。

(7)超长列车头部越过出站信号机发车:半自动闭塞区间,未压上出站方向轨道电路时应有调度命令,根据出站信号机显示发车;压上轨道电路时,改用电话闭塞,行车凭证为路票;自动闭塞区间,行车凭证为绿色许可证,从监督器上不能确认第一闭塞分区空闲时,车站应发给司机书面通知(见图 3-3-6),司机以在瞭望距离内能随时停车的速度最高不超过 20 km/h 运行至第一个通过信号机按其显示运行。

书 面 通 知

第　　　　次司机:

监督器上不能确认第一个闭塞分区空闲,以在瞭望距离内能随时停车的速度,最高不超过20 km/h,运行至第一架通过信号机,按其显示的要求执行。

站(站名印)　车站值班员(签名)

年　　月　　日填发

注:白色纸,复写一式两份,司机一份,存根一份。　　(规格90 mm×130 mm)

图 3-3-6　书面通知格式

2. 超限列车的接发

(1)调度所根据超限电报安排超限车辆挂运,发车前以调度命令下达有关站段,命令内容包括:运行区段、超限等级、运行限制以及其他注意事项。无调度命令的超限车辆禁止挂运。

(2)各级调度部门应对超限车辆重点掌握,及时组织挂运,不得积压。因特殊原因,在同一地点积压时间超过 3 h 时,须向调度所报告;超过 24 h 时,应由调度所查明原因后,向国铁集团主管部门报告。

(3)挂有超限车的列车运行在双线、多线或并行单线的直线地段与邻线列车会车时,应根据运行地段线间距计算与邻线列车的最小距离,按《铁路超限超重货物运输技术要求》的规定执行:邻线列车运行速度小于等于 120 km/h 的,两运行列车之间的最小距离大于 350 mm 者不限速,300 mm 至 350 mm 之间者运行速度不得超过 30 km/h,小于 300 mm 者不应会车;邻线列车运行速度大于 120 km/h 且小于或等于 160 km/h 的,两运行列车之间的最小距离大于 450 mm 者不限速,400 mm 至 450 mm 之间者运行速度不应超过 30 km/h,小于 400 mm 者不应会车;邻线列车运行速度大于 160 km/h 的,由铁路运输企业根据实际情况确定会车条件;在曲线地段与邻线列车会车,最小距离应相应加宽。

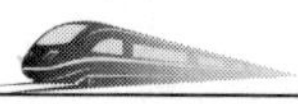

(4)严禁无命令使用D型车。

(5)装载超限货物的车辆经过检查站时，要认真进行检查，并填写检查记录。无检查记录或检查记录不符合要求时不得继续运行。

车站值班员在办理超限列车的预告(闭塞)之前，要认真核对列车运行图、调度命令(运输方案)，了解超限列车的等级和运行限制，掌握车站接发超限列车的固定线路，按《站细》规定进行办理。

3. 轻型车辆及小车的使用

轻型车辆是指由随乘人员能随时撤出线路外的轻型轨道车及其他非机动轻型车辆。小车是指轨道检查仪、钢轨探伤仪、单轨小车、吊轨小车等。

(1)使用轻型车辆及小车上道的条件

①须有经使用单位指定的负责人和防护人员。

②轻型车辆具有年检合格证。

③须有足够的人员，能随时将轻型车辆或小车撤出线路以外。

④须备有防护信号、列车运行时刻表、钟表及列车无线调度通信设备。

⑤轻型车辆应有制动装置(其他非机动轻型车辆根据需要安装)；牵引拖车时，连挂处应使用自锁插销，拖车必须有专人负责制动。

⑥在有轨道电路的线路或道岔上运行时，应设置绝缘车轴或绝缘垫。

(2)轻型车辆和小车的办理

①轻型车辆

轻型车辆仅限昼间封锁施工维修作业时使用，不按列车办理；在夜间或遇降雾、暴风雨雪时，仅限于消除线路故障或执行特殊任务时使用，但应按列车办理，此时轻型车辆必须有照明及停车信号装置。轻型轨道车过岔速度不得超过15 km/h，区间运行最高速度不得超过45 km/h，并不得与重型轨道车连挂运行。轻型轨道车连挂拖车时，不得推进运行。

使用轻型车辆须经车站值班员对使用时间的承认，取得车站值班员填发的轻型车辆使用书(《技规》附件6，见图3-3-7)；在区间使用轻型车辆时，允许用电话联系，此时双方须分别填写轻型车辆使用书，并复诵核对，互对姓名，以备考察；承认时间已到，无论是否已到目的地，都必须将其撤出线路以外，如还需继续使用，必须重新取得车站值班员承认，重新登记。车站值班员在承认前，须与列车调度员及邻站车站值班员联系，根据列车运行情况确定使用时间，在承认时间内不得将列车开入区间。

②小车

小车不按列车办理。在昼间使用时，可跟随列车后面推行，但在任何情况下，都不得影响列车正常运行。夜间仅限于封锁施工维修时使用。160 km/h以上的区段禁止利用列车间隔使用小车。

在双线地段，单轨小车应面对来车方向在外股钢轨上推行。

使用各种小车时，负责人应了解列车运行情况，按规定进行防护，并保证能在列车到达前撤出线路以外。在车站内使用装载较重的单轨小车时，须与车站值班员办理承认手续。

(3)轻型车辆和小车的使用及要求

利用列车间隔在区间使用轻型车辆及小车时，应在车站登记，并设置驻站联络员。

轻型车辆使用书

使用日期	车种	使用区间	上下行别	起讫时间	使用目的	负责人	承认号码	车站值班员承认站
月 日		自 站 公里 至 站 公里		自 时 分 至 时 分				
注意事项								

（规格 88 mm×125 mm）

图 3-3-7 轻型车辆使用书格式

①车站值班员在承认使用前，应向列车调度员了解列车运行情况，确认使用时间内不影响列车运行时方可签认。在放行轻型车辆前，应取得邻站车站值班员的同意。

②使用轻型车辆必须在承认时间内将车辆搬出线路。因故不能搬出线路时，应立即按《技规》的规定进行防护，并应尽快与承认站车站值班员联系，按其指示办理。

③轻型车辆负责人必须熟悉线路条件，了解列车运行情况，在设置防护并派驻联络员后，方准使用。

④轻型车辆进出站或在站内转线时，按调车信号机的显示进行。未设或调车信号机不能使用以及非电气集中设备的车站，应执行要道还道制度。

⑤轻型车辆不准在桥梁上和隧道内停车；特殊情况必须停车时，须做好安全防护。

⑥承认使用轻型车辆的时间内，严禁两端站提前向该区间放行列车。

4. 救援列车的接发

车站值班员接到司机或工务、电务、供电等人员的救援请求后，应立即报告列车调度员。需封锁区间派出救援列车时，列车调度员应向有关车站发布命令封锁区间，并派出救援列车。

（1）救援准备

①向封锁区间发出救援列车时，不办理行车闭塞手续，以列车调度员的命令，作为进入封锁区间的许可。

②开行救援列车时，由列车调度员向车站、机务段、救援列车所在地有关单位下达调度命令，救援列车应保证在接到命令后 30 min 内出库。根据事故救援需要，由调度所值班主任按规定通知有关单位负责人。

③当列车调度电话不通时，应由接到救援请求的车站值班员根据救援请求办理，救援列车以车站值班员的命令，作为进入封锁区间的许可。

④车站值班员接到调度命令后，立即通知车站调度员根据救援需要组织编车并及时通知列检值班人员。救援列车出库后，车站于 20 min 内发车。

⑤列检值班人员接到车站通知后，立即对列车检查和制动机试验组织平行作业，技检时

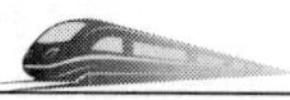

间标准为 15 min。

⑥救援列车应安装列尾装置。无法安装时，由机务人员在有紧急制动阀的车辆上值乘。

⑦司机接到救援命令后，必须认真确认。命令不清、停车位置不明确时，不准动车。

(2)救援列车开行

①救援列车进入封锁区间后，在接近被救援列车或车列 2 km 时，要严格控制速度，同时使用列车无线调度通信设备与请求救援的机车司机进行联系，或以在瞭望距离内能够随时停车的速度运行，最高不得超过 20 km/h，在防护人员处或压上响墩后停车，联系确认，并按要求进行作业。

②救援列车的出发或返回，均应通知列车调度员及对方站。如事故现场设有临时线路所时，车站值班员应于发车前，商得线路所值班员的同意。

③采用机车救援动车组时，应进行制动试验。具备升弓取电条件时，允许动车组升弓取电。

④在事故调查组人员到达前，站长或胜任人员应随乘发往事故地点的第一列救援列车(分部运行时挂取遗留车辆的机车除外)到事故现场，负责指挥列车有关工作。

1. 电话闭塞法在什么情况下采用？列车占用区间的行车凭证是什么？出站信号机显示红色灯光或灭灯情况下，列车可以从车站出发吗？

2. 办理电话闭塞时，哪些事项应给出电话记录号并计入电话记录登记簿？为什么？

3. 电话闭塞接车站怎样接车？接车站联锁设备良好时怎样接车？

4. 电话中断时，车站怎样组织列车运行？一切电话中断时禁止发出哪些列车？为什么？

5. 引导接车在什么情况下采用，怎样保证引导接车的作业安全？特定引导接车在什么情况下采用，怎样办理列车通过？

6. 特种列车的接发有什么特殊要求？为什么？

▶项目4◀

调 车 工 作

项目描述

在铁路运输生产过程中，除列车在车站的到达、出发、通过以及在区间内运行外，机车车辆进行一切有目的的移动统称为调车，如为解体、编组列车，车列转场、转线，列车在技术站或中间站摘挂车组，取送、调移车辆，机车下峰整理车场，以及机车、客车车底出入段等目的而使机车车辆在站线或其他线路上移动的作业。调车作业是铁路运输生产最重要的基础工作。

本项目学习调车工作的基本概念、驼峰调车和牵出线调车的作业方法，及调车作业计划的编制技能。

调车工作依据的相关规程、规则与标准有《技规》、《铁路调车作业》(TB/T 30002—2020)、《铁路危险货物运输管理规则》(简称《危规》)、《行规》和《站细》等。

学习目标

1. 素质目标

认识调车工作对铁路运输生产组织的重大意义，培养安全第一、严谨细致的工作作风。

2. 能力目标

能编制各类调车作业计划。

3. 知识目标

了解铁路调车作业的分类、调车工作的基本要求、驼峰调车方案和牵出线调车作业方法，掌握调车作业计划的编制技能。

学习任务1　认识调车作业基本概念

学习内容

1. 调车工作的目标和领导指挥。
2. 调车作业分类。
3. 调车工作的基本要求。

相关理论知识

一、调车工作目标和领导指挥

1. 调车工作应实现的目标

(1)确保作业安全

调车工作事关安全生产,稍有不慎就可能酿成事故,给国家、人民群众和自身的生命财产造成重大损失。参加调车工作的铁路员工要养成精通业务、遵章守纪、细心谨慎、一丝不苟的良好作风,杜绝安全事故。

(2)保证始发列车正点、满轴

车站运输工作的质量指标中时和停时的完成情况是由出发列车决定的,只要车站能够保证始发列车都能够正点、满轴地从车站出发,就能保证实现较好的中时和停时指标,同时也就在一定程度上保证了路网的良好运行秩序。

因此,车站作业计划应当以自编列车正点、满轴为目标,在班计划中统筹安排取送和装卸作业,有预见地及早为出发列车准备车流;在阶段计划中做好行动部署,合理组织取送和解、编作业;编制优化的调车作业计划,高效率地利用车站调车设备,实现阶段计划。

(3)及时取送,保证货场、专用线及车辆检修地点的作业需要和均衡生产

货物装卸作业要为出发列车提供车流,应根据班计划安排组织挂线装卸,急用先装先卸。另一方面,取送作业应当根据货物作业和车辆检修地点的作业进度,及时取送,在定点的基础上灵活掌握,分清轻重缓急,优先取送急用的车流。

在与大型厂矿企业(如矿山、油田、港口)专用线接轨的车站,要根据企业的产品集结进度、原料储备和生产计划或船舶到达时间及时配空、送重,保证其生产的正常进行。

(4)保证到达场、调车场和出发场线路畅通

车站各项运输工作是由调车作业联系起来的密切相关的有机整体:到达的车列能够及时解体,才能保证不间断接车;编组和送车能有序地进行,才能腾出调车场线路,保证解体作业顺利进行和路网的良好运行秩序;取送作业与货物装卸作业和出发列车运行线密切配合才能保证装卸和列车编组任务的顺利完成。因此,整个车站调车工作应当以自编列车正点为主线,通盘考虑、统筹安排,保证车站作业顺畅。

(5)提高作业效率、降低运输成本

车站应合理利用调车设备,改善作业组织,提高计划质量,采用先进作业方法,利用较少的机车小时完成调车作业任务。

(6)采用与车流相适应的技术设备和作业组织方法,提高解、编作业能力

当到达车流的数量或分布发生较大变化时,应及时地调整车站技术设备的使用方法,必要时采取相应的改建、扩建措施,以先进的设备和技术,提高车站作业能力,适应运量的变化。

2. 车站调车作业的领导、指挥

车站调车工作由车站调度员统一领导,各调车区的调车工作由调车区长领导,调车作业

由调车长单一指挥调车司机和调车组连结员完成调车作业；在配备调车机车、不设车站调度员的车站，车站值班员直接领导调车组的工作；在未配置调车机车的车站，摘挂列车在本站的车组甩挂作业由本务机车执行，车站值班员编制调车作业计划、领导调车工作，助理值班员指挥本务机车司机完成调车作业。

二、调车作业分类

调车作业可以按照调车目的、调车范围或调车设备分类。

1. 按照调车目的分类

(1)解体调车

将到达或从作业地点取回调车场的车列按车辆的去向、车种或所装货物的性质(中转车按列车编组计划组号，到卸重车按货物作业地点，不良车按检修地点，空车按车种，装有爆炸、气体类危险货物的车辆以及超限货物车停放于固定线路)分解到各指定线路内的调车作业。

(2)编组调车

根据列车编组计划、运行图和有关规章制度的要求，将车辆选编成出发列车或车组的调车作业。

(3)摘挂调车

列车在运行的途中站摘解或加挂车辆的调车作业，包括在没有划一列车重量标准的方向上，在变重站为列车补轴或减轴；分组列车在沿途技术站换挂车组；摘挂列车、小运转列车在中间站摘下本站作业车并将该站已装卸完毕的车辆挂入列车；为保证行车安全，将列车中发现的技术状态或装载状态不良的车辆在途中站甩下、检修或整理，换装完毕后挂入列车等的调车作业。

(4)取送调车

为货物装卸，车辆检修、洗刷消毒，罐车清洗，牲畜车上水上料、车辆检斤等目的向作业地点送车和从作业地点取回车辆，包括为此目的在调车场和货物作业地点挑选和连挂车辆的调车作业。

(5)其他调车

以上四项作业以外的调车，如机车出、入段、挂头、摘头、在站线上整备的走行，车列转场、转线，车辆在装卸线间调移、配对货位，整理车场等。

2. 按调车作业范围分类

(1)站内调车

在车站范围内进行的调车作业称为站内调车。调车作业一般都是在站内(包括车站所衔接的专用线)进行的。

(2)越出站界调车

需要进入区间进行的调车作业称为越出站界调车。在未设牵出线的中间站，只能利用正线调车，当必须调动较多的车辆时，可能需要越过进站信号机或站界标进入区间。此外，在区间进行装卸作业的车辆，除了以列车车次进入区间外，还可以根据调度命令以调车方式进入区间。

越出站界调车又分为出站调车和跟踪调车。进入空闲的区间或闭塞分区进行的越出站界调车称为出站调车,非自动闭塞区间跟随出站列车进行的越出站界调车则称为跟踪调车。为了保证列车运行和调车作业安全、不影响列车正常运行,越出站界调车必须按《技规》的有关规定办理。

①出站调车

a. 双线正方向越出站界调车,在区间空闲(半自动闭塞)或监督器显示第一闭塞分区空闲(自动闭塞),单线自动闭塞区间闭塞系统在发车位置、第一闭塞分区空闲的条件下,经车站值班员口头准许并通知司机后,即可出站调车;在自动站间闭塞区间须确认区间空闲,通知邻站并得到列车调度员准许,方可出站调车;在 CTC 区段出站调车时,利用 CTC 封锁功能,对出站调车进入的区间实施封锁。

b. 单线半自动闭塞和双线反方向出站调车时,须有停止基本闭塞的调度命令,与邻站办理电话闭塞手续,并发给司机出站/跟踪调车通知书(见图 4-1-1),方可出站调车。

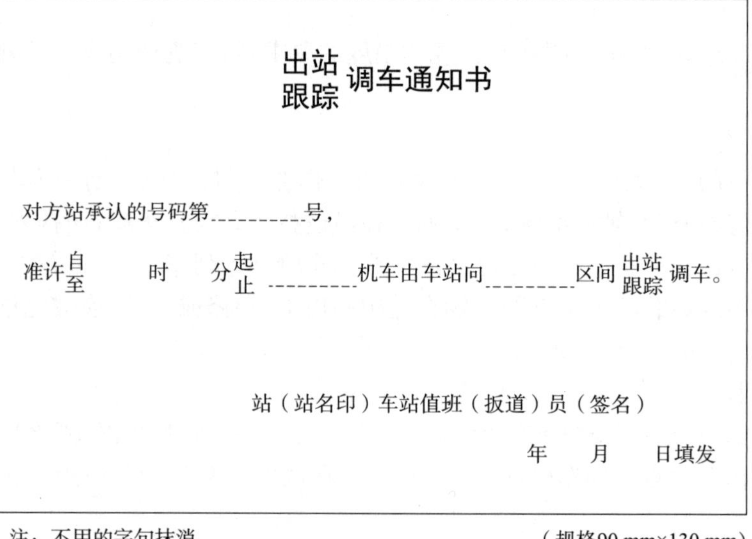

出站/跟踪 调车通知书

对方站承认的号码第_________号,

准许自/至　　时　　分起/止 _________机车由车站向_________区间出站/跟踪调车。

站(站名印)车站值班(扳道)员(签名)

年　　月　　日填发

注:不用的字句抹消。　　　　(规格90 mm×130 mm)

图 4-1-1　出站/跟踪调车通知书

越出站界调车作业完毕,应将出站调车通知书收回注销。

②跟踪调车

跟踪调车是指单线非自动闭塞区间或双线非自动闭塞区间正方向在列车由车站发出后,尚未到达前方站(线路所),间隔一定的距离即跟随前行列车,越出站界在规定的距离内进行的调车作业。办理跟踪调车时:须经列车调度员口头准许,取得邻站承认的电话记录号码,发给司机跟踪调车通知书。在先发列车尾部越过预告、接近信号机(或靠近车站的第一接近预告标)方可跟踪出站调车,最远不得越出站界 500 m。

遇下列情况,禁止跟踪出站调车:出站方向区间内有瞭望不良地形或有长大上坡道;先发列车须由区间返回,或挂有由区间返回的后部补机;一切电话中断;降雾、暴风雨时;动车组调车作业。

跟踪调车作业完毕，车站值班员确认跟踪调车和通知书收回后，向邻站发出电话号码记录。列车虽已到达邻站，但跟踪调车通知书尚未收回时，禁止办理区间开通手续。

3. 按调车所用设备分类

(1)牵出线调车

牵出线调车是利用牵出线进行的调车作业，由于牵出线多为无坡度的，又称为平面调车。牵出线调车比较灵活，主要进行车列的编组作业，也可进行解体、挑选车组。在站线上摘挂车辆和在货物装卸地点配对货位等作业也属于牵出线调车。

(2)驼峰调车

机车将车列推上驼峰，在峰顶的适当地点摘钩，使车辆利用获得的势能和动能溜入峰下线路的调车作业。驼峰调车分解车列速度快、效率高，因而主要用于解体车列。

三、调车工作的基本要求

1. 调车速度的规定

(1)在空线上牵引运行时，速度不得超过 40 km/h

调车作业时，被调动的车辆一般都处于制动主管无风状态，车辆的自动制动机没有加入机车的制动系统，这样车列的停车和减速全凭机车自身的制动力量，车辆对机车的冲击力较大；调车作业的线路标准、道岔号码通常低于正线、到发线标准。为保证作业安全，调机空线上牵引运行时速度不应超过 40 km/h。

(2)空线推进运行速度不得超过 30 km/h

当推进运行时，除了受上述条件限制外，还因机车处于后部瞭望不便，前方进路依靠车列前端的调车组人员负责，司机需依据调车指挥人中转的信号操纵机车，一但有险情，可能造成司机制动推迟，故须降低速度，规定不准超过 30 km/h。

(3)调动乘坐旅客或装载爆炸品、气体类危险货物、超限货物的车辆时，速度不得超过 15 km/h

为保证旅客的安全和舒适，防止装有危险货物及超限货物的车辆由于高速调动或紧急制动时引起货物爆炸，或防止货物窜动发生意外事故，因而调动速度不得超过 15 km/h。调动装载超限货物的车辆时，调车领导人应将作业限制通知调车组及其他人员。作业中应注意道岔握柄、道岔表示器、信号机柱子、邻近线路建筑物的限界及邻线停留车的情况，以确保安全。

(4)接近被连挂的车辆时速度不得超过 5 km/h

车辆连挂时对车底架产生的冲击力，主要决定于冲击时的车钩力。目前，我国货车大型车多，车辆整体强度及车钩、缓冲器的强度大大增加，全路主要编组站的调速系统均按 5 km/h 设计和作业，即驼峰出口速度为 5 km/h，减速顶临界速度为 5 km/h，所以规定连挂速度不得超过 5 km/h。

2. 溜放调车的限制

平面溜放调车、驼峰解散车辆可以缩短调车行程，压缩调车钩分，提高调车效率。溜出

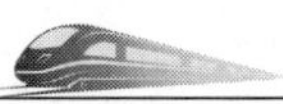

的车组，其减速或停车是靠人力制动机、铁鞋、减速器或减速顶制动实现的。为了确保调车作业安全，某些车辆及在一些线路上禁止溜放。

(1)禁止溜放的车辆

①装有禁止溜放货物的车辆

这类货物主要包括危险货物、超限超长货物、贵重精密货物和易碎货物等。因装载货物的要求禁止溜放的车辆，由《危规》附件7“铁路车辆禁止溜放和限速连挂表”规定。由于作业中使用人力制动机、铁鞋或减速器制动时，会产生火星、高温和冲撞，而装载爆炸品、压缩气体、液化气体及特种货物(按组级代号办理的军用弹药、炸药、毒剂、七〇七货物)的车辆经撞击、摩擦受热后有可能引燃、引爆，故禁止溜放。装载禁止溜放货物的车辆应采用推送调车法作业。

②非工作机车、铁路救援起重机、大型养路机械、机械冷藏车、凹型车、落下孔车、客车和特种用途车

上述车辆因本身构造的原因，禁止溜放。非工作机车一般是新出厂机车或回送机车；动车组本身有动力装置，构造特殊；轨道起重机重心较高，起重臂又横向摆动，另外走行部不灵活；机械冷藏车内部精密仪器较多，发生冲撞后果严重，不能溜放；大型凹型车(如D_9型：$L_{全长}=21.130$ m，$T=90$ t，6轴)，落下孔车(如D_{17}型：$L_{全长}=25.942$ m，$T=150$ t，10轴)，这两种型号车辆车身较长，经曲线、道岔转向不灵，禁止溜放；客车无论空重发生冲撞有可能撞坏车辆，不宜溜放；特种用途车系指发电车、检衡车、试验车、轨道检查车、通讯车等，由于用途特殊，发生冲撞后果严重，不宜溜放。

③乘坐旅客的车辆

为了确保旅客的生命财产安全，凡是有旅客乘坐的车辆，一律不得溜放。

(2)禁止溜放调车的线路

①停有乘坐旅客车辆的线路和停有动车组的线路

本项规定是为了确保旅客的安全，动车组价格昂贵、结构精密，须防止受到碰撞。

②超过2.5‰坡度的线路(为溜放调车而设的驼峰、牵出线除外)

2.5‰坡度是指线路有效长范围内的平均坡度(非实际坡度)。由于溜放车组在上述坡度的线路上受到重力加速度的作用，使车组逐渐加速，易失去控制，导致车辆溜逸，如制动不及时，可能造成冲突、脱轨、挤岔等事故。

③停有正在进行技术检查、修理、装卸作业车辆及无人看守道口的线路

这项规定是为了保证人员安全。因为正在检修的车辆，车下常有检修作业的人员和工具；正在装卸的车辆，车内外有工人和起重、搬运机具工作，一旦溜放车组制动控制不当，溜进作业区就有可能造成事故和人身伤亡；无人看守的道口，在车组溜出后不易控制，行人、车辆横越线路，遇意外情况，会造成伤亡事故。

④停有装载爆炸品、气体类危险货物车辆的线路

此条规定的核心是保证“货物”的安全。调车作业中若遇调速不当与停留的上述车辆发生冲撞，可能发生爆炸或毒气泄漏，造成危害，后果严重，所以禁止向该线路溜放。上述车辆在调车场一般均固定线路停留，两端道岔定位开通邻线，并加锁。

⑤停留车辆距警冲标的长度，容纳不下溜放车组(应附加安全制动距离)的线路

车辆在线路停留时，车辆尾部必须停于警冲标内方。停留车距警冲标距离过短，若向该

线溜放车辆，会发生撞车，造成事故，或造成压标或压岔子，影响邻线作业。此时不但影响作业效率，还会危及人身及行车安全。

⑥中间站正线、到发线及与其衔接而未设隔开设备的线路

这项规定主要是为了确保车站接发列车安全。中间站股道少，咽喉区短。在这样的线路上溜放调车，一旦制动不当，车辆溜至警冲标外方，极易与列车发生冲突，造成严重后果。

(3)禁止溜放调车的其他情况

①调车组不足三人时，禁止溜放作业

溜放调车作业必须有一人指挥机车，一人提钩作业，一人实施制动，至少需三人。所以，调车组不足三人时，禁止溜放作业。

②不准采用牵引溜放法调车

牵引溜放调车是指机车在牵出线上向调车场方向牵引调车车列达到一定速度以后，司机稍加制动，连结员利用车钩压钩的时机提钩并采取制动措施使摘解车组与机车及前部车组拉开距离；调车长看到连结员给出的“提开车钩了”的信号后，显示加速信号，机车迅速缓解并加速通过分歧道岔；机车及前部车组越过道岔后，扳道员迅速转换道岔，使后部车组溜入指定线路的调车方法，如图 4-1-2 所示。这种调车方法要求司机、调车人员和扳道员之间高度配合默契，准确掌握减速、提钩、加速和扳道的时机，稍有不当，就可能造成前堵后追、侧面冲撞的后果，安全性难以得到保障，因而明令禁止。

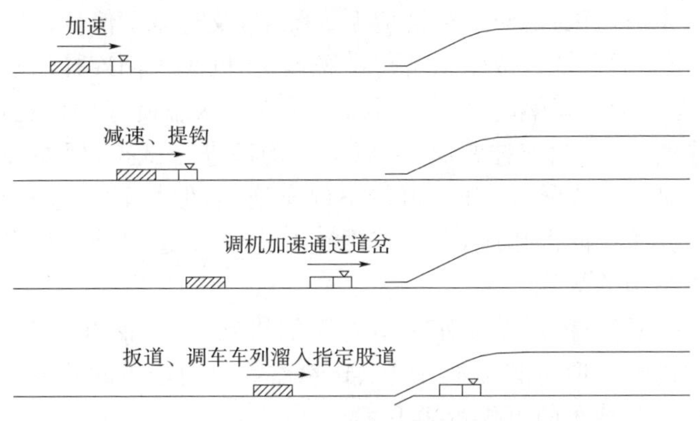

图 4-1-2 牵引溜放法示意图

除上述情况外，遇有降雾、暴风、雨、雪等不良气候或照明不足，确认信号和停留车位置有困难时，车辆人力制动机失效而又不具备使用铁鞋等制动条件时，制动人员不足或使用人力制动机未配挂安全带时，为保证作业安全，均不得溜放调车。

(4)车辆通过驼峰的限制

①涂有禁止上驼峰标记的车辆，禁止通过设有车辆减速器的驼峰

为特殊货物运输的需要生产的一些专用车辆，由于其车底、轴距等有特殊要求，在定型、生产前就明确不能通过驼峰，在出厂时涂打禁止上峰的标记。这类车辆若强行通过驼峰，易发生车体摩擦，碰撞地面设备，甚至发生脱轨，因而禁止通过驼峰。

机车(调车机车除外)、铁路救援起重机、客车、动车组、大型养路机械、凹型车、落下孔车、钳夹车，由于自身构造，通过驼峰可能对自身或驼峰设备造成危害，危及安全，禁止通过驼峰。

例如 D_{17} 型落下孔车全长 25.942 m，转向架为 5 轴结构，转向架中心距 17.5 m(普通货车大部分为 10 m)。当它经过驼峰时，其车钩与相邻车钩钩舌高差和夹角偏大，可能损坏钩托板螺栓、钩舌销等配件，甚至造成断钩后自动脱钩；同时峰顶平台一般为 10 m 左右，D_{17} 落下孔车转向架中心距大于峰顶，车底构件局距轨面仅有 200 mm，过峰时极易“骑峰”，刮坏设备和车辆。

②机械冷藏车禁止通过驼峰

机械冷藏车因车内各种机械、仪表设备和各种管道的牢固性差。为防止车辆连结处的冷却介质管道、电线路设备及车内精密仪器装置发生损伤，应尽可能避免通过设有车辆减速器(顶)的驼峰。如因迂回线故障等原因，必须通过设有车辆减速器(顶)的驼峰时，以不得超过 7 km/h 的速度推送过峰。

③装载活鱼、跨装货物的车辆(跨及两平车的汽车除外)等是否可以通过驼峰，由车站会同车辆段等单位作出规定，并纳入《站细》

装载活鱼的车辆在通过驼峰时，如果坡度很大，活鱼和水可能从容器中溢出，造成活鱼死亡，所以要根据车站具体情况确定。跨装货物的车辆(跨及两平车的汽车除外)等是否可以通过驼峰，应经过计算或试验确定，由车站会同车辆段等单位作出规定。对以上车辆计算或试验后，确定不能通过驼峰的车辆纳入《站细》。

3. 调车作业的操作要求

(1)试拉制度

推送车辆时，应先进行试拉，车列前部应派人瞭望，及时显示信号。

试拉是指为防止车辆在推进或牵引走行中脱钩，在机车车辆连挂后进行一次牵引，以便确认车辆的连接状态。推送车辆时，应先试拉，确认连挂状态良好后再进行作业。但在同一线路内，连续连挂作业时，根据连挂距离，可以不每钩都进行试拉，但要确认连挂状态，车组间距超过 10 车时须试拉。连续连挂时，可以不停车连挂，但最后一组一般不采用连续连挂的方法进行，并要认真采取防溜措施，避免车辆溜出警冲标，造成严重后果。

(2)停留车防溜措施的规定

调车作业摘车时，必须停妥，按规定采取好防溜措施，方可摘开车钩；挂车时，没有连挂妥当，不得撤除防溜措施。但防溜枕木、铁鞋、止轮器等影响挂车的防溜器具，在其他防溜措施作用良好的情况下，在挂车前可先行撤下。

(3)调车作业连接软管的规定

在一般情况下调车作业时，车列的减速和制动停车都是靠机车本身的制动力，不需连接软管。但在不利地形和特殊条件下，如转场、向岔线、专用线取送车辆或在超过 2.5‰坡度的线路上调车作业时，为保证获得足够的制动力，使调车车列能及时停车，应连接软管。连接软管数量太多，会延长作业时间；连接软管数量过少，会影响制动力。为此，转场及在超过 2.5‰坡度的线路上(驼峰作业除外)调车时，10 辆及以下是否需要连接软管及连接软管的数量、11 辆及以上必须连接软管的数量，由车站和机务段根据具体情况共同确定，并纳入《站细》。

1. 调车应实现的目标是什么？

2. 按照调车目的，调车作业可以分为哪几类？
3.《技规》对于越出站界调车作业方法有哪些具体规定？
4. 进行调车作业时什么情况下禁止溜放？
5. 驼峰解体车列时哪些车辆禁止过峰？为什么？

学习任务2 认识驼峰和牵出线调车作业

学习内容

1. 驼峰调车作业过程，溜行车组的速度控制及驼峰作业方案。
2. 牵出线调车连挂和摘解作业方法。

相关理论知识

一、驼峰调车

驼峰是指峰前到达场（在不设峰前到达场时为牵出线）与调车场之间的一部分线路，它由推送部分、峰顶平台和溜放部分组成，如图 4-2-1 所示。

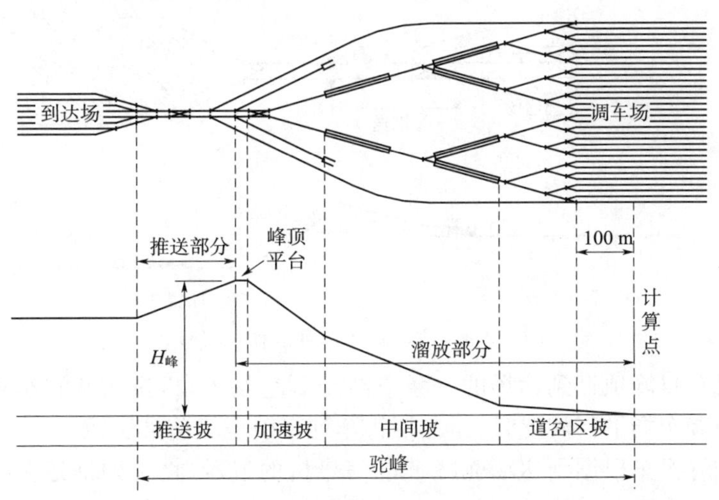

图 4-2-1 驼峰平纵断面图

推送部分指自峰顶往到达场或牵出线方向一个列车长度的线路范围，其中到达场出口咽喉的最外方道岔至峰顶平台间的线段称为推送线。设置这一部分的目的在于使车辆得到必要的驼峰高度，并使车钩处于压缩状态，便于提钩。

溜放部分是峰顶至调车场头部各条线路警冲标后 100 m 处的线路范围，其中峰顶平台至调车场第一分歧道岔间的线段称为溜放线。溜放部分的长度称为驼峰计算长度，其末端称为驼峰计算点，计算点与峰顶的水平高差称为驼峰高度。因为各调车线的警冲标不在同一条横向线的位置上，所以每一调车线各有一个计算点。

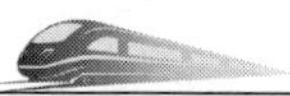

驼峰的推送部分与溜放部分的连接处，设有一段平台，称为峰顶平台，用以缓和两个不同坡段的连接，防止车钩折损。

在单向横列式编组站，车站的一端设驼峰担任车列解体，另一端牵出线担任列车编组作业，如图 4-2-2 所示。到解车列在到发车场完成到达作业后，由驼峰机车连挂、牵出至牵出线，然后推峰、溜放。

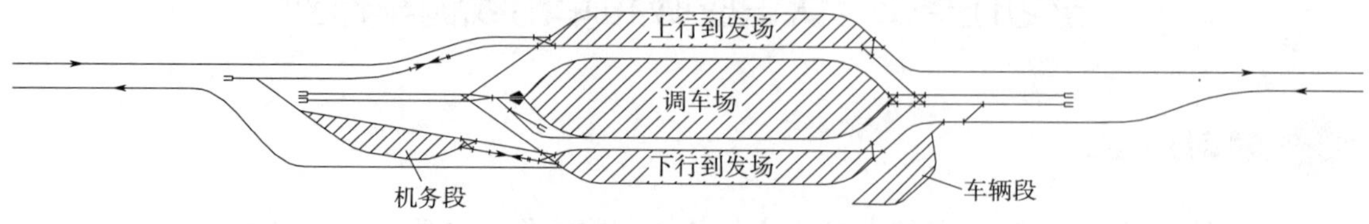

图 4-2-2 横列式编组站调车设备的配置

驼峰调车作业是指在驼峰编组站，由调车机车推峰，使车列利用其在峰上产生的势能和动能自动溜向指定的股道和停留位置，并利用调速设备控制车辆溜行速度，所进行的调车作业。驼峰的作业任务主要是解体车列，在解体中照顾编组，必要时也协助峰尾牵出线进行编组作业。

1. 驼峰解体车列的作业过程

驼峰解体车列通常由以下四个环节组成，如图 4-2-3 所示。

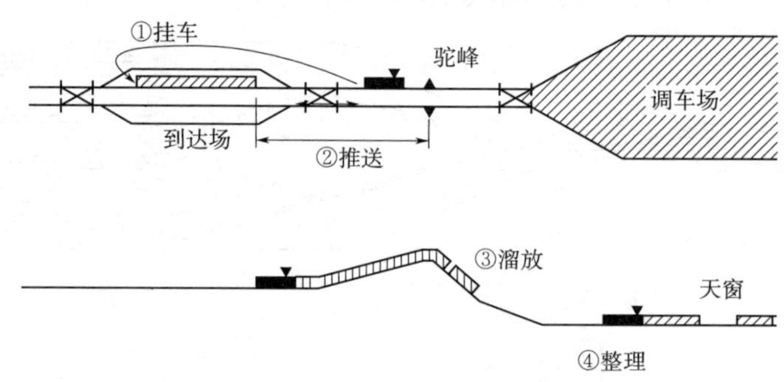

图 4-2-3 驼峰解体车列的作业过程

(1)挂车：机车自峰顶经到达场的一条空线至到达场入口，进入待解车列停留线连挂车列。在到达场与调车场平行配置时，还包括将车列牵引至峰前推送线。

(2)推送：驼峰机车根据到达场驼峰辅助信号机的显示，将车列推送至峰顶驼峰主体信号机前准备解体。在采取双推单溜作业方案的驼峰，包括将车列从到达场线路预推至驼峰信号机前等待和峰前信号开放、车列接着被推送至驼峰主体信号前两个过程。

(3)溜放：机车继续推送车列，使被摘解的车组脱钩溜向调车场内的指定线路。

(4)整理车场：在连续解体几个车列以后，机车下峰连挂车组并尽可能向尾部推送，以消除车组之间的“天窗”和各线路的“堵门车”，为驼峰继续溜放创造条件。

2. 溜行车组的速度控制

从峰顶溜出的车组，在经过分歧道岔时彼此应保持一定间隔，以保证道岔的安全转换，为这一目的而对车组实施的调速称为间隔调速。

为了提高驼峰解体车列的效率,减少调车机车下峰整理车场的作业,溜出的车组应尽可能与停留车安全连挂(有特殊要求者除外)。使溜出车组能够与停留车安全连挂或在车场内的适当地点停车而对车组实施的调速称为目的调速。

我国铁路编组站多采用点连式调速系统,一般在道岔区设立两个减速器制动位完成间隔调速任务,同时在调车场线路内装设减速器第三制动位和连续调速工具(如减速顶、加减速顶或推送小车)完成目的调速任务、实现与溜行车组与停留车的安全连挂。

点连式系统综合了点式系统溜放速度高和全顶式安全连挂好的优点,比较适合我国铁路的运营条件,因而得到了广泛的应用,并取得了较好的运营效果。

3. 驼峰作业方案

驼峰作业方案是驼峰设备和驼峰调车机车的运用方案。驼峰作业方案所要解决的问题是在驼峰现有设备的条件下,根据从驼峰上解体车列各单项作业的时间标准,确定驼峰调车机车的最佳作业程序和配合方式,以及在使用不同台数的调车机车和采用不同运用方式时驼峰所能达到的作业能力。根据驼峰设备条件、配属机车台数和车流特点,驼峰调车有单推单溜、双推单溜和双推双溜三种作业方案。

(1)单推单溜

单推单溜方案只需要一条推送线、一条溜放线,由一台机车连续地进行挂车、推峰和溜放,在必要时下峰整理车场。这种方案,驼峰设备的利用率低,解体能力小,但驼峰机车的利用率高,适用于改编作业量不大的编组站。

(2)双推单溜

双推单溜的作业方案需要两条推送线、一条溜放线,使用两台调车机车。当一台机车在峰顶分解车列时,另一台机车可以去到达场连挂车列、向峰前信号预推,两台机车交替进行车列溜放,从而提高了驼峰设备的利用率。

采用双推单溜方案,驼峰解体能力比单推单溜方案高,同时可以避免双推双溜方案折角车流重复改编的调车作业。调车机车下峰整理车场的作业依据须整理的线路数,可以由一台机车担当,也可以两台机车先后下峰,其中一台完成整场后先去到达场连挂待解车列,待另一台回到峰前信号内方后,开始溜放。该作业方案适用于衔接方向较多、车列的车流构成复杂、改编作业量较大的编组站。

(3)双推双溜

双推双溜作业方案的特点是到达场和调车场纵向划分为两个作业区,每区各自配备1~2台驼峰机车,自成一个独立的调车系统,分别进行车列的解体作业。实现双推双溜的驼峰作业方案应具备一定的设备条件和车流条件。

设备条件:具有两条推送线、两条溜放线、两台及以上调车机车、两套驼峰信号系统,调车场线路在32条以上。

车流条件:到达车流可以分为流量基本相等的两大部分,且每一方向到达改编列车的编组内容基本上都属于同一作业区集结的车流。

采用双推双溜的驼峰作业方案,驼峰设备可以得到充分的利用,解体能力大;但是在车站衔接方向较多、车流构成复杂时会产生大量折角车流(指到达车站后将变换上、下行方向从车站出发的车流),造成解体能力的损失。

双推双溜作业方案与双推单溜作业方案的解体能力相等时，折角车流量在到达车流量中所占的比值称为采用双推双溜方案的临界值。此时，由于双推双溜方案的额外调车支出，已使双溜方案处于不利的位置。因而，在折角车流数量接近临界值时，就不应再采用双推双溜方案，而应改用双推单溜。通常采用15%～20%为折角车流的临界值。

双推双溜的作业方案适用于改编作业量很大，但折角车流量不大的编组站。

二、牵出线调车

牵出线是设在平道或不大于2.5‰的坡道上，一端与编组场或货场、到发场相接，依靠调车机车推力作为车辆溜放动力的调车线路。利用牵出线进行的调车作业，如车列或车组的解体、编组、挑选车组、摘挂车辆、配对货位等，称为牵出线调车。牵出线调车是基本的调车作业方法，即使在驼峰编组站，驼峰也主要担负车列的解体调车，其余各种调车作业都要利用牵出线进行。

在到达场、调车场、出发场纵列配置的车站，一般在调车场头部设置驼峰，尾部设置牵出线。驼峰主要担当解体，牵出线主要负责编组。

而在到发场与调车场横列配置的车站，牵出线可设置在车场的一端或两端。在两端均设置牵出线的车站，调车机车的分工可以有一端为主，另一端为辅；或两端均担当解编任务；或一端以解为主，另一端以编为主等方式。

1. 牵出线调车的基本因素

任何调车作业都是由基本因素调车钩组成的，调车作业时间等于组成该项作业的各调车钩延续时间之和。要比较精确地掌握调车作业时间，需要确定各种调车钩的作业时间标准，按钩计划中使用各类调车钩的数量和带动车数计算出该项作业需要的总调车作业时间。

为了弄清调车钩的概念，以表4-2-1中横列式车站解、编结合的调车作业计划为例：某站1～7道为到发场，8～17道为调车场，先解体停于6道的45010次列车，接着连挂集结于12道的13002次列车的待编车列45辆(最后一辆的车号是3041323)，转7道出发。

表4-2-1　横列式车站解、编结合的调车作业计划

作业项目	股道钩种车数	记事
－45010	6＋7	全部
	17－2	
	11－2	
	13－3	
＋13002	12＋45	3041323
	7－45	编好

调车钩是指机车每连挂或摘解一个车组的作业。调车作业计划是以调车钩为单位，按一定顺序排列的，因此调车作业计划又称为钩计划。上例解编结合，共6钩。

调车钩按性质可分为：

(1)牵出钩——机车去车场连挂车列并牵引至牵出线。

(2)挂车钩——机车或机车带动调车车列到指定的线路内连挂车组,然后返回牵出线。

(3)摘车钩——机车带动调车车列将车组摘解到指定线路内,返回牵出线或开始下一钩作业,包括推送钩和溜放钩。

(4)转线钩——机车将车列转往出发场或其他车场,返回牵出线。

2. 牵出线调车作业方法

牵出线通过连挂和摘解车辆完成各种调车作业。

(1)牵出线调车连挂车辆的作业方法,如图 4-2-4 所示。

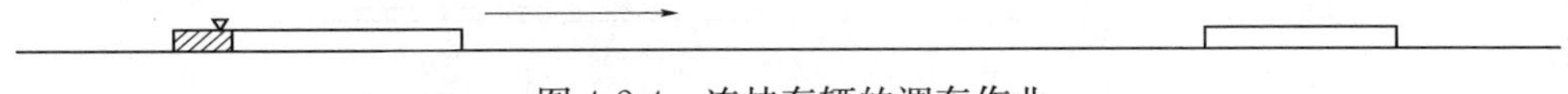

图 4-2-4 连挂车辆的调车作业

推进车辆连挂时,车列前部应有人瞭望,及时显示十、五、三车的距离信号,即在调车车列距离停留车辆十车(约 110 m)时,向司机显示十车信号,司机以鸣笛 3 短声回示;距离五车时(约 55 m),显示五车信号,司机鸣笛 2 短声回示;距离三车(约 33 m)时,显示三车信号,司机鸣笛 1 短声回示;距离不足 110 m 时仅显示五、三车信号;不足55 m 时,仅显示三车信号;不足 33 m 时,仅显示接近连挂信号。没有显示十、五、三车距离信号,不准挂车;没有司机回示,应立即显示停车信号。当夜间调车指挥人确认停留车位置有困难时,应派人在停留车前用白色灯光左右摇动,显示停留车位置信号。

连挂车辆后推进运行时,要先试拉,在同一线路内,连续连挂车辆时,可不停车连挂,但要确认连挂状态,车组间距超过十车以上时,必须抻钩或试拉;推进前应根据规定接通相应数量的软管,保证车列有足够制动力;被连挂车辆距警冲标较近(不足 30 m)时,须采取相应安全措施。

(2)牵出线调车摘解车辆的作业方法

牵出线调车摘解车辆有推送调车和溜放调车两种作业方法。

①推送调车法

推送调车是用机车将车辆调移到适当地点,停稳后再摘车的调车方法,如图 4-2-5 所示。

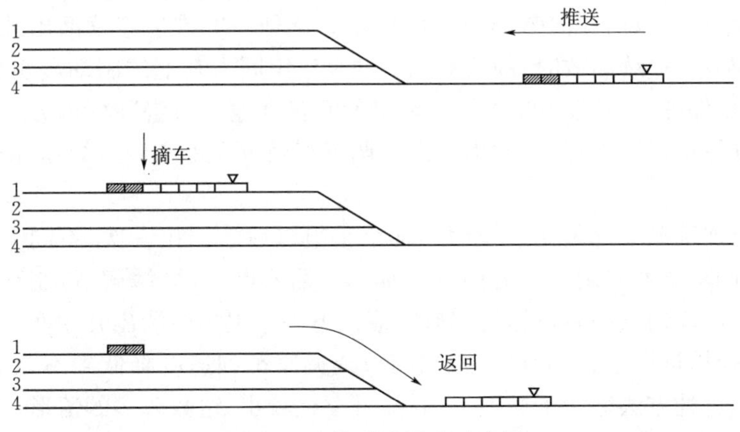

图 4-2-5 推送法调车示意图

利用推送调车法摘解车辆,可以较好地控制车组的速度,作业安全性好。但是一个推送摘车钩包含了推送和返回两个调车程,消耗的调车作业时间长,效率较低。

②溜放调车法

溜放调车则是由机车推送调车车列达到一定速度以后，在行进中将计划摘下的车辆提钩（在开始溜放前应已摘开提钩处的制动主管），然后机车制动，造成溜出车组与调车车列之间的速度差，使摘下的车组借获得的动能离开调车车列溜向指定地点的调车方法，如图 4-2-6 所示。为了使溜出的车组准确地与线路上的停留车软连挂或溜至适当地点，可以由制动员施行手闸制动或铁鞋制动，以调节车组的溜行速度，控制其溜行距离。

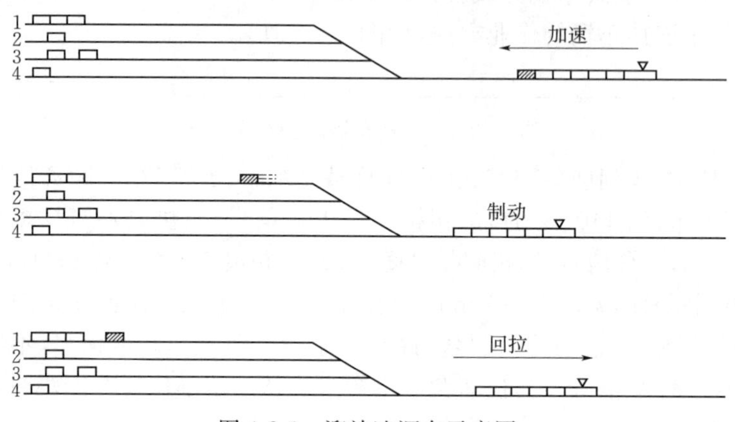

图 4-2-6　溜放法调车示意图

溜放调车法按照机车操纵方法和一次制动溜出车组的多少又分为单组溜放、连续溜放、惰力溜放、多组溜放、连续多组溜放和惰力多组溜放。

单溜法是调车车列每加速、减速一次仅溜出一个车组，而且每溜放一次就向牵出线方向回拉一次，或者每溜放一次须停车待车组进入分歧道岔、下一钩的进路排通以后再起动溜放后续车组的调车方法。单溜法用于以下几种情况：溜放该车组以后，接着摘解的车辆不能溜放、需要使用推送法调车时；在集中联锁区进行调车作业时；由于牵出线长度的限制，无法连续溜放时；下一钩需去车场连挂车辆时。

连续溜放是机车带动车列向调车场方向连续加速、减速，每加速、减速一次溜出一个车组，连续溜出几个车组以后才向牵出线方向回拉。这种一次推进连续溜出几个车组的调车方法称为连续溜放。连续溜放时，前后溜出的两个车组间由其上的制动员实施手闸制动，以保持一定的间隔，保证分歧道岔的安全转换和车辆安全地进入警冲标内方。在溜出一个车组以后机车可停轮也可以惰行，待溜出车组与调车车列拉开距离后再加速、减速进行下一次溜放。

惰力溜放与连续溜放都是在连续溜出几个车组以后才回拉一次，不同之处在于惰力溜放时，机车带动调车车列向调车场方向一次加速以后不断制动、缓解，每制动一次溜出一个车组，然后缓解，使车钩顿回后再提钩、制动，溜出下一车组……溜出几个车组以后才加速一次，直至调车车列接近道岔、已无足够距离溜放或调车车列速度降低到不能继续溜放时，再向牵出线回拉。这种方法适用于坡道牵出线，且车组较小、组数较多的情形。

多组溜放时，调车车列每加速、减速一次溜出 2～3 个车组，依靠手闸制动调速使各钩车在溜行途中分开并保持一定的间隔。实行多组溜放，要求调车组、调车机车司机及扳道组人员之间高度的配合默契。在车组溜行途中，第一车组制动员首先实施手闸制动，造成车钩压缩，便于第二钩车组上的制动员提钩，然后松开手闸，使第一钩车组保持较高的速度，接着第二车组的制动员实施制动使第一车组分离，并在第三车组上的制动员提钩后松闸；第三车组上的制动员再实施制动使第二、第三车组分离；依次类推。各车组分开以后依靠其上的制动员依次增加制动力调节车组溜行速度，拉开距离，保证必要的道岔转换时间，使车组能够安全地进入指定线路的适当地点。

在多组溜放中，为了便于钩车的途中分解，车组脱钩速度一般较高，同一批溜出的车组分开后以递减的速度溜行。所以，应选择每批溜出的第一组车进入线路的停留位置较远，因而能以较高的速度溜行。后行车组依次视前行车组的走行情况调节速度。

多组溜放法一个调车程就可以溜出几个车组，作业速度快，效率高，但对调车组的作业水平要求也高，适用于前行车组较大、线路停留车位置较远，后行车组较小、溜行距离较近；或易行车在前，难行车在后的情形。

连续多组溜放是把连续溜放和多组溜放结合起来，机车推动调车车列一次加、减速溜出几个车组，由各车组上的制动员在车组溜行途中实施制动、提钩，调节车组速度，使其分解，连续溜出几批以后再回拉。

惰力多组溜放则是将惰力溜放和多组溜放结合起来，在调车车列惰行过程中一次制动溜出几个车组，使其在途中分解，连续实施几次以后再回拉。这种作业方法速度快、效率高，但难度也大，要求调车组有较高的技术水平和良好的组织。在设备方面，最好在坡度牵出线上进行。具备惰力溜放条件，且连续几个车组进入邻近股道，共同走行距离较远时，宜采用惰力多组溜放。

溜放调车法和推送调车法相比，分解行程短，使用调车程少，可以显著提高调车效率。所以，在一般情况下，摘解车组时都应采用溜放法调车。推送调车法用于摘解禁止溜放的车辆和在禁止溜放的线路、车站进行调车作业。

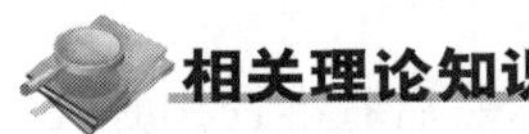

相关理论知识

一、到达场拉风作业

在驼峰编组站，终到列车完成到达作业以后将由驼峰调车机车推上驼峰解体。为了防止车组在溜行过程中因制动主管缓慢泄漏，造成三通阀动作引起车辆制动而影响车列解体作业，在车列到达作业中排风连结员要逐车拉动车辆上的拉风杆，打开副风缸上的缓解阀，并用排风三角木卡在拉风杆和拉风托之间，防止拉风杆回缩，使副风缸持续放风。待各车副风缸排净余风后，再逐车取下排风三角木。

二、从车列中摘解车辆

摘解车辆时，按照“一关前、二关后、三摘风管、四提钩”的作业程序，先关闭提钩点两端车辆的折角塞门、摘开风管、再提钩。进行调车作业时，从车列中摘解车辆，提钩前必须先确认风管已摘开，以防拉断风管。为了保证作业安全，严禁在车列行进过程中摘管。

在驼峰编组站：终到解体车列在到达作业中由摘管连结员在到达试风后，依据解体调车作业计划，摘开各提钩处的风管；在车列溜放过程中提钩时发现风管没摘开，应给停车信号，

待调车车列停稳后，摘开风管，再恢复溜放。

在牵出线调车作业中：车列的各溜放提钩处，应在车列牵出前摘管，各连结员依照钩序分工做好试闸工作；推送摘车时，在调车车列停稳后摘管、提钩。

三、驼峰提钩工作

1. 提钩时机

驼峰分解车列时，车组重心进入加速坡，即脱离车列向峰下溜去。车组开始脱离车列的地点叫脱钩点。车组未到脱钩点以前，车钩呈压缩状态，易于提开车钩；车组一旦超过脱钩点，车钩即呈伸张状态，不易提开。因此，提钩必须在脱钩点以前适当时机进行。提钩过早，可能因车列振动而使钩销回落，或遇有紧急情况需要暂停时，对已提钩的车组不能控制影响安全；提钩过晚，车组超过脱钩点，会造成车列由于提不开车钩需要回拉（俗称“钓鱼”），影响作业效率。所以，正确掌握提钩地点和时机，对保证驼峰作业安全，提高调车效率，具有重要意义。脱钩与车组的大小和空重有关。一般的规律是：小组车在越峰 1/2 左右，大组车在越峰 1/3 左右脱钩。当大组车前重后空时，脱钩点将提前；反之，则推后。

2. 提钩方法

提钩工作由峰顶连结员根据调车作业通知单进行，一般采用“一看、二查、三提钩、四呼应”的作业方法。

一看——看调车作业计划与摘解车数，大于 5 车时，解体调车作业计划应给出提钩处车辆的车号。为了避免看错，有的编组站在峰顶设置了提示屏幕，实时显示当前溜放车组的车数、车号。

二查——检查提钩处制动主管是否摘开；是否有余风抱闸；提钩杆作用是否良好；闸链是否松开；是否禁溜车或禁止过峰车。

三提钩——先试提车钩，但不要提开，以检查钩链是否折损或死钩，然后看准提钩时机，猛力提开车钩，并监督脱钩情况。

四呼应——连结员与连结员之间，连结员与调车长之间，要按作业计划认真核对车组辆数，并实行呼唤应答，防止错提、漏提。由两名提钩人员负责提钩工作时，还应做到两人交叉提钩；钩不脱，手不离；前钩不脱，后钩不提。在车钩分离后，前一组提钩人应向后一组提钩人显示脱钩信号。未得到前方提钩人的信号，后方提钩人不得提钩。

四、手制动机制动作业

牵出线溜放调车作业，溜行车辆多依靠手制动机制动。在车列牵出前，应在调车组内做好分工，各连结员对自己分工制动的车组先选好闸，以防在实施制动时由于所用的闸制动力不足而造成撞车事故。选闸的方法是选大不选小、选重不选空、选前不选后、选高不选低，因为一般大型车、重车制动力较大且溜行车组偏前的车辆和闸位较高的棚车瞭望条件较好。最前的车辆安全性差，一般也不要选。当车组较大时，应选择“对口闸”，罐车的一位端有通过台，在上面施加制动比较安全、方便。试闸时手感灵活、弹性较好的手制动机制动力较强。不选装有窜动货物车辆的车闸。

五、车辆的停留和连挂

技术站在到发线、调车线以外的线路上停留车辆，不进行调车作业时，应连挂在一起，并须拧紧两端车辆的人力制动机，或以铁鞋(止轮器、防溜枕木等)牢靠固定。因装卸车对货位等情况，不能连挂在一起时，应分组做好防溜措施。

中间站停留车辆，无论停留的线路是否有坡道，均应连挂在一起，拧紧两端车辆的人力制动机，并以铁鞋(止轮器、防溜枕木等)牢靠固定。因装卸车对货位等情况，不能连挂在一起时，应分组做好防溜措施。

车辆停留时应先采取防溜措施，再提钩；挂车时，应先连挂后解除防溜措施：撤去防溜枕木或铁鞋、止轮器，松开车组两端的手制动机。

1. 驼峰解散车列包含哪些作业过程？
2. 什么是驼峰的间隔制动和目的制动？
3. 驼峰作业方案有哪几种？各在什么情况下采用？
4. 牵出线调车怎样连挂车辆？
5. 牵出线调车摘解车辆有哪些作业方法？各在什么情况下采用？

学习任务3　编制解体调车作业计划

1. 驼峰解体调车作业计划的编制。
2. 牵出线解体调车作业计划的编制。

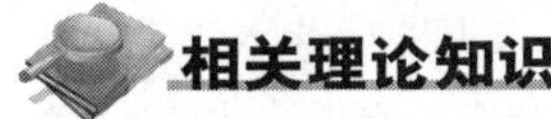

调车作业依据调车作业计划进行，只有编制出高质量的调车作业计划才能实现调车作业的安全、高效。调车作业计划由调车领导人编制，以调车作业通知单的形式下达给调车指挥人及有关人员执行。

解体调车作业腾空了到达场线路，为车站持续地接入列车提供了前提条件；同时也为出发列车的编组作业和向货物作业、车辆检修地点送车提供了车流。

在到达场与调车场纵向配置的车站，设有驼峰调车设备，车列整列解体；在横列式车站，调车作业比较灵活，可以在一条牵出线上完成，也可以由两条牵出线协作实现，车列解体调车作业可以整列解体或分批解体，还可以依据实际情况与列车编组和取送作业结合进行。

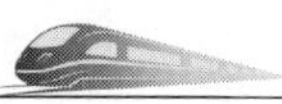

一、驼峰解体调车作业

列车解体作业计划根据到解列车确报或从货物作业地点取回车辆清单给出的车组顺序、车辆去向(中转车、本站货物作业车)、所装货物性质或车种(空车)和车站调车场线路固定使用方案编制。

驼峰解体车列时应注意:涂有“禁止过峰”标记的车辆不能经过驼峰,需要经迂回线或其他线路送入调车场;装有爆炸品、压缩气体和液化气体等危险货物禁止溜放的车辆应先送禁溜线,根据作业计划经迂回线送入特定线路集结;可以过峰,因车辆构造或装载货物的性质禁止溜放的车辆,可以在适当时机由调机下峰送入调车场。

【例 4-3-1】 A 站 A—F 方向列车编组计划、站场平面布局、由 O 方向开来停留于到达场 3 道已完成到达作业等待解体的 33002 次列车编组内容如图 4-3-1 所示。该站调车场线路 32 条,其固定使用方案为:1 道、32 道装载爆炸品、气体类危险货物、扩大货物车辆和特种车辆;6 道 F 及其以远;7 道 D 及其以远;8 道 B 及其以远;9 道 A—B 间;14 道本站作业车。试编制 33002 次列车解体调车作业计划。

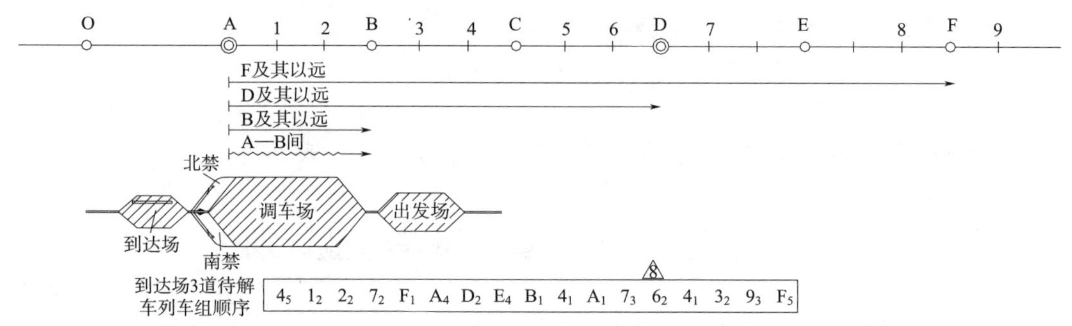

图 4-3-1 A 站 A—F 方向列车编组计划、站场平面布局及 33002 次列车编组内容

解: 编制列车解体调车作业计划首先应明确该站列车编组计划规定的各组号车流的到站范围。在本例中,F 及其以远包括到达 F 站和 F 以东各区段;D 及其以远包括 D 站、D—E 区段、E 及其以远包括 E 站和 E—F 区段各站;B 及其以远包括 B 站、C 站、B—C 和 C—D 区段各站;A—B 间包括 A—B 区段内各中间站。其次应了解该站调车场线路固定使用方案。

依据 33002 次列车编组顺序表和该站调车场线路固定使用办法,采用“对号入座”的方法,即可编制出 33002 的解体调车作业计划。因装载货物的性质禁止溜放、必须在指定线路停放的车辆,在车列溜放时先送入峰顶禁溜线,待适当时机经迂回线送入专门线路暂存,如图 4-3-2 所示。

二、牵出线解体调车作业

在横列式车站,由于可在两端牵出线协同解体车列,或者由于牵出线长度不足,或为了减轻调动重量、提高作业的安全性和作业效率,常采取分部解体的方法。

1. 车列分部解体时开口位置的确定

编制解体作业计划时,应正确选定开口位置。设调车场方向为前、调车机车方向为后,选择开口位置一般应遵循以下原则:

调车作业通知单

1调 解33002次DD03道列车　　　　　第07号
甲（白）
11:00—11:20

序号	股道	摘挂	车数	车号	备注
1	DD03	+	41		
2	BZ06	−	8	3235713	F及其以远　Z580
3	8	−	3	4267381	B及其以远　Z316
4	北禁	−	2	3115981	B及其以远　△8
5	7	−	3	4819281	D及其以远　Z240
6	14	−	1	3425492	本站作业车　Z78
7	8	−	2	0916812	B及其以远　Z158
8	7	−	6	4176869	D及其以远　H378
9	14	−	4	4912685	本站作业车　H293
10	6	−	1	5212311	F及其以远　Z76
11	7	−	2	3317962	D及其以远　H152
12	9	−	4	3425492	A-B间　Z312
13	8	−	5	3425492	F及其以远　Z403
14	北禁	+	2	3115981	
15	1	−	2		B及其以远　△8

——安全生产——

股道	6	7	8	9	14
车数	9	11	12	4	5

区长：李强　　编制时间：2023-3-26 10:40

图 4-3-2　33002 次列车解体调车作业通知单

（1）在车列的大车组前开口，以便第一钩把大车组摘走，减轻车列的调动重量，如图 4-3-3 所示。

（2）车列内有禁溜车时，应在禁溜车之前开口，尽快摘下禁溜车，以避免带着禁溜车进行调车作业而增加作业风险，如图 4-3-4 所示。

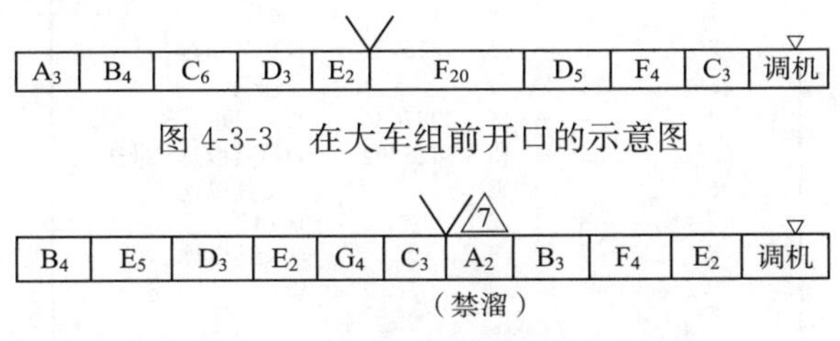

图 4-3-3　在大车组前开口的示意图

图 4-3-4　在禁溜车前开口的示意图

（3）每次牵出车列的辆数大致相等，以有效减轻带车重量。

（4）两端牵出线共同解体列车时，应考虑两台机车作业均衡、合理配合。例如使两部分车数大致相等或按坐编（将大车组留在到发线直接编组）要求开口等。

2. 牵出线的解体作业

横列式车站的解体调车作业须根据具体情况灵活掌握，可以由一端担当、或两端同时进行，也可以解、编和取送并举。

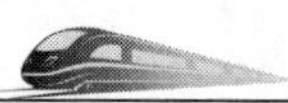

【例 4-3-2】 B 站在路网上的位置、站场布局、列车编组计划规定的到达站及 5 道到达解体的 32032 次列车的编组内容如图 4-3-5 所示。

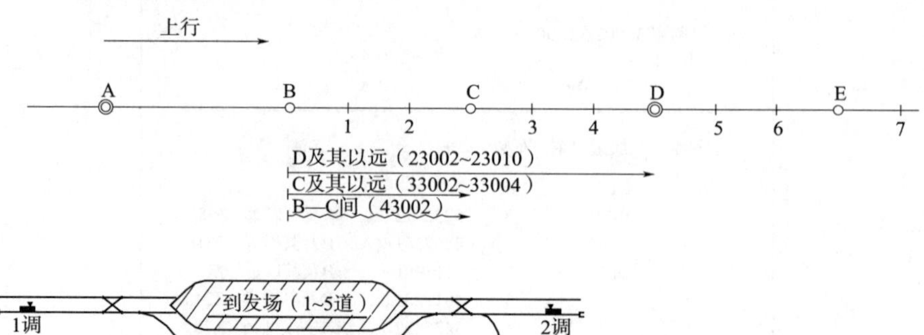

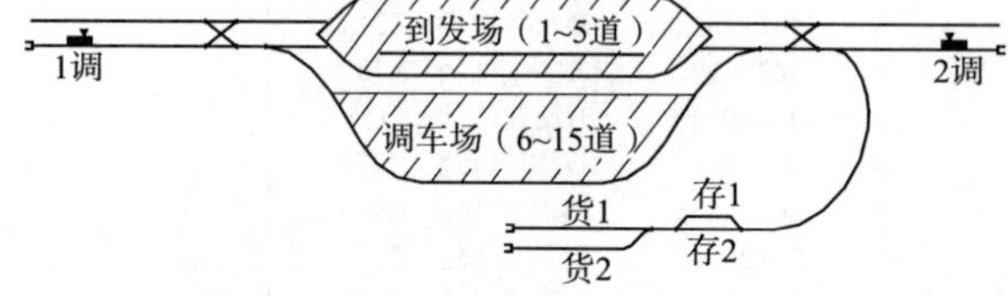

5道32032次列车待解车列 $C_3\ 1_2\ 3_1\ 4_2\ D_4\ E_2\ 6_5\ 5_4\ 7_3\ 1_2\ 2_4\ B_2\ 7_5$

图 4-3-5 B 站在路网上位置、站场布局、列车编组计划及 5 道到达解体的 32032 次列车的编组内容

设 B 站为一级二场区段站，其股道固定使用办法为：1～5 道到发线，6～15 道调车线，其中 6 道集结 D 及以远车流，7 道 C 及以远，8 道集结 B—C 间，12 道本站货物作业车。左牵出线调机为 1 调，右牵出线调机为 2 调，解体作业由 1 调担当。试开列 32032 次列车解体调车作业计划。

解：由 1 调担当解体任务、一次牵出时，钩计划如图 4-3-6 所示。

调车作业通知单

1调 解32032次5道列车　　　　第03号
甲（白）
9:20—9:50

序号	股道	摘挂	车数	车号	备注
1	5	+	39		全部
2	6	−	5	4255727	D及其以远
3	12	−	2		作业车
4	8	−	6	3987634	B—C间
5	6	−	18	3425492	D及其以远　推送
6	7	−	3		C及其以远
7	8	−	2		B—C间
8	7	−	3		C及其以远

——安全生产——

股道	6	7	8	12
车数	23	6	8	2

区长：程达　　编制时间：2023-03-28 9:00

图 4-3-6 32032 次列车的解体钩计划

【例 4-3-3】 资料同【例 4-3-2】。如为减轻牵出所带动的车组重量,分两批解体,试编制解体作业计划。

解:为减轻调车带动的车组重量、方便解体作业,分两批解体时可在车组 7_3 前开口,第一钩就可以甩掉 18 个重车的大车组,使作业便捷、灵活。开列的钩计划如图 4-3-7 所示。

调车作业通知单

1调 解32032次5道列车　　第04号
甲（白）
9:20—9:45

序号	股道	摘挂	车数	车号	备注
1	5	+	26	3567548	
2	6	−	18	3425492	D及其以远 推送
3	7	−	3		C及其以远
4	8	−	2		B—C间
5	7	−	3		C及其以远
6	5	+	13		全部
7	6	−	5	4255727	D及其以远
8	12	−	2		作业车
9	8	−	6		B—C间

——安全生产——

股道	6	7	8	12
车数	23	6	8	2

站调：程达　　编制时间：2023-3-28 9:00

图 4-3-7 32032 次列车分两批解体的解体钩计划

【例 4-3-4】 资料同【例 4-3-2】。假定每辆重车总重均为 80 t、A—D 方向列车牵引定数 3 600 t,当前 6 道已集结 D 及其以远车流 38 辆,12 道集结待卸车 5 辆。如 32032 次解体后须立即编组到 D 站的 23002 次、向货 2 线送待卸车 7 辆并取回货 1 线已装好的 5 辆 C 以远重车,为加快作业进度,1 调、2 调协同作业。试编制调车作业计划。

解:由于 32032 次到解列车中包含 $D_4E_26_55_47_3$ 计 18 辆 D 及其以远的大车组,可以将其停留在到发场 5 道,直接编入 23002。分配 1 调解体大车组左侧车组并完成 23002 次列车编组作业,2 调担任解体大车组以右车组及取送任务,钩计划如图 4-3-8 所示。

在两端都设有牵出线的横列式车站,可以利用灵活的调车作业方法,以较少的作业量完成相同的调车工作。在本例中,随 32032 次到达的 D 及其以远大车组是即将编组的 23002 次列车需要的车流,采用两端解体的方法使其停留在 5 道不动而直接编入出发列车。这种作业方法称为车辆坐编。

在横列式车站常常把车列解体、编组及车辆取送结合起来(将出发的大车组坐编;由调车机车从到达的车列中取出本站货物作业车直接送往货物作业地点,而不向调车场本站作业车集结线溜放;从货物作业地点取回的待发作业车直接编组到出发列车中等),提高作业效率。

可见,在横列式车站的车列解体作业中注意解体照顾编组、解编送结合,对于简化和加速调车作业过程具有重要意义。

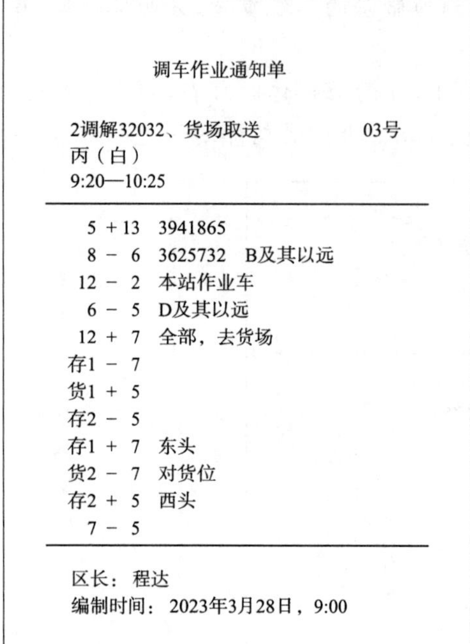

调车作业通知单

2调解32032、货场取送　　03号
丙（白）
9:20—10:25

5 + 13　3941865
8 − 6　3625732　B及其以远
12 − 2　本站作业车
6 − 5　D及其以远
12 + 7　全部，去货场
存1 − 7
货1 + 5
存2 − 5
存1 + 7　东头
货2 − 7　对货位
存2 + 5　西头
7 − 5

区长：程达
编制时间：2023年3月28日，9:00

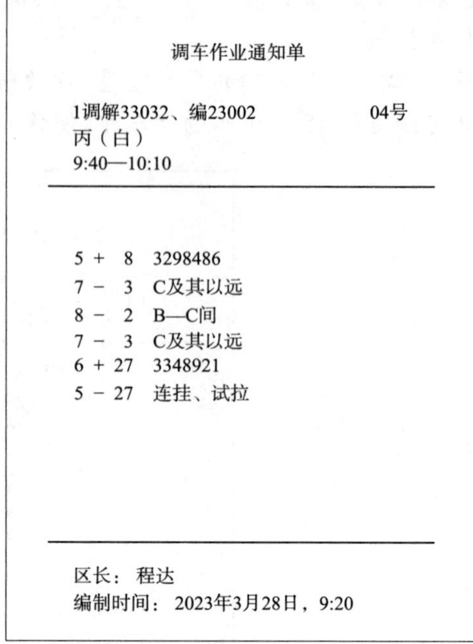

调车作业通知单

1调解33032、编23002　　04号
丙（白）
9:40—10:10

5 + 8　3298486
7 − 3　C及其以远
8 − 2　B—C间
7 − 3　C及其以远
6 + 27　3348921
5 − 27　连挂、试拉

区长：程达
编制时间：2023年3月28日，9:20

图 4-3-8　解体与取送、编组相结合的调车作业计划

一、复习思考题

1. 车列分部解体时，选择开口位置的原则是什么？

2. 什么是坐编？解、编、取送结合的调车作业计划有什么优点？

二、习题

1. 兰州北编组站上行调车场部分线路的固定使用方案为：9 道空敞车；18 道兰陇短途；19 道陇西及其以远；21 道天水及其以远；23 道宝鸡东及其以远；27 道成都北及其以远；29 道新丰镇及其以远；32 道郑州及其以远；33 道武汉北及其以远；1 道和 38 道装载爆炸品、易燃液体、液化气体车辆，上行调车系统车场布局及停留于到达场 6 道的 41082 待解车列 45 辆的编组内容如图 4-3-9 所示，兰州北编组站陇海线列车编组计划组号范围分布如图 4-3-10 所示。试编制该次列车的解体调车作业计划。

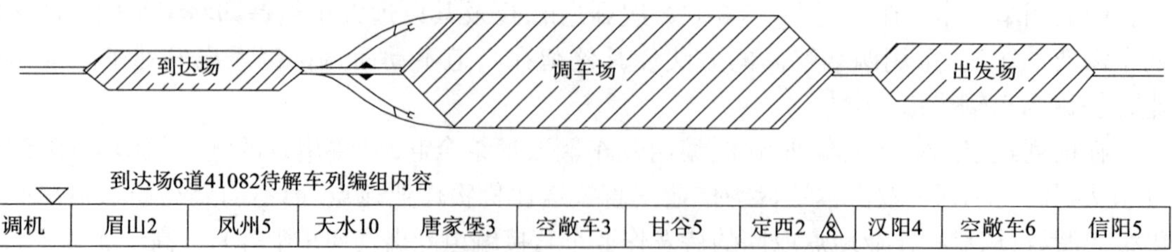

图 4-3-9　兰州北站上行车场布局及到达场 6 道 41082 次待解车列的编组内容

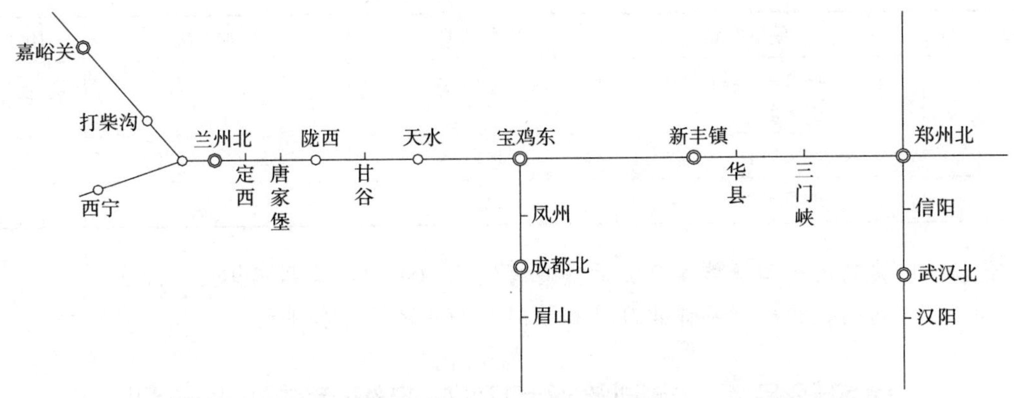

图 4-3-10 兰州北编组站陇海线列车编组计划组号范围分布图

2. B站为横列式区段站,其在路网上的位置、平面布局及停留于3道到达解体的41002次列车的编组内容分别如图4-3-11和图4-3-12所示,第一牵出线在A方向一端,第二牵出线在D方向一端。B站上行方向列车编组计划见表4-3-1。调车场线路固定使用办法如下:1～5道为到发线,6～17道为调车线,其中6道集结空敞车,7道集结D及其以远车流,8道集结C及其以远车流,9道集结B—C间车流,10道集结到达的本站作业车。41002次解体前,调车场6道已有空敞车35辆,7道有D及其以远重车6辆。列车运行图规定该方向列车牵引定数为4 000 t,换长65,假定每辆重车总重均为80 t、车辆自重24 t、换长1.3。41002次解体后,B站开往D站的22004已到开始编组时间,编好后转2道或3道出发。

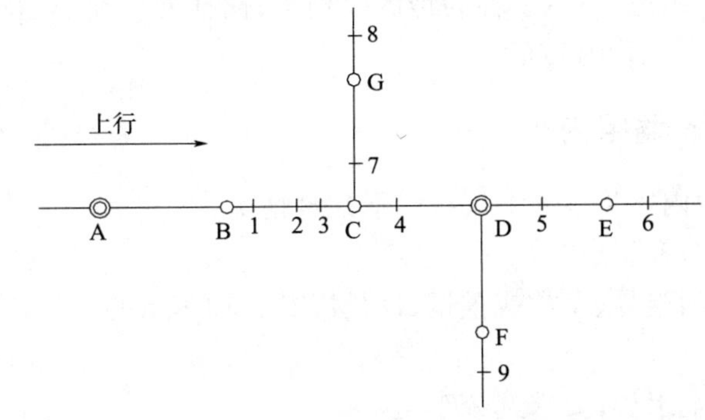

图 4-3-11 B站在路网上的位置及列车编组计划组号范围

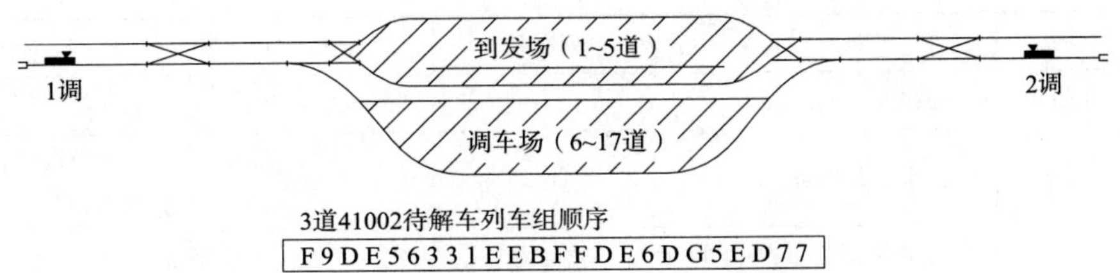

图 4-3-12 B站站场平面布局及41002待解车列车组顺序

表 4-3-1　B 站列车编组计划(部分)

发站	到站	编组内容	列车种类	定期车次	附注
B	D站	1. D及其以远; 2. 空敞车	直通	22002～22004	按组顺编组
B	C站	C及其以远	区段	32002～32008	
B	C站	B—C间站顺	摘挂	42002	

要求:(1)编制由1调解体41002后接着编组22004的解编调车作业计划。

(2)编制2调担当解体41002和编组22004的调车作业计划。

学习任务4　编制跨区段列车编组调车作业计划

学习内容

1. 跨区段列车的编组内容。
2. 跨区段列车编组作业计划的编制方法。

相关理论知识

货物列车按照是否在中间站进行车辆甩挂作业分为跨区段列车和区段管内列车两类。直达和直通列车的运行全程跨越两个及以上区段;区段列车跨越一个区段,这些列车均不在区段内的中间站进行车组甩挂作业,称为跨区段列车;摘挂列车和小运转列车专门服务于区段管内的中间站,称为区段管内列车。

一、跨区段列车的编组内容

跨区段列车的编组内容见表4-4-1,有以下几种情况:

(1)由单一组号的车辆组成。

(2)规定了基本组的组号、车数或重量、计长以及补轴车组的组号,有的还规定了补轴车组的编挂位置。

(3)包含两个及以上组号,要求选分车组。

表 4-4-1　跨区段列车的编组内容举例

发站	到站	编组内容	列车种类	定期车次	附　注
新丰镇	郑州北	郑州北及其以远	直通	27002～27014	按上、下行场分别开行
兰州北	天水	天水及其以远	区段	33012	车流不足时准以宝鸡东及其以远补轴
武威南	乌西	乌西及其以远和空车(不含黏油罐车)	技术直达	11045～11047	

续表

发站	到站	编组内容	列车种类	定期车次	附　注
白茨沟 茹其沟	大武口	1. 包头西及其以远； 2. 大武口及其以远； 3. 空车	区段	38002	按组顺编组
颖川堡	中宁	空黏油罐车	空车直达	85703/4	
镜铁山	绿化	绿化卸	整列短途	86902/1～86928/7	

二、跨区段列车编组作业计划的编制方法

由于跨区段列车的待编车列通常按列车编组计划规定的组号在调车场的固定线路上集结，所以在不需要调整隔离车和关门车的情况下，其编组调车作业只是进行车组的连挂（在一条调车线上连挂车组或将 2～3 条线上的车辆连结成车列）和转线（将车列从调车场转到出发场）。只有当车辆的编挂位置不符合《技规》《危规》等规章关于编组列车的要求时，才需进行调整隔离车和关门车的调车作业。编制跨区段列车编组调车作业计划按以下步骤进行：

1. 确定编成辆数

直达、直通和区段列车应按照列车编组计划和列车运行图规定的重量或长度标准编组。列车重量标准根据机车牵引特性和线路平纵断面条件进行牵引计算和试运转确定；列车长度标准则是按照运行区段内各站到发线有效长，并预留 30 m 制动距离规定。列车实际牵引重量超过运行图规定的该区段货物列车牵引重量标准 81 t 及以上的货物列车为超重列车（又称超轴列车）；列车实际牵引重量达不到该区段列车重量标准，欠重 81 t 及以上的货物列车为欠重列车。实际牵引长度超过运行图规定的该区段列车换算长度的货物列车为超长列车。既没有达到规定的列车重量标准，也没有达到列车长度标准的货物列车称为欠轴列车。

空车直达、直通、区段列车未规定补轴时，编满规定的空车辆数即按满轴计。军用列车、机械冷藏列车、限速列车、固定车底循环使用的列车以及快运货物列车、图定摘挂列车未达到规定的重量标准不按欠重办理。“五定”班列在欠轴区段也不按欠轴统计。

在编制编组调车作业计划时首先需要根据列车运行图规定的牵引定数、换长和《行规》允许的波动范围（通常为上下 80 t），从车辆集结线路的牵出线一端开始，累加车辆总重和换长，直至达到规定的重量标准或长度标准（计划编入列车的停留在其他线路上的危险品、超限货物车辆和特种车辆包括在内），以确定列车的编成辆数。

2. 检查待编车列中车辆的编组隔离和关门车的编挂位置

装载爆炸品、气体类危险货物的车辆，必须停放在固定的线路上（通常是调车场边道），两端道岔应扳向不能进入该线的位置并加锁，集中操纵的道岔可在控制台上锁闭。在按去向集结的线路上停留的带隔离标记的车辆只能是装载其他危险品或活动物的车辆。

车站应注意尽早挂运停留在固定线路上的装载危险品的车辆，以保证站场安全。运输危险货物和蜜蜂的车辆在列车中的编挂必须符合《技规》附件 10 和《铁路鲜活货物运输规则》（简称《鲜规》）对车辆编组隔离的限制。

由于所装货物的性质必须停止制动作用的车辆还应关闭截断塞门，称为“关门车”。在

《铁路危险货物品名表》中，如该货物的第12栏"特殊规定"标注了"4"（意为仅限使用停止制动作用的棚车），即表明装载该货物的车辆为关门车。这些"特殊规定"有77条之多，具体内容在《危规》附件1中有详细描述，《品名表》中只给出条文编号。列车内关门车的编挂应符合《技规》"3、2、1"的规定，即：关门车不得挂于机车后部三辆车之内；在列车中连续连挂不得超过两辆；列车最后一辆不得为关门车；列车最后第二、三辆不得连续关门。列车内关门车数量超过现车总辆数6%时，应验算每百吨列车重量闸瓦压力。不能满足《技规》要求时，应减少列车内关门车的数量，使之达到标准，以保证列车有足够的制动力，或依规定限速运行。

列车中隔离车和关门车的编挂位置不符合上述规定的，应当进行调整。另一方面，在车列解体时就应考虑编组要求，如通过变更车列解体顺序改变车辆进入调车场集结线路的顺序等方法使车列解体所形成的自然顺序符合编组要求，此即解体照顾编组的作业方法。

3. 开列编组调车作业计划

开列编组调车作业计划是一项十分严肃的工作，调车作业领导人应当熟记编组列车的各项规定，制定的作业计划应能确保调车作业安全、提高作业效率，编出合格的列车。

【例4-4-1】 设图4-4-1所示的A—C方向货物列车牵引定数4 000 t；A站为顺下行方向的三级三场编组站，编开到达C站的10001次技术直达列车集结于调车场16道，开始编组时该线路已集结本去向车流78辆；经计算至第49辆时总重3 941 t，该49辆车中无关门车，无隔离标记车；计划不加挂危险品车辆；牵出线在调车场右方；编成后转出发场2道。试编制10001次列车的编组调车作业计划。

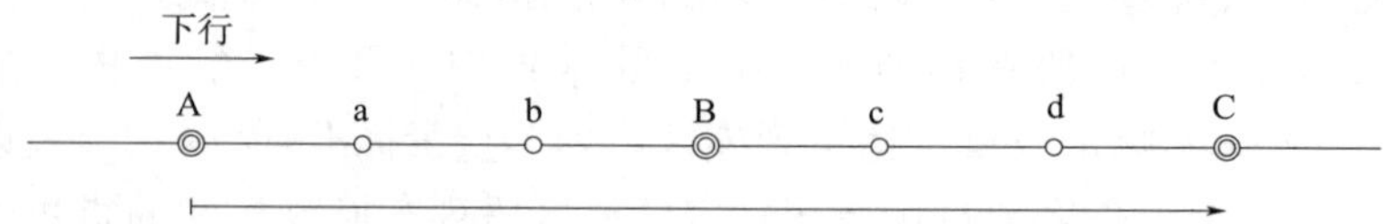

图4-4-1 A站开行到达C站的技术直达列车

解：待编车列集结在一条线路上且无隔离车、关门车的跨区段列车编组作业，只需要将满足列车重量标准的车辆连挂在一起转出发场即可。10001次列车编组钩计划可开列如图4-4-2所示。该列车编挂了49辆货车，挂50辆也符合列车重量标准。

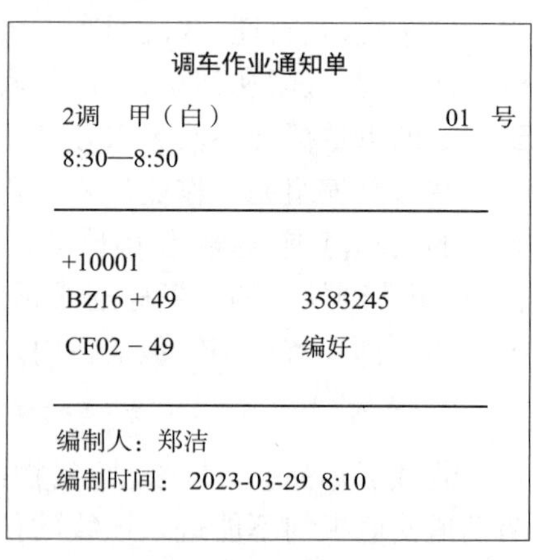
调车作业通知单

2调 甲（白） 01 号
8:30—8:50

+10001
BZ16＋49 3583245
CF02－49 编好

编制人：郑洁
编制时间：2023-03-29 8:10

图4-4-2 10001次列车编组钩计划

【例4-4-2】 资料同上，A站为顺下行方向的三级三场编组站。A站发往C站的10003次技术直达列车的编组内容为C及其以远。该组号车辆集结情况及列车编成后在出发场的位置如图4-4-3所示。16道已集结56辆C及其以远组号重车，自牵出线方向第1辆起至第48辆车组总重为3 856 t，第3辆为装载易燃普通货物的敞车；调车场1道有该组号两辆⚠重车，且为关门车，总重157 t。列车编成后转出发场5道出发。试开列10003次技术直达列车编组钩计划。

解：编成后列车总重为3 856＋157＝4 013(t)，符合列车重量标准。

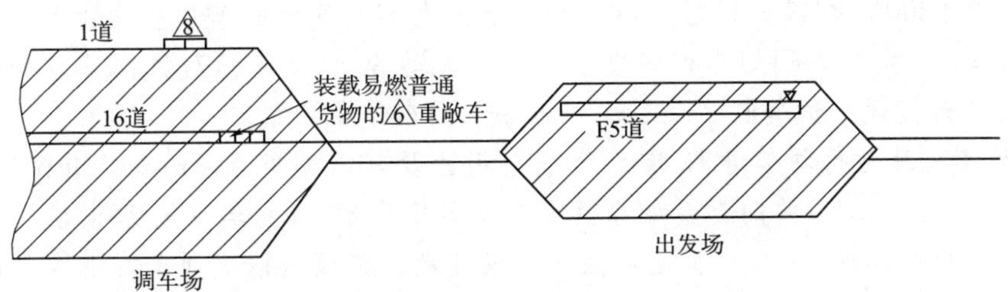

图 4-4-3　C 及以远车流在 A 站调车场的集结情况和本务机车的编挂位置

《危规》附件 6"车辆编组隔离表"规定：敞、平车装载的易燃普通货物须距牵引的内燃、电力机车隔离 4 辆，距装载除雷管及导爆索以外爆炸品的车辆隔离 2 辆；装载除雷管及导爆索以外爆炸品的车辆须与牵引的内燃、电力机车隔离 4 辆，距乘坐旅客的车辆隔离 4 辆，距装载雷管及导爆索车辆隔离 4 辆，距装载易燃普通货物的敞车、平车隔离 2 辆；小运转列车及调车隔离规定由铁路局制定。因此，编组小运转列车和调车时危险品车辆的隔离限制还应参看所在铁路局的《行规》。

10003 次列车的编组钩计划可开列如图 4-4-4 所示。

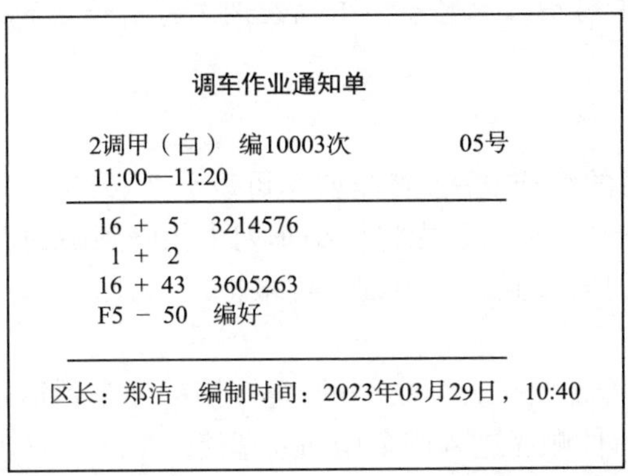

调车作业通知单

2调甲（白） 编10003次　　　05号
11:00—11:20

16 + 5　3214576
1 + 2
16 + 43　3605263
F5 − 50　编好

区长：郑洁　编制时间：2023年03月29日，10:40

图 4-4-4　编挂有隔离车和关门车的直达列车编组作业计划

由于机车后三辆内不能有关门车、16 道第 3 辆装载易燃普通货物的重敞车，须与△8车辆隔离 2 辆，所以机车从 16 道带 5 辆车去 1 道挂车可同时满足△6、△8车辆及牵引机车间的隔离要求。

一、复习思考题

1. 列车的重量或长度需达到规定的标准，不允许欠轴。什么是欠轴？在什么情况下，虽然列车未达到规定的重量或长度标准，但不统计欠轴？

2. 危险货物装车后怎样确定车辆的隔离标记及是否需要"关门"？《技规》对列车中隔离标记车、关门车的编挂有什么具体要求？《鲜规》对运输蜜蜂车辆的编组隔离有什么要求？

3. 为什么在编组调车时应优先挂运装载抗洪抢险、鲜活易腐及危险品货物的车辆？

二、习题

1. 设兰州北站上行调车场 23 道已集结宝鸡东及其以远车流 73 辆，现需编组发往宝鸡

东的直通列车 28006 次，编好以后转出发场 5 道出发。如每辆重车总重均为 80 t，列车重量标准为 4 000 t，兰局《行规》规定列车重量可上下浮动 80 t，自牵出线方向第 67 辆为装运活牲畜棚车须及时挂运。试编制 28006 次列车编组调车作业计划。

2. 设兰州北站上行调车场 13 道已集结白银西及其以远车流 65 辆，1 道存该去向装载爆炸品的 2 辆(⚠)且均为关门车。如每辆重车总重均为 80 t，列车重量标准为 4 000 t，在编组 32002 次区段列车时，必须将 1 道危险品车辆挂走。试编组该次列车编组作业计划。

学习任务 5　编制摘挂列车编组调车作业计划

学习内容

1. 按站顺的摘挂列车编组调车作业计划编制步骤。
2. 调车方案优选和可调车组下落位置的确定方法。
3. 线路受限条件下的编组调车作业。
4. 牵出线与调车场不同相对位置条件下编组调车作业计划的编制。

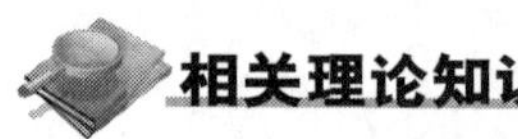

相关理论知识

按照摘挂列车内车组的编挂方法，摘挂列车可以分为按站顺编组的摘挂列车和按到站成组选编的摘挂列车。按站顺编组是指将待编车列中相同到站的车辆选编成组且各车组按其在区段内的到达顺序编挂；按到站成组则只要求把同一到站的车辆编挂在一起，各站车组可以按任意顺序编挂。

在技术站摘挂列车的车流是按方向集结的：每一摘挂列车到达站在调车场内都有自己固定的集结线路，各车组按解体顺序进入调车场加入车流的集结过程，因而待编车列中车组的排列顺序是随机的，一般不符合列车编组计划的要求。进行编组摘挂列车的调车作业，目的就在于把待编车列中车组的随机排列顺序转变为符合列车编组计划要求的车组排列顺序。

一、按站顺的摘挂列车编组调车作业

(一)牵出线在调车场右方、列车编成后向左方运行时的计划编制方法

为了编制计划的方便：在表示待编车列的车组到站排列顺序时，用数字表示车组的到站顺序、下标表示该车组的车数；并假定牵出线在调车场右方；调车车列的左方称为前方，右方称为后方；待编车列最右方的车组称为车列端组；称第一个送达的车组即 1 站车组为首组、最后送达的车组即车列中序号最大的车组为尾组，如图 4-5-1 所示。

1. 编制步骤

编制按站顺的摘挂列车编组调车作业计划，要经过将待编车列的到站顺序改写为数字下标形式、车组下落、选择调车方案、开列钩计划四个步骤。

(1)将待编车列的到站顺序改写为数字下标形式

摘挂列车从技术站发出时，每一趟列车的到站内容都不相同，有的中间站可能没有到

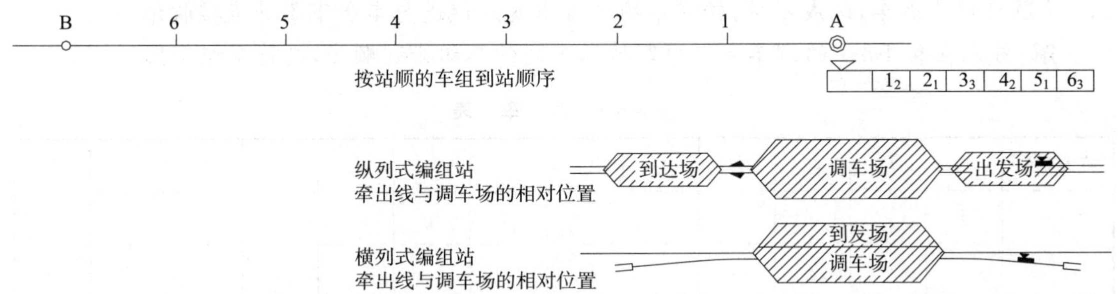

图 4-5-1 牵出线在调车场右方及按站顺编组的摘挂列车内车组的编挂顺序示意图

达的车辆。在确定车辆的到站序号时：应在区段中间站分布图上先找出待编车列中车辆的全部到站，按顺序标出站序；再依次将待编车列中各车组的到站和车数改写为到站序号和车数下标。

【例 4-5-1】 设牵出线在调车场右方，依据图 4-5-2 给出的 A—B 区段内中间站的分布情况和 A 站编组发往 B 站的 43002 次摘挂列车待编车列的车辆到站顺序，将待编车列的车组到站顺序改写为数字下标形式。

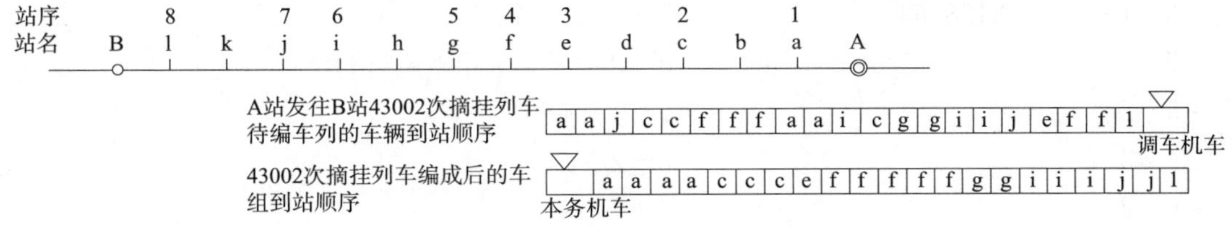

图 4-5-2 按站顺编组的摘挂列车

解：确定站序号时，先标注有车组到达的车站，自右至左依次赋予车站序号(见图 4-5-2)；然后将待编车列的车组自左至右依据到站序号和车数改写为数字下标形式。43002 待编车列车组顺序的数字下表形式为 $1_2\ 7_1\ 2_2\ 4_3\ 1_2\ 6_1\ 2_1\ 5_2\ 6_2\ 7_1\ 3_1\ 4_2\ 8_1$。

(2)车组下落

要按站顺编组摘挂列车，只要先把待编车列分解为若干满足到站顺序要求的子列，再把各子列按顺序连挂起来，就可满足按站顺编组的要求。

把待编车列分解为满足到站顺序要求的子列的过程称为车组下落。其方法为：在调车表上从左至右将全部 1 站车组下落于第一列；1 站车组下落完毕后，如果其后有 2 站车组，将其也下落在第一列，直至到达车列端组，然后再从车列左端开始检查是否还有未下落的 2 站车组，如果有，将其下落在下一列；2 站车组下落完毕以后，利用同样的方法下落 3 站车组……各站车组依次下落，直至全部车组下落完毕。

车组下落所形成的各个符合编组顺序要求的子列称为下落列，并按顺序分别称为第一下落列、第二下落列……在调车表中用汉字数字表示；调车表中下落列序号左方的阿拉伯数字表示分配给该下落列的调车场股道编号；在收编时，两相邻下落列的连挂称为一次对口，其中序号较大的列称为对口列，序号较小的列称为被对口列。

【例 4-5-2】 资料如【例 4-5-1】，A 站为反上行方向的三级三场纵列式编组站，43002 次列车的待编车列 $1_2 7_1 2_2 4_3 1_2 6_1 2_1 5_2 6_2 7_1 3_1 4_2 8_1$(21 车)停留于调车场 6 道，编组时调车场 3、4、

5、6、7 道可用于调车，编成以后，转发车场 3 道出发。试进行车组下落并直接收编。

解：首先在表 4-5-1 的调车表上填写待编车列的车组排列顺序，进行车组下落：

表 4-5-1 调 车 表

待编车列	1_2	7_1	2_2	4_3	1_2	6_1	2_1	5_2	6_2	7_1	3_1	4_2	8_1
6 一	1				1		2						
3 二			2								3	4	
4 三				4				5	6				
5 四						6				7			
7 五		7											8

然后根据调车表开列编组调车钩计划，车列前端车组 1_2 留在原道不牵出，称为坐底，可节省一个溜放钩：

+43002

6+19　　3458264

7－1

3－2

4－3

6－2

5－1

6－1

4－4

5－1

3－3

7+1　带 1

5+2

4+7

3+5

6+5

F3－21　编好

（使用调车钩数：连挂 6 钩，溜放 9 钩，转场 1 钩，计 16 钩；

累计带动车数：连挂 34 车，牵出 73 车，溜放 105 车，计 212 车）

上面开列的钩计划正确地编组了 43002 次列车。然而，在运输生产中，很少采用直接收编的做法，因为这种编组方法存在许多缺点：

①占用的线路多，每一个下落列都要占用一条线路。

②使用连挂钩多，因而作业效率低。因为收集下落列的每一个连挂钩仅能实现一次对口，待编车列下落为 P 列时，需要完成 $P-1$ 次对口才能实现全列的对口连挂。而连挂钩的效率远低于溜放钩，也低于推送钩，据统计每个连挂钩所花费的调车时间约等于 3～5 个溜放钩或 2～3 个推送钩。

③不能充分利用邻组，使用的溜放钩数一般也较多。

④收编时带动的车数越来越多，作业不方便，耗时长。

⑤由于占用的线路多、耗时长，就可能发生调车场可供调车的线路数不足而无法进行编组，产生作业干扰的概率也增加了。

所以，车组下落后直接收编的方法通常是不利的，应当使某些下落列合并使用线路，把连挂钩数降到最低限度，以提高调车作业效率。

【例 4-5-1】的待编车列，如果车组下落后二五、一四合列，见表 4-5-2，按图 4-5-3 的调车方案开列作业计划，则计划质量可以得到明显的改善。

待编车列第 7 位车组 2_1 既可下落在第一列也可下落在第二列，为可调车组，在该调车方案中下落到第一列可利用 $6_1 2_1$ 邻组、但产生 2 处车组交错，而下落到第二列没有邻组、也不产生车组交错，比下落在第一列节省 1 钩，因而下落到第二列是较优的下落位置。

表 4-5-2 调 车 表

待编车列	1_2	7_1	2_2	4_3	1_2	6_1	2_1	5_2	6_2	7_1	3_1	4_2	8_1
（一）	①				①								
（二）			②				②				③	④	
4 三				4				5	6				
6 一四	1				1	6				7			
5 二五		7	2				2				3	4	8

+43002

6+19　　4894674	5+4　带 4
5−3	6+2
4−3	4−3
6−3	6−6
5−1	4+10　带 1
4−4	6+10
6−1	F3−21　编好

（使用调车钩数：连挂 5 钩，溜放 8 钩，转场 1 钩，计 14 钩；

累计带动车数：连挂 24 车，牵出 69 车，溜放 89 车，计 182 车 ）

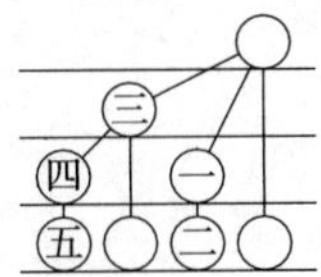

图 4-5-3 下落列为五列，二五、一四合列的调车图

与车组下落后直接收编相比，完成同样的编组任务，少用了 2 条线路，连挂减少 1 钩，溜放减少 1 钩，又减少了调动车数，方便和加速了调车作业。

（3）选择调车方案

既然连挂钩与溜放钩和推送钩相比耗时长、效率低，为了提高调车作业效率，应当把调车作业中使用的连挂钩数减少到最低限度。由于下落列数为 P 时，需要实现 $P-1$ 次对口才能完成车列的编组任务，因而实现这一目标的关键在于使收集下落列的每 1 个连挂钩都能完成可能实现的最多的对口次数。

当下落列数只有 $P=1$ 列时，待编车列已是符合编组顺序要求的车列，只要把各车组连挂在一起，转到出发场，编组过程就结束了。编组不需要调整隔离车和关门车的直达、直通

和区段列车就属于这种情况。这时，需要调车线 $L=1$、收集下落列的连挂钩数为 $K=0$，完成整个编组作业只需要转场的 1 个连挂钩，如图 4-5-4 所示。

在这一基础上增加一条调车线路时，由于除该线以外的线路上只有 1 个下落列，因而使用 1 个收编的连挂钩最多可完成 1 次对口，完成整个编组作业需要使用 1 个牵出的连挂钩、1 个收编的连挂钩和 1 个转场连挂钩，共 3 个连挂钩。$L=2$、$K=1$、$P=2$ 的下落列对口过程如图 4-5-5 所示。

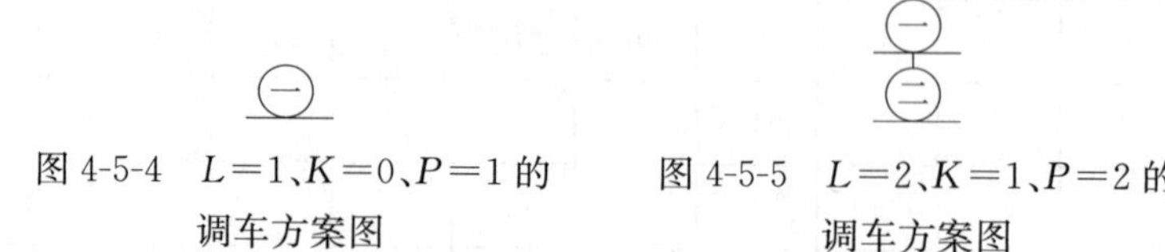

图 4-5-4　$L=1$、$K=0$、$P=1$ 的调车方案图

图 4-5-5　$L=2$、$K=1$、$P=2$ 的调车方案图

所以，使用 1 个收编连挂钩即 $K=1$，最多可使 $P=2^1$ 个下落列对口连挂，其中第二下落列为对口列，第一下落列为被对口列，使用两条线路 $L=2$。

【例 4-5-3】 41004 次摘挂列车的待编车列 $3_2 4_3 1_1 2_2 5_4 3_2$ 集结在调车场 4 道，编组时 3 道可用，牵出线在调车场右方，编好后转出发场 2 道出发，试编制该次列车的编组调车作业计划。

解： 车组下落见表 4-5-3，共下落为两列，只要按照调车方案图（见图 4-5-5）将第二下落列的车组（$3_2 4_3 5_4$），向第一下落列（$1_1 2_2 3_2$）连挂，就可形成满足按站顺编组要求的车列。

表 4-5-3　$P=2$ 的待编车列

待编车列	3_2	4_3	1_1	2_2	5_4	3_2
3　一			1	2		3
4　二	3	4			5	

+41004
4+9　　　　（牵出连挂钩）
3−3
4−4
3−2
4+9　　　　（收编连挂钩）
3+5　　　　（转场连挂钩）
F2−14　编好

如果在这一基础上再增加 1 条线路（即 $L=3$），要使 3 条线路上的全部下落列都实现对口，必然需要增加 1 个收编连挂钩（即 $K=2$）。为了顺利完成全部对口，在最后一次收编连挂时，只能存在两个下落列，在使用收编的第一个连挂钩时，这两个下落列都可以作为被对口列。因而第一个收编连挂钩最多可以完成两次对口，即在新增加的这条线路上最多可以有两个下落列的车组。可见，$L=3$、$K=2$ 时，所能完成的最大对口列数为 $P=2^2$，如图 4-5-6 所示。

如果使用三个收编的连挂钩、四条线路，则在新增加的线路上可以有四个暂合的下落列分别与以上的下落列对口。所以，$L=4$、$K=3$ 时，所能完成的最大对口列数为 $P=2^3=8$，如图 4-5-7 所示。

在编制按站顺编组的摘挂列车编组调车作业计划时，使连挂钩数减少到最低限度的下落列合并使用线路的方案称为调车方案图（简称调车图）。当 $P=2^K$，K 为正整数时，调车方案是唯一的。但是，当 K 不为正整数时，由于出现了多余的对口位置，而产生了众多的调车方案。例如，$P=3$ 时，方案数为 $C_4^3=4$ 个、$P=7$ 时方案数为 $C_8^7=8$ 个，如图 4-5-8 所示。

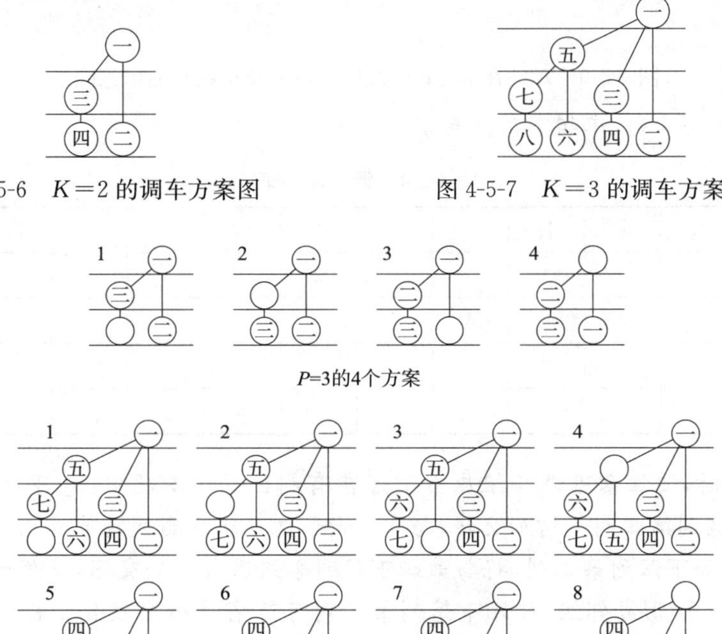

图 4-5-6　$K=2$ 的调车方案图

图 4-5-7　$K=3$ 的调车方案图

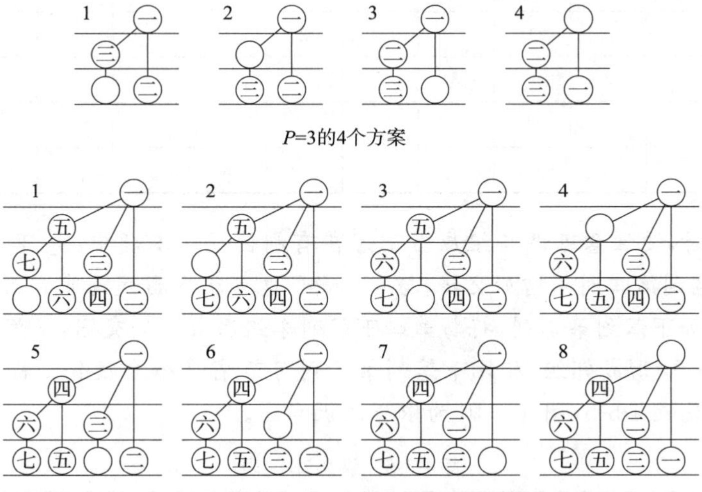

P=3的4个方案

P=7的8个方案

图 4-5-8　$P=3$ 和 $P=7$ 的调车方案图

又如当 $P=5$ 时，必须使用 3 个收编的连挂钩才能实现全部下落列对口连挂，但 3 个收编连挂钩可以使 8 个下落列对口，因而调车方案也不是唯一的。可以利用排列组合方法从 $K=3$ 调车方案的 8 个下落列位置中任意取出 5 个构成一个调车方案，总共得到 $C_8^5=56$ 个调车方案。同理可知，$P=6$ 时，有 $C_8^6=28$ 个方案。

各调车图的下落列序号都具备从右至左、从上到下依次排序的特点。当调车方案不唯一时，不同方案使用的连挂钩数都一样，但溜放钩数和带动车数不相同，可以编制计算机优化程序，按给定标准筛选出最优方案，人工编制计划只要找出较优方案即可。

（4）按调车图开列钩计划

依据优化筛选原则选出采用的调车方案，画出选用的调车图，按图在调车表上标注合列，在各暂合列序号的左侧标注使用的调车线路。本次列车待编车列的停留线、调车场内的空线，及依据调车作业计划尾部具有容纳需停留调车车组长度的调车线均可用作编组调车线。为了减少调车车列的走行距离、方便调车作业，最好选择调车场内同一线束的线路。

【例 4-5-4】 A 站为一级二场横列式车站，该站在 A－B 区段的位置及站场平面如图 4-5-9 所示。其站线 1～5 道为到发场、6～17 道为调车场，发往 B 站的 42006 次列车的待编

车列集结在调车场 8 道共 28 车，其车组顺序为 1_5 3_3 1_1 3_2 5_2 2_3 6_2 4_2 5_1 2_2 6_3 4_2，编组时 6 道和 7 道可用，利用 2 调编车，编好后转 3 道出发，按站顺编组，试编制 42006 次编组调车作业计划。

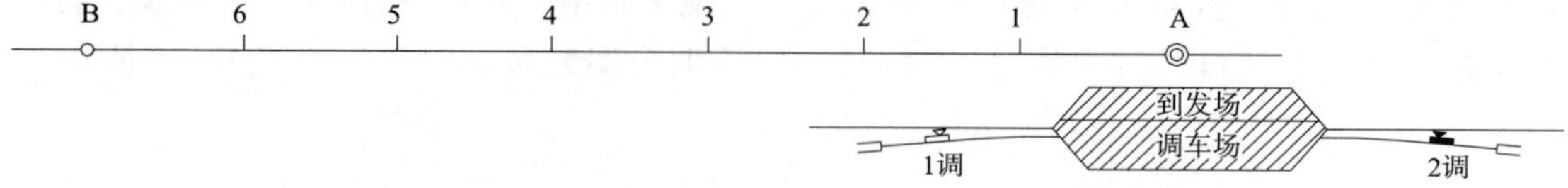

图 4-5-9　A 站在 A—B 区段中的位置及车站平面示意图

解：车组下落为 4 列，车组下落见表 4-5-4。

表 4-5-4　调　车　表

待编车列	1_5	3_3	1_1	3_2	5_2	2_3	6_2	4_2	5_1	2_2	6_3	4_2
一	1		1			2				2		
二		3		3				4				4
三					5				5		6	
四							6					

在标注合列时，要注意可调车组应当下落在有利位置。本题中：5_2 下落到第四列与 3_2 形成邻组，6_3 下调到第四列不增加交错，与 4_2 邻组，也可获得溜放钩节省，5_2 和 6_3 下调促成了 4_2 的下调；4_2 如下落到第二列，将与第四下落列车组形成 2 处交错，下落到第三列不产生车组交错，同时与 5_1 形成邻组，相比下落到第三列可节省 2 个溜放钩。标注了暂合列和使用股道的调车表见表 4-5-5，图 4-5-10 为依据的调车图。

表 4-5-5　调　车　表

待编车列	1_5	3_3	1_1	3_2	5_2	2_3	6_2	4_2	5_1	2_2	6_3	4_2
8　一	1		1			2				2		
（二）		③		③								④
6　三								4↓	5			
7　二四		3		3	5↓		6				6↓	4

按图开列钩计划如下：

+42006

8+23　4357689	7+9　带 5
7−3	8−5　3297862
8−1	6−7　4376291
7−4	8−2
8−3	6+10
7−2	8+18
6−3	3−28　编好
8−2	

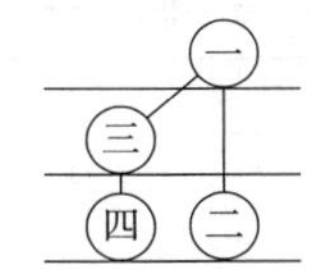

图 4-5-10 $P=4$ 调车图

2. 调车方案的优选

列车编组调车作业计划的编制质量决定调车作业的效率。一个优良的调车作业计划执行起来方便、省力，使人感到得心应手、易于保证安全，能够在较短的时间内完成。而调车作业计划是依据调车方案编制的，所以要得到质量优良的钩计划，关键在于当方案不唯一时找出较优的调车方案。

调车方案给出了各下落列合并使用线路及对口的方法。采用任何一个调车方案开钩计划都可以保证使用的连挂钩数最少，但不同的方案需要的溜放钩数和调车过程中调动的车数是不同的，花费的调车时间也随之不同。显然，溜放钩数、调动车数和使用线路较少的钩计划，作业方便、花费的调车时间也较少，是较好的钩计划。

人工编制作业计划时选择调车方案考虑的因素主要有：

(1)暂合列内邻组的数量

如果待编车列中的相邻车组包含在同一暂合列内，则在分解待编车列时，这一邻组可作为一个车组溜放。因而，每利用一个邻组，就可节省一个溜放钩。

(2)暂合列内不同下落列的车组间相互交错的次数

在暂合列中，不同下落列的车组每产生一次交错，在重复分解暂合列时，就会增加一个溜放钩，因而应选择各暂合列中车组交错次数较少的方案。

(3)车列端组

待编车列最右端的车组称为车列端组。如果在调车方案中，车列端组下落在一线，则在分解待编车列时，可不溜出该车组，而带在机车前直接连挂一线暂合列，从而节省一钩。

(4)暂合列端组

暂合列中最右端的车组称为暂合列端组。在调车方案中，如果分解该暂合列时其端组向紧邻上线分解，也可以利用机前集结，减少一个溜放钩。

(5)坐底

分为待编车列坐底和暂合列坐底。在分解待编车列时，其前端的车组可以停留在原线路不牵出，称为待编车列坐底。在分解暂合列时，如果其前端车组向空闲线路对口，该车组可以停留在原线路不牵出，称为暂合列坐底。每一坐底车组可以节省一个溜放钩。

暂合列方案确定以后，要在调车表上标注合列和使用股道：被合并的下落列序号要用括号括起来、车组加圆圈，表示已不单独存在，也不必分配股道；暂合列要标明是哪几列合并的；各列使用的股道编号标在暂合列的左侧，见表 4-5-5。

【例 4-5-5】 41001 次列车的待编车列车组顺序为 $6_5 1_3 2_1 3_2 2_2 5_3 6_2 1_2 4_1 6_2 7_3$，停留于调车场 7 道，牵出线在调车场右方，调车时 5、6 道空闲，编成后转出发场 F3 道。试确定应采用的调车方案，并开列编组调车作业计划。

解：①车组下落。初始下落见表 4-5-6。

表 4-5-6 调 车 表

待编车列	6_5	1_3	2_1	3_2	2_2	5_3	6_2	1_2	4_1	6_2	7_3
一		1						1			
二			2		2						
三				3					4		
四						5	6			6	
五	6										7

②选择调车方案。在本例中，选择二四五合列，车组交错少，其中第二下落列与第四下落列的车组没有交错，因而分解暂合列需要较少的溜放钩数；第二位车组 1_3 为可调车组，下落在第二列可以与第三位车组 2_1 形成邻组，在暂合列中又与第一位车组 6_5 相邻，可节省 2 个溜放钩；二四五暂合列中，6_5 与 $1_3 2_1$ 形成邻组、2_2 与 $5_3 6_2$ 形成邻组、6_2 与 7_3 形成邻组，可减少 3 个溜放钩；牵出待编车列时，$6_5 1_3 2_1$ 计 9 车停留在原道不牵出，称为待编车列坐底，从而减少了 1 个溜放钩；在分解待编车列时，因 $6_2 7_3$ 为车列端组，可不溜放、直接带着去连挂二四五暂合列的其他车组，节省了 1 个溜放钩；分解二四五暂合列时，6_5 向空线对口，因而可以留在 7 道不牵出，称为暂合列坐底，也节省了 1 个溜放钩。依据的调车图如图 4-5-11 所示，车组下落、合列和股道安排见表 4-5-7。

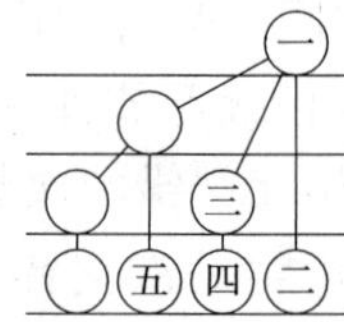

图 4-5-11 二四五合列的调车图

表 4-5-7 调 车 表

待编车列	6_5	1_3	2_1	3_2	2_2	5_3	6_2	1_2	4_1	6_2	7_3
5 一								1			
(二)		①	②		②						
6 三				3					4		
(四)						⑤	⑥			⑥	
7 二四五	6	1	2		2	5	6			6	7

依据调车表 4-5-5 和调车图 4-5-9，可开列钩计划如下：

＋41001

7＋17	6－7
6－2	7－3
7－7	6＋10
5－2	5－10
6－1	7＋8
7＋11 带 5	5＋18
5－6	F3－26 编好

(6)借线

当调车图中某下落列单独占用调车图中的一条线,而其下线的对口位置为空且该列的车组全部在下线暂合列车组以左时,采用合列的调车图可以少用1条线路,在暂合列中形成邻组时,还可以节省1个溜放钩。

【例 4-5-6】 41002 次列车的待编车列停留在调车场 6 道,车组的到站顺序为:$4_3 1_2 5_2 2_1 3_4 1_2 2_3$,调车时 5 道空闲,编好后转发车场 5 道出发,试编制该次列车的编组调车作业计划。

解:在图 4-5-12 所示的调车方案 1 中,由于第三下落列的车组(二线)全部在其下线(一线)下落列车组的左方,因而二线可以借用一线。借线方案(方案 2)比原方案少用一条线路,还由于 $5_2 2_1$ 邻组节省一个溜放钩。车组下落见表 4-5-8。

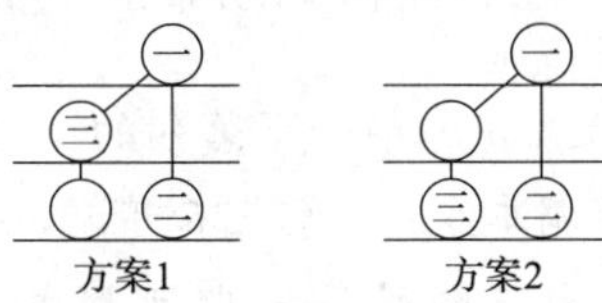

图 4-5-12 借线调车方案

表 4-5-8 调 车 表

待编车列	4_3	1_2	5_2	2_1	3_4	1_2	2_3
5 (一)		1				1	2
(二)				②	③		
6 二三	4		5	2	3		

+41002

6+14	6+5	F5—17 编好
5—2	5—5	
6—7	6+5	
5—5	5+12	

(7)可调车组下落位置

在车组下落时既可下落在初始下落列也可下落在下一列且都能符合车组下落顺序要求的车组称为可调车组。按照可调车组在相邻两列中下落位置的调整是否受其他可调车组影响,可调车组又分为必可调车组和传递可调车组:必可调车组下落位置的调整是自由的,不受其他可调车组的影响;反之,原来不可调,因为其他可调车组下落位置的调整而变为可调的车组称为传递可调车组。由于可调车组下落在不同位置,在车列编组过程中需要的溜放钩数可能不同,因而可调车组应下落在省钩的有利位置。

确定可调车组下落的有利位置分两步进行:

①在待编车列车组下落时,如果可利用邻组,则可调车组应下落在能够利用邻组的位置。

②在方案优选时,在任一调车方案中,使可调车组在暂合列内利用邻组、车列端组、暂合列端组、坐底、减少车组交错和实现借邻的综合效果最好的下落位置为有利下落位置。

【例 4-5-7】 A 站为顺下行方向的纵列式编组站，A—B 区段内中间站的分布及该站站型如图 4-5-13 所示，集结在调车场 6 道 41006 次列车待编车列的车组顺序为 $1_3 2_2 7_1 3_3 4_2 2_2 1_2 5_1 6_3 7_4 2_2 3_1 5_2$，编组时调车场 5 道、7 道空闲，编好后转出发场 3 道出发。试编制 41006 编组调车钩计划。

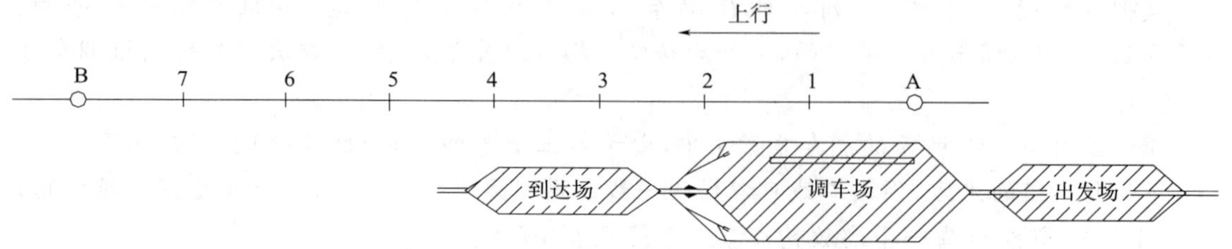

图 4-5-13　A—B 区段中间站分布和 A 站站型示意图

解：①车组下落。车组下落见表 4-5-9，第一下落列的 1_3、2_2 两个车组和第三下落列的 5_1 车组为可调车组。其中：2_2、5_1 为必可调车组；1_3 原来不可调，由于 2_2 下调才变为可调车组，为传递可调车组。这 3 个可调车组都应当下调到下一列，可形成 3 处邻组，节省 3 个连挂钩。

表 4-5-9　调　车　表

待编车列	1_3	2_2	7_1	3_3	4_2	2_2	1_2	5_1	6_3	7_4	2_2	3_1	5_2
一	1						1				2		
二		2				2						3	
三				3	4			5					5
四									6	7			
五			7										

②优选调车方案。三五、一四合列车组交错少、可利用两个邻组，是较优的方案，如图 4-5-14 所示。在调车表上标注合列和使用股道见表 4-5-10。可以看出：可调车组 5_1 下落在第四列，在暂合列中可利用两个邻组、不增加新的车组交错，相对于下落在第三列，可节省 2 个溜放钩；可调车组 2_2 下落在第二列形成 $2_2 3_1$ 邻组，同时避免了一四合列增加的 1 处交错，可节省 2 个溜放钩。

表 4-5-10　调　车　表

待编车列	1_3	2_2	7_1	3_3	4_2	2_2	1_2	5_1	6_3	7_4	2_2	3_1	5_2
（一）							①						
6　（二）	1	2				2					2	3	
（三）				③	④								⑤
5　一四							1	5	6	7			
7　三五			7	3	4								5

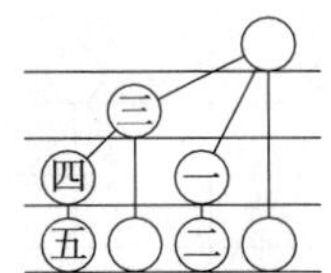

图 4-5-14　三五、一四暂合的调车方案图

③按图开列钩计划：

+41006

6+23　3475682	5-1
7-6	6-7
6-2	5+9
5-10	6+17
6-3	5+2
7+6　带 2	F3-28　编好

3. 调车线路受限时的计划编制

车站编车时，可能由于调车场满线，可供牵出线编组调车作业使用的线路数不足。在这种情况下，对编制列车编组调车作业计划的基本要求仍然是用最少的连挂钩、溜放钩和带动车数，方便、省时地完成列车编组任务。调车线路数受限制时要完成相应的编组作业可能需要较多的溜放钩或增加收集下落列的连挂钩，其调车方案可以从相应的调车线路数不受限制的调车方案得到。

(1)$L=2$ 的调车方案

①$P=3$ 有 2 个方案。当用于编组列车的线路只有两条时，使用两个收编连挂钩，最多可使 3 个下落列实现对口，如图 4-5-15 所示。

②$P=5$ 有 2 个方案。当 $L=2$、$K=3$ 时，可实现对口的最大下落列数为 5，调车方案如图 4-5-16 所示。

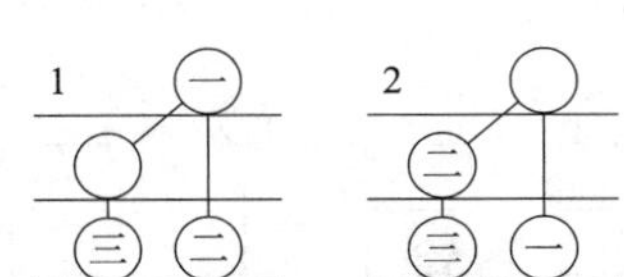

图 4-5-15　下落 3 列、使用 2 条线路的调车方案集

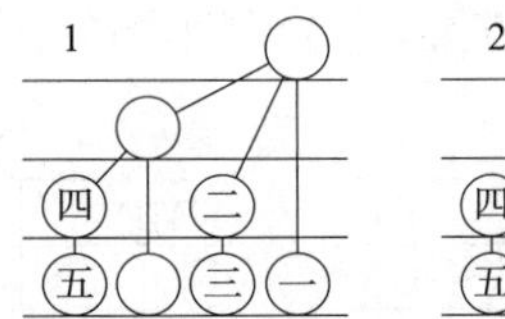

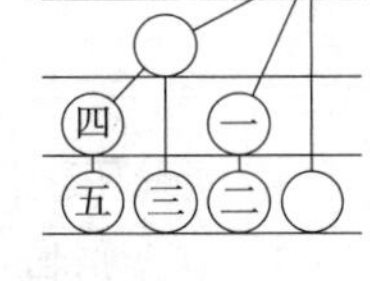

图 4-5-16　下落 5 列使用 2 条线路的调车方案集

③$P=4$ 有 11 个方案。显然，如果 $L=2$、$P=4$，则必须使用 3 个收编连挂钩才能实现全部下落列对口。其调车方案可由图 4-5-16 给出的 2 个调车方案的 5 个对口位置中任选 4 个得到，减去一个重复方案，加上分别利用 3 线、4 线的 2 个方案，共包括$(2C_5^4-1)+2=11$ 个方案，如图 4-5-17 所示。

④$P=8$ 有 2 个方案。$L=2$、$K=4$ 时，最多可使 $P_{max}=8$ 个下落列对口连挂，其调车方案共有两个，可由 $P=16$ 的调车方案导出，如图 4-5-18 所示。

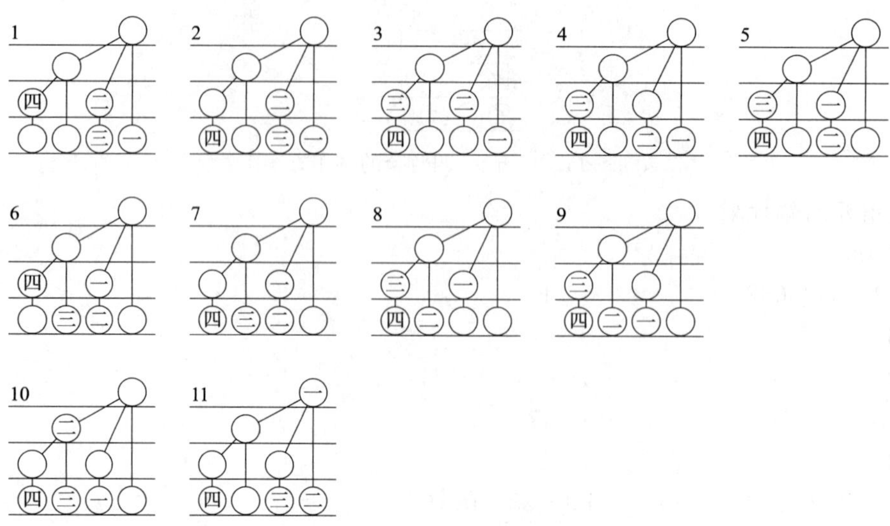

图 4-5-17 下落 4 列、使用 2 条线路的调车方案集

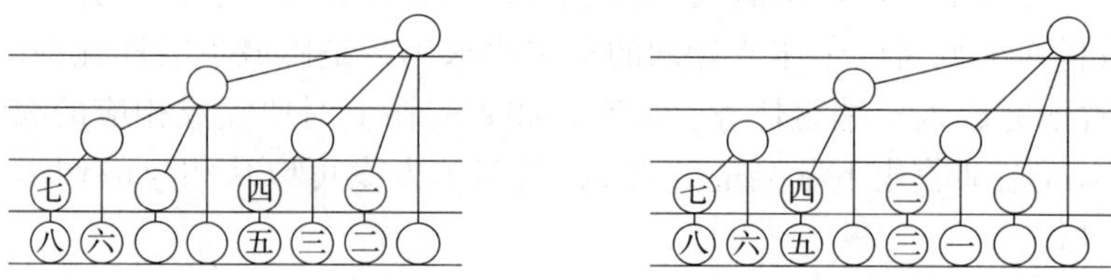

图 4-5-18 $L=2$、$K=4$、$P_{max}=8$ 调车方案集

当 $L=2$、$P=6$ 和 7 时，都必须使用 4 个收编连挂钩，才能完成对口连挂。其调车方案可由线路数不限、$P=16$ 的调车方案导出，方案数分别为 56 和 16 个。

(2)$L=3$ 的调车方案

①$P=5$ 有 38 个方案，部分调车图如图 4-5-19 所示。

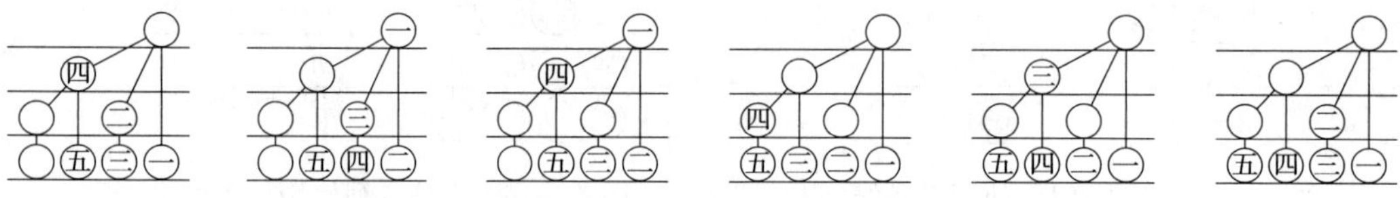

图 4-5-19 下落 5 列、使用 3 条线路的部分调车图

②$P=6$ 有 14 个方案，调车图如图 4-5-20 所示。

③$P=7$ 有 2 个方案。调车时仅有 3 条线路可用时，下落列数为 7 时有两个方案，它们由线路数不限、$P=8$ 的调车方案去掉 3 线或 4 线的下落列形成，如图 4-5-21 所示。

【例 4-5-8】 A—B 区段中间站分布、A 站站型及集结于调车场 11 道的 43031 次摘挂列车待编车列车组顺序如图 4-5-22 所示，编组时仅 10 道空闲，编好后转出发场 F7 道。试按站顺编制 43031 次摘挂列车编组调车作业计划。

解：该题只有两条线路可用于调车，是调车线路受限条件下计划编制问题。

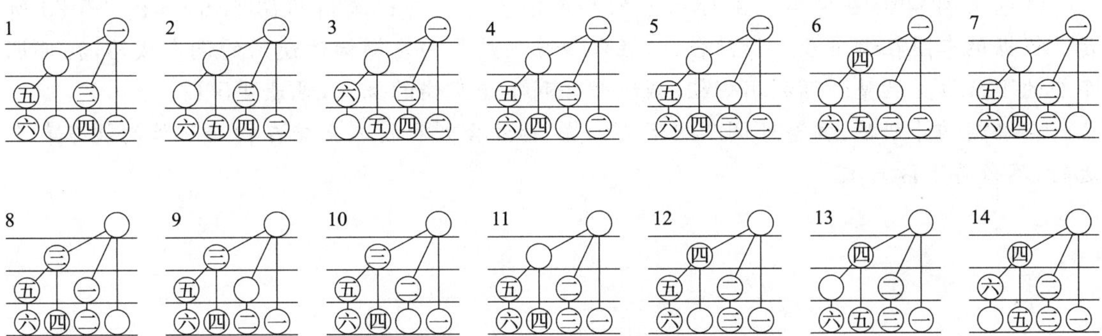

图 4-5-20 下落 6 列、使用 3 条线路的调车图

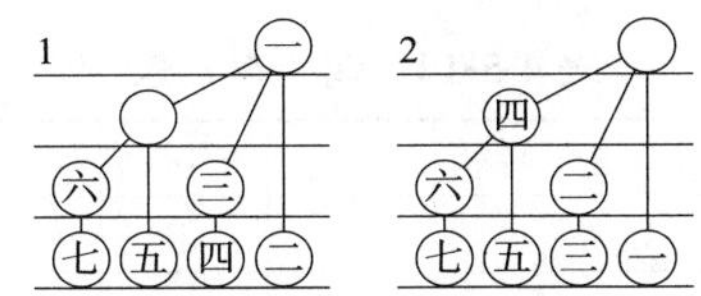

图 4-5-21 $L=3$、$K=3$ 时，$P_{max}=7$ 调车方案集

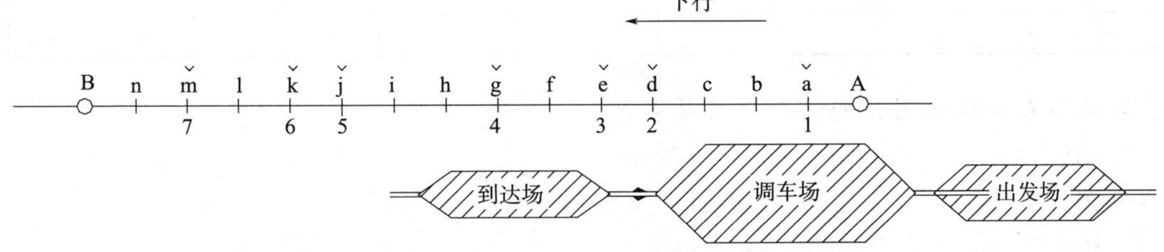

图 4-5-22 A—B 区段中间站分布、A 站站型及 43031 次待编车列车组到站顺序

① 将待编车列车组到站顺序改写为数字下标形式。在区段中间站分布图上标注本次列车有车辆到达的车站、确定到站序号，如图 4-5-22 所示，由此得到待编车列到站顺序的数字下标形式：$7_3 3_2 5_1 6_3 7_2 1_2 2_2 4_1 5_3 3_4 4_2$。

②车组下落。在调车表上进行车组下落，见表 4-5-11。

表 4-5-11 调 车 表

待编车列	7_3	3_2	5_1	6_3	7_2	1_2	2_2	4_1	5_3	3_4	4_2
一						1	2			3	
二		3						4			4
三			5						5		
四				6	7						
五	7										

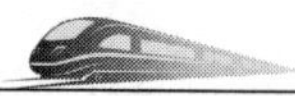

③选用调车图，在调车表上标注合列和使用股道。画出选用的调车图，如图 4-5-23 所示。根据调车图在调车表上标注合列，在各暂合列序号的左侧标注使用的调车线路，把可调车组的下落位置调整到可利用邻组、减少暂合列车组交错的位置，见表 4-5-12。

在编制钩计划时，调整可调车组下落位置、标注合列和股道直接在初始下落的调车表上进行，不必再下落一次。

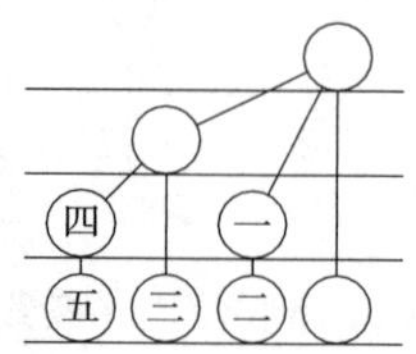

图 4-5-23　采用的调车图

表 4-5-12　调　车　表

待编车列	7_3	3_2	5_1	6_3	7_2	1_2	2_2	4_1	5_3	3_4	4_2
(一)						①	②				
(二)		③								③	④
(三)								④	⑤		
10　一四			5	6	7	1	2				
11　二三五	7	3						4	5	3	4

④按调车表和调车图开列调车作业计划：

＋43031

11＋20

10－10

11＋5　带 10

10－5

11－4

10＋15　带 6

11－6

10－4

11－3

10－8

11＋13

10＋12

F7－25　编好

(二)牵出线与调车场不同相对位置条件下摘挂列车编组调车计划的编制方法

作为一般情况，在编制摘挂列车编组调车作业计划时总是假定：牵出线在调车场右方；列车编成后向左方运行。由于在铁路站场图上通常都按照里程增大或减少的方向布局站场在图上的位置，此外横列式车站调车场左、右两个方向都可能设有牵出线，因而牵出线与调车场之间的相对位置实际上有以下四种情况：牵出线在调车场右方、列车编成后向左方运行，简称牵右向左；牵出线在调车场右方、列车编成后向右方运行，简称牵右向右；牵出线在调车场左方、列车编成后向右方运行，简称牵左向右；牵出线在调车场左方、列车编成后向左方运行，简称牵左向左。应当统一牵出线和调车场不同相对位置条件下调车作业计划的编制方法。

1. 牵出线在调车场右方、列车编成后向左方运行

【例 4-5-9】　A—B 区段中间站的分布及 A 站在区段内的位置如图 4-5-24 所示。该站

为三级三场编组站，牵出线在调车场右方，由 A 站开往 B 站的 40001 次列车待编车列停留于 A 站调车场 9 道，其车组到站顺序自左至右为 $a_2c_2e_1a_3b_2g_2c_1b_2j_3h_4e_2g_2h_3j_1$（30 车），进行调车时 10、11 道空闲，编好后转出发场 7 道出发。试编制该次列车编组调车作业计划。

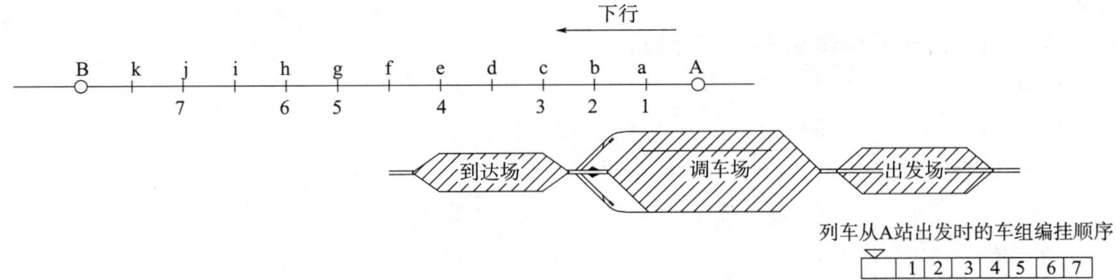

图 4-5-24　A—B 区段中间站分布及编组站 A 的站场布局图

解：①将待编车列车组到站顺序改写为数字下标形式。首先确定区段内各中间站序号，然后把待编车列的车组顺序改写为数字下标形式，如图 4-5-25 所示。首先送达的车组称为首组，用序号 1 表示；最后送达的车组称为尾组，用最大序号表示。

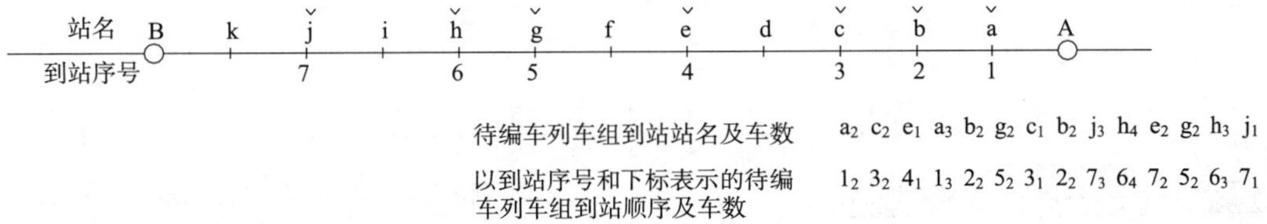

图 4-5-25　A 站待编车列车组到站序号的确定方法

②车组下落，见表 4-5-13。

表 4-5-13　调　车　表

待编车列	1_2	3_2	4_1	1_3	2_2	5_2	3_1	2_2	7_3	6_4	7_2	5_2	6_3	7_1
（一）	①			①	②			②						
10　二							3							
11　三		3	4			5						5	6	
（四）										⑥	⑦			⑦
9　一四五	1			1	2			2	7	6	7			7

③优选调车方案。图 4-5-26 所示的一、四、五合列的调车方案，邻组多、无交错、可利用车列端组、暂合列前端车组可坐底，且使用线路少、带动车数少，为当选方案。将合列情况和使用股道标注于调车表。

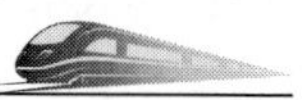

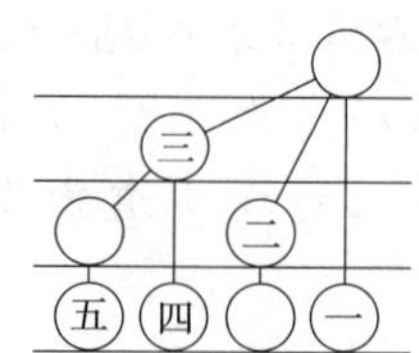

图 4-5-26　当选调车图

④按调车图开列编组调车作业计划：

+40001

9+28	9−11	10+4
11−3	11−5	9−1
9−5	9+9　带 1	11+17　带 3
11−2	10−3	9+10
10−1	11−7	F7−30　编好

2. 牵出线在调车场右方、列车编成后向右方运行

由【例 4-5-9】可以看出：按牵右向左设备配置条件编出的摘挂列车，其车组的到站顺序也符合区段左端技术站 B 的编组要求。因而牵右向右的计划编制方法与牵右向左时一样：区段内中间站从右至左排序，待编车列车组顺序自左向右改写为数字下标形式。此时，站序号最小的车组是列车的尾组，而序号最大的车组是列车的首组，如图 4-5-27 所示。

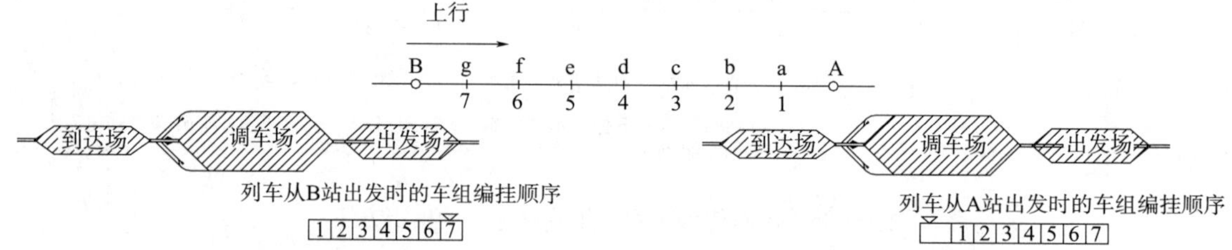

图 4-5-27　牵出线在调车场右方、列车编成后向右方运行时的到站序号

【例 4-5-10】 如图 4-5-28 所示，B 站为顺上行方向三级三场编组站，40002 次列车待编车列停留于调车场 11 道，其车组到站顺序自左至右为 f_2 a_4 b_2 g_3 a_5 d_2 f_1 a_3 d_2 g_1（25 车），进行调车时 9、10 道空闲，编好后转出发场 5 道出发。试编制该次列车编组调车作业计划。

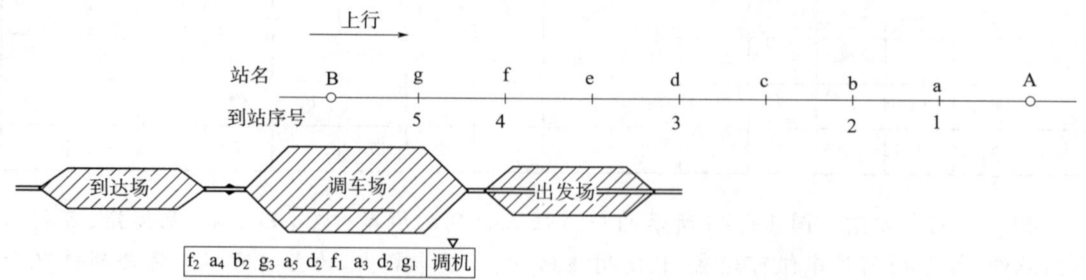

图 4-5-28　B 站在 A—B 区段的位置、站场平面布局及 40002 待编车列中各车组到站序号

解: 牵出线在调车场右侧,区段内中间站应自右向左排序,待编车列按正序改写为数字下标形式。

①确定待编车列的车组到站顺序:

$$f_2\ a_4\ b_2\ g_3\ a_5\ d_2\ f_1\ a_3\ d_2\ g_1$$
$$4_2\ 1_4\ 2_2\ 5_3\ 1_5\ 3_2\ 4_1\ 1_3\ 3_2\ 5_1$$

②车组下落、确定采用的调车方案并在调车表上标注合列和使用股道,见表 4-5-14。

表 4-5-14　调　车　表

待编车列	4_2	1_4	2_2	5_3	1_5	3_2	4_1	1_3	3_2	5_1
10　一					1			1		
(二)		①	②						③	
9　三						3	4			
11　二四	4	1	2	5					3	5

待编车列的第 2 位车组 1_4 为可调车组,下落在第二列与 2_2 形成邻组,又在二四暂合列中与 4_2 邻组,可节省 2 钩。待编车列第 6 位车组 3_2 也是可调车组,下落在第三列,与 4_1 邻组,节省 1 钩。

③待编车列下落为 4 列,调车方案是唯一的,如图 4-5-29 所示。

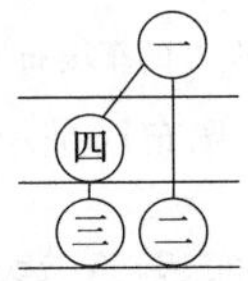

图 4-5-29　$P=4$ 的调车图

④依据调车表和采用的调车方案,开列钩计划:

+40002

11+14　3254687

10−5　4385932

9−3

10−3

11+11　带 3

9−2

10−6　4523876

9−3

10−2

9+8　带 1

10+16

F5−25　编好

3. 牵出线在调车场左方、列车编成后向右方运行

当牵出线在调车场左方、列车编成后向右方运行时,如图 4-5-30(a)所示,将该图旋转 180°就变成了图 4-5-30(b),即图 4-5-30(b)是图 4-5-30(a)的镜像。通过镜像映射,牵左向右布局的计划编制问题就变成了牵右向左的计划编制问题。旋转后区段内各中间站的排序顺序和待编车列顺序与原图是左右颠倒的,就像镜子里看到的效果一样。实际上,牵出线与调车场的不同相对位置只是视角不同所看到的同一事物的不同影像。如果车站平面和区段内中间站的分布是按地图方位左西右东、上北下南绘制的,站在车站的南方向北看,看到的是图 4-5-30(a),而站在车站的北方向南看,看到的就是图 4-5-30(b)。所以把牵左向右的计划

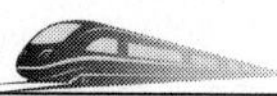

编制问题转换为牵右向左的计划编制问题，只要在原图上按自左至右的顺序为中间站排序、把待编车列的车组到站顺序按反序改写成数字下标形式即可。

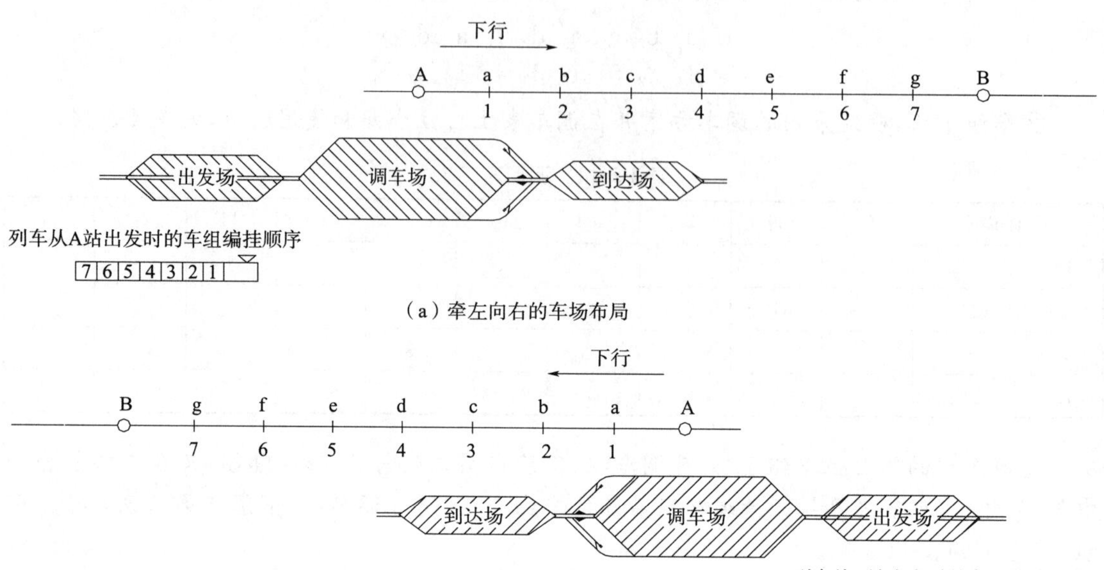

图 4-5-30 牵左向右的车场布局是牵右向左车场布局的镜像

【例 4-5-11】 A—B 区段中间站的分布及 A 站在区段内的位置如图 4-5-31 所示。该站为横列式区段站，1～7 道为到发场，8～19 道为调车场；牵 1 在调车场左方，由 A 站开往 B 站的 40003 次列车待编车列停于 9 道，其车组到站顺序自左至右为 f_3 d_1 g_2 f_5 b_4 a_3 j_2 h_4 g_2 f_1（27 车），进行调车时仅 10 道空闲，编好后转 7 道出发。试编制该次列车由牵 1 编组的调车作业计划。

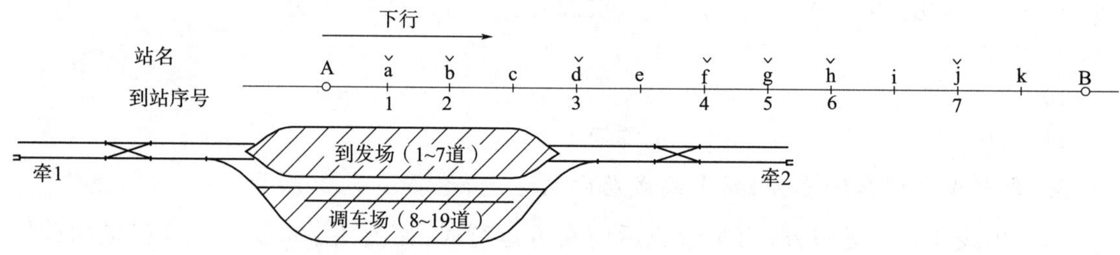

图 4-5-31 A 站牵 1 机车担当编组任务时中间站的排序

解：牵 1 机车作业，牵左向右，应以自左向右的顺序为到达的中间站排序，并反转待编车列顺序得到待编车列车组顺序的数字下标形式为：4_1 5_2 6_4 7_2 1_3 2_4 4_5 5_2 3_1 4_3

车组下落见表 4-5-15，采用的调车方案如图 4-5-32 所示。

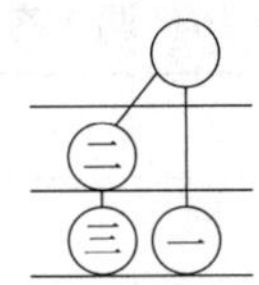

图 4-5-32 当选方案图

表 4-5-15 调 车 表

待编车列		4_1	5_2	6_4	7_2	1_3	2_4	4_5	5_2	3_1	4_3
	(一)					①	②			③	④
9	二	4						4	5		
10	一三		5	6	7	1	2			3	4

据此，可开列钩计划：

+40003

9+26	剩余 1 辆	10−11
10−15	3927485	9+16
9−7	4862349	10+11
10+15	带 4	7−27 编好
9−8	4567093	

【例 4-5-12】 资料同【例 4-5-10】，40003 次列车的编组任务交给牵 2 机车完成，试开列钩计划。

解：牵 2 机车担当作业，牵出线在调车场右方，中间站排序应按自右向左顺序进行，如图 4-5-33 所示。

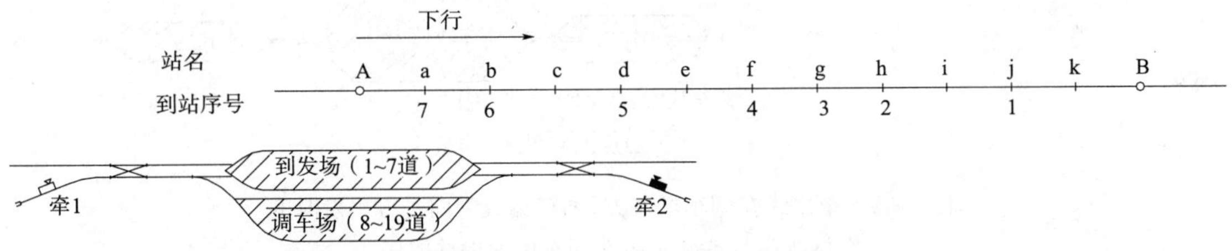

图 4-5-33 A 站牵 2 机车担当编组任务时中间站的排序

待编车列车组顺序按正序改写为数字下标形式：$4_3 5_1 3_2 4_5 6_4 7_3 1_2 2_4 3_2 4_1$，采用调车方案如图 4-3-34 所示，车组下落见表 4-5-16。

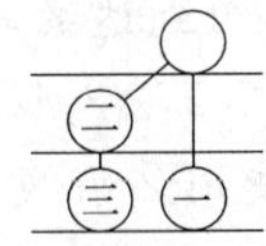

图 4-5-34 当选方案图

表 4-5-16 调 车 表

		4_3	5_1	3_2	4_5	6_4	7_3	1_2	2_4	3_2	4_1
	(一)							①	②	③	
10	二			3	4						4
9	三	4	5			6	7	1	2	3	

据此，可开列钩计划：

＋ 40003

9＋23	4756238	10－11	4038947
10－7	3754976	9－8	
9－15	3274892	10＋19	
10－1		9＋8	
9＋19	全部	7－27	编好

4. 牵出线在调车场左方、列车编成后向左方运行

牵左向左的中间站分布和车站站场布局如图 4-5-35，其镜像是牵右向右的布局形式，因而牵左向左的计划编制方法应与牵左向右一样：中间站排序从左至右、待编车列按反序把车组顺序改写为数字下标形式，然后按牵右向左条件编制编组调车作业计划。

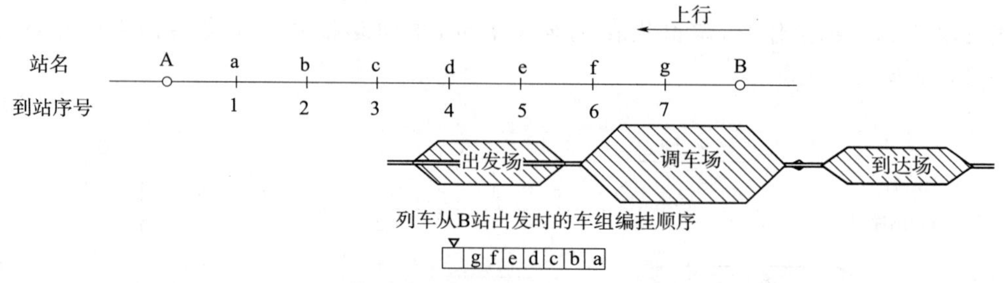

图 4-5-35 牵出线在调车场左方、列车编成后向左方出发时的车站排序及各站车组在列车中的编挂顺序

【例 4-5-13】 A—B 区段中间站的分布及 B 站在区段内的位置如图 4-5-36 所示。该站为横列式区段站，1～7 道为到发场，8～19 道为调车场；由牵 1 机车编组，B 站开往 A 站的 40004 次列车待编车列集结于 9 道，其车组到站顺序自左至右为 f_2 g_1 b_3 a_2 b_4 f_3 b_2 e_3 d_1 a_4 f_2 b_3 e_5(35 车)，进行调车时 10 道空闲，编好后转 6 道出发。试编制该次列车由牵 1 编组的调车作业计划。

解：在区段中间站分布图上标记有车组到达的车站，按从左至右的顺序标注站序，待编车列车组按反序改写为数字下标形式：$4_5 2_3 5_2 1_4 3_1 4_3 2_2 5_3 2_4 1_2 2_3 6_1 5_2$。只有 9 道和 10 道两条线路可用于调车，属于线路受限的情况，使用 2 条线路、下落列数为 5 的调车方案有 2 个，选用车组交错较少、邻组较多的一四、二三五合列的调车方案，当选调车方案如图 4-5-37 所示，调车表见表 4-5-17。

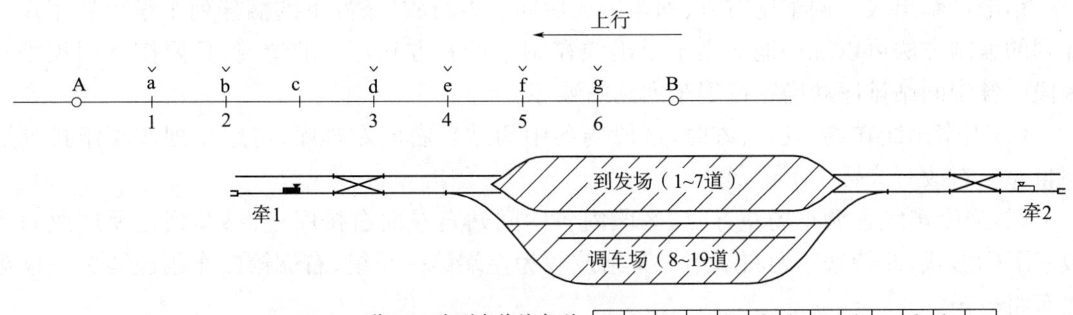

图 4-5-36 B站在区段中的位置、车场布局及 40004 次列车待编车列车组顺序示意图

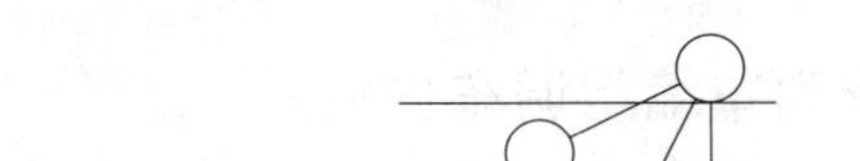

图 4-5-37 当选调车方案图

表 4-5-17 调 车 表

待编车列	4_5	2_3	5_2	1_4	3_1	4_3	2_2	5_3	2_4	1_2	2_3	6_1	5_2
（一）				①						①	②		
（二）							②		②				
（三）		②			③	④							
9 一四	4		5	1				5		1	2		5
10 二三五		2			3	4	2		2			6	

据此，可开列编组调车作业计划：

+40004

9+30　　9+21

10−3　　10−7

9−6　　9−4

10−6　　10−3

9−3　　9−5

10−4　　10−2

9−5　　9−6

10−1　　10+20

9−2　　9+15

10+7　　F6−35　编好

结论:“牵出线在调车场右方、列车编成后向左方行驶”条件下的摘挂列车编组调车作业计划的编制方法可以统一地适用于牵出线在调车场右方和左方的情况,只要按下列规则对区段内各中间站排序和确定待编车列到站顺序。

(1)当牵出线在调车场右方时,区段内各中间站自右向左排序;待编车列按车组排列顺序自左至右改写为数字下标形式。

(2)当牵出线在调车场左方时,区段内各中间站自左向右排序;待编车列按反序改写为数字下标形式,即待编车列右端第一车组改写为左端第一车组、右端第二车组改写为左端第二车组……

计划编制方法的统一,使计划编制过程简洁明了,也为计算机编程实现计划编制自动化提供了方便条件。

二、按到站成组选编的摘挂列车编组调车作业

在编组列车时,同一到站的车辆单独成组,各站车组可以按任意顺序连挂的编组要求称为到站成组选编,见表 4-5-18。

表 4-5-18　到站成组选编举例

发站	到站	编组内容	列车种类	固定车次	附注
天水	宝鸡东	1. 社棠—福临堡间到站成组; 2. 宝鸡东及其以远和空车	摘挂	41022	按组顺编组
榆次	银川南	1. 定边至中卫间到站成组(不超过 4 个到站); 2. 银川南及其以远	摘挂	41701	按组顺编组

成组选编是应用较多的一种车列编组方法:在货运业务较为集中、营业站数量不多的区段,摘挂列车通常按到站成组选编;此外,挑选集结在调车场的货物作业车以便为各货物作业地点送车的调车作业、编组没有组顺要求的分组列车、选分车组的单组列车以及要求按车种选编的空车列车等也都是成组选编。成组选编与按站顺编组相比,作业比较灵活,钩数较少,能够减轻技术站的作业负担,一般也能满足中间站的作业条件。

成组选编时,各站车组可以按任意顺序下落。但是不同的到站顺序将产生不同的下落列数,利用的邻组数量也不同。好的车组下落方案应满足:下落列数少;保留尽可能多的邻组;带动车数较少。在这一标准下,由于存在着显然有利的站间顺序,确定到站顺序实际需要比较的方案数大大减少了。按到站成组编组摘挂列车,先经过合列和分割确定有利的到站顺序,然后即可按站顺编组方法开列作业计划。

1. 按到站下落

从待编车列的前端开始,依次把同一到站的车组下落在同一列,见表 4-5-19。同一到站的车组下落形成的车列称为站列。为了提高调车作业效率,需要使站列合并使用线路,最大限度地减少待编车列形成的下落列数。

表 4-5-19 按站列下落

3_2	2_3	1_4	2_2	5_3	1_2	4_3	5_2	4_3	3_2	5_4
3									3	
	2		2							
		1			1					
				5			5			5
						4		4		

2. 合列

合列是使两个及以上互不交错的站列合并使用一条线路。由于合并站列能最有效地减少下落列数量,因而应当能并皆并,优先选择车组相邻的下落列合并,以减少溜放钩数。在表 4-5-19 给出的待编车列中,2 站和 5 站车组、1 站和 4 站车组无交错且相邻,应予合列,见表 4-5-20。站列合并后形成的只含一个到站的下落列或几个互不交错的站列合并形成的下落列称为完整列,如 3 站下落列,2、5 下落列和 1、4 下落列。

表 4-5-20 站列下落

3_2	2_3	1_4	2_2	5_3	1_2	4_3	5_2	4_3	3_2	5_4
3									3	
	2		2	5			5			5
		1			1	4		4		
				⑤			⑤			⑤
						④		④		

3. 分割

分割是将某一站列的车组分为两部分,使其前一部分并入某完整列的前端,后一部分并入另一完整列的后端,或单独成列,本例中 3 站车组的分割过程见表 4-5-21。

表 4-5-19 给出的待编车列:按 14325 的到站顺序下落,下落为 2 列;把 1、4 和 2、5 的顺序颠倒过来,如按 41523 的顺序,则下落为 5 列;按其他站顺序,下落为 3 列。可以看出,利用合列和分割可以方便地找到优化的车组排列顺序。

表 4-5-21 分割

3_2	2_3	1_4	2_2	5_3	1_2	4_3	5_2	4_3	3_2	5_4
③									③	
3	2		2	5			5			5
		1			1	4		4	3	
				⑤			⑤			⑤
						④		④		

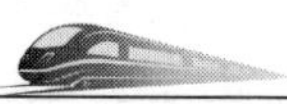

4. 确定车组下落顺序

站列分割后形成的新列称为不完整列，其中前端接收分割车组的列称为前端不完整列，后端接收分割车组的列称为后端不完整列。表 4-5-21 中，第一列是前端不完整列，第二列为后端不完整列。显然前端不完整列的下落列序号应比对应的后端不完整列的下落列序号大 1。

5. 按站顺编组方法开列调车作业计划

站列下落顺序确定以后，即可将其转变为按站顺的计划编制问题开列调车作业计划，见表 4-5-22 和表 4-5-23。把到站成组站序号转变为站顺序号，有利于统一计划编制方法，实现调车作业计划计算机编程自动处理。

表 4-5-22　按 14325 到站顺序下落

待编车列	3_2	2_3	1_4	2_2	5_3	1_2	4_3	5_2	4_3	3_2	5_4
5　二			1			1	4		4	3	
6　二	3	2		2	5			5			5

表 4-5-23　到站成组转换为站顺

待编车列	3_2	4_3	1_4	4_2	5_3	1_2	2_3	5_2	2_3	3_2	5_4
5　一			1			1	2		2	3	
6　二	3	4		4	5			5			5

到站成组顺序　　1　4　3　2　5

对应的按站顺顺序　　1　2　3　4　5

调车作业计划

＋43001

6＋25	5－5
5－4	6＋12　带 4
6－5	5＋14
5－5	F8－30　编好
6－2	

【例 4-5-14】　A—B 区段中间站的分布、B 站平面及开往 A 站集结于 9 道、按到站成组选编的 43021 次列车待编车列车组顺序如图 4-5-38 所示。B 站为横列式区段站，1～7 道为到发场，8～19 道为调车场，由牵 1 机车编组，编组时 10 道、11 道空闲，试编制 43021 次列车的编组调车作业计划。

解：选用调车图如图 4-5-39 所示。将待编车列的车组顺序改写为数字下标形式，进行站列下落，合并站列 2、站列 5，分割站列 4 和站列 1，确定下落列顺序，标注使用股道，见表 4-5-24。

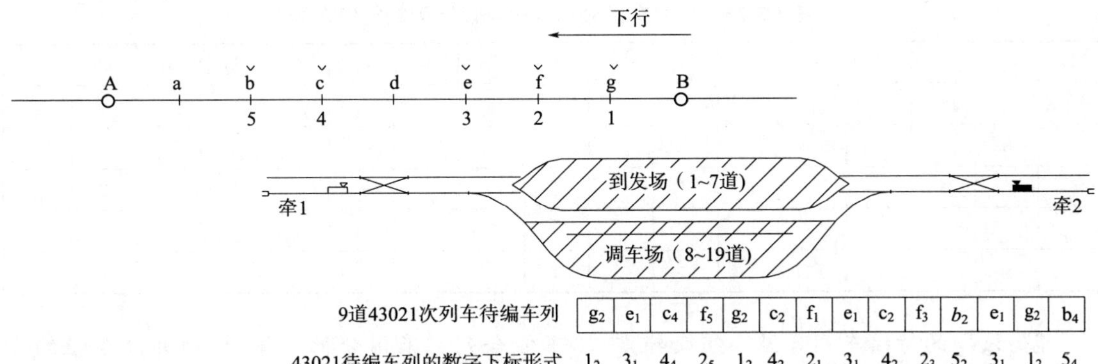

图 4-5-38 A—B 区段中间站的分布、B 站平面及开往 A 站按到站成组选编的 43021 待编车列车组顺序

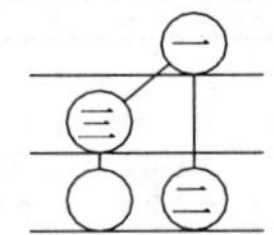

图 4-5-39 调车图

表 4-5-24 调 车 表

待编车列	1_2	3_1	4_4	2_5	1_2	4_2	2_1	3_1	4_2	2_3	5_2	3_1	1_2	5_4
9 二	1				1	4			4				①	
10 一		3						3				3	1	
			④			④			④					
11 三			4	2			2			2	5			5
											⑤			⑤

开列钩计划如下(编成后的车组顺序为 31425)：

＋43021

9＋30

10－1

11－9

9－4

11－1

10－1

9－2

11－5

10－3

11－4

9＋8

10－8

11＋19

10＋13

7－32 编好

【例 4-5-15】 编制表 4-5-25 给出的 43022 次列车待编车列编组调车作业计划。该站为三级三场站型，牵出线在调车场右侧，待编车列集结在调车场 7 道，调车时 4 道、5 道和 6 道可用，编成后转出发场 3 道。

表 4-5-25　各站车组分布均衡难以合列的待编车列

4_3	3_3	2_1	5_2	4_2	2_1	5_2	V	3_1	1_2	4_3	5_3	2_2	1_2	3_1	2_3	1_1
4				4					4							
	3							3					3			
		2			2							2			2	
			5			5					5					
								1					1			1

解:该题的待编车列各站车组交错严重,不能合列。采用分批解体、横动部分车组的方法可以造成合列条件,见表 4-5-26。

表 4-5-26　待编车列分批解体并横动部分车组造成合列条件

7	3_1	1_2	4_3	(5_3	2_2)	1_2	3_1	(2_3)	1_1	•	4_3	3_3	2_1	5_2	4_2	2_1	5_2	5_3	2_2	2_3
4　一	3						3					3	2			2			2	2
5　二		1				1			1					5			5	5		
6　三			4								4				4					

编组调车作业计划开列如下:

＋43022

7＋18	7＋22	4－12
4－1	6－3	6－8
5－2	4－4	4－24
6－3	5－2	F3－32　编好
7－5	6－2	
5－2	4－1	
4－1	5－5	
7－3	4－5	
5－1	5＋12	

利用分批解体、进行车组横动造成合列条件的方法是:车列开口位置应选在第二批牵出的车列中要合列的两站列间没有车组交错;把第一批牵出的车列中合列的站列中产生交错的车组向原列溜放,以消除交错状态。该例选择 3、2 和 1、5 合列时,在车组 5_2、3_1 间开口,可以保证第二批牵出的车组中站列 3、2 和站列 4、1 或 5、1 无交错;第一批牵出的车组中加括号的车组向原列溜放,从而创造了合列条件。为此目的可以进行车组横动的站列数最大为$(n/2)$,n 为待编车列中包含的到站数。

一、复习思考题

1. 按站顺编制摘挂列车编组调车作业计划一般有哪几个步骤?

2. 什么是调车方案？什么情况下调车方案不是唯一的？怎样获得调车方案集？

3. 判定调车作业计划优劣的标准是什么？人工编制调车作业计划时怎样获得较优方案？

4. 牵出线与调车场不同相对位置条件下，怎样统一计划编制方法？

5. 按成组选编方法编制摘挂列车编组调车作业计划时怎样确定各站车组在列车中的编挂顺序？

二、习题

1. 任意画出下落列为 5 列时使用 3 条线路的 38 个调车图中的 10 个和 2 个使用两条线路的调车图。

2. 兰州北—陇西区段中间站分布、陇西站平面及集结于 9 道开往兰州北的 41025 列车待编车列车组顺序如图 4-5-40 所示，由牵 2 机车调担当编组任务，编好后转 5 道出发，试编制编组调车作业计划。

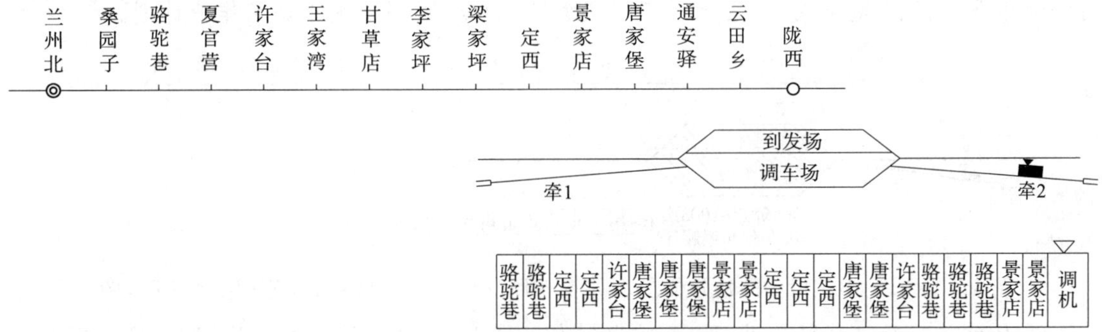

图 4-5-40 兰陇区段中间站分布、陇西站平面布局及 41025 次摘挂列车调编车列车组顺序

3. 根据下列资料编制 40001 次摘挂列车调车作业计划。A—B 区段中间站分布及 A 站站场布局、调车场 8 道集结的 40001 次列车待编车列的到站顺序如图 4-5-41 所示。调车时 6、7 道可用。40001 次编成后，转往出发场 5 道。

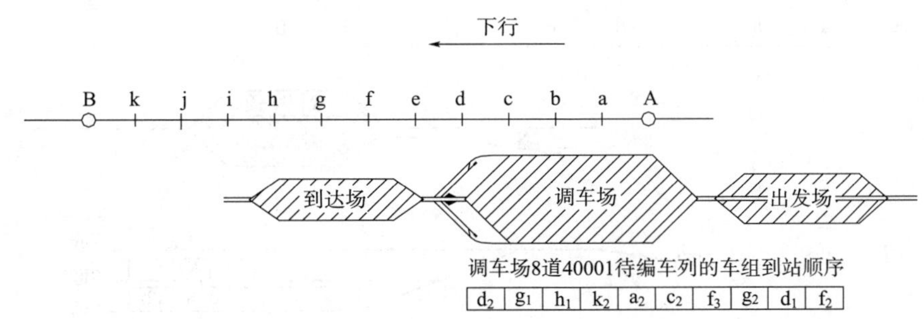

图 4-5-41 A—B 区段中间站分布、A 站站场布局及 40001 次列车待编车列的到站顺序图

4. B—A 区段中间站分布、B 站站场平面布局如图 4-5-42 所示。根据下列资料按站顺编组 B 站始发的 40002 次列车，调车时 9、10、12 道可用于编组作业，编好后转出发场 3 道。

试编制调车作业通知单。

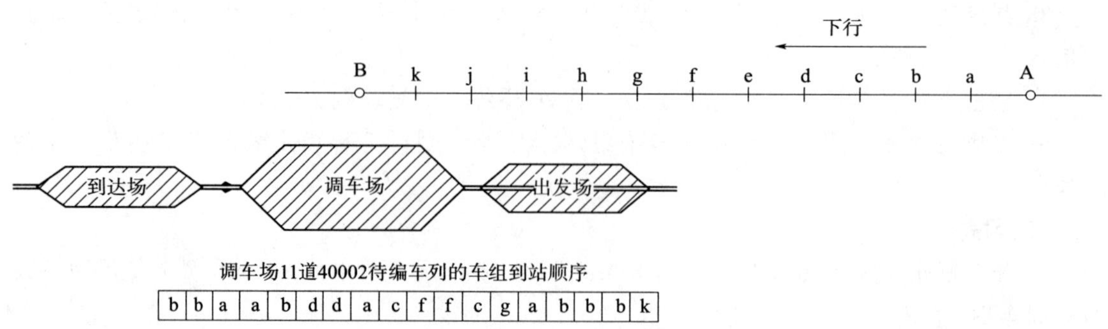

图 4-5-42 B—A 区段中间站分布、B 站调车场 11 道待编车列车组顺序示意图

5. A 站为一级二场区段站，该站 1～5 道为到发线，6～17 道为调车线。A—B 区段中间站分布、A 站平面布局及 8 道 41003 次摘挂列车待编车列的车组顺序如图 4-5-43 所示。进行编组作业时，6、7 道空闲，可用于调车。试编制 41003 次列车编组调车作业计划。

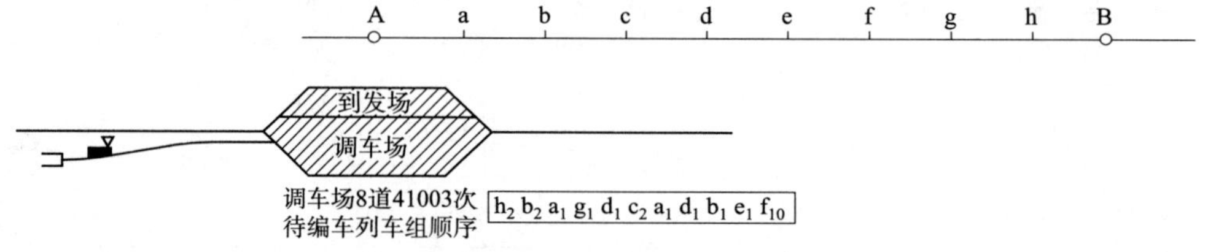

图 4-5-43 A—B 区段中间站分布、A 站平面布局及 8 道 41003 待编车列车组顺序示意图

6. B 站为一级二场区段站，1～5 道为到发线，6～17 道为调车线。A—B 区段中间站分布、B 站平面布局及集结于 7、8、9 道的车辆如图 4-5-44 所示。B 站列车编组计划规定该站编组的 B—A 摘挂列车的编组内容为：(1)B—A 间站顺，(2)A 及其以远，按组顺编组；计划给 f 站配空平车 5 辆。试编制 40004 次列车的编组调车作业计划，将 7、8、9 道上的车辆全部挂走，编成后转 5 道出发。

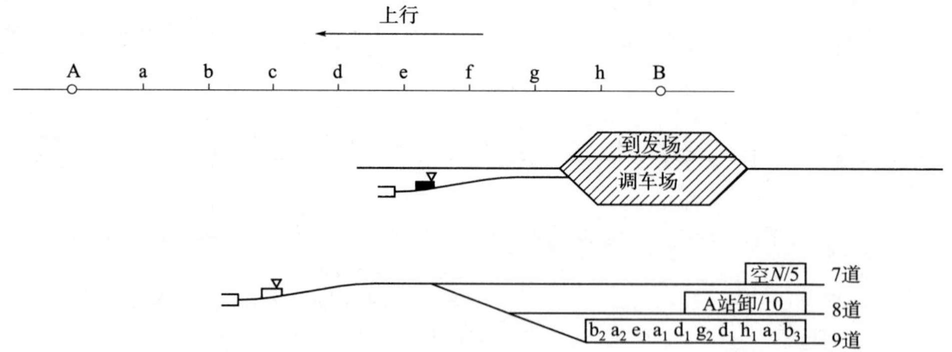

图 4-5-44 B—A 区段中间站分布、B 站平面布局及该站 7、8、9 道存车示意图

▶ 项目5 ◀

车站班计划编制

项目描述

铁路局调度所每日在17:30召集的全局电话会议上向车站下达的日(班)计划和5:30下达的早6:00修正计划分别规定车站次日第一班和第二班应完成的作业任务。车站在编制班计划时,通过推算自编始发列车的出发车流发现完成班计划任务可能发生的困难,并制定相应的运输组织措施,以保证计划任务的顺利完成,因而车站班计划可以从整体优化的角度指导车站作业组织,对车站的运输生产进行宏观控制,是车站完成运输任务的战略部署,对车站一个班的工作发挥指导作用。

本项目主要介绍车站编制班计划的目的及编制方法。

学习目标

1. 素质目标

培养全局意识,理解安排车站生产必须从全站的高度缜密考虑、精心计划,提出具有前瞻性的作业安排。

2. 能力目标

能够阐述车站班计划在车站运输组织中的重要作用和编制目的;会推算自编始发列车的车流来源;为应对出发车流不足或车流紧接续,会采取相应的技术组织措施。

3. 知识目标

了解车站编制班计划的依据,掌握车站班计划的编制方法。

学习任务1　认识车站班计划的编制目的和主要内容

学习内容

1. 车站编制班计划的目的。
2. 车站班计划的主要内容。

相关理论知识

我国铁路规定从当日18:00(不含)至次日18:00(含)为一个工作日,每个工作日分为两

班:18:00—6:00 为第一班;6:00—18:00 为第二班。车站班计划由值班站长负责编制,站长(或主管运输副站长)审批并部署重点任务的关键事项。

为了便于说明问题,以编制 C 站班计划为例,资料如下:

(1)C 站在路网上的位置,如图 5-1-1 所示。

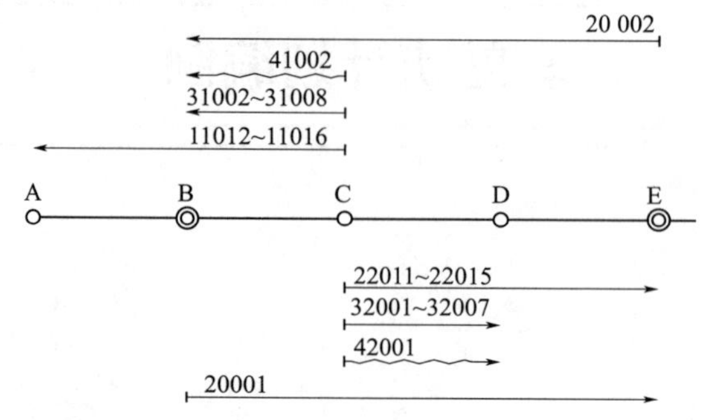

图 5-1-1　C 站在路网上的位置及其列车编组计划

(2)C 站线路固定使用方案。C 站为横列式区段站,其站场布局如图 5-1-2 所示,站线共 19 股道,其中 1～10 道为到发线,1～5 道为旅客列车到发线;6、7 道接发无改编中转列车,8～10 道接发改编列车;11～18 道为编组线;19 道为站修线。

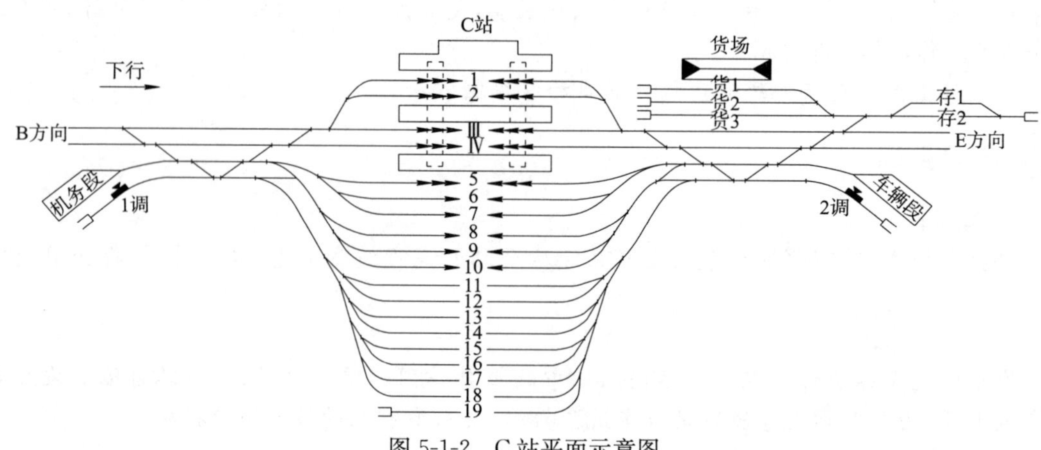

图 5-1-2　C 站平面示意图

(3)C 站列车编组计划见表 5-1-1。

表 5-1-1　C 站列车编组计划

发站	到站	编组内容	列车种类	定期车次	附注
C	A	A 及其以远	直达	11012～11016	
C	B	1. B 及其以远; 2. 空车	区段	31002～31008	按组顺编组;敞车、保温车成组编挂
C	B	C—B 间站顺	摘挂	41002	
C	E	1. E 及其以远; 2. 空车	直通	22011～22015	按组顺编组;棚车、罐车成组编挂

续表

发站	到站	编组内容	列车种类	定期车次	附注
C	D	D及其以远	区段	32001～32007	
C	D	C—D间站顺	摘挂	42001	

两编组站B、E间开行一对直通列车，在C站办理无改编通过作业；C站衔接各区段的划一列车重量标准为3 500 t、计长65，列车平均编成45辆。

(4)本班货场定点取送时间为：21:00、1:00、5:00三次。由于货场存车线长度的限制，每次送车或取车不得超过28辆。车站各项作业时间标准为：到达35 min，解体25 min，编组摘挂列车35 min、其他列车20 min，出发25 min，取送(包括挑车、途中往返运行、对货位和向调车场分解取回车辆)50 min，装或卸一车2 h 30 min。

(5)调车机车分工：1调负责解体和编组作业，2调负责取送作业和协助1调解编。

车站班计划包括班计划任务和车站为实现班计划任务所制定的保障措施。班计划任务由铁路局调度所制定，每日17:30(5:30)前下达车站执行；车站值班站长负责制定保障措施。

一、车站编制班计划的目的

车站班作业任务是铁路局调度所依据14:30(2:30)前推算的车流资料制定的。此时，次日许多到达本铁路局的列车还只有预报，各铁路局的列车工作计划也还没有完成。车站编制班计划的目的在于依据18:00(6:00)推算的更为精确的车流资料逐项落实计划任务，推算自编始发列车的车流来源，找出完成计划任务的困难和需要解决的关键问题，确定应当采取的运输组织措施，有预见地安排车站的运输生产，避免或尽快消除车站运输工作中可能出现的困难，以保证质量良好地完成铁路局下达的计划任务。

二、车站班计划的主要内容

车站班计划的格式如图5-1-3所示，主要包括以下内容：

(1)列车到达计划：各方向到达的列车车次(划分车场的车站要有场别)、到达时分、机车型号和编组内容(按该站列车编组计划规定的去向别重车数、车种别空车数和品类、车种别到卸重车数)。

(2)列车出发计划：发往各方向的列车车次(划分车场的车站要有场别)、出发时分、机车交路及型号、编组内容(去向别重车数、车种别空车数)及车流来源(包括车次接续关系和本站作业车挂运计划)。

(3)卸车计划：全站卸车数，各作业地点车种别卸车数及卸后空车用途。

(4)装车计划：全站装车数，车种、去向别装车数，配空来源及挂运车次。

(5)取送作业计划：各作业地点取送时间、取送内容的轮廓安排。

C站班计划表

运站-2

2023年4月16日18点至2023年4月17日6时

值班站长程家辉 车站调度员马苏伟

方向别	列车到达计划 车次	到达时分	B方向 A及以远	B方向 B及以远	B方向 B-C间	E方向 E及以远	E方向 D及以远	E方向 C-D间	作业车	空车	合计 作业车	合计 中转车	列车出发计划 车次	出发时分	编组内容及车流来源	合计 作业车	合计 中转车	分类 时间	中转车 到达	中转车 出发	中转车 结存	作业车 到达	作业车 出发	作业车 结存
																					156			128
B方向	31001	18:10				25	10	9				44	11012	18:12	A及其以远（站存/44）	4	40	18:00—19:00	86	75	167	3	12	119
	11011	19:32				15	26	2	P2		2	43	31002	19:45	B及其以远（站存/45）	15	30	19:00—20:00	43	30	180	2	15	106
	41001	21:07				19	15	6	P2N3		5	40	31004	21:17	B及其以远（站存/17，22012/28）	11	34	20:00—21:00	44	36	188	2	9	99
	31003	22:30				14	18	6	P2C3G2		7	38	11014	22:50	A及其以远（22012/12,32002/23,21:00取/10）	10	35	21:00—22:00	80	34	234	10	11	98
	11013	23:58				27	15	3				45	31006	0:43	B及其以远（32002/7，32004/15,22014/16，21:00取/7）	7	38	22:00—23:00	38	55	217	7	35	70
	31005	1:32				19	21	3	P2		2	43	41002	2:12	C-B间（站存/13,22012/2,32002/14，32004/3，1:00取6）	6	32	23:00—0:00	83	43	257	5	2	73
	11015	2:50				10	26	2	P3C2N2		7	38	11016	3:25	A及其以远（32004/22,22014/17,32006/6）		45	0:00—1:00	38	38	257	8	7	74
	31007	4:30				9	28	2	P1C2G2		5	39	31008	5:23	B及其以远（32006/19,22016/16，42002/10）		45	1:00—2:00	87	45	299	3	0	77
	合计					138	159	33	P12C7N5G4		28	330	合计			53	299	2:00—3:00	38	32	305	7	6	78
E方向	22012	18:50	12	28	2				P3		3	42	42001	18:41	C-D间（站存/43）	8	35	3:00—4:00	39	131	213	5	4	79
	32002	20:07	23	7	14				B2		2	44	22011	20:30	E及其以远（站存/29,31001/16）	9	36	4:00—5:00	83	0	296	5	0	84
	32004	21:38	22	15	3				P3C2		5	40	32001	22:05	D及其以远（站存/37,31001/8）	25	20	5:00—6:00	0	78	218	0	12	72
	22014	23:06	17	16	5				C4B1		5	38	22013	23:31	E及其以远（31001/9,11011/15,41001/19，21:00取/2）	2	43	合计	659	597	2831	57	113	1029
	32006	0:24	15	19	4				P3C3B2		8	38	32003	1:10	D及其以远（31001/2,11011/26，41001/15,31003/2）		45	班指标	重点任务					
	22016	1:46	23	16	5				C1		1	44	22015	3:30	E及其以远（31003/14，11013/27，1:00取/4）	4	41	装车 51	1.21:10取回A/10、B/7、E/6。第二次取送提早到0:30，取回C-B/6、D/12、空冷藏车/2。第三次取送提前到4:00,取回C-D/6、E/8、D/12。2.22014接续31006时间不足，加强组织。					
	42002	3:25	18	17	4				N2G3		5	39	32005	3:55	D及其以远（31003/16,11013/15，31005/14）		45	卸车 62						
	32008	4:45	23	16	5							44	32007	5:35	D及其以远（31005/7，11015/26，1:00取/12）	12	33	中时 4.5						
	合计		153	134	42				P9C10N2G3B5		29	329	合计			60	298	停时 9.1						

图 5-1-3　车站班计划

(6)班工作指标：主要包括预计本班完成的停时、中时和货物列车出发正点率；各车场到解、出发列车数，无调直通列数；各货物作业地点的装、卸车数；计划扣修车数，站修、段修和厂修修竣车数；货车列入备用及解除备用计划。

(7)工务、电务、水电、供电施工计划。

(8)其他重点任务和上级指示。

1. 铁路局调度所已经在每日 17:30(5:30)向车站下达了班计划任务，车站为什么还要编制班计划？

2. 车站编制班计划的主要工作是什么？

学习任务2 认识车站班计划的编制依据和编制方法

1. 车站编制班计划依据的原始资料。

2. 推算出发车流、制定轮廓取送计划和运输组织措施的方法。

一、班计划的编制依据

车站班计划依据以下资料编制：

1. 铁路局调度所下达的车站班计划任务

车站值班站长每日 17:30 和 5:30 接收调度所下达的班计划任务，包括本班受理车数和卸车任务、铁路局列车工作计划规定本站需完成的列车到达和出发计划、铁路局机车车辆工作计划规定的机车交路和车辆检修计划、施工日计划规定的站内及区间施工计划、重点任务和指示等，其中第一阶段计划在 16:00(4:00)前下达。

C站本班受理车数见表 5-2-1。铁路局货运工作计划规定管内各站次日的受理车数和卸车数，计划调度员在编制列车工作计划推算车流时，需对各站次日装卸车进行挂线装卸安排，铁路局在下达次日日(班)计划时一并下达。

表 5-2-1 C站 4 月 16 日第一班受理车数

装车去向	车种车数	装车去向	车种车数
A	P5、C3	D	P4、C14
B	P2	C—D	P6
C—B	P6、C6	E	P4、C4

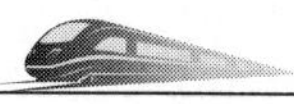

2. 车站18:00(6:00)现在车

(1)调车场、到发车场现在车

车站调度员(助理站调)推算的18:00(6:00)当时编组场内各组号的集结车数(重车分去向,空车分车种,本站作业车分车种、作业地点和品名);到达场待解列车车次、占用线别及其编组内容;出发场待发列车的车次、占用线别,出发作业准备程度和发车时分。推算结果作为自装卸车流出发控制车次推算表(见图5-2-1)的站存车数据,计中转车156、货物作业车87。

(2)车站货场和专用线存车及装卸作业进度

车站货运调度员收集的18:00(6:00)各货场、专用线内去向别的待取重车数、待装车数及预计装完时分,车种别空车数、待卸车数、车种和预计卸完时分。C站18:00当时货场存车:待卸18、正在装车13和装好重车10辆,计41辆,填记在货物作业地点车辆动态及取送轮廓计划(见表5-2-3)结存栏。

以上2项合计全站18:00结存车数为中转车156、货物作业车87+41=128。该项数据用于班计划中计算车辆停留时间的依据。

(3)检修车数量

车辆部门提供的18:00(6:00)在车辆段、站修线上已落成和正在检修的车种别车数及预计修竣时分。

3. 机务段运用值班员提供的18:00(6:00)各方向机车的现有台数及整备情况

车站应及时与机务段运用车间值班员取得联系,了解机务段各方向牵引机车数量、交路及整备情况。

4. 本班内到达列车的预确报

到达列车预确报是推算车流、确定车站本班运输组织措施的重要原始资料。在车站编制班计划时,更多的列车有了确报、各铁路局的列车工作计划也已经完成,因而依据的资料更为准确。

5. 设备维修、施工要点、其他临时重点任务及调度命令、指示

站内施工和上级命令、指示关系重大,应当在班计划中确定保证施工安全和执行上级指示的具体措施。

二、班计划的编制方法

车站编制班计划所要解决的重点问题是确定各次出发列车的车流来源,做出取送作业的轮廓安排,制定实现班计划任务的主要措施。具体编制方法如下:

(一)列车到达计划

列车到达计划由铁路局调度所下达,车站将铁路局列车工作计划中到达本站列车的车次、时分、编组内容直接填记在车站班计划列车到达计划栏内。在车站编制班计划时,由于以下原因列车到达时分和编组内容需作局部调整:

(1)已有确报的到达列车,应依据确报核对和修改其编组内容。

(2)部分列车可能早点或晚点,应根据调度所本班第一阶段列车运行调整计划作出适当调整。

(3)本班内到达本站的还没有确报的列车,其编组内容按始发局列车工作计划预报核对。

(二)列车出发计划

出发列车的车次、时分按调度所下达的列车工作计划填记。车站要依据列车出发时刻依次推算每一出发列车的车流来源。本班出发列车的车流来源包括:18:00(6:00)已编好转出发场待发的列车、在编组场集结的车辆及到达场待解的车列,本班内陆续到达本站的中转车和从货场、专用线及车辆检修地点取回调车场的车辆。

有调中转车流由于需要在站办理一定的技术作业而必须在站停留的最小时间间隔称为车流接续时间标准,C站车流接续时间标准为到达 35 min+解体 25 min+编组 20 min+出发 25 min,共 1 h 45 min,摘挂列车为 2 h。车站在编制列车出发计划时,一般均应按车辆接续时间标准选择出发列车的车流来源。接续时间不足但相差不多的车辆作为出发列车的车流来源,必须有相应的作业组织措施加以保证。

推算自编列车出发车流来源按下列步骤进行:

1. 确定取送轮廓计划

本站作业车是自编始发列车的重要车流来源,分清轻重缓急,按出发列车的车流需要组织装车和卸车,把取送和装卸作业与出发列车运行线紧密地结合起来,即挂线装卸,对于顺利完成列车编组任务、缩短货物作业车在站的停留时间将产生积极的影响。

在班计划中确定取送轮廓计划的目的在于:

(1)为出发列车提供车流保证、提高车站作业组织的预见性和计划性

技术站自编始发列车的车流主要来自中转车流和本站作业车流。编制班计划时,推算自装车流的取送轮廓计划可以掌握自编列车对自装卸车流的需求,以便组织挂线装卸。由于货物作业车自向货物作业地点送车至编入列车从车站出发一般要延续 4~6 h,所以必须在班计划中提前对取送作业做出轮廓安排。

(2)便于组织货物作业地点均衡作业

及早做出取送轮廓计划,使车站货运部门可以按照装卸轮廓计划安排货位和组织装卸,同时简化取送调车作业。

(3)有利于提高车辆运用效率,减少车站停时

组织挂线装卸使作业完毕的车辆能及时编入列车,从而减少车站停时。

推算取送轮廓计划可按下列步骤进行:

(1)确定作业车的控制车次及各项作业的控制时刻

在如图 5-2-1 所示的"车站自装卸车流出发控制车次推算表"上,先在"编组场、到达场和出发场存车"栏填写车站 18:00(6:00)结存车数;然后按本班内列车到达的时间顺序,根据预、确报将每一到达列车的编组内容记入存车栏;暂不考虑自装、卸车流,依次确定本班每一阶段每一出发列车可利用的站存车和中转车流,记录在这种情况下车流不足的车次。

仅利用 18:00(6:00)点调车场内的站存车(不包括货物作业地点停留的车辆)和班中解体的到达中转车流不能满轴的车次,就必须用本班内从货物作业地点取回的作业车加以补

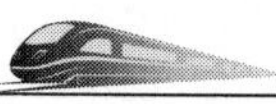

C 站自装卸车流出发控制车次推算表

2023年4月20日18:00—4月21日6:00

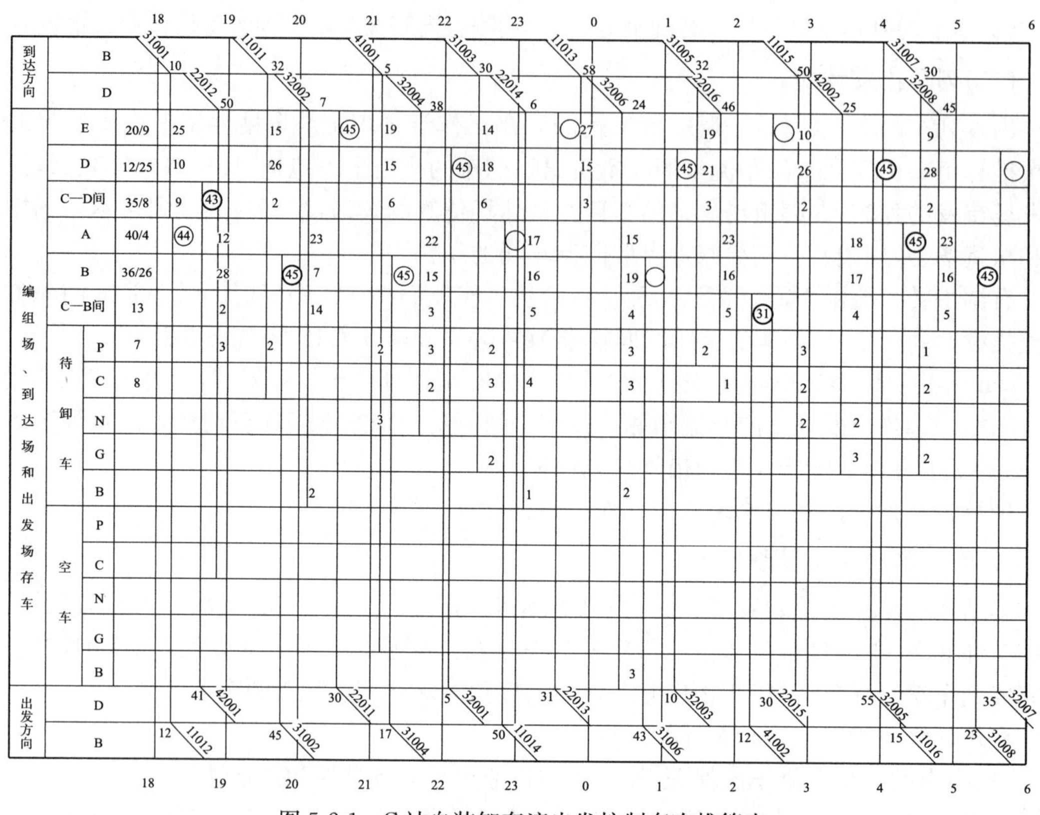

图 5-2-1 C 站自装卸车流出发控制车次推算表

充。当某一自编始发列车必须以本班内取回的 x 组号的 y 辆作业车参加车列集结过程才能满轴、正点出发时，该列车的车次和出发时刻就称为这 x 组号 y 辆作业车的出发控制车次和出发控制时刻。

根据自装卸车流的出发控制车次，可进一步推算其送车控制时刻、装车控制时刻和取车控制时刻，作为车站组织取送和装卸作业应当遵守的时间界限：为保证列车正点出发，送车作业开始的最晚时刻称为这组车辆的送车控制时刻，为该组车流出发控制车次发车前 4 h 55 min(送车 50 min+装车 2 h 30 min+取车 50 min+编组 20 min+出发 25 min)；最迟开始装车作业的时间称为这组车辆的装车控制时刻，为出发控制车次发车前 4 h 5 min；最迟开始取车作业的时间称为取车控制时刻，为出发控制车次发车前 1 h 35 min。摘挂列车由于编组时间标准延长 15 min，所以各项控制时间均应提前 15 min。

图 5-2-1 中，经推算需本站作业车补充车流的车次(即图中圈内挂车数为空白的车次)及其需要车流的组号、数量及取送控制时刻见表 5-2-2。

在确定挂线装卸安排时，应注意摘挂列车、小运转列车允许在未达到列车重量标准的情况下编组出发，当区段内挂车较多时，还需要根据列车调度员下达的列车运行调整计划为中间站留轴。

表 5-2-2 本班需取回本站作业车补充车流才能满轴出发的车次

2023 年 4 月 16 日第一班

阶段	出发车次	出发时刻	所需车流	送车控制时刻	装车控制时刻	取车控制时刻
1						
2	11014 22013	22:50 23:31	A/10 E/2	17:55 18:36	18:45 19:26	21:15 21:56
3	31006 41002 22015	0:43 2:12 2:30	B/7 C—B间/6 E/4	19:48 21:02 21:35	20:38 22:52 22:25	23:08 0:22 0:55
4	32007	5:35	D/12	0:40	1:30	4:00

(2)确定本班各阶段取送时刻和内容

在不影响始发列车编组的条件下,依据调车场作业车集结和货物作业地点、作业进度,车站各阶段的取送时刻可以适当提前或推后,以缩短车辆在站停留时间。根据推算出的自装车流送、取控制时刻,可作出本班挂线装卸和取送轮廓:第一次取送推迟到 21:10,以便把 32002 次列车挂来的 2 辆冷藏车送往货场;第二次取送提前到 0:30,以保证及时取回 41002、22015 急需的车流;第三次取送提前至 4:00,取回 32007 需要的 D 及其以远重车 12 辆,满足 32007 次的编组需要。

本站自装卸车流的取送控制时刻根据出发控制车次、本班装车计划(见表 5-2-1)和作业车到达计划(如图 5-2-1C 站自装卸车流出发控制车次推算表"待卸车"栏所示),可大致地掌握货物作业车的动态、作出取送作业的轮廓计划,见表 5-2-3。

表 5-2-3 货物作业地点车辆动态及取送轮廓计划

2023 年 4 月 16 日第一班

类别	上班结存 18：00	21：10取送		0：30取送		4：00取送	
		取	送	取	送	取	送
待卸车	C10（20：00） P8（20：00）		站存/P7，C8 22012/P3 11011/P2 32002/B2 计划卸空时间0：30		41001/P2N3 32004/P3C2 31003/P2C3G2 22014/C4B1 计划卸空时间3：50		32006/P3C3B2 31005/P2 22016/C1 11015/P3C2N2 计划卸空时间7：20
空车	P7（B，20：00） P2C4（E，20：00）		P6（C—B，0：30） P2C10（D，0：30）	B2	P6（C—D，3：50） P4C4（E，3：50） P2C4（D，3：50）	N3G2 B1	C6（C—B，7：20） P5C3（A，7：20） P2（B，7：20）
待取重车	P10（A）						
送取		23	22	20	22	26	18
结存	41	40		42		34	

在制定取送轮廓计划时,如果发现某次自编始发列车的车流不足,应按车流需要及早组织本站自装卸车流补充;当车流接续时间不足但相差不多时,应采取组织快速作业,对到达

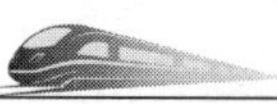

场上含有所需车流的车列优先安排到达作业、尽早解体，对已集结的车辆进行预编、预检等运输组织措施。

非营业技术站的出发车流缺少了自站作业车的补充，只能全部依靠中转车，在车流组织上比较被动。现在许多铁路局采用站管站的办法，把一些邻近中间站划归编组站管理，车站在编制班计划时，可以把管辖车站的货运作业纳入计划，利用小运转列车为本站提供车流。

车站自身努力还不能解决问题时，应与调度所联系，组织挂有所需车流的列车早点到达，或组织枢纽内或邻近区段的车流开行小运转列车送达。

2. 推算各次出发列车车流来源

取送作业轮廓计划实际上是车站挂线装卸作业计划。取送轮廓计划完整了车站的出发车流资料，为最终推算出发列车的车流来源提供了基础。

将各次送取时刻及车数标注在“车站出发列车车流来源推算表”（见图 5-2-2）上，这时已不存在车流不足的列车运行线，重新逐条运行线推算，就可以最后确定各次出发列车的车流来源，将其填入车站班计划表，完成列车出发计划的编制，如图 5-1-3 所示。

C 站自编列车车流来源推算表

2023年4月20日18:00—4月21日6:00

项目			18	19	20	21	22	23	0	1	2	3	4	5
到达方向	B		31001 10	11011 32		41001 7	31003 30	11013 58		31005 32	11015 50		31007 30	
到达方向	D			22012 50	32002 7	32004 38		22014 6	32006 24	22016 46		42002 25	32008 45	
编组场、到达场和出发场存车	货场取车						0			20			50	
	E	20/9	25	15	(45)	19	6 14	(45) 27		19	(45) 10		9 8	
	D	12/25	10	26		15	(45) 18	15		(45) 12 21	26	(45)	28 6	(45)
	C—D间	35/8	9 (43)	2		6	6	3		3	2		2 6	
	A	40/4	(44)	12	23	22	10 (45)	17	15	23		18	(45) 23	
	B	36/26		28 (45)	7	(45) 15	7	16	19 (45)	16		17	16	(45)
	C—B间	13		2	14	3		5	4	6 5	(31)	4	5	
	待卸车 P	7		3 2		2 (12) 3	2		3 (7)	2		3	(8) 1	
	待卸车 C	8				(8) 2	3	4	3 (9)	1		2	(6) 2	
	待卸车 N					3			(3)			2 2	(2)	
	待卸车 G						2		(2)			3	2	
	待卸车 B				2	(2)		1	2 (1)				(2)	
	空车 P													
	空车 C													
	空车 N												3	
	空车 G												2	
	空车 B								3	2			1	
	货场	41												
	货场送车					10			30			0		
出发方向	D		41 42001		30 22011		5 32001	31 22013		10 32003	30 22015	55 32005		35 32007
出发方向	B		12 11012	45 31002		17 31004	50 11014		43 31006		12 41002		15 11016	23 31008

图 5-2-2　车站出发列车车流来源推算表

(三)卸车、装车和排空计划

由表 5-2-3 货物作业地点车辆动态及取送轮廓计划表，可以看出，本班可以装 51 车、卸空 62 车。

车站在编制班计划的卸车计划时，要根据 18:00(6:00)待卸车和本班内到达的重车数、能够送达作业地点的时间、卸车劳力和机械、货位等情况，推算有效车数。如果推算出的有效车数不足以完成铁路局调度所下达的卸车任务，应采取措施加速作业过程。

装车要根据各组号自装车流的出发控制车次，按取送轮廓计划挂线装车，优先装载急用的车流，保证取车和编组作业顺利进行。

排空计划按铁路局调度所下达的班计划中规定的车次、车种、车数组织。

(四)计算中时和停时等运营指标

列车到、发计划完成以后，还要大致地估算一下本班完成的中时、停时等运营指标。

中转车停留时间，简称中时，指中转货车在本站进行中转作业平均停留的时间；货车一次货物作业平均在站停留时间，简称停时，是指本站货物作业车在站完成一次装车或卸车作业平均在站的停留时间。按下式计算：

$$t_{中}=\frac{\sum nt_{中}}{N_{中}}=\frac{\sum nt_{中}}{\frac{N_{到}^{中}+N_{发}^{中}}{2}}=\frac{2\sum nt_{中}}{N_{到}^{中}+N_{发}^{中}} \tag{5-2-1}$$

$$t_{货}=\frac{\sum nt_{货}}{U_{装}+U_{卸}} \tag{5-2-2}$$

式中　$\sum nt_{中}$——本班中转车总停留车小时；

$N_{中}$——本班办理的中转车数，为到达中转车数 $N_{到}^{中}$ 和出发中转车数 $N_{发}^{中}$ 之和的一半；

$\sum nt_{货}$——本班中转车总停留车小时；

$U_{装}$、$U_{卸}$——本班计划装、卸次数。

为简化计算过程，在计算本班中转车和货物作业车总停留时间时，是以每小时末结存的各类车辆数作为该小时的停留车小时、加总本班各小时末的结存车数得到的。

除中、停时外，班运营指标中还包括：本班接、发列车数、解体列数和车数、编组列数和车数、装车数、卸车数以及要求车站实现的出发列车正点率等。

(五)重点事项

在该栏中列入上级有关命令、指示，完成班计划需要解决的关键问题，安全生产和作业组织上应注意的事项等，以引起工作人员的注意。

以上可以看出，班计划在车站运输工作全局的视野上有预见地采取组织措施、进行宏观控制，对于取送和装卸、解体和编组作业进行总体部署，是车站日常运营工作的指导性计划。

复习思考题
FUXI SIKAO TI

1. 车站编制班计划依据的原始资料是什么？这些资料各提供什么信息？
2. 车站编制班计划的主要工作是什么？
3. 车站组织挂线装卸有什么实际意义？非营业的技术站怎样进行出发车组织？

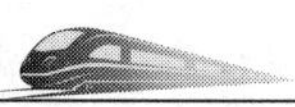

学习任务3　班计划的审批、下达与执行

学习内容

1. 审批车站班计划的责任人及审批重点事项。
2. 车站班计划的下达、执行过程。
3. 班工作总结的内容和方法。

相关理论知识

一、班计划的审批

车站班计划编制完毕后，每日18:50(6:50)—19:10(7:10)由站长(或运输副站长)负责审批，并部署重点任务和关键事项。

审批重点包括：

(1)各方向到、开列车对数，全站和各车场的货车出入数、解编任务及主要装卸点装卸任务与能力是否适应；核心列车能否保证按计划开行。

(2)推定的中、停时，能否完成月计划；累计不能完成，要向铁路局汇报，连续三天完不成，要找原因，定措施。

(3)各方向各阶段的流线结合和车流接续情况，是否压流、欠车。

(4)军运、特运车辆及列车的到发、装卸、解编、零星甩挂的安排是否符合规章、命令、指示。

(5)施工、运输两不误的计划与措施是否落实。

(6)安全及重点注意事项。

二、班计划的下达及执行

班计划是车站完成班运输任务的指导性计划，车站各生产部门负责人需要明确本班工作的重点任务及关键作业，各负其责，齐心协力，保证兑现班计划的各项指标和措施。车站调度员、调车区长负责组织调车作业，保证始发列车正点、满轴；车站值班员负责接发列车工作；货调、货运值班员负责组织车辆装卸作业，保证顺利实现取送轮廓计划。

班计划的下达和执行分三个层次进行：

(1)每日19:15(7:15)—19:30(7:30)，由生产副站长在值班站长召集的班计划会上向车站调度员、车站值班员、调车区长、货运调度员等有关人员布置班计划及重点运输工作，并对上级指示、命令做出具体部署。

(2)值班站长和车站调度员在接班点名会上，向全体接班人员分别传达、布置班计划和第一阶段计划。由车站调度员布置第一阶段计划，并组织落实。

(3)班组长接班前组织班前预想会，提出完成作业计划的措施。

班计划是通过执行阶段计划实现的，车站调度员依据班计划的指导安排下一阶段的调车作业，组织完成班工作任务。

三、班工作总结

每班结束后，由生产副站长主持召开班工作总结会，运转车间主任、货运车间主任、装卸车间主任、车站调度员、车站值班员、货运调度员、调车区长、技术科科长参加，听取交班的值班站长和有关人员汇报班工作情况。班工作总结的主要内容有：

(1)安全生产和班工作任务完成情况，在班工作中作出成绩的典型事件和人员，防止事故人员及主要经验。

(2)班工作中存在的以下问题及整改措施：

①事故和事故苗子、违章违纪等不安全因素。

②出发列车晚点。

③始发列车违编。

④装卸计划(包括直达、成组装车)未完成。

⑤中、停时指标未完成。

⑥列车解、编未按规定时间完成。

⑦调车机车故障或未在规定时间内完成整备影响调车作业计划完成。

⑧未达到规定的交班基础条件。

对班工作中出现的问题，要认真分析原因，吸取教训，提出改进措施。

站长(生产副站长)在交班会上，要分析班工作质量，作出重点指示，由技术室记录于交班记录簿内。

1. 站长审批班计划的重点是什么？
2. 车站各工种执行班计划的职责是什么？

▶ 项目6 ◀

车站阶段计划编制

项目描述

由于班计划的时间跨度大，为了便于组织运输生产，通常把一个班的 12 h 划分为 3～4 个阶段，按阶段逐步完成班计划任务。阶段计划规定车站本阶段接发列车和调车作业安排，是车站分阶段完成班计划的具体部署，由车站调度员在车站技术作业图表上编制。

学习目标

1. 素质目标

理解站调掌握全站运输生产形势，在班计划指导下编制阶段计划，指挥全站运输生产活动所发挥的重要作用。

2. 能力目标

认识车站技术作业图表是车站调度员指挥车站运输生产的工具和车站分析生产调度优劣的原始资料；能读懂车站阶段计划。

3. 知识目标

熟记车站技术作业图表的图例和填记方法；理解编制阶段计划所依据的各项原始资料的作用；掌握车站阶段计划的编制方法。

学习任务1　认识车站技术作业图表填画方法

学习内容

1. 车站技术作业图表中列车作业和调车作业的图示方法。
2. 填画车站技术作业标的线型和调机动态代号。

相关理论知识

由于各站设备条件不同，技术作业图表的形式有所差别。仅设有到发场和调车场、未设驼峰、车场两端均设有牵出线的横列式车站，其车站技术作业图表通常包括以下栏目（见图 6-1-1）：

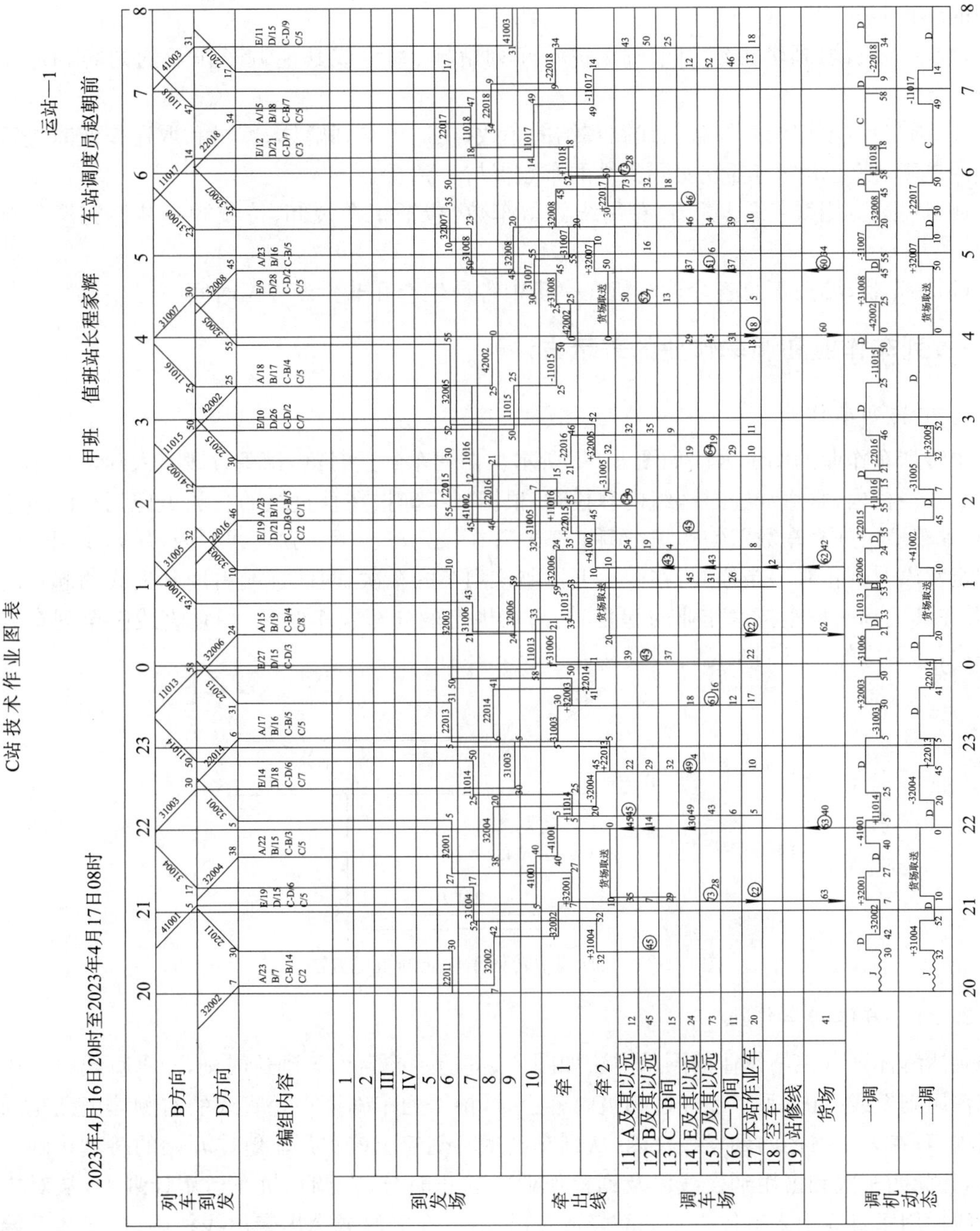

运站—1

C站技术作业图表

2023年4月16日20时至2023年4月17日08时

甲班　值班站长程家辉　车站调度员赵朝前

类别	项目	20时初始
列车到发	B方向	
	D方向	
	编组内容	
到发场	1	
	2	
	III	
	IV	
	5	
	6	
	7	
	8	
	9	
	10	
牵出线	牵1	
	牵2	
调车场	11 A及其以远	12
	12 B及其以远	45
	13 C—B间	15
	14 E及其以远	24
	15 D及其以远	73
	16 C—D间	11
	17 本站作业车	20
	18 空车	
	19 站修线	
	货场	41
调机动态	一调	
	二调	

时间轴：20　21　22　23　0　1　2　3　4　5　6　7　8

图6-1-1　C站第一班技术作业图表

(1)列车到发:铺画到达和出发列车运行线,填记车次和到发时分。

(2)编组内容:填记到达解体列车的编组内容。

(3)到发场:填画到、发列车占用到发场线路及列检组检修车列或转场车组占用到发场线路的起止时分。

(4)牵出线:填画牵出线调车机车进行车列解体、编组或其他调车作业的内容和起止时分。

(5)调车场:填记调车场各条线路集结的车数,在进行车列解体、编组和取送作业时进行相应的更新,使之始终与各线实际集结的车数保持一致。

(6)货场、专用线:填记货场、专用线停留车数,包括正在装卸、待装卸和装卸完毕的车辆数。

(7)调车机动态:汇总各台调车机在一班中各项生产和非生产停留时间。

一、列车作业和调车作业的表示方法

1. 中转列车作业

中转列车作业的图示方法如图 6-1-2 所示。自列车到达时刻,用垂直线引入到该列车占用的到发线栏内;垂直线经过编组内容栏时,根据列车确报在垂直线的右侧填记列车的编组内容:重车填"去向/车数",空车填"车种/车数";在该列车占用的到发线栏内,从列车到达时刻起至发出时刻止画一条横线,在横线上标明该列车的车次、两侧标明占用到发线的起止时分,并在其上标明列车技术作业的起止时分;在规定的列车发车时刻,用垂直线引至列车到发栏内,与对应的出发列车运行线衔接。

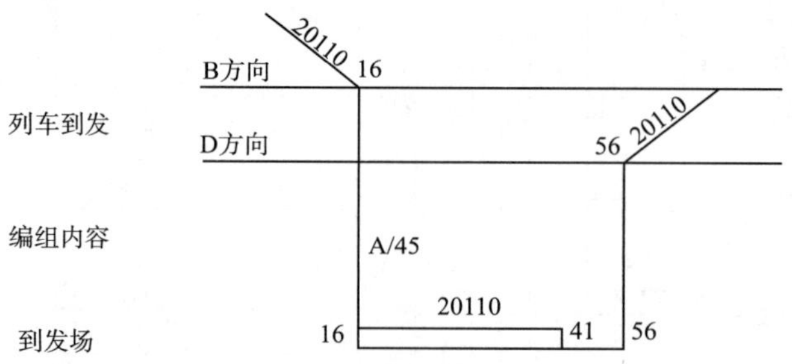

图 6-1-2 无改编中转列车作业的填记方法

2. 到达解体列车作业

到达解体列车在站作业的图示方法如图 6-1-3 所示。自列车到达时刻,用垂直线引入该列车占用到发线栏内;垂直线经过编组内容栏时,根据列车确报在垂直线的右侧填记列车的编组内容;在列车占用的到发线栏内,从列车到达时刻起至该次列车解体开始的时刻止画一横线,并标明车次和占用到发线以及列检作业的起止时分;在调车机车运用计划栏,从对应到发线栏用垂直线引入解体占用的驼峰或牵出线栏,在驼峰或牵出牵出线栏内,自解体开始起至解体结束时止画一横线,并标明解体车次和作业起止时分;在列车解体结束的时刻,从驼峰或牵出线栏用垂直线引入调车场,垂直线经过相关线路所在行时,在垂直线的右侧填记该列车解体后该线路的集结总车数。

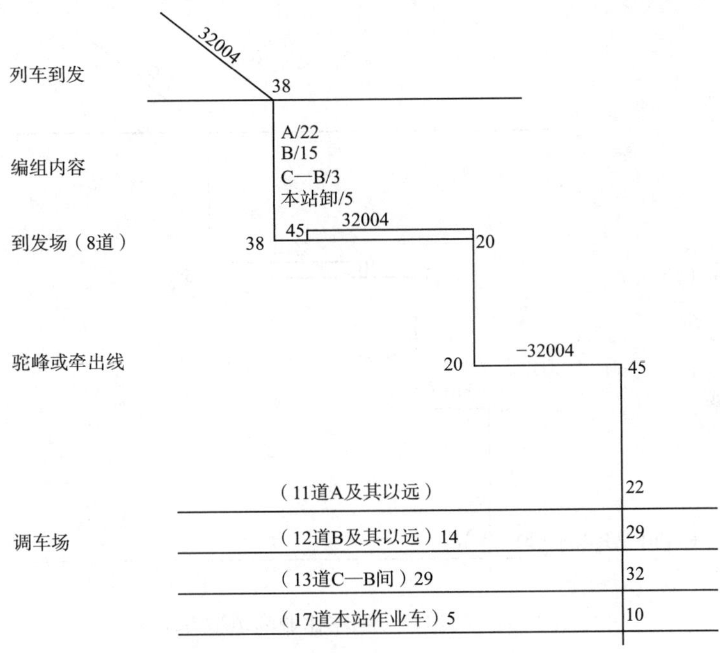

图 6-1-3 到达解体列车作业的填记方法

3. 自编始发列车作业

自编始发列车作业的填记方法如图 6-1-4 所示。自该次列车编组开始的时刻，由编组场待编车列停留线画垂线引入编组牵出线栏，在列车停留线所在行的垂直线右侧画圈，圈内注明该线路内集结的车数，在圈外右下角填记该列车编组后该线路上剩余的车数；在所占用的驼峰或牵出线栏内，自调车机车运用计划规定的该次列车编组开始时起至编组结束时止画一横线，标明所编车次和编组作业起止时分；在编组作业结束时刻，从驼峰或牵出线栏用垂直线引入该次列车占用的到发线栏，自编组结束时起至列车出发时止画一横线，标明车次和占用到发线起止时分以及出发技术作业的起止时分；在规定的列车发车时刻，从出发线栏用垂直线引至列车到发栏内，与对应的出发列车运行线衔接。

4. 取送作业

(1)送车作业

送车作业填记方法如图 6-1-5 所示。在待送车辆所在调车场线路行内，自计划送车开始时刻，引垂直线至送车地点，在本站作业车集结线路所在行的垂直线上加画向下的箭头，在垂直线右侧画圈，圈内填记该线集结的总车数，圈外注明送车后该线路内剩余的车数；在送到地点所在行内的垂直线上加画向下的箭头，同时填记该地点送车后的总车数。

(2)取车作业

取车作业的填记方法如图 6-1-6 所示。在取车货物作业地点所在行内，自调车机车运用计划规定的取车结束的时刻，引垂直线至车辆取回调车场所在线路行，在本行的垂直线上加画向上的箭头，同时在垂直线右侧画圈，圈内填记该作业地点货车总数，圈外注明取车后该地点剩余的车数；在调车场的相关线路所在行的垂直线画向上的箭头，在箭头右侧填记取车后该线路的总车数。

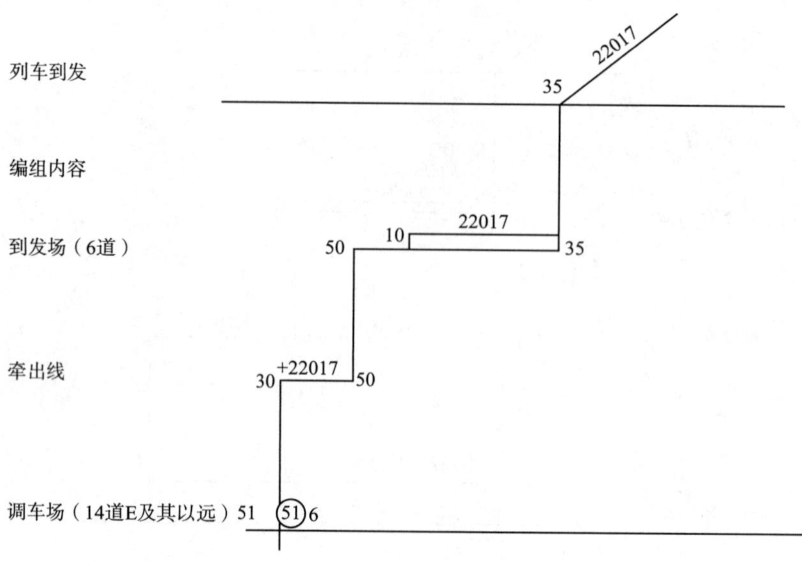

图 6-1-4　编组始发列车作业的填记方法

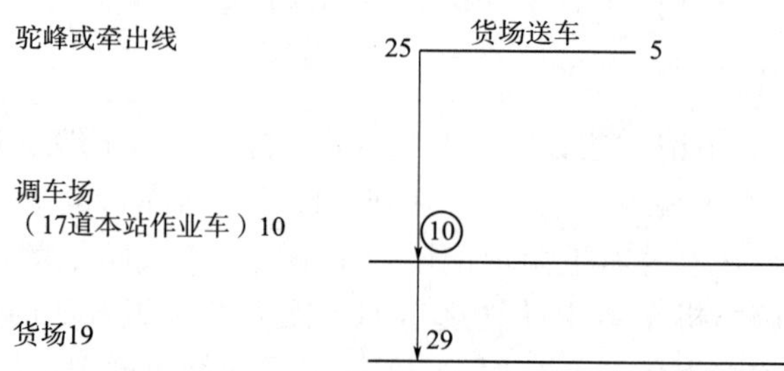

图 6-1-5　送车作业填记方法

驼峰或牵出线　30　货场取车　20

5　14

调车场　21　31

货场　19　19

图 6-1-6　取车作业填记方法

(3)取送作业

既送又取的取送作业填记方法如图 6-1-7 所示。

车站调度员编制阶段计划时，以列车出发正点为核心，在车站技术作业图表上，确定列车到发所占用的线路，安排驼峰和牵出线调车机车的解、编和取送调车作业，指挥车站运输生产。

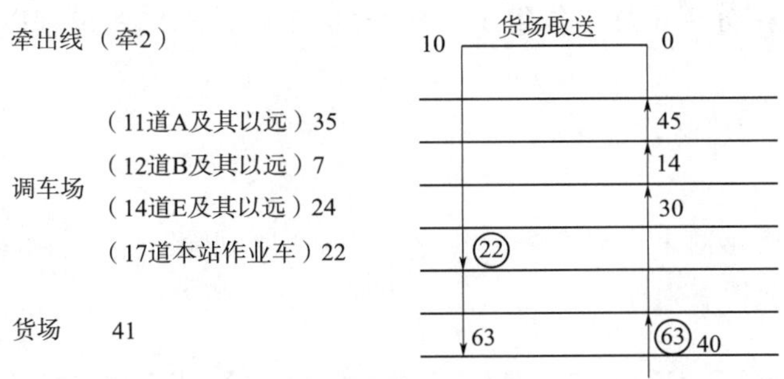

图 6-1-7 取送车填记方法

二、填画车站技术作业表采用的线型和调车机动态代号

为了醒目和便于辨认，车站调度员要按照《铁路运输调度规则》的规定，用不同色彩和线形填记车站技术作业图表。

1. 列车和调车机车作业

(1)铺画阶段计划

列车作业计划用黑线；调车机车作业计划用黑直线；调车机车交接班、上煤、上水、上油计划用黑曲线。

(2)记录实际作业过程

到、发旅客列车和出发货物列车用红线，其他货物列车用蓝线；标记列车正点到达、出发用红圈；晚点到达、出发用蓝圈，圈内注明晚点时分。

调车机作业用蓝直线，交接班、上煤、上水、上油用蓝曲线，机车乘务组吃饭用红曲线，其他非生产时间用红直线。

2. 调车机作业动态代号

交接班(J)，上水(S)，上油(Y)，机车故障(JG)，信号故障(XG)，吃饭(C)，整备(ZB)，解体(－)，编组(＋)，甩挂(－＋)，取车(QC)，送车(SC)，取送车(QSC)，待命(D)，等信号(DX)，等检(DJ)，等装卸(DZX)，等解体(DJT)，整场(ZC)。

三、车站技术作业图表的作用

车站调度员通过在车站技术作业图表上编制 3～4 h 阶段计划来指挥车站运输生产。车站改编和装卸作业量越大，车流变化的频率和数量也越大，计划的间隔时间宜较短。因而作业繁忙车站一般以 3 h 为一个阶段；作业量较小的车站以 4 h 为一个阶段。

车站第一班第一阶段为 18:00—21:00；第二班第一阶段为 6:00—9:00。由于车站调度员接班后需要先了解车站作业现状，才能编制作业计划并据以指挥车站生产，所以各班第一阶段计划都是由交班车站调度员编制，白班和夜班都推后 2 h 开始，实际工作时间为夜班 20:00—8:00，白班 8:00—20:00，给接班车站调度员以了解情况的缓冲时间。

车站技术作业图表全面地记录了本班已完成的工作实绩，及本阶段尚未完成的和下一阶段全站接发列车和调车工作计划，是车站调度员掌握全站运输生产情况、编制阶段计划，全盘考虑、统筹安排车站作业、进行调度指挥的工具；班工作结束以后，车站技术作业图表记

录了班工作实绩，又是分析车站工作组织优劣、改善车站技术作业过程以及查定车站作业能力的重要原始资料。

1. 在车站技术作业图表上怎样表示行车作业计划和记录作业完成实绩？
2. 车站技术作业图表对于车站运输生产发挥什么作用？

学习任务 2　认识编制阶段计划的依据

1. 阶段计划的主要内容。
2. 编制阶段计划依据的资料。

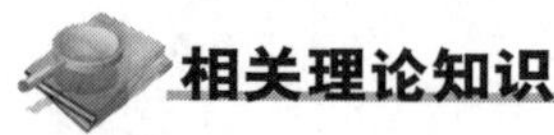

一、阶段计划的主要内容

1. 到发线路使用计划

各方向到达、通过或出发各次列车的到发时刻，占用到达场、出发场或到发场股道和列检组检修车列的具体安排和起、止时间。

2. 调车作业计划

（1）驼峰或牵出线解体作业计划：到达列车的解体顺序和解体作业起止时分。

（2）牵出线编组作业计划：始发列车编组作业的顺序和起止时分；装载军用、超限、重点物资和危险货物的车辆加挂的车次、辆数和编挂限制。

（3）车辆取送作业计划：取送作业的地点（包括货场、专用线、车辆段、站修线、车辆洗刷线等）、时间和内容。

（4）调车机车运用和整备计划：各台调车机车的作业和整备时间安排。

3. 本阶段重点作业事项

阶段计划涉及车站生产的各个方面，是分阶段实现班计划任务的具体部署。保证充足的出发车流、及时完成出发列车的各项作业、实现按图定时刻正点发车是技术站工作的中心，而车站客、货运输生产和接发列车工作的顺利完成要依靠调车作业来实现。因而，车站调度员在编制阶段计划时，要抓住列车出发正点这一主线，综观全局，从优化调车作业组织入手，进行生产调度指挥。

二、编制阶段计划的资料

编制阶段计划必须掌握当前车站各车场线路占用情况、现车及作业进度，现阶段及下阶段列车到、发计划及调车机车动态。其中出发车流是编制阶段计划的基础。

1. 编制阶段计划依据的资料

(1)车站班计划。车站班计划制定的本阶段作业须特别注意和重点掌握的事项,用以指导阶段计划决策。

(2)铁路局调度所下达的下阶段列车运行调整计划。铁路局调度所在不晚于阶段计划开始 100 min 前,将下阶段的编组(区段)站到达列车(包括到达列车车次、预到时分、编组内容)等有关情况通知车站值班站长。

(3)本阶段计划可以完成的装车去向和数量,以及车种别卸车数。

(4)到达列车确报。

(5)车站现车分布状况。调车场各线存车情况,到达场待解列车的车次、编组内容,货场、专用线待取的去向别重车、车种别空车数量、待装待卸车数和预计作业完了时间,车辆段、站修线检修落成车种别车数、车种别检修车数,在发车线待发的列车车次、机车来源、出库情况、发车准备程度等。

(6)到达场、出发场线路占用情况、调车场各线集结车数、是否满线及活用线路。

(7)调车机车运用和整备情况。

(8)列车机车的现有台数及机车交路。

2. 车站现在车的掌握

铁路货物运输是依靠铁路货车实现的,车站运输组织实际上是货车作业组织,因而现在车资料是编制阶段计划的主要依据。车站调度员应在车站技术作业图表或专用的车流推算表上推算全站各车场去向别重车和车种别空车数量情况,并按阶段与各调车区区长核对,据以编制阶段计划。

在接发列车时,车号员应执行到发列车的确报和现车核对制度,发现错误及时纠正。

调车区长应掌握本调车区范围内各股道的现车资料。在人工掌握时,调车场各股道停留车辆的车号、去向等简要信息通常用毛玻璃板记录,车辆进入时用铅笔填记,离开该股道时用橡皮擦除,使毛玻璃板上的记载始终反映车辆在各股道上的实际停留顺序。调车区长根据所掌握的现在车资料,按照车站调度员下达的阶段计划编制调车作业计划。

车号长利用票柜对货票排序,反映调车场各线的车辆集结情况,当进行列车解体、编组和取送等调车作业时,相应地加入和取出货票,做到重车有票、空车有条、票车一致。在电子货票取代纸质货票以后,货票柜的功能已由车站货车追踪系统代替。

为了防止差错,在交接班时,要全面核对现在车。

在建立了车站综合自动化系统的条件下,可以实现货车在站内的追踪。车站信息中心的货车数据库存放着站内全部车辆的记录;车辆随到达解体列车到站后,车号终端自动显示车号自动识别装置核对的现车与列车确报的匹配程度,经车号员确认并核对无误的列车确报车辆信息即自动加入到车辆数据表中;当车辆在站内的位置、装载状态、运用性质发生变化时,经授权的有关终端用实时或批处理方式修改车辆记录,使之始终与车辆的实际状态保持一致;而车辆编入列车由车站发出时,系统根据出发列车编组顺序表触发数据库维护程序,删除有关车辆的记录。在这种情况下,车站与行车有关的各部门即可利用设置在作业地点的终端,查询车辆信息,据以编制作业计划。

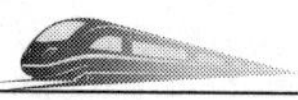

1. 车站阶段计划的主要内容是什么？
2. 车站调度员编制阶段计划依据哪些原始资料？怎样获得这些资料？

学习任务3　阶段计划的编制、审批和下达

1. 阶段计划的编制方法。
2. 计划审批要点、执行过程。

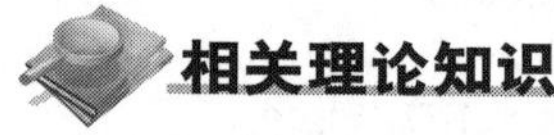

一、阶段计划的编制方法

车站调度员一般在本阶段结束前1 h就开始编制下一阶段的作业计划，在本阶段结束前30 min完成阶段计划的编制，下达给车站值班员、各调车区长和货调执行。

阶段计划应保证按时接、发列车。所以编制时应首先按铁路局调度所下达的列车运行调整阶段计划中列车的到达、出发时刻和到达列车确报铺画本阶段到、发列车的运行线、填写到达解体列车编组内容。在实际工作中，由于列车的早点、晚点、加开或停运等原因，铁路局调度所下达的阶段计划中列车的到、发时刻与班计划往往有一定出入。此时，应以列车运行调整阶段计划为准。

在阶段计划中具体安排接发列车和调车作业时，需要解决的主要问题有：

1. 到、发线运用

阶段计划中的到发线运用计划，由车站调度员和车站值班员共同负责确定，由车站值班员具体掌握。车站调度员或车站值班员必须变更到发线使用计划时，均须征得对方同意并在技术作业图表上做明显标记。车站调度员和车站值班员，在确定和变更列车到发线运用计划上不能达成一致时，由车站值班站长决定。旅客列车到发线应固定使用，变更旅客列车到发线使用时应通知客运组织部门，通过的旅客列车变更到发线使用时，要取得列车调度员同意之后方能变更。

编制到发线运用计划时，需要考虑以下问题：

(1)严格按《站细》规定的到发线用途安排到发线路的使用

为了保证作业安全、有效利用线路的通过能力，在各站的《站细》中都规定了到达场、出发场或到发场线路的使用办法。例如：旅客列车应在有旅客站台的线路上接发；列车应接入有联锁的线路；超限货物列车必须按《站细》规定接入固定线路；机车走行线专用做机车出入段走行，不能停留机车车辆等。

(2)避免作业干扰

在安排到发线运用时,还应根据车场咽喉布置情况,考虑各次列车到发和车列解体、编组、机车出入库等调车作业的径路及发生的时间,将列车的到发尽量安排在没有进路交叉的线路上。在列车进路与调车进路发生干扰的情况下,应优先保证列车进路。

(3)为列车和车辆的技术作业提供方便

例如,在横列式车站,有车组坐编的到达列车应安排在车组加挂比较方便的线路上;机车交路接续时间紧的列车则安排在机车出入库比较便捷的线路到发。

2. 确定到达列车的解体顺序

终到列车在完成到达作业以后才能进行解体,而到达作业中耗时最长的是列检作业,因而车站在安排列车解体时,首先要考虑列检组的作业调度。

到达列车的解体顺序,在一般情况下,可以采取先到先解,即先到达、已完成到达作业的车列先解体。

影响列车解体顺序的主要因素有以下几个方面:

(1)编组列车的需要

保证出发列车正点、满轴是车站组织调车作业的基本出发点。车站调度员在阶段计划中确定车列的解体顺序时,要根据出发列车的编组需要,急用的车流优先安排到达和解体作业。车流接续时间略有不足时,应周密计划、组织快速作业、使各项作业良好衔接。

(2)向货物作业地点和车辆检修地点送车的需要

定点取送是保证车站正常作业秩序的一项重要措施。为了充分利用车站作业能力,一次取送的车辆应达到一定的数量,同时应能保证各货物作业地点均衡生产。在确定车列解体顺序时,应考虑到这一因素,及时为送车提供车流。

(3)保证不间断接车

车站调度员在安排车列解体顺序时,应保证有不间断接车的线路。例如,某站到达场1、2道用于接入上行列车,4、5道用于接入下行列车,3道可双向接车。当1、2、3道都已占用,将可能影响上行接车时,应优先解体上行列车。

(4)保证不间断解体

根据调车场线路的存车情况,如某道已满线,则含该去向车流的车列应推迟解体,避免造成混线;另一方面,如果出发场有空余线路,则可优先解体含有车列集结最后车组的车列,以便于尾部编组、转场和腾空编组场线路。

(5)避免作业干扰。

当某车列的解体进路与转场作业、机车出入库或列车运行进路相敌对时,可暂缓该项解体,而先进行不产生作业干扰的解体作业。

3. 确定出发列车的编组时机

在阶段计划中,车站调度员要确定应在本阶段编组的车次及编组起、止时间。选择列车编组时机需要考虑的因素主要有以下几个方面:

(1)保证每一出发列车都能正点、满轴地从车站开出

一般情况下,先出发的列车应当先编组。但先出发的列车尚未集结满轴,而先编组后出

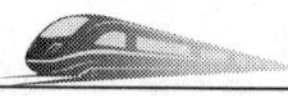

发的列车并不影响其正点出发时，可以改变列车的编组顺序。

任一出发列车开始编组的最早时刻是车列完成集结，且到发场或出发场有空闲出发线路的时刻；最晚时刻应距离列车正点出发还有一个不少于列车编组加出发作业的时间间隔。车站调度员在编制阶段计划时，应先推算调车场内集结的该阶段出发列车的车流数量，如有不足，应调整到达列车的解体顺序，或按班计划确定的运输组织措施，及时取送本站作业车补充，或组织快速作业抢出时间，保证每一趟自编出发列车都能正点、满轴。

在列车密集出发阶段，应有预见地及早均衡安排编组作业，避免因编组作业的延误而影响列车正点出发。

(2)及时腾空编组线，保证车列解体的顺利进行

如车列集结满轴以后，离出发运行线时间尚早，而出发线路有富裕时，可以先编好转出发场，以腾空调车场线路，避免不必要的活用线路，造成车流混线集结。

(3)兼顾其他调车作业

有的车站，编组调车机车还担任车辆取送等其他作业。在这种情况下，需要统筹考虑、兼顾其他作业，做到编组、取送两不误。

4. 取送内容和时机

组织取送作业的基本原则是：保证自编始发列车的车流需要，班计划中已经推算了自装卸车流的出发控制车次，并由此确定了急需车流的取送控制时刻，车站调度员在制定阶段计划时应按照班计划挂线装车的要求安排取送作业；及时取送，减少车辆的待送、待取时间，提高车辆运用效率；取送作业与货物装卸地点的作业进度和调车场车流集结进度相适应；保证调车场本站货物作业车集结线路不因满线而影响车列解体。

在取送内容上：应优先取送急需车流，以保证出发列车按时开始编组；车站调度员还应与车站货调、调车区长密切配合，使同一组号的货物集中在相邻货位上货，在挑选送车车组时考虑装车顺序，以便就地双重作业、大车组出车，有效地减少调车作业量。

取送时机应在定点取送的基础上根据实际情况灵活掌握。例如：在某一组号的自装车流已装车完毕而牵出线正等待该车流编组，或货场前批送达的车辆已经作业完毕、同时调车场内已集结好足够数量作业车的情况下可以提前取送；又如定点取送时间已到，但前批送去的作业车尚未全部作业完毕，如按时送车可能需要暂停某线作业、增加将作业完的车辆挑选出来和重新送入未作业完车辆的调车作业，如果推迟取送不影响编车，则应等前批车辆作业完毕再取送。

在图 6-1-1 中，为保证及时取回 11014 急需的自装 A 及以远车流，又能将 32002 次到解列车挂的 2 辆本站作业车及时送往货场，车站调度员安排 2 调在编组 31004 次列车以后，暂不解编其他列车，待 1 调解体 32002 后立即去货场取送。由于货场取回 A/10 以后，11014 才能集结满轴，而到解的 41001 次挂有自编始发的 22013 列车需要的车流，车站调度员安排调 1 在 41001 次到达作业结束后立即解体，接着编组 11014，保证了 11014 正点出发和 22013 的车流需要。

22014 次与 31006 紧接续，车站调度员及时安排 22014 的到解作业，使 31006 及时编组出发。

由于 41002 次自编始发列车图定 2:12 从 C 站出发，依据该站作业时间标准：取＋编＋

发＝50 min＋20 min＋25 min＝1 h 35 min，货场装的C—B/6须在0:37前取车才能赶上编组。车站调度员依据班计划安排，第二次取送提前到0:30，使自装C—B/6及时挂运。

二、阶段计划的审批和下达

阶段计划经值班站长审核后，由车站调度员于阶段计划开始30 min前下达。第一个阶段计划由车站调度员在接班会上传达，以下的阶段计划以电话或电传方式分别向有关人员传达。

1. 向车站值班员下达

(1)到、发列车车次、时分、占用到发线线别。

(2)解体车列顺序、起止时分。

(3)编组列车车次、起止时分、编组内容。

(4)调车机整备计划、驼峰和牵出线作业安排。

2. 向调车区长下达

(1)到、发列车车次、时分、占用到发线别。

(2)解体车列的顺序、车次、起止时分。

(3)编组列车顺序、车次、起止时分、编组内容、车辆来源。

(4)装卸、扣修、修竣、换装等车辆取送地点、时间和取送内容。

(5)调车机整备计划。

3. 向车站货运调度员下达

(1)到达本站卸车的重车数、卸车地点和品名。

(2)编挂本站作业车的车次、时分、车辆去向和车数。

(3)货场、专用线取送时间、内容和辆数。

班计划宏观指导车站的运输生产；阶段计划分阶段部署班计划任务。在阶段计划中规定的本阶段列车解体、编组和车辆取送安排要靠调车计划来实现。

1. 从站调制定阶段计划调度指挥全站运输生产的角度，说明调车作业对于车站运输组织有何作用？

2. 车站技术作业图表对于车站运输工作组织发挥什么作用？

3. 车站阶段计划的主要内容和编制依据是什么？

4. 车站调度员确定列车解、编时机和顺序时应考虑哪些问题？

5. 车站调度员安排货物作业地点取送作业时机和取送内容的依据是什么？

项目7

车站运输统计分析

项目描述

进行车站运输统计分析是为了准确地反映和考核车站工作完成情况，及时发现车站运输组织存在的问题，为车站编制作业计划、改进工作和加强经营管理提供依据。

我国铁路运输统计包括铁路货车统计、铁路客车统计、铁路机车统计、铁路旅客运输统计、铁路行李包裹运输统计、铁路货物运输统计和铁路运输收入统计等。我国铁路运输统计采用 18 点结算制，当日为昨日 18 点(不含)至今日 18 点(含)，故铁路运输统计又称为 18 点统计。本项目将重点介绍与铁路运输组织关系最紧密的铁路货车统计中的现在车统计、货车停留时间统计和装卸车统计，以及车站工作分析的分类和内容。

本项目依据的相关规范、规程与标准:《铁路货车统计规则》(简称《统规》)。

学习目标

1. 素质目标

培养与相关人员协调配合的团队精神。

2. 能力目标

认识各项铁路货车统计的重要作用，能够区分编制各项运报和货报依据的原始资料及其中间数据；掌握各项运报和货报的编制方法；能够根据相关统计资料进行车站工作分析。

3. 知识目标

理解铁路货车统计的基本概念；掌握相关运报和货报各项指标的计算原理和报表的填写方法；掌握车站运输工作分析的分类、分析内容及方法。

学习任务 1　现在车统计

学习内容

1. 现在车的基本概念。
2. 现在车报表和 18 点重车去向报表编制方法。

相关理论知识

现在车是指某一时刻处于车站、铁路局管内以及合资、地方铁路内的货车现有数，如 18 点现在车、6 点现在车等。现在车统计用以反映车站、铁路局管内以及合资、地方铁路内每日 18 点货车现有数及运用情况，为铁路运输调度部门掌握现在车分布、进行运用车保有量日常调整和编制铁路运输工作日(班)计划提供依据。

一、现在车的基本概念

(一)现在车分类

现在车可以按车种、产权和运用状态分类。

1. 按车种分类

为了保证货物运输安全和提高运输效率，铁路货车的构造必须适应货物的性质而分为不同的车种。铁路货车的车种主要包括棚车、敞车、平车、罐车、冷藏车、集装箱车、矿石车、长大货物车、毒品车、汽车运输车、散装水泥车、散装粮食车、特种车和其他货车 14 类。其中，平车按普通平车(N)和两用平车(NX)分别统计；罐车分别按轻油、粘油和其他罐车单独统计，车体上的油种涂有代用字样时，按所代用的油种统计；BX_{1k}、BDL_1、BNX_{17k} 型冷藏集装箱专用平车按冷藏车(B)统计；JSQ 型汽车专用车按汽车运输车(J)统计；快速班列专用货车(PB 和 P65)按普通棚车(P)统计。铁路货车各车种的基本记号见表 7-1-1，在基本记号下，再用车型表示同一车种下的不同型号。

表 7-1-1 铁路货车车种分类及基本记号

主要类型	棚车	敞车	平车	罐车	冷藏车	集装箱车	矿石车	长大货物车	毒品车	汽车运输车	散装水泥车	散装粮食车	特种车	其他
基本记号	P	C	N	G	B	X	K	D	W	J	U	L	T	

每一辆国铁货车用 7 位数字车号唯一标识。在《统规》中对货车的每一基本车种、车型都规定了固定的编码范围。例如棚车车号以 3、77 打头，敞车以 4、1、2 打头；平车、长大货物车、集装箱车和矿石车以 5 打头，罐车以 6 打头，冷藏车和汽车运输车以 7 打头，其余专用货车以 8 打头。这样，根据车号就可以准确判断该车的基本车种和型号，例如车号为 5223879 的货车应为 X_{6k} 型集装箱车。

2. 按产权所属分类

现在车按产权所属分为国铁货车、企业自备货车、内存货车和外国铁路货车。内存货车比照企业自备货车统计。

(1)国铁货车：是指属国铁集团资产，涂有铁路路徽，按国铁集团统一规定涂打车型标记、编号的货车。其中配属使用货车是指产权归国铁集团所有，配属给铁路局集团公司使用和管理的国铁货车；局管货车是指原产权归属国铁集团所有，配属给铁路局集团公司自主使

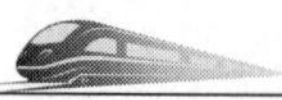

用和管理，产权同时划归铁路局集团公司的国铁货车。涂有铁路路徽，按国铁集团统一规定运用管理并涂打车型标记、编号的企业货车也按国铁货车统计。

(2)企业自备货车：是指属企业(包括铁路局集团公司、合资铁路、地方铁路及其下属企业)资产并取得“自备铁路车辆经国家铁路过轨运输证”(以下简称“过轨运输证”)的货车，其车号左起第一位为“0”、第二位非“0”，车体标明“×××自备车”、没有铁路路徽的货车。

军方特殊用途货车(车体标明客车基本记号者除外)比照企业自备车办理。

(3)内存货车：属企业(控股或委托管理的合资、地方铁路公司及其下属企业)资产但未取得“过轨运输证”，仅在本企业内承担社会运输任务的货车。

(4)外国铁路货车：凡属于国外资产的铁路货车。

3. 按运用状况分类

现在车按运用状况分为运用车和非运用车两类。

(1)运用车

运用车是指参加铁路营业运输的国铁货车、企业自备货车、外国铁路货车，内存货车、企业租用车、军方特殊用途重车。注意“参加铁路营业运输的国铁货车、企业自备货车、外国铁路货车” 不分空重均统计为运用车；而“内存货车、企业租用车、军方特殊用途车”的重车才算参加铁路营业运输，统计为运用车，内存货车、企业租用车、军方特殊用途车的空车属于非运用车。运用车又分为重车和空车。

重车是指：

①实际装有货物并具有货物运单的货车。

②卸车作业未完的货车。

③倒装作业未卸完的货车。

④以“特殊货车及运送用具回送清单”(见表 7-1-2)手续装载整车回送铁路货车用具(国铁篷布、空集装箱及军用备品等)的货车。

⑤填制货物运单的游车。

表 7-1-2　特殊货车及运送用具回送清单

No.

<table>
<tr><td>发站
(公司)</td><td></td><td>到站
(公司)</td><td></td><td>发送日期</td><td></td><td>回送命令
号码</td><td></td></tr>
<tr><td>车种车号</td><td></td><td>施封/
篷布号码</td><td></td><td>到达日期</td><td></td><td>回送种类</td><td></td></tr>
<tr><td colspan="4">回送的货车或运送用具</td><td>承运人记事</td><td colspan="3"></td></tr>
<tr><td>种类</td><td>号码</td><td>数量</td><td>重量</td><td colspan="4">附注</td></tr>
<tr><td></td><td></td><td></td><td></td><td colspan="4" rowspan="4"></td></tr>
<tr><td></td><td></td><td></td><td></td></tr>
<tr><td></td><td></td><td></td><td></td></tr>
<tr><td>合计</td><td></td><td></td><td></td></tr>
</table>

发站经办人：　　　　　　　　　　到站经办人：

空车是指：

①实际空闲的货车。

②装车作业未完的货车。

③倒装作业未装完的货车。

④运用状态下的机械冷藏车的工作车。

⑤循环快运列车中装载装卸工具的车辆。

(2)非运用车

非运用车是指不参加铁路营业运输的国铁货车(包括租出空车)、在专用线及专用铁路内的已获得“过轨运输证”的该企业自备货车、在站装卸作业企业自备空车、在本企业内的内存空车、军方特殊用途空车以及国铁特种用途车。非运用车包括以下十类：

①备用车。备用车是指为了保证完成临时紧急任务的需要和减少阶段性闲置货车无效流动,所储备的技术状态良好的国铁空货车,分为特殊备用车、军用备用车、专用货车(包括罐车、冷藏车、集装箱车、矿石车、长大货物车、毒品车、汽车运输车、散装水泥车、散装粮食车和涂有“专用车”字样的一般货车)备用车和国境、港口站备用车。

②检修车。车辆处于以下几种情况时统计为检修车：

a. 为定检到期或过期而扣下修理、摘车临修、事故破损、等待报废和回送检修等的铁路货车,根据国铁集团车辆部门填发的“车辆检修通知单(车统 23)”或“检修车回送单(车统 26)”统计为检修车。

b. 在铁路营业线上的外国铁路货车在运行过程中临时发生故障而摘车临修时,按检修车统计。

c. 成组运行的铁路货车,发生故障需要扣留时,应逐辆填发“车辆检修通知单(车统 23)”,按检修车统计。修竣后,对未修理的车辆,在“检修车辆竣工验收移交记录(车统 33 并车统 36)”上注明“撤销”字样。

d. 整备罐车超过整备规定时间(6 h)继续整备时,从超过时起按检修车统计。

③代客货车。代客货车是根据调度命令用以运送人员、行李及包裹的货车。

④路用车。路用车为国铁集团批准作为铁路各单位运送非营业运输物资或用于特殊用途的货车,分为特种用途车和其他路用车。特种用途车指因为路内特殊用途需要专门制造不能装运货物的特种用途车(包括试验车、发电车、轨道检查车、检衡车、除雪车等);上述车辆以外的路用车为其他路用车。经国铁集团批准的“路用车使用证明书”是统计路用车的收据。

⑤洗罐车。为避免因罐车内壁不干净而污染装入的油品,在装车前需用高压热水、高温蒸汽、化学试剂或超声波等方法清洗罐车内部。洗罐车为进行清洗的良好罐车。

⑥整备罐车。整备罐车为在指定地点进行技术整备的整列(成组)固定编组石油直达罐车。

⑦租出空车。租出空车包括企业租用的国铁货车空车;新造及由国外购置的货车在交付使用前的试运转空车;部队训练使用的国铁货车,使用停留车辆训练,按轴、按日核收车辆

使用费或用铁路机车单独挂运核收机车使用费时，按租出空车统计。

⑧在企业内的企业自备货车。在企业内的企业自备货车指在企业专用线、专用铁路内的已取得“过轨运输证”的该企业自备货车，包括没有(租用)专用线、专用铁路企业的回到过轨站的企业自备空车。

⑨军方特殊用途空车。军方特殊用途空车指军方用于军事运输等特殊用途的空货车(车体基本记号标明为客车的除外)。

⑩封存车。封存车是按国铁集团调度命令封存的货车。

(二)运用车和非运用车转变时刻的确定

在进行铁路货车统计时，必须按照货车的运用与非运用状态转变的时间节点精确判断铁路货车的运用状态。

1. 备用车的备用和解除时间

备用车的备用和解除必须经国铁集团、铁路局集团公司当日调度命令批准，由车站调度员或值班员填写“运用车转变记录(运统 6)”并签字的时分起算。

运用车转变记录是车站用以登记租出、备用、代客、路用、试验等货车分类的转变情况，作为填记“非运用车登记簿(运统 7)”以及“货车出(入)登记簿(运统 4)”的资料，其格式见表 7-1-3。

表 7-1-3　运用车转变记录　　(运统 6)

由______车转入______车　　　　国铁集团令第______号铁路局集团公司令第______号

车　种	车　号	车　种	车　号	记　事

车站签字________　使用单位签字________　　签字时分____月____日____时____分

货车转入备用时分不得早于：

①车站收到调度命令的时分。

②作业车卸车完了的时分。

③到达空车为列车到达技检完了的时分。

备用货车解除时分不得迟于：

①排空时规定列车开始技检的时分。

②装车时调入装车地点的时分。

2. 检修车的起止时分

(1)货车由运用车转为检修车的起始时间

检车人员填发的“车辆检修通知单(车统 23)”是统计该车为检修车并禁止越出站区运行

的依据，而“检修车回送单(车统 26)”是统计该车为检修车但允许向指定的车辆段或车辆工厂回送的依据。

在有检车人员的车站，由车站在车辆部门填发的“车辆检修通知单(车统 23)”或“检修车回送单(车统 26)”上签字时分起统计为检修车；对扣修的重车需要卸车修理时，车辆部门依据车站卸车完了通知时分填发“车辆检修通知单(车统 23)”或“检修车回送单(车统 26)”。“车辆检修通知单(车统 23)”的格式见表 7-1-4。

表 7-1-4　车辆检修通知单

(车统 23)

本单据填发一式三份，车站签字后，一份交车站，一份交车辆修理单位，一份自存。

1. 填发日期 ________年______月______日______时______分
2. 编号 ________ 送交________车站
3. 车次________车辆停留在________场________线
4. 车种车型________ 车号________ 轴数________ 标记载重 ________ 空重别________
5. 是否需要倒装______车站通知倒装完毕时间______年______月______日______时______分
   重车装车车站____________________到达车站____________________货物品名______________
6. 修程__________ 检修车辆送往修理的单位名称______________________________
7. 主要故障情况____
____
8. 前次定检情况：厂修年月__________ 单位__________ 检修周期______年
   段修年月__________ 单位__________ 检修周期______年
   辅修年月日__________ 单位__________ 检修周期______月
   临修年月日__________ 单位__________ 空重别__________
9. 扣车单位 ________ 车辆段____________________ 作业场(印章)
   ________ 班组____________________ 检车员(签字)
10. 车站值班员(签字)____________________
11. 车站值班员签字日期 ______年___月___日___时___分
12. 检修车进入检修线日期 ______年___月___日___时___分
13. 检修单位检查人员(签字)____________________

说明：1. 本单据作为车辆检修扣留的原始依据，在发出车统 33 并车统 26 前，是计算检修车的依据。

2. 第 1～9 项由车辆部门填写，第 10、11 项由车站填写，第 12、13 项由修理单位填写。

注：原式样上有红色斜杠。

无检车员的车站，当临时发生故障的车辆不能挂入列车运行时，不论重空车均由车站值班员通知管辖车辆段或列检人员。车辆部门接到通知后应立即前往检查，经鉴定不需要修理的车辆，通知车站；需要修理或定检到(过)期的车辆，填发“车辆检修通知单(车统 23)”或“检修车回送单(车统 26)”，自车站签认后起算；重车需要卸空后修理的(不论在自站或送往他站修理)，车辆部门依据车站卸车完了通知时分，填发“车辆检修通知单(车统 23)”或“检修

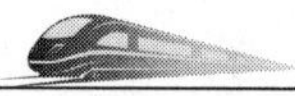

车回送单(车统26)”,自车站签认后起算。

回送检修车,根据“检修车回送单(车统26)”,在车辆段管界内,自车辆接入时起统计检修车,交出时撤销检修车统计。车统26见表7-1-5。

表7-1-5 检修车回送单

(车统26)

本单据填发一式两份,交车站签字后,一份交车站随货运票据送至到达地点,一份自存。

1. 填发日期 ______年______月______日______时______分
2. 编号 ________ 回送命令号________
3. 车种车型________ 车号________ 轴数________
4. 回送铁路局集团公司________ 及车站________
5. 到达铁路局集团公司________ 及车站(工厂、车辆段检修车间或站修作业场所在站名称)________
6. 车辆编挂位置等特殊要求________
7. 扣车回送修程(含临修)________ 主要故障情况________

____

8. 前次定检情况:厂修年月________ 单位________ 检修周期______年

段修年月________ 单位________ 检修周期______年

辅修年月日________ 单位________ 检修周期______月

临修年月日________ 单位________ 检修周期______月

9. 填发单位 ________ 车辆段________ 作业场(印章)

填发人员(签字)________

10. 经由分界站名称________ 办理回送的车站值班员(签字)________
11. 回送车挂运车次________ 日期____年____月____日____时____分
12. 检修车到达工厂、车辆段检修车间或站修作业场所在站日期______ 年____月____日____时____分
13. 检修车到达的车站值班员(签字)________
14. 检修车进入检修线日期______ 年____月____日____时____分
15. 接到检修车的人员姓名(签字)________

(2)货车由检修车转回运用车的时机

修竣的货车由车站在“检修车辆竣工验收移交记录(车统33并车统36)”(见表7-1-6)上签认时起转入运用车。铁路车辆工厂修竣的货车,如规定以工厂自备机车取送时,由车辆送到规定交接地点,车站在“检修车辆竣工验收移交记录(车统33并车统36)”上签认时转入运用车。

3.“代客”货车的转变时刻

车站接到命令后,由车站和检车人员在“运用车转变记录(运统6)”上签字时起转入“代客”,使用完了时,填制“运用车转变记录(运统6)”转回运用车。代客空车根据调度命令以客运车次回送时,按代客统计;以货运车次回送时,按挂运凭证(回送清单、调度命令等)实际统计,无挂运凭证按运用车统计。“代客货车”装载货物填制货物运单时,自代客或回送到达时起按运用车统计。

表 7-1-6 检修车辆竣工验收移交记录

（车统 33 并车统 36）

________________（单位名称） 第________号

以下____________修程的车辆已检修竣工，并经国铁集团（铁路局集团公司）驻________厂（公司、段）车辆验收室验收，确认技术状态合格，可交付使用。兹将下列检修竣工车辆由________（单位名称）移交给________铁路局集团公司________站。

顺号	车种车型	车号	更改项目			加改项目			加价项目			减价项目		配属铁路局集团公司段	指定到达铁路局集团公司名及站名	备注
1	2	3	4	5	6	7	8	9	10	11	12	13	14	15	16	17

本页小计：________辆，本月累计________辆。

________（单位名称）代表盖章 日期____年____月____日

国铁集团（铁路局集团公司）驻________车辆验收室代表盖章 日期____年____月____日

接收人________铁路局集团公司________站代表盖章 日期____年____月____日____时____分

客货车配属铁路局集团公司（段）代表盖章 日期____年____月____日

4. 路用车的转变时刻

经国铁集团批准的“路用车使用证明书”是统计路用车的依据。使用单位应按规定涂打路用车使用标记。路用车只准在批准的使用期限、区段和用途的范围内使用，对违反使用规定的路用车，按运用车统计。

使用单位自收到车辆并在“运用车转变记录（运统 6）”上签字时起，至使用完了交回车辆并填制“运用车转变记录（运统 6）”转回运用车时止按路用车统计。

5. 洗罐车的转变时刻

由洗罐单位填制“车辆装备单（车统 24）”（见表 7-1-7）送交车站签字时起计算为洗罐车；洗刷完了，由车站人员在“罐车洗刷交接记录单（车统 89）”（见表 7-1-8）上签字时起转回运用车；企业自备车发生洗罐时，洗罐单位一律填发“企业自备车装备单（车统 24Q）”统计为洗罐车，洗刷完了，填发“企业自备车洗刷交接记录单（车统 89Q）”转回运用车。为进行检修而洗罐时，应列入检修车内。

由企业自行洗罐不能执行上述办法时，由铁路局集团公司规定平均洗罐时间（最长不能超过 4 h），自货车送入洗罐交接地点至规定时间止按洗罐车统计。

表 7-1-7　车辆装备单

（车统 24）

本单由检车员填写三份，

一份留存，一份送交车辆段，一份交车站。

安装事项____________________　　　　　　　　　　　　　　第____号

指定送往________________线

车　种	车　号	车辆所在地点

通知送入指定线　　____月____日____时____分

实际送入　　____月____日____时____分

安装完了　　____月____日____时____分

收到单据的车站值班员签字____________

检车员签字____________________

编制人签字____________________

说明：1. 凡良好车辆送往指定线或厂段线进行装备洗罐等工作时均应填写本单据。不另发车统 23。

2. 安装完了时分根据车统 33 并车统 36 站长签字时分填写。

表 7-1-8　罐车洗刷交接记录单

（车统 89）

本单编制三份，一份自存，

一份交车站，一份交段会计室。

年　　月　　日　　　　　　　　　　　　第____号

车种	车号	专用种别	轴数	载重吨位	原装名称	采用的洗罐方法	洗罐后指定装名称	洗罐时分					
								入线			竣工		
								月	日	时分	月	日	时分

上述罐车业经洗刷完了并验收合格。

交车人　　　　洗罐站职名　　　　姓名　　　　签字

验车人部门　　　　职名　　　　姓名　　　　签字

车站值班员签收　　月　　日　　时　　分　　　　签字

6. 整备罐车转变时刻

进行技术整备的整列（成组）固定编组石油直达罐车，在到达整备站时，按运用车统计；送入配属段整备线进行技术整备时，根据车辆部门填发的“车辆装备单（车统 24）”送交车站签字时起 6 h 内按整备罐车统计。超过 6 h 车辆部门应填发“车辆检修通知单（车统 23）”按检修车统计。整备完了由车站在“检修车辆竣工验收移交记录（车统 33 并车统 36）”上签认时起转回运用车。

7. 租出空车转变时刻

由车站与使用单位在“运用车转变记录（运统 6）”上签字时起转入出租空车或转回运用车。

8. 企业自备车运用与非运用转变时分的确定

对出入本企业专用线、专用铁路的企业自备车，以将车辆送到交接地点时分为准；在站装卸作业的企业自备车，以装卸作业完了时分为准。内存货车以装卸作业完了时分为准。

9. 军方特殊用途空车转变时刻

军方特殊用途货车卸空时起统计为非运用车，装车完了时起统计为运用车。

10. 封存车按国铁集团车辆列封和解封命令统计。

(三)铁路局、车站货车出入统计的规定

铁路局、车站现在车数量的变化是由于货车出入引起的。在车站作业的货车只能是车站出入的货车，但并不是所有经过车站的列车中编挂的货车都统计为该站出入，铁路局间分界站出入的车辆也不全部是铁路局出入的车辆。因此，统计铁路局、车站的货车保有量，必须明确货车出入铁路局、车站的含义。

货车出入包括随同列车出入和不随同列车出入两种情况。

1. 随同列车(包括单机、轨道车)出入的货车

随同列车出入的货车依据列车编组顺序表(见表7-1-9)统计。

表7-1-9 列车编组顺序表 (运统1)

_____站编组_____站终到 经由站_____ ____年____月____日____时____分____次列车

自首尾(不用字抹销) 制表者： 检查者：

顺序	车种	罐车油种	车号	自重	换长	载重	到站	货物名称	发站	篷布和小型箱栏	票据号	收货人或卸线	车辆使用属性	记事

自编组站出发及在途中站摘挂后列车编组

站名	客车				货车					其他	合计	自重	载重	总重	换长	铁路篷布合计
	合计	担当局	其中行李车	担当局	重车	空车	非运用车	代客	代P65							
** —合计																
—企																
—国铁																
—集																
—特																
—行																

列车到达时间： 月 日 时 分 交接时间： 时 分 司机签章：

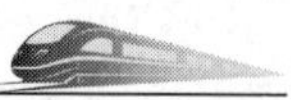

(1)铁路局

铁路局出入的货车为经分界站与相邻铁路局及国外相互交接的货车。

(2)车站

编组站、区段站出入的货车为在该站进行列车编解或有中转技术作业列车上的全部货车。列车运行图规定在该站有中转技术作业的列车临时变为通过或虽有停站时间但不进行中转技术作业时,均不计算货车出入;但列车在枢纽地区临时变更发、到站所经过的编组站发生中转技术作业时,计算货车出入;运行图未规定有中转技术作业的列车,虽有停站时间或临时停车,均不计算货车出入。

中间站出入的货车为实际摘挂的货车以及始发、终到或停运列车上的货车;未进行摘挂作业,但利用列车在该站停站时间进行装卸作业的货车(循环快运货物列车挂运的零快货车及沿途零担车除外);以及在该站进行组合或拆组的重载列车或长大列车上的货车。以列车方式进入区间装卸的车辆,在办理货运手续的车站不论是否停留,均统计为该站的货车出入。

停运列车指列车未到达运行区段终止站,亦未到达整列货车装卸作业站向在中间站停运并摘走机车的列车(因自然灾害、事故等机车不能摘走,根据调度命令可视同机车摘走)。

货车出入时分以列车实际出发、到达或通过时分为准。

2. 不随同列车出入的货车

不随同列车出入的货车包括新购货车、报废货车、拨交货车以及加入、退出的企业自备车四类。

(1)新购入的货车

由车站在“新造车辆竣工验收移交记录(车统1并车统13)”(见表7-1-10)上签字时起加入。

表7-1-10 新造车辆竣工验收移交记录 (车统1并车统13)

________(单位名称) 第______号

根据________合同,以下新造车辆已竣工,并经国铁集团驻________厂(公司)车辆验收室验收,确认技术状态合格,可交付使用。兹将下列新造竣工车辆由________(单位名称)移交给______铁路局集团公司______站。

顺号	车种车型	车号	加价项目			减价项目			配属铁路局集团公司段	指定到达铁路局集团公司名及站名	备注

本页小计:______辆。

______厂(公司)代表盖章: 日期:___年___月___日

(产品验收专用章)

国铁集团(铁路局集团公司)驻______厂(公司)车辆验收室代表盖章: 日期:___年___月___日

接收人______铁路局集团公司______站代表盖章: 日期:___年___月___日___时___分

客货车配属铁路局集团公司(段)代表盖章: 日期:___年___月___日

(2)报废车

根据国铁集团批准的“货车报废记录单(车统3)”(见表7-1-11),车站由接到统计部门或车辆部门通知的时分起剔出。

表7-1-11 货车报废记录单 (车统3)

国铁集团批准章 [盖章框]

本单填写四份,报国铁集团机辆部。经批准后一份存留;一份送计统部门,二份送回铁路局集团公司车辆部或工厂,其中一份经车辆部返回车辆段,送回工厂的二份由工厂将另一份报铁路局集团公司车辆部。

报废车记录

______现停于________地点,由于____________________

(车种、车号) (站段工厂) (年月日地点发生事故或自然耗损)

1. 中梁____________________
2. 侧梁____________________
3. 端梁____________________
4. 枕梁____________________
5. 横梁____________________
6. 车体(如棚守车车体、罐体)____________________
7. 转向架(型号)____________________
8. 车钩及缓冲器(型号)____________________
9. 制动装置____________________
10. 其他____________________

参加鉴定人员(单位、姓名)

________ ________ ________

铁路局集团公司章 车辆段章 铁路工厂章

铁路局集团公司(工厂) 审核意见____________________

(3)拨交货车

根据国铁集团命令拨交其他部门或由其他部门拨交国铁集团的货车,以双方在“车辆资产移交记录(车统70)”(见表7-1-12)上签字时起分别计算转出或转入。

表7-1-12 车辆资产移交记录 (车统70)

第___号

于___年___月___日由车辆段段长______站长________企业代表______组成的委员会,根据国铁集团___年___月___日___字____号令编制本记录以便由国铁集团车辆中转入______的资产台账内。该车配属于______铁路局集团公司,车种____,车号______,轴数____,载重量____吨,轴距____公厘,制动机型____,车钩型____,制造年度及厂名__________,前次定期修理时间和修程______________、车辆技术状态______。

(厂修或段修) (良或不良)

委员会组成者

______车辆段段长______签字

______站 站长______签字

领收的企业代表______签字

(4)企业自备车的加入、退出

加入:新取得“过轨运输证”的企业自备车由该企业自备车过轨车站根据“过轨运输证”和“车辆检修合格证明”“检修车辆竣工验收移交记录(车统 33 并车统 36)”(见表 7-1-6),核实现在车并填制货物运单后加入;新出厂的企业自备车,自车站在“新造车辆竣工验收移交记录(车统 1 并车统 13)”(见表 7-1-10)上签字时起加入;一次性过轨的企业自备车自车辆送到车站并填妥货物运单时起加入。

退出:“过轨运输证”终止,办理过轨车站、车辆存放车站根据国铁集团定期公布的“不再参加铁路局集团公司、控股合资铁路过轨运输的企业自备货车”,核实现车后退出;一次性过轨的自车辆到达货物运单记载车站时退出;运行途中报废的企业自备货车由统计现在车的单位退出并电报通知自备车管理部门及办理过轨站销账。

在进行内存货车现在车统计时,新购内存货车(含一次性过轨后的货车)自到达本企业时起加入;自内存货车报废时起退出,已办理一次性过轨的货车自离开本企业时起退出。

二、现在车统计报表

现在车统计报表包括现在车报表和 18 点重车去向报表。

(一)现在车报表

“现在车报表”(运报-2)反映车站和铁路局 18 点现在车数量,其格式见表 7-1-13。表中运用重车和空车、非运用车的备用车和检修车均按棚车、敞车、普通平车、两用平车、轻油罐车、黏油罐车、其他罐车、冷藏车、集装箱车、矿石车、长大货物车、毒品车、汽车运输车、散装水泥车、散装粮食车、特种车和其他共 17 类的顺序单独统计。

表 7-1-13　现在车报表　　运报-2(YB-2)

局名或月日	昨日结存	现在车									运用车									非运用车																	
		入				出				现在车合计	运用车合计	重车				空车				非运用车合计	备用车				检修车				代客货车	其他	路用车	洗罐车	整备罐车	租出空车	在企业内货车	军方特殊用途空车	封存货车
		到达	新购货车	新许可加入	其他	发出	报废车	退出企业自备车	其他			计	棚车	…	其他	计	棚车	…	其他		计	棚车	…	其他	计	棚车	…	其他									
													P	…			P	…				P	…			P	…										
	1	2	3	4	5	6	7	8	9	10	11	12	13	…	29	30	31	…	47	78	49	50	…	66	67	68	…	84	85	86	87	88	89	90	91	92	93

编报单位:　　编表人:　　单位领导:　　上报日期:　　年　　月　　日

(盖章)　　(签章)

车站现在车报表由车站统计室编制,作业量小的中间站由车号员兼任统计员,在当前铁路信息系统应用十分普及的情况下,部分车务段已经把管辖各中间站的 18 点统计报表集中到车务段统计中心统一编制;铁路局由调度所统计室负责汇总管内各站现在车及在途列车中编挂的车辆数,并上报国铁集团调度指挥中心。

1. 编制依据

(1)车站编制“现在车报表”的依据

车站编制“现在车报表”依据的资料包括引起车站货车数量变化的资料和引起站内货车状态(包括运用状态和装载状态)变化的资料两类。

①反映车站现在车数量变化的资料

货车出入登记簿(运统4)是反映车站货车数量变化的资料，其格式见表7-1-14，表中只列出了“入”站货车的统计内容，“出”站货车的统计栏目与“入”完全一致。运统4用于分界站、编组站、区段站以及大量装卸站登记货车出入。表中“运用重车”“运用空车”和“非运用车”的车种也是按货车的17个车种依次统计的。

在人工编制统计报表时，无法在18点前后处理完大量原始资料，因而需要分阶段处理，并记录处理得到的中间数据，运统4就是起这种作用的中间报表；而在计算机编制的条件下，可以利用计算机的大容量存储和快速运算能力，在18点前后立即处理全部资料，生成报表数据。因而，必须分清编制报表所需要的原始数据和中间结果。计算机自动编制时，可以仅处理原始数据，而不必计算中间结果。

编制“货车出入登记簿”(运统4)依据的原始资料包括：

a. 到达解体、中转和出发列车的“列车编组顺序表(运统1)”“行车日志(运统2或运统3)”，见表7-1-15、表7-1-16。列车编组顺序表反映随列车出入车站的货车数量变化，行车日志记载的列车到达本站和从本站出发时间用于判断每份列车编组顺序表是否在统计时间范围内。

反映不随同列车出入车站车辆的原始数据包括购入新车、货车报废、车辆资产移交和企业自备车加入、退出4项。

b.“新造车辆竣工移交记录(车统1并车统13)”。

c.“货车报废记录单(车统3)”。

d.“车辆资产移交记录(车统70)”。

e.“企业自备车过轨运输证”“车辆检修合格证明”“检修车辆竣工验收移交记录(车通33并车通36)”;国铁集团定期公布的“不再参加铁路局集团公司、控股合资铁路过轨运输的企业自备货车”名单。

②反映车站现在车运用状态变化的资料

a. 检修车登记簿(运统5)(见表7-1-17)，用于登记检修车，作为填记运统8、运统9和现在车报表的依据，根据“车辆检修通知单(车统23)”“检修车回送单(车统26)”“检修车辆竣工验收移交记录(车统33并车统36)”及车辆报废命令填记。

b. 运用车转变记录(运统6)。依据国铁集团、局列备和解备的调度命令，国铁集团代客命令、批准的路用车使用证明书、批复的企业租车或退租合同填写，用以登记运用车与部备、代客、路用、出租等非运用车之间的转换，转换时分从车站调度员或值班员填写“运用车转变记录(运统6)”并签字的时分起算。

c. 非运用车登记簿(运统7)，用于按照非运用车种类登记非运用车的转变及到发情况，见表7-1-18。

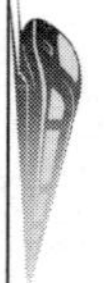

表 7-1-14　货车出入登记簿

（运统 4）

方向	车次	到发时刻	标准换算小时	入　（出）																							专业运输租用车				记事
				合计		其中								运用重车				运用空车				非运用				集装箱运输	特货公司	特租集	快运运输	
						作业车		无调中转		有调中转		非运用																		
				车数	换算车小时	车数	换算车小时	车数	换算车小时	车数	换算车小时	车数	换算车小时	计	棚车	…	其他	计	棚车	…	其他	计	棚车	…	其他					
1	2	3	4	5	6	7	8	9	10	11	12	13	14	15	16	…	32	33	34	…	50	51	52	…	68	69	70	71	72	73

表 7-1-15　中间站行车日志

（运统 2）

年　　月　　日　　天气：

到　达															出发																	本务机调车时分	列车停站超过规定时间原因	记事
列车车次	接车股道	时分				摘车辆数			占用区间凭证号码	电话记录号码					列车车次	发车股道	时分				挂车辆数			列车编组		占用区间凭证号码	电话记录号码							
		同意邻站发车	邻站发车	本站到达		运用车		非运用车		承认闭塞	列车到达补机返回	取消闭塞	出站(跟踪)调车	出站(跟踪)调车完毕			邻站同意发车	本站出发		邻站到达	运用车		非运用车	换长	总重(t)		承认闭塞	列车到达补机返回	取消闭塞	出站(跟踪)调车	出站(跟踪)调车完毕			
				规定	实际	重车	空车											规定	实际		重车	空车												
1	2	3	4	5	6	7	8	9	10	11	12	13	14	15	16	17	18	19	20	21	22	23	24	25	26	27	28	29	30	31	32	33	34	35

车站值班员

值班时间	姓名

表 7-1-16 编组(区段)站行车日志 (运统 3)

年 月 日 天气:

到达																	
列车车次	到发线	时分					机车型号	列车编组			电话记录号码						记事
		同意邻站发车	邻站发车	本站到达		机车入库		车数	换长	总重	承认闭塞	列车到达补机返回	取消闭塞	出站(跟踪)调车	出站(跟踪)调车完毕	占用区间凭证号码	
				规定	实际												
1	2	3	4	5	6	7	8	9	10	11	12	13	14	15	16	17	18

出发																		
列车车次	出发线	时分					机车型号	列车编组			列车出发晚点原因	电话记录号码						记事
		机车出库	邻站同意发车	本站出发		邻站到达		车数	换长	总重		承认闭塞	列车到达补机返回	取消闭塞	出站(跟踪)调车	出站(跟踪)调车完毕	占用区间凭证号码	
				规定	实际													
19	20	21	22	23	24	25	26	27	28	29	30	31	32	33	34	35	36	37

车站值班员	值班时间	姓名

表 7-1-17 检修车登记簿 (运统 5)

顺序	车种	车号	到达		重或空	签收车辆检修通知单月日时分	送到检修线月日时分	签收车辆修竣通知单或报废命令月日时分	车辆发出月日时分	记事
			列车车次	月日时分						
1	2	3	4	5	6	7	8	9	10	11

表 7-1-18 非运用车登记簿 (运统 7)

车种	车号	使用单位	类别	入					出					记事
				到达车次	月日	时分	命令号码	转入时分	命令号码	转出时分	发出车次	月日	时分	
1	2	3	4	5	6	7	8	9	10	11	12	13	14	15

d. 国铁备用货车登记簿(运统 7-A),是铁路局、车站和车辆段用以登记“国铁备用车”备用和解除的专用台账,依据国铁集团、铁路局备用和解除命令及“运用车转变记录(运统 6)”编制,其格式见表 7-1-19。

表 7-1-19 国铁备用货车登记簿 (运统 7-A)

转入备用车						未备满 24 或 48 小时调回时分		实际解除备用车				注
转入日期		命令号码		车种	车号			解除日期		命令号码		
月日	时分	局令	国铁集团令			月日	时分	月日	时分	局令	国铁集团令	
1	2	3	4	5	6	7	8	9	10	11	12	13

③反映车站现在车装载状态变化的资料

反映车站现在车装载状态变化的资料有:“车站承运簿(铁运 10)”、“卸货簿(铁运 11 甲)”、“货车装载清单(货统 2)”(见表 7-1-20)、“货车调运单(货统 46)”或“专用线取送车辆记录”中的货车调到交接地点及装卸完了时分等原始资料编制。

表 7-1-20 货车装载清单

No.

装车站: 卸车站: 车次: 年 月 日

车种车号			标记载重			施封号码			篷布号码		
运单号	发站	到站	货物名称	件数	包装	重量(kg)	箱型	箱类	箱号	箱施封号	到站
承运人记事			合计								

计划员:

装车货运员: 卸车货运员:

装车工组: 卸车工组:

装车信息确认: 卸车信息确认:

货运车长: 货运车长:

(2)铁路局编制现在车报表依据的原始资料

铁路局现在车包括当日 18 点在站和在途两部分,因而铁路局现在车依据车站“现在车报表(运报-2)”和局管内 18 点过表列车确报(运统 1)编制。铁路局汇集的管内各站“现在车报表(运报-2)”提供 18 点管内各站现车数;18 点过表列车确报提供 18 点管内在途现车数。

2. 现在车报表编制方法

(1)车站“现在车报表”可以采用平衡法和查定法两种方法编制

①平衡法

平衡法基于“车站今日 18 点各类现在车数都等于昨日 18 点该类现车数与今日该类现在车净增量之和”的原理,根据精确计算的今日该类现在车增加量和减少量,以下式计算:

$$N^{i}_{今日}=N^{i}_{昨日}+U^{i}_{今日增}-U^{i}_{今日减} \qquad i=10\sim93 栏 \tag{7-1-1}$$

例如车站运报-2“今日现在车合计”(第10栏)采用平衡法按下式计算：

$$N_{今日}=N_{昨日}+(U_{到达}+U_{新购}+U_{合同加入}+U_{其他加入})-(U_{发出}+U_{报废}+U_{合同退出}+U_{其他退出})$$

式中 $N_{今日}$——今日18:00结存现在车数；

$N_{昨日}$——昨日18:00结存现在车数(第1栏)；

$U_{到达}$——今日随列车到达的货车数(第2栏)；

$U_{新购}$——今日新购入的货车数(第3栏)；

$U_{合同加入}$——今日依据新合同加入的过轨企业自备车数(第4栏)；

$U_{其他加入}$——今日由其他部门拨交铁路和区间装卸加入的货车数、没有运输过轨协议的企业自备车出厂、送检和回送车数(第5栏)；

$U_{发出}$——今日随列车发出离开管内的货车数(第6栏)；

$U_{报废}$——今日报废的货车数(第7栏)；

$U_{合同退出}$——今日转出的过轨企业自备车数(第8栏)；

$U_{其他退出}$——今日由铁路拨交其他部门和区间装卸后离去的货车数，没有运输过轨协议的企业自备车出厂、送检后回送交给企业的车数(第9栏)。

又如计算某站今日“18点重棚车数”(第13栏)：

$$N_{今日}^{重棚}=N_{昨日}^{重棚}+U_{增加}^{重棚}-U_{减少}^{重棚}$$

式中 $N_{昨日}^{重棚}$——昨日18:00结存重棚车数(昨日报表第13栏)；

$U_{增加}^{重棚}$——今日该站增加重棚车数，包括今日到达列车带入的到达卸车和中转的重运用棚车数、今日本站自装棚车数、企业自备重棚车由专用线送交车站交接地点车数；

$U_{减少}^{重棚}$——今日该站减少重棚车数，包括今日发出运用重棚车数、本站今日卸空棚车数、送交配属企业的到卸自备重棚车。

平衡法既适用于人工条件、也适合于计算机条件下编制报表，还可以用来在采用查定法统计的车站验证查定结果是否正确。

由于人工统计速度慢，在18点前后无法立即处理大量原始数据，采用平衡法可以按阶段推算各类现在车数，这样在18点前只需要处理少数数据就可以得到最后的统计结果。在计算机编制时，可以机内存储全部各类原始数据，于18点前触发处理，获取计算结果，上报铁路局集团公司调度所统计室。

②查定法

查定法不统计现在车数从昨日18点至今日18点变化的过程，而是通过直接查定18点当时各类现在车的实际数获得现在车报表的各项数据。

查定法适用于建立了货车信息管理系统实行货车追踪的车站，货车数据库可以实时反映站内货车的状况：总车数，运用车重车、空车和各类非运用车的车种别数量。在这种情况下，车站现在车报表可通过对货车数据库的查询生成。

现在车报表分别以国铁货车(BYB-2)、企业自备货车(QYB-2)、内存货车(NYB-2)、综合(YB-2)逐级上报，格式同运报-2。其中企业自备货车现在车报表中的非运用车数只填记检修车、洗罐车、在企业内货车、军方特殊用途空车栏；内存货车现在车报表中的非运用车数只填记检修车、在企业内货车栏。

(二)18点现在重车去向报表(运报-3)

18点现在重车去向报表反映18点管内重车及移交重车去向,作为铁路局组织卸车及向各铁路局预报重车流向的依据,因而不划分国铁集团和企业,只有综合报表,其内容包括管内工作车数和移交外铁路局重车数。其中,自局管内卸车部分按主要车种别列出,各铁路局还可根据自局的需要按主要站、段细分。

运报-3要求各铁路局集团公司填报18点当时自局和移交外铁路局的重车数,各铁路局可以根据需要详细列出自局各地区的管内工作车数,便于掌握次日卸车。以兰州铁路局集团公司为例,运报-3的格式见表7-1-21。

表7-1-21　18点现在重车去向报表　　运报-3(YB-3)

局名或月日	铁路局集团公司管内卸车					移交外铁路局集团公司车数				合计重车数
	车数	其中				铁路局集团公司	铁路局集团公司	…	移交重车合计	
		棚车	敞车	平车	罐车					
	1	2	3	4	5	6	7	…	24	25

编表单位:　　编表人:　　单位领导:　　上报日期:　年　月　日
(盖章)　　(签章)

1. 编制依据

车站根据18点当时运用重车货物运单、列车编组顺序表或其他货运单据上记载的到站编制。铁路局则根据车站上报的"18点现在重车去向报表(运报-3)"及18点在途列车确报编制。

2."18点现在重车去向报表"重车到站的有关规定

(1)按照列车编组计划或调度命令指定挂运的零散货物快运货车按最终到站统计。

(2)对到达国外、合资、地方铁路的重车按所到达分界站(无分界站时为交接站)所属铁路局集团公司统计。

(3)到达本铁路局集团公司管内的重车经由相邻铁路局集团公司运送时,按到达相邻铁路局集团公司统计。

(4)重车到站不明时,按到达列车运行方向前方编组站径路统计。

技能训练

自学《统规》,理解现在车、运用车、非运用车、车站货车出入的概念,分析平衡法编制"现在车报表(运报-1)"所依据的原始资料,说明这些资料提供的信息及获取报表数据应对其进行的数据处理方法。

一、复习思考题

1. 现在车按产权所属分为几类？按其运用状况分为几类？内存货车和企业自备车的区别是什么？

2. 什么是运用车、非运用车？依据什么资料相互转变？怎样确定转变时刻？

3. 编制现在车统计报表(运报-2)依据的原始资料有哪些？各提供什么数据？

4. 现在车报表的作用是什么？怎样编制？

5. 车站 18 点现在重车去向依据什么统计？

二、习题

依据以下资料，编制 A 站 5 月 7 日(指 5 月 6 日 18:00—5 月 7 日 18:00)国铁集团所属货车现在车报表(运报-2)。

(1)A 站 5 月 6 日 18:00 结存车为 243 车，其中，重车/P32C142N10GQ16，空车/P20C18，企业租用空车/C5。

(2)5 月 7 日到达 1 379 车，其中重车 P363C827N30GQ75，空车/P44GQ40。

(3)5 月 7 日出发 1 409 车，其中重车 P361C807N30GQ75，空车/P76C20GQ40。

(4)当日卸车 100 车，其中 P40C50N10；装车 50 车，其中，P15C25N10。

(5)企业租用空敞车装车 3 辆。

学习任务 2　装卸车统计

1. 装卸车统计的有关指标。

2. 装卸车报表的编制方法。

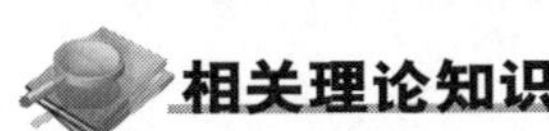

装卸车统计反映铁路完成的货车装卸作业和货运量情况，据以考核运营业绩，为改善运输组织，改进货物运输工作提供统计信息和资料。

一、装卸车统计的有关指标

装卸车统计指标包括装车数、增加使用车数、卸车数、待卸车数、增加卸空车数、装卸作业次数和货物发送吨数等。

(一)装车数

凡在铁路货运营业站承运并填制货物运单，以运用车运送货物的货车，均统计为装车数。

1. 承运装车数、交接装车数、管内装车数和输出装车数的概念

(1)铁路局集团公司装车数

为了区分铁路局集团公司装载承运货物完成的装车数和由国外铁路、非国家铁路控股合资铁路及地方铁路分界站接入或倒装的重车数，更精确地反映铁路完成的装车数量，我国铁路现行《统规》规定将国家铁路完成的装车数划分为“承运装车数”和“交接装车数”。

在铁路局集团公司车站自站的装车统计为承运装车数。

由非委托运营管理的非控股合资铁路、地方铁路、国境接入并填制有货物运单的重车或换装货物的装车(不包括通过合资、地方铁路运输的重车及到达分界站或接轨站卸车的重车)统计为交接装车数。

国家铁路控股的合资铁路由国铁统一调度指挥，视同国铁。

(2)合资铁路和地方铁路装车数

合资铁路和地方铁路的装车数按所装重车的到站分为“管内装车数”和“输出装车数”。

合资铁路和地方铁路使用国铁货车、企业自备货车在本合资/地方铁路管内自装自卸所产生的装车(包括装往铁路局集团公司分界站、接轨站卸车的装车)以及使用内存货车并填制铁路货物运单或地方税务部门监制的票据在本合资/地方铁路自装自卸所产生的装车统计为管内装车数。

与全路办理一票直通货物运输的合资铁路自管内装往铁路局集团公司或其他合资、地方铁路所产生的装车，统计为输出装车数。

2. 装车数的统计方法

凡在铁路货运营业站承运并填制货物运单，以运用车运送货物的装车均统计为装车数。

(1)整车货物

①由营业站承运的装车。

②港口站的装车及不同轨距联轨站换装货物的装车。

③填制货物运单的游车。

④填制货物运单免费回送货主的货车用具和加固材料的整车装车。

⑤按 80%核收运费的企业自备车、企业租用车和路用车的装车(按轴公里计费的除外)。

⑥填制货物运单核收运费的站内搬运的装车。

(2)整装零担及零散快运货物

①在装车站装载的一站直达整零的装车或在装车站装载自站发送货物占全部货物重量一半及以上的装车。

②按照列车编组计划或以调度命令指定挂运的零散货物快运车辆，在装车站装载自站发送货物(超过 10 t 为标准)占全部货物一半及以上，统计为“零快”装车数。

(3)集装箱货物

整车集装箱在装车站装载自站发送集装箱其换算箱数占全部换算箱数一半及以上的装车。集装箱换算箱数按折合为国际标准 20 ft 集装箱为一个换算箱进行换算，计算单位 TEU(Twentyfoot Equivalent Unit)，按“集装箱技术参数表”(《统规》附件 12)的规定计算。

(二)卸车数

1. 卸车数、管内卸车数和输入卸车数

(1)铁路局集团公司

铁路局集团公司营业站的卸车,包括由合资、地方铁路接入到达分界站(接轨站)的卸车。

(2)合资铁路和地方铁路

合资铁路和地方铁路的卸车分为管内卸车和输入卸车。

使用国铁货车、企业自备货车和内存货车在本合资铁路或地方铁路管内自装自卸所产生的卸车统计为管内卸车数。

由铁路局集团公司或其他合资、地方铁路与本合资、地方铁路办理一票直通货物运输的重车到达本合资铁路或地方铁路管内的卸车,统计为输入卸车数。

2. 卸车数的统计方法

凡填制货票以运用车运送,到达铁路货运营业站的卸车,均统计为卸车数。

(1)整车货物

①到达营业站货物的卸车。

②港口站的卸车及不同轨距联轨站换装货物的卸车。

③填制货物运单的游车。

④填制货物运单免费回送货主的货车用具和加固材料的整车卸车。

⑤按80%核收运费的企业自备车、企业租用车和路用车的卸车(按轴公里计费的除外)。

⑥填制货物运单核收运费的站内搬运的卸车。

(2)整装零担车和零散快运货物

整装零担车:在终到站到达的一站直达整零的卸车或在终到站到达自站货物占全部货物重量一半及以上的卸车。

零散快运货物:按照列车编组计划或以调度命令指定挂运的零散货物快运车辆,在卸车站到达自站货物(以超过10 t为标准)占全部货物一半及以上的卸车。

(3)集装箱货物

整车集装箱在终到站到达自站集装箱其换算箱数占全部换算箱数一半及以上的卸车。

(三)待卸车数

凡到达铁路营业站的重车在本统计报告日内实际尚未卸完的,均统计为待卸车数。

(四)增加使用车和增加卸空车计算

增加使用车、增加卸空车为车站因装卸中转零担货物、零散快运货物、铁路货车用具,或货物倒装等而使用或卸空的车辆。具体规定如下:

1. 整装零担车

(1)在装车站装载中转货物超过全部货物重量一半的装车按增加使用车计算。

(2)在终到站到达中转货物超过全部货物重量一半的卸车按增加卸空车计算。

2. 零散快运车

(1)按照列车编组计划或以调度命令指定挂运的零散货物快运车辆,在装车站装载中转

货物(以超过 10 t 为标准)占全部货物重量一半以上,统计为增加使用车数。

(2)按照列车编组计划或以调度命令指定挂运的零散货物快运车辆,在卸车站到达中转货物(以超过 10 t 为标准)占全部货物重量一半以上,统计为增加卸空车数。

3. 集装箱车

(1)在装车站装载中转集装箱,其换算箱数超过全部换算箱数一半的装车按增加使用车计算。

(2)在终到站到达中转集装箱,其换算箱数超过全部换算箱数一半的卸车按增加卸空车计算。

4. 铁路货车用具

整车装运铁路货车用具(篷布、空集装箱及军用备品等)的装卸按增加使用车或增加卸空车计算。

5. 倒装作业

运用重车在运送途中发生倒装作业(不包括装载整理)的计算:

(1)一车倒装两车时计算增加使用车一辆,两车倒装一车时计算增加卸空车一辆。

(2)当日卸车后不能当日装车时,当日计算增加卸空车一辆,再装车时可再计算增加使用车一辆。

(3)当日一车倒装一车时不计算增加使用车和增加卸空车数。

(五)装卸作业次数

装卸作业次数为车站在一定时期内所完成的装车、卸车作业及其他货车作业的总次数。

1. 装卸作业次数的计算

(1)凡计算装卸车数的均计算作业次数。

(2)货物倒装车、整车装卸铁路货车用具和按增加使用及增加卸空车计算的整装零担车、零散快运车、整装集装箱,均按实际作业车数计算作业次数。整车货物倒装全部卸空后,又原车装运时,按两次作业计算。

(3)整车分卸的货车在运送途中站进行卸车时,按一次作业计算。

(4)零散快运装卸作业车,在运送途中站摘下进行装卸作业,随另一列车挂出时,按一次作业计算;在运送途中的编组站、区段站进行装卸作业时,按实际作业车数计算作业次数。

2. 不计算装卸车数和作业次数的货车

(1)各种非运用车的装卸(按一般货运手续办理的装车应转为运用车)。

(2)变更到站的重车。

(3)不论是否摘下而进行货物装载整理的货车。

(4)在本企业专用线内或不经过铁路营业线的两个企业间搬运货物的装卸。

3. 装卸作业完了时分的确定

(1)国铁货车装卸作业完了时分的确定

在站线上或按规定以铁路机车取送(或牵引)在专用线内的装车,以装车作业完了填妥货物运单(整装零担车、零散快运车、整装集装箱车为填制“货车装载清单”)的时分为准;卸车以卸车作业完了时分为准。

按规定以企业机车取送在企业专用线内的装车，以装车作业完了将货车送到双方指定交接地点，交接完了并填妥货物运单时分为准；卸车以卸车作业完了将货车送到交接地点，交接完了的时分为准；双重作业车以装车作业完了送到交接地点填妥货物运单时分作为装卸车完了时分(能确定卸车完了时分的车站，可由铁路局集团公司规定采用卸车作业完了时分)。

零散快运车在始发站或终到站不进入装卸线作业时，装车以列车发出时分为准，卸车以列车到达时分为准。

(2)企业自备货车、企业租用车及内存货车的装卸作业完了时分的确定

装车以装车作业完了并填妥货物运单时分为准，有规定交接地点时须以到达交接地点时分为准；卸车以卸车作业完了为准，有规定交接地点时须以到达交接地点时分为准。

(3)按80%核收运费的路用车装卸作业完了时分比照企业自备货车、企业租用车及内存货车装卸作业完了时分确定。

(4)在国境分界站不进行倒装的货车，装车以交接完了并填妥货物运单时分为准；卸车以交出时分为准；倒装货车的装卸，以倒装作业完了时分为准(装车须填妥货物运单)。

(5)在口岸站、不同轨距联轨站倒装的货车，装车以装车作业完了填妥货物运单时分为准，卸车以卸车作业完了时分为准。

(6)交接装车时分与现车确认时分一致。

(六)货物发送吨数

货物发送吨数为铁路区域或车站在一定时期内装车所完成的发送货物吨数，执行《铁路货物运输统计规则》规定。承运的全部货物吨数的总和，按以下规定计算：

(1)凡车站承运的货物均根据货物运单统计承运发送吨数。整车货物以装车作业完了并填妥货物运单时分统计；零担、零散快运和集装箱货物按“货车装载清单”为依据，以装车作业完了时分统计。

(2)货物发送吨数根据货物运单记载的货物实际重量计算，无货物重量按计费重量计算。填制货物运单的游车不再计算重量。

自备空集装箱箱重按“集装箱技术参数表”规定自重填记。

二、装卸车统计报表的编制方法

装卸车统计报表包括“装卸车报表(货报-1)”和“货物分类装车报表(货报-2)”。

(一)装卸车报表(货报-1)

“装卸车报表(货报-1)”统计车站每日车种别装卸车数及装车去向，按国铁货车(BXB-1)、企业自备车(QXB-1)和综合(XB-1)编制并逐级汇总上报。“装卸车报表”为日、月、年报。

1. 报表格式

“装卸车报表(货报-1)”的格式见表7-2-1。其内容为当日承运装车数、交接装车数和增加使用车数、车种别使用车数、卸车数、增加卸空车数、车种别卸空车数、装卸作业次数及到达局别的使用车数。其中使用车数和卸空车数按棚车、敞车、普通平车、两用平车、轻油罐车、黏油罐车、其他罐车、冷藏车、集装箱车、矿石车、长大货物车、毒品车、汽车运输车、散装

水泥车、散装粮食车、特种车和其他共 17 个车种统计。到达局别使用车数按当前我国铁路设置的哈尔滨、沈阳、北京、太原、呼和浩特、郑州、武汉、西安、济南、上海、南昌、广州、南宁、成都、昆明、兰州、乌鲁木齐和青藏共 18 个铁路局集团公司分别统计。

表 7-2-1 装卸车报表

货报-1(XB-1)

站名、局名或月日	装车数合计	其中		使用车合计	其中增加使用车	车种					卸车数合计	待卸车数	卸空车合计	其中增加卸空车	车种					装卸作业次数	到达局别使用车			
		承运装车数	交接装车数			棚车	敞车	…	特种车	其他					棚车	敞车	…	特种车	其他		合计	铁路局集团公司	铁路局集团公司	…
	1	2	3	4	5	6	7	…	21	22	23	24	25	26	27	28	…	42	43	44	45	46	47	…

制表单位：　　编表人：　　单位领导：　　上报日期：　　年　月　日

(盖章)　　(签章)

2. 编制依据

装卸车报表依据下列资料编制：

(1)货物运单，提供判定承运装车、交接装车或增加使用车，卸车还是增加卸空车，车种和到达局别的依据。

(2)承运簿(铁运 10)、卸货簿(铁运 11 甲)提供装卸作业完了的时间。

(3)“国境站货物交接单”“分界(交接)站货物交接记录单(货统 3)”(见表 7-2-2)，提供与外国铁路或新线交接重车的资料。

表 7-2-2 分界(交接)站货物交接记录单

年　月　日　　(货统 3)

顺序	车次	交接时间	车种	车号	运单号码	发站	到站	品名	重量(千克)	记事
1	2	3	4	5	6	7	8	9	10	11
合计	车数			重量						

“分界(交接)站货物交接记录单(货统 3)”用以记载按一票直通办理、由分界(交接)站接入或交出的重车情况，依据接入或交出重车的货物运单填制。“交接时间”(3 栏)按实际交接时间填记；“重量”(10 栏)填记货物实际重量；如该车违反规定车流径路时，将原经由填在“记事”栏内。

3. 编制方法

由铁路局货运营业站按国铁货车(BXB-1)、企业自备货车(QXB-1)、综合(XB-1)分别编制并逐级汇总上报。

合资、地方铁路营业站按国铁货车(BXB-1)分为装卸车合计、管内装卸车、输出输入装卸车三行，企业自备货车(QXB-1)分为装卸车合计、管内装卸车、输出输入装卸车三行，内存货车(NXB-1)为管内装卸车一行,综合(XB-1)分为装卸车合计、管内装卸车、输出输入装卸车三行分别编制并逐级汇总上报。

“国铁货车(BXB-1)”填记国铁货车装、卸车数及去向,分列车种。“企业自备货车(QXB-1)”填记企业自备货车装、卸车数及去向,分列车种。因企业自备货车不存在集装箱货物中转、装运铁路货车用具、途中倒装等情况,也不统计其不经过铁路营业线的运输过程,所以“企货报-1(QXB-1)”不填记增加使用车数和增加卸空车数。“内存货车(NXB-1)”填记内存货车装、卸车数及去向,分列车种。“综合(XB-1)”为“国铁货车(BXB-1)”“企业自备货车(QXB-1)”“内存货车(NXB-1)”各栏之和。

铁路局、控股合资铁路与非控股合资铁路、地方铁路办理一票直通的,由铁路局、控股合资铁路输出到非控股合资铁路、地方铁路卸车的重车,铁路局、控股合资铁路(交接站)在“装卸车报表(货报-1)”第25栏卸空车项分子中反映,不包括在分母内。该项按车种细分车种,作为其中数分别反映在27～43栏分子项,均不包括在相应栏分母内。

“到达局别使用车数”各栏:

(1)按货物运单或其他货运票据填记的到站所属局填记。

(2)对到达国外、合资、地方铁路的货车应按到达所属铁路局统计。

(3)到站不明的货车按列车运行方向的前方编组站(区段站)所属局统计,军调通知到局的按通知统计。

已装完的货车未发出,由于货主取消托运撤销原货物运单,又在本站卸车时,不统计装卸车数。如在隔日发生时,应进行订正。装卸作业次数按实际装、卸次数计算。

(二)货物分类装车报表(货报-2)

“货物分类装车报表(货报-2)”的格式见表7-2-3,为日、月、年报,反映车站和铁路局完成货物品类别装车任务的情况。

表7-2-3　货物分类装车报表　　货报-2(XB-2)

站、局名或月日	装车合计			其中:货物分类																扣除专业运输货物后的装车		
	静载重	车数	吨数	煤		石油		…		零担及零快货物		集装箱		其中批快入箱		特货公司装车		其中集装箱				
				车	吨	车	吨	车	吨	车	吨	车	吨	车	吨	车	吨	车	吨	静载重	车数	吨数
	1	2	3	4	5	6	7	…	…	56	57	58	59	60	61	62	63	64	65	66	67	68

编表单位　　　　编表人:　　　　单位领导:　　　　上报日期:　　年　　月　　日
(盖章)　　　　　　　　　　　　(签章)

根据国铁集团制定的《铁路货物运输品名分类及代码表》,铁路运输的货物分为煤、石油、焦炭、金属矿石、钢铁、非金属矿石、磷矿、矿建材料、水泥、木材、粮食、棉花、化肥、盐、化工、金属制品、工业机械、电子产品、农业机具、鲜活货物、农副产品、饮食烟草、纺织皮革、纸及文教、医药、其他货物、零担及零快货物、集装箱和特货公司装车共29个大类。货报2按照货物分类统计装车数和发送吨数。

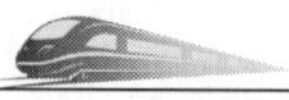

1. 编制依据

编制依据同货报-1。

2. 编制方法

货报-2由铁路局货运营业站分别国铁货车(BXB-2)、企业自备货车(QXB-2)、综合(XB-2)编制并逐级汇总上报。

合资、地方铁路营业站按国铁货车(BXB-2)的装车合计、管内装车、输出装车(分行填记),企业自备货车(QXB-2)的装车合计、管内装车、输出装车(分行填记),内存货车(NXB-2)的管内装车,综合(XB-2)的装车合计、管内装车、输出装车(分行填记),分别编制并逐级汇总上报。

整车货物品名分类根据货物运单所填记的货物名称,按照国铁集团制定的《铁路货物运输品名分类及代码表》的分类统计。一车货物有数种品名时,按其中重量最多的货物品类统计;如只有一个重量时,按第一个品名确定。货物运单中未列品名的货物,列入“其他”栏内。批量零散货物入箱,按集装箱品类统计,并单独反映在“其中批快入箱”栏。

“静载重”(1栏)=“货物发送吨数”(3栏)÷“装车数”(2栏)扣除专业运输货物后的静载重(66栏)=货物发送吨数(68栏)÷装车数(67栏),以吨为单位,保留小数一位,第二位四舍五入。

“装车数”(2栏)是指车站的发送车数,不包括增加使用车数,为各品类装车数之和,应与货报-1“装车数合计”(1栏)一致。扣除专业运输货物后的装车数(67栏)为装车数(2栏)-集装箱装车数(58栏)-特货公司装车数(62栏)+特货公司其中集装箱装车数(64栏)。

各品类装车“吨数”指该站承运的发送货物吨数,按货物运单记载的千克数加总后再以吨为单位四舍五入,各品类吨数相加,即为“合计吨数”(3栏)。扣除专业运输货物后的吨数(68栏)=装车吨数(3栏)-集装箱装车吨数(59栏)-特货公司装车吨数(63栏)+特货公司其中集装箱装车吨数(65栏)。

技能训练

自学《统规》,了解增加使用车和增加卸空车的概念,理解为什么某些装车和卸车不能统计为装车数和卸车数的原因。

复习思考题和习题

FUXI SIKAO TI HE XITI

一、复习思考题

1. 国家铁路装车数为什么要区分承运装车数和交接装车数?

2. 怎样区分合资铁路和地方铁路的管内装车数和输出装车数?

3. 在什么情况下的装车和卸车不能统计为装车数和卸车数而应统计为增加使用车和增加卸空车数?

4. 怎样统计货车装卸作业次数?

5. 编制装卸车报表依据哪些原始数据?这些数据各提供哪些信息?

二、习题

已知D站为衔接地方铁路线的技术站,6月5日(统计日)由国铁营业线接入20车到

D站卸;本站装10车交地方铁路线,装整车50车由国铁营业线运输;由地方铁路线接入5车到D站卸,接入15车由国铁营业线运输;D站装整零车5车由国铁营业线运输,其中1车载重50 t中有30 t为中转零担货物,其余4车所装均为自站承运零担货物;6月5日倒装1车,一卸一装;装6月4日17:00倒装卸下货物1车。试计算D站6月5日承运装车数、交接装车数、卸车数、增加使用车数、增加卸空车数和作业次数。

学习任务3 货车停留时间统计

学习内容

1. 货车停留时间的分类和计算方法。
2. 货车停留时间的号码制和非号码制统计方法。

相关理论知识

货车停留时间统计反映运用车的货物作业和中转停留时间完成情况。如果车站作业计划周密,货车在车站的各项作业均能在规定的时间标准内或提前完成,且作业之间有良好的衔接、不存在过长的作业等待,则货车在站的停留时间就会保持在一个合理的水平;反之,如果运输组织缺乏预见,造成各项作业不能顺畅进行,产生大量作业等待时间,就会影响列车正点从车站发出,进而造成列车运行秩序混乱,机车车辆运用效率降低。因而,车站和铁路局所实现的平均货车在站作业停留时间成为考核其作业组织水平的重要指标。

凡计算车站出入的运用车,由到达、转入或加入时起至发出、转出或退出时止的全部停留时间(不包括其中转入非运用车的停留时间)均应统计停留时间,但中间站利用列车停站时间进行装卸(循环快运货物列车挂运的零快货车及沿途零担车除外),装卸完了仍随原列车继续运行时,只计算作业次数不计算停留时间。

"货车停留时间报表(运报-4)"为日、月、年报,分别按国铁货车(BYB-4)、企业自备车(QYB-4)、内存货车(NYB-4)和综合(YB-4)编制并逐级上报,报表格式见表7-3-1。

表7-3-1 货车停留时间报表 运报-4(YB-4)

局名或月日	一次货物作业停留时间			中转车停留时间									货物作业车作业过程															
				无调中转			有调中转			合计			作业车数	车辆小时	一车平均	入线前停留时间			站线作业时间			专用线作业时间			出线后停留时间		
	作业次数	车辆小时	一次平均	车数	车辆小时	一车平均	车数	车辆小时	一车平均	车数	车辆小时	一车平均				车数	车辆小时	一车平均	车数	车辆小时	一车平均	车数	车辆小时	一车平均	车数	车辆小时	一车平均
	1	2	3	4	5	6	7	8	9	10	11	12	13	14	15	16	17	18	19	20	21	22	23	24	25	26	27

编报单位: 编表人: 单位领导: 上报日期: 年 月 日
(盖章) (签章)

一、货车停留时间的分类、计算方法及其报表的编制依据

运用车按在站作业性质分为本站货物作业车和中转货车，货车为完成货物装卸作业或中转作业在站的停留时间分别称为货物作业停留时间和中转作业停留时间。

(一)货车停留时间分类

1. 货物作业停留时间

货物作业停留时间为运用车在站线(包括区间)、专用线(包括路产专用线)及专用铁路内进行装卸、倒装作业所停留的时间，又分为一车平均停留时间和一次货物作业停留时间。每辆货物作业车自到达车站时起至从车站发出时止平均在站停留的时间称为一车平均停留时间。货物作业车进行一次货物作业(装或卸)平均在站停留的时间则称为一次货物作业停留时间，简称停时。由于部分货车在站进行双重货物作业，因而一次货物作业停留时间小于一车平均停留时间。

为了对车站货物作业组织进行考核和分析，以便改进工作，货物作业车停留时间按下列作业过程统计：

(1)入线前停留时间：由货车到达时起至送到装卸地点时止，以及双重作业货车由卸车完了时起至调送到另一装车地点时止的时间。

(2)站线作业停留时间：由货车送到装卸地点时起至装卸作业完了时止的时间。

(3)专用线作业停留时间：由货车送到装卸地点时起至装卸作业完了时止的时间。如规定以企业自备机车取送车辆时，以双方将货车送到规定地点的时分计算。

(4)出线后停留时间：由货车装卸作业完了时起至发出时止的时间。

2. 中转作业停留时间

中转停留时间为货车在车站进行解体、改编、中转技术作业及其他中转作业(包括变更到站、装载整理及仅办理洗刷消毒的货车，按规定进行洗罐的罐车除外)所停留的时间，按中转作业性质分为无调中转停留时间和有调中转停留时间。无调中转车与有调中转车停留时间的加权平均值，即中转车在站中转一次平均停留时间，简称中时。

技术站办理的无调中转车包括在该站中转的列车上随原列到开的货车及停运列车上的货车；中间站办理的无调中转车则包括在该站进行拆组或组合的长大、重载列车上的货车及停运列车上的货车。

技术站办理的在站进行到、解、编、发改编调车作业的中转车为有调中转车；中间站办理的需在站进行甩车和挂车调车作业的中转车为该站有调中转车。

(二)货车停留时间的计算方法

1. 一次货物作业平均停留时间(停时 $t_{货}$)

$$t_{货}=\frac{\sum Nt_{货}}{U_{装}+U_{卸}} \quad (\text{h/次}) \tag{7-3-1}$$

式中 $\sum Nt_{货}$——当日本站货物作业车总停留车小时；

$U_{装}$、$U_{卸}$——当日本站完成的装、卸作业次数。

2. 中转车平均停留时间(中时 $t_{中}$)

(1)有调中转车平均停留时间($t_{有}$)

$$t_{有}=\frac{\sum Nt_{有}}{\sum N_{有}} \quad (\text{h/车}) \tag{7-3-2}$$

式中 $\sum Nt_{有}$——当日本站有调中转车总停留车小时；

$\sum N_{有}$——当日本站办理有调中转作业车数。

(2)无调中转车平均停留时间($t_{无}$)

$$t_{无}=\frac{\sum Nt_{无}}{\sum N_{无}} \quad (\text{h/车}) \tag{7-3-3}$$

式中 $\sum Nt_{无}$——当日本站无调中转车总停留车小时；

$\sum N_{无}$——当日本站办理无调中转作业车数。

(3)中转车平均停留时间(中时 $t_{中}$)

$$t_{中}=\frac{\sum Nt_{有}+\sum Nt_{无}}{\sum N_{有}+\sum N_{无}} \quad (\text{h/车}) \tag{7-3-4}$$

(三)货车停留时间报表的编制依据

计算中转车平均停留时间需要统计当日中转车在站总停留时间和中转车数，计算货物作业车在站停留时间需要掌握作业车出、入车站的时间、装卸作业次数及货物作业车的作业过程，应依据以下资料：

1. 提供货车在站停留总时间的资料

(1)到达和发出列车编组顺序表(运统 1)，提供车站当日随列车出入货车的到达或发出的车次、车种及车号。

(2)行车日志(运统 2、3)，提供货车随列车到达和发出的时分。

(3)车号自动识别系统，在列车到站和从车站出发时自动检测到达列车和出发列车确报的正确性。

2. 提供货车运用状态转换的资料

运用车转变记录(运统 6)和非运用车登记簿(运统 7)，提供运用车与非运用车的转变时分，据此可以准确地计算出每辆货车在站以运用车或非运用车状态的停留时间。

3. 提供本站作业车货物作业过程起止时分的资料

承运簿(铁运 10)、卸货簿(铁运 11 甲)、“国境站货物交接单”“分界(交接)站货物交接记录单(货统 3)”，提供货车在站内进行货物作业的种类、调入装卸地点的时间及装卸完了时分；货车调运单(货统 46)或专用线取送车辆记录，提供货车调到交接地点及装卸完了时分。

在建立了车站管理信息系统的车站，货车追踪管理系统可以提供车辆在站作业的详细记录。

二、货车停留时间的统计方法

货车停留时间有号码制和非号码制两种统计方法。

(一)号码制统计方法

号码制统计方法,使用“号码制货车停留时间登记簿(运统 8)”逐车登记货车的车种、车号、到达与发出的车次、时分,结算当日发出货物作业车的总停留车小时、车数、作业次数,以及中转车的总停留车小时、中转车数,用以作为编制“货车停留时间报表(运报-4)”的依据。

1. 号码制货车停留时间登记簿的填记方法

号码制货车停留时间登记簿包括两部分,前一部分用以记载本站货物作业车到达车次和时分、各作业过程起止时分及出发车次和时分,后一部分用以填记货车停留时间及作业过程延续时间的计算结果。

(1)货车到、发及货物作业过程的记载

①货车的车种、车号,到达和发出的车次依据车站到、发列车编组顺序表提供的资料,到发时分按行车日志记载的列车实际到发时分填记。

②货物作业过程的起止时分,根据车站管理信息系统的数据录入。

③在站线卸车后调入专用线装车或在专用线卸车后调入站线装车时,分别在相关栏填记各个作业过程的起止时分;在站线卸车后调入另一站线装车或在专用线卸车后调入另一专用线装车时在第 6～9 栏或第 10～13 栏内,另以分子填记第二次的起止时分。

④作业过程不全的货物作业车(如移交给企业的租用重车、区间装卸的货车)需在记载货物作业过程及其延续时间的第 6～13 栏及第 20～23 栏内划一横线,表示没有具体时间。

⑤作业种类按下列简称填记。装车简称“装”,卸车简称“卸”,双重作业简称“双”,货物倒装简称“倒”,无调中转简称“无”,有调中转简称“有”。

(2)货车停留时间的计算

按号码制计算中时和停时,只统计当日发出的货车。货车发出后,根据货车的作业种类,按下列办法结算其停留时间:

①货车在站作业停留时间:

中转车停留时间、作业车停留时间均为其发出时分与到达时分的差数,减转入非运用车的时间。中转和作业货车在站总停留时间分别为当日发出该类货车在站停留时间之和。

②货物作业车的作业过程:

a. 入线前停留时间为调入装卸地点时刻与到达时刻的差数,双重作业车自卸车完了至调入装车地点时止的时间也为入线前停留时间。

b. 站线作业时间、专用线作业时间为作业完了时分与调入装卸地点时分的差数。

c. 出线后停留时间为发出时分与作业完了时分的差数。

作业过程不全货物作业车的车数与停留时间,单独加以结算。

为便于总结,每日开始时应将昨日未发出的货车用红笔移入当日最前部,然后再继续填记当日到发货车。

2. 中时和停时的计算方法

采用号码制统计方法时,作业车停留时间为当日发出的作业车自到达本站至由本站发出时止的全部停留时间，即发出作业车的“作业车停留时间”(19 栏)之和，作业次数为当日发出的本站作业车在站期间的全部装卸次数。

中转货车停留时间为当日发出中转货车自到达本站至由本站发出时止的全部停留时间，中转车数为当日发出的中转车数。

货物作业过程各项停留时间(18～23 栏)加总后，1 h 以下满 30 min 进为 1 h，不满 30 min 舍去，平均停留时间四舍五入保留一位小数。

【例 7-3-1】 表 7-3-2 为“号码制货车停留时间登记簿(运统 8)”，其中 1～16 栏给出了南海站 2023 年 5 月 1 日(4 月 30 日 18 点～5 月 1 日 18 点)车流到发及作业情况，完成该站当日号码制货车停留时间登记簿的填记，并据此编制该站当日“货车停留时间报表(运报-4)”。

解：计算结果见表 7-3-2 和表 7-3-3。

(二)非号码制统计方法

1. 非号码制统计原理

非号码制统计方法与号码制统计方法的区别在于它不是按每一辆货车统计停留时间，而是按时间间隔(小时、阶段、班或日)以批处理方式统计该时间段内不同性质车辆的总停留车小时。以一日间隔为例，先假定当日开始时结存的车辆和本日内到达或转入的车辆全部停留至本日结束，并按此统计停留车小时，然后减去本日内发出或转出车辆从发出或转出之时起至本日结束时止多算的停留车小时，即得各种性质车辆在本日的停留时间。

(1)非号码制货车停留时间的计算方法

非号码制计算货车在本时间间隔内在站停留时间的公式如下：

$$Nt_i = N_{结存}t + \sum N_{到}t_{到} - \sum N_{发}t_{发} \tag{7-3-5}$$

式中 Nt_i——某种性质货车(本站作业车或中转车)在第 i 时间间隔(小时、阶段、班或日)内的总停留车小时；

$N_{结存}$——第 i 时间间隔(小时、阶段、班或日)初结存的该性质的货车数；

t——采用的计算时间间隔(1 h、3 h、12 h 或 24 h)；

$N_{到}$——第 i 时间间隔(小时、阶段、班或日)内一批到达或转入的该性质货车数；

$t_{到}$——该批货车自到达或转入时起至本时间间隔(小时、阶段、班或日)结束时止的换算小时；

$N_{发}$——第 i 时间间隔(小时、阶段、班或日)内随某次列车发出或一次转出的该性质货车数；

$t_{发}$——该批货车自随列车出发或转出时起，至本时间间隔(小时、阶段、班或日)结束时止的换算小时。

换算小时是指计算时间间隔内某一时刻至该间隔结束的十进制小时数，按逆算十进制小时换算表(见表 7-3-4)计算。

货车本班或本日在站停留总时间为本班或本日各时间间隔货车停留时间之和：

$$\sum Nt = \sum_{i} Nt_i \tag{7-3-6}$$

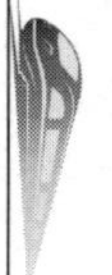

南海站 2023 年 5 月 1 日

表 7-3-2　号码制货车停留时间登记簿

(运统 8)

货车		到达			调入站线		站线作业完了		调入专用线		专用线作业完了		发出			作业种类	中转车停留时间	作业车停留时间	货物作业过程别				非运用车			记事
																			入线前停留时间	作业时间		出线后停留时间				
车种	车号	车次	月日	时分	月日	时分	月日	时分	月日	时分	月日	时分	车次	月日	时分					站线	专用线		转入月日时分	转出月日时分	停留时间	
1	2	3	4	5	6	7	8	9	10	11	12	13	14	15	16	17	18	19	20	21	22	23	24	25	26	27
P	3428956	40122	30/4	10:25					30/4	13:50	30/4	16:30	40121	30/4	23:20	双		12 h 55 min	55 min		5 h10 min	6 h 50 min				
									30/4	11:00	30/4	13:30														
P	3039247	40122	30/4	10:25	30/4	10:40	30/4	13:10					40121	30/4	23:20	装		12 h 55 min	15 min	2 h 30 min		10 h 10 min				
C	4132146	40122	30/4	10:25	30/4	15:00	30/4	17:30					40121	30/4	23:20	双		12 h 55 min	2 h 05 min	5 h 00 min		5 h 50 min				
					30/4	10:40	30/4	13:10																		
C	4562419	40121	30/4	22:35	1/5	2:30	1/5	5:00					40122	1/5	10:55	双		12 h 20 min	45 min	5 h 40 min		5 h 55 min				
					30/4	22:50	1/5	2:00																		
C	4653281	40121	30/4	22:35					30/4	23:10	1/5	1:30	40122	1/5	10:55	卸		12 h 20 min	35 min		2 h 20 min	9 h 25 min				
P	4432103	40122	1/5	10:25					1/5	15:45	1/5					双										
									1/5	10:40	1/5	13:10														
P	4326750	40122	1/5	10:25					1/5	10:40	1/5	13:10				装										
																		63 h 25 min	4 h 35 min	13 h 10 min	7 h 30 min	38 h 10 min				

表 7-3-3　货车停留时间报表

运报-4(YB-4)

局名或月日	一次货物作业停留时间			中转车停留时间									货物作业车作业过程															
				无调中转			有调中转			合计			作业车数	车辆小时	一车平均	入线前停留时间			站线作业时间			专用线作业时间			出线后停留时间		
	作业次数	车辆小时	一次平均	车数	车辆小时	一车平均	车数	车辆小时	一车平均	车数	车辆小时	一车平均				车数	车辆小时	一车平均	车数	车辆小时	一车平均	车数	车辆小时	一车平均	车数	车辆小时	一车平均
	1	2	3	4	5	6	7	8	9	10	11	12	13	14	15	16	17	18	19	20	21	22	23	24	25	26	27
1	8	63	7.9										5	63.4	12.6	5	5	1	3	13	4.3	2	8	4	5	38	7.6

编报单位:南海站(盖章)　　编表人:勤杰　　单位领导:荣忠(签章)　　上报日期:2023 年 5 月 1 日

表 7-3-4 逆算十进制小时换算表

实际分数	58—60	52—57	46—51	40—45	34—39	28—33	22—27	16—21	10—15	4—9	1—3
十进制小时	0	0.1	0.2	0.3	0.4	0.5	0.6	0.7	0.8	0.9	1.0

【例 7-3-2】 10002 次列车 19:34 终到车站，带来货车 42 辆，其中作业车 18 辆、中转车 24 辆。计算该批货物作业车和中转车在 19:00—20:00 时间段内、班或日时间段内在站停留时间。

解：按小时间隔结算时，这批货车每车在 19:01—20:00 期间停留的换算小时数为 0.4 h，计 0.4×42=16.8（车·h），其中作业车停留 0.4×18=7.2（车·h）、有调中转车停留 0.4×24=9.6（车·h）。

按班为时间间隔结算时，每车在本班内停留的换算小时数 10.4 h，总停留车小时 10.4×42=436.8（车·h），其中作业车停留 10.4×18=187.2（车·h）、有调中转车停留 10.4×24=249.6（车·h）。

按日为时间间隔结算时每车在本日停留的换算小时数为 22.4 h，总停留车小时 22.4×42=940.8（车·h），其中作业车停留 22.4×18=403.2（车·h）、有调中转车停留 22.4×24=537.6（车·h）。

(2)非号码制作业次数、中转车数的计算方法

①当日实际装卸次数作为当日装卸次数。

②当日到达和出发中转车数之和的一半作为当日的中转车数，按式(7-3-7)计算：

$$N_{中}=\frac{N_{到}^{中}+N_{发}^{中}}{2} \tag{7-3-7}$$

式中 $N_{到}^{中}$——当日到达的中转车数；

$N_{发}^{中}$——当日发出的中转车数。

(3)非号码制统计本站货物作业车作业过程的计算方法

采用非号码制批处理方法计算货物作业过程各环节消耗时间计算工作量小，且可以得到当日的准确数据，按下式计算：

$$入线前停留时间\ t_{入}=\frac{\sum_{i}(N_{到,i}^{货}\times t_{到,i}^{货})-\sum_{j}(N_{送,j}^{货}\times t_{送,j}^{货})}{\sum N_{入}^{货}} \tag{7-3-8}$$

式中 $t_{入}$——本站货物作业车今日入线前平均停留时间，h；

$N_{到,i}^{货}$——今日列入计算的第 i 批到达作业车数，包括昨日到达本站尚未送达作业地点的货车、今日到达解体列车或部分改编中转列车送到车站的货物作业车、非运用车转入运用的货物作业车和双重货物作业车的卸后空车，车；

$t_{到,i}^{货}$——第 i 批货物作业车自到达、转入或卸空时起至今日结束时止的换算小时，昨日产生的待送货物作业车从昨日 18:00 起算，h；

$N_{送,j}^{货}$——今日第 j 批送往货物作业地点的货物作业车数，车；

$t_{送,j}^{货}$——第 j 批作业车自送达作业地点时起至今日结束时止的换算小时，h；

$\sum N_{入}^{货}$——参与今日入线前停留的车数，车。

$$站线作业停留时间\ t_{作业}^{站}=\frac{\sum_{j}(N_{送站,j}^{货}\times t_{送站,j}^{货})-\sum_{k}(N_{站,k}^{作业}\times t_{站,k}^{作业})}{\sum N_{站}^{作业}} \tag{7-3-9}$$

式中　$t_{作业}^{站}$——今日货物作业车在车站货场完成装卸作业平均停留时间,h;

$N_{送站,j}^{货}$——今日第 j 批送往车站货场作业的货车数,车;

$t_{送站,j}^{货}$——今日第 j 批送往车站货场作业的货车自送达时起至今日结束时止的换算小时,h;

$N_{站,k}^{作业}$——今日车站货场第 k 批作业完了货车数,车;

$t_{站,k}^{作业}$——今日车站货场第 k 批作业完了货车自作业完了时起至今日结束时止的换算小时,h;

$\sum N_{站}^{作业}$——参与今日站线货物作业的车数,车。

$$专用线作业停留时间\ t_{专}=\frac{\sum\limits_{j}(N_{送专,j}^{货}\times t_{送专,j}^{货})-\sum\limits_{l}(N_{专,l}^{作业}\times t_{专,l}^{作业})}{\sum N_{专}^{作业}} \tag{7-3-10}$$

式中　$t_{专}$——今日货物作业车在专用线进行装卸作业平均停留时间,h;

$N_{送专,j}^{货}$——今日第 j 批送往专用线作业的货车数,车;

$t_{送专,j}^{货}$——今日第 j 批送往专用线作业的货车自送达时起至今日结束时止的换算小时,h;

$N_{专,l}^{作业}$——今日专用线第 l 批作业完了货车数,车;

$t_{专,l}^{作业}$——今日专用线第 l 批作业完了货车自作业完了时起至今日结束时止的换算小时,昨日送车、今日作业完了的货物作业车从昨日 18:00 起算,h;

$\sum N_{专}^{作业}$——参与今日专用线货物作业的车数,车。

$$出线后停留时间\ t_{出}=\frac{\sum\limits_{m}(N_{m}^{作业完了}\times t_{m}^{作业完了})-\sum\limits_{n}(N_{发,n}^{货}\times t_{发,n}^{货})}{\sum N_{出}^{货}} \tag{7-3-11}$$

式中　$t_{出}$——今日货物作业车出线后停留时间,h;

$N_{m}^{作业完了}$——今日第 m 批装卸作业完了的货车数,车;

$t_{m}^{作业完了}$——今日第 m 批装卸作业完了的货车自完成装卸作业时起至今日结束时止的换算小时,h;

$t_{发,m}^{货}$——今日第 m 批发出的本站货物作业车自由车站出发时起至今日结束时止的换算小时;

$\sum N_{出}^{货}$——参与今日出线后停留的车数,车。

计算当日入线前停留车数、货场或专用线作业车数、出线后停留车数时:当日产生、当日完成的一车算一车;昨日产生、今日完成和今日产生、今日未完成的一车算半车。例如:昨日 17:20 到达本站、18:50 送达车站货场的作业车,其入线前停留时间分布在两日,今日计算为半车;再如今日送专用线装车的货车,次日装完,今日专用线作业车数算半车。

【例 7-3-3】 用非号码制统计方法完成【例 7-3-1】南海站 2023 年 5 月 1 日的货车停留时间统计。

解:南海站 5 月 1 日非号码制货车停留时间登记簿填写见表 7-3-5。依据非号码制统计原理:当日货物作业停留时间为 72+54−70.3=55.7 (车・h);完成装车 1 辆、卸车 4 辆;作业车跨昨日和今日的 3 车,跨今日和明日的 2 车,今日作业过程完整的 2 车,计$\frac{3+2}{2}+2=4.5$ (车)。

表 7-3-5　日间隔非号码制货车停留时间登记簿

2023 年 5 月 1 日　　　　（运统 9）

到达																	出发																
车次	时刻	换算车小时	合计		其中												车次	时刻	换算车小时	合计		其中											
					货物作业			有调中转			无调中转			非运用车								货物作业			有调中转			无调中转			非运用车		
			车数	车小时	车数	转入	车小时	车数	转入	车小时	车数	转入	车小时	车数	转入	车小时				车数	车小时	车数	转出	车小时	车数	转出	车小时	车数	转出	车小时	车数	转出	车小时
1	2	3	4	5	6	7	8	9	10	11	12	13	14	15	16	17	18	19	20	21	22	23	24	25	26	27	28	29	30	31	32	33	34
昨日结存			3	72	3		72																										
40121	22:35	19.4	2	38.8	2		38.8										40121	23:20	18.7	3	56.1	5		93.5									
40122	10:25	7.6	2	15.2	2		15.2										40122	10:55	7.1	2	14.2	2		14.2									
今日合计			4	54	4		54													5	70.3	5		70.3									
今日结存			2		2																												

车站装卸作业动态见表 7-3-6,可据以计算该站 5 月 1 日各货物作业过程时间。

表 7-3-6　车站货物作业车动态表

南海站 2023 年 5 月 1 日

入线前停留	站线作业	专用线作业	出线后停留
入线前停留开始	装卸作业开始	装卸作业开始	出线后停留开始
1. 昨日到达尚未送作业地点车数	1. 昨日送达尚未装卸完了货车	1. 昨日送达尚未装卸完了货车	1. 当日 18:00 待发作业车数
(1)站线/18:00,0	/18:00,0	/18:00,0	(1)站线/18:00,2
(2)专用线/18:00,0	2. 今日送达货场时间,作业车数	2. 今日送达专用线时间,作业车数	(2)专用线/18:00,1
2. 今日到达时间、车数	/22:50.1(卸 1)	(1)/23:10,1(卸 1)	2. 站线作业完了时间,车数
(1)40121/22:35,2	3. 调移至货场装车时间	(2)/10:40,2(装 1,卸 1)	站线/5:00,1
(2)40122/10:25,2	/2:30,1(装 1)	3. 调移至专用线装车时间,车数	3. 专用线作业完了时间,车数
3. 今日转入时间、车数	装卸作业完了	/13:45,1(装 1)	(1)专用线/1:30,1
非运用别/ : ,0	(1)/2:00,1(其中双重作业 1)	装卸作业完了	(2)专用线/13:10,1
4. 双重作业车卸车完了时间、车数	(2)/5:00,1	(1)/1:30,1	出线后停留结束
(1)站线/2:00,1		(2)/13:10,2(其中双重作业 1)	(1)40121/23:20,3
(2)专用线/13:10,1			(2)40122/10:55,2

入线前停留总时间及停留车数:

(19.4×2+7.6×2+16×1+4.8×1)−(19.2×1+18.8×1+7.3×2+15.5×1+4.3×1)=2.4 (车·h);4 车。

站线停留总时间和车数:

(19.2×1+15.5×1)−(15×1+13×1)=6.7 (车·h),2 车。

专用线停留总时间和车数:

(18.8×1+7.3×2)−(16.5×1+4.8×2)=7.3 (车·h),3 车。

出线后停留总时间和车数:

(24×3+13×1+16.5×1)−(18.7×3+7.1×2)=31.2 (车·h),1.5+2=3.5 (车)。

得到该站 5 月 1 日货车停留时间报表见表 7-3-7。

以小时划分时间间隔的统计方法适合于人工编制报表:每小时末结算一次,至 18 点前登记簿已基本处理完毕,便于赶在 18 点前后完成报表编制,但计算重复,制作报表总耗时多。采用 12 h 或 24 h 为时间间隔,计算过程比较简捷,适合于计算机编制。

表 7-3-7 货车停留时间报表

运报-4(YB-4)

局名或月日	一次货物作业停留时间			中转车停留时间									作业车数	车辆小时	一车平均	装卸量较大的车站货物作业车作业过程											
				无调中转			有调中转			合计						入线前停留时间			站线作业时间			专用线作业时间			出线后停留时间		
	作业次数	车辆小时	一次平均	车数	车辆小时	一车平均	车数	车辆小时	一车平均	车数	车辆小时	一车平均				车数	车辆小时	一车平均	车数	车辆小时	一车平均	车数	车辆小时	一车平均	车数	车辆小时	一车平均
	1	2	3	4	5	6	7	8	9	10	11	12	13	14	15	16	17	18	19	20	21	22	23	24	25	26	27
1	5	55.7	11.1										4.5	55.7	12.4	4	2.4	0.6	3	6.7	3.4	3	7.3	2.4	3.5	31.2	8.9

编报单位:南海站 编表人:勤杰 单位领导:荣忠 上报日期:2023 年 5 月 1 日
(盖章) (签章)

2. 填记方法

(1)每日 18 点开始登记前,先将昨日各项结存车数,包括货物作业车、无调中转、有调中转和非运用车的结存车数,移入本日“昨日结存”行各栏内。

(2)各到达和发出的“车数”“换算小时”栏根据货车出入登记簿(运统 4)结算随同列车和不随同列车出入的车数和换算车小时的总数。

(3)各转入和转出的车数、换算车小时栏根据检修车登记簿(运统 5)、非运用车登记簿(运统 7)、备用车登记簿(运统 7-A)及装卸车情况,结算由运用车转入非运用车、非运用车转回运用车以及中转车转入作业车、作业车转入中转车的车数和换算车小时总数。

(4)转入、转出各栏按下列规定填记:

由非运用转回运用的货车,按转入非运用前的作业种别填记,但进行装车时,必须转入作业车(包括解除备用时间不满的货车);到达的非运用车和由运用车转非运用、非运用转回运用车前后作业种别不同时,则按转回运用车的实际作业种别填记。

(5)以小时为计算时间间隔时,各小时末结存车数和货车停留车小时数按下列方法结算:

①本小时末各结存车数为上一小时末的各结存车数加本小时内入的车数,减本小时内出的车数。

②本小时货车停留车小时为本小时开始时的结存车数加本小时入的换算小时数,减本小时出的换算小时数。

③各类货车全日(班)停留车小时等于本日(班)各小时停留时间的和。

(6)每日 18 点终了后,计算车站现在车及货物作业车、有调中转车和无调中转车结存车数。结存车数(6 栏)及(42 栏)与现在车报表(运报-2)的现在车数(10 栏)及非运用车数(48 栏)应核对一致。

【例 7-3-4】 以日为时间间隔和以小时为时间间隔的“非号码制货车停留时间登记簿(运统 9)”的格式分别见表 7-3-8 和表 7-3-9,两表均采用了强国站 5 月 3 日的统计数据。假定该站当日装车 79 辆,卸车 67 辆,试完成车站该日运统 9 的填记,并计算该站 5 月 3 日中时和停时指标。

解:依据表 7-3-8 或表 7-3-9,该站当日的停时和中时计算结果如下:

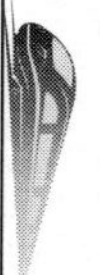

表 7-3-8　日间隔非号码制货车停留时间登记簿

2023 年 5 月 3 日　　　　　　　　　　　　　　　　　　　　　　　（运统 9）

到达																	出发																
车次	时刻	换算车小时	合计		其中												车次	时刻	换算车小时	合计		其中											
			车数	车小时	货物作业			有调中转			无调中转			非运用车						车数	车小时	货物作业			有调中转			无调中转			非运用车		
					车数	转入	车小时	车数	转入	车小时	车数	转入	车小时	车数	转入	车小时						车数	转出	车小时	车数	转出	车小时	车数	转出	车小时	车数	转出	车小时
1	2	3	4	5	6	7	8	9	10	11	12	13	14	15	16	17	18	19	20	21	22	23	24	25	26	27	28	29	30	31	32	33	34
昨日结存			140	3 360	50		1 200	65		1 560				25		600																	
10001	18:05	23.9	40	956							40		956				10001	18:55	23.1	40	924							40		924			
12002	18:37	23.4	45	1 053	25		585	20		468							11002	20:31	21.5	41	881.5	21		451.5	20		430						
31001	21:30	20.5	36	738	10		205	26		533							32001	23:40	18.3	38	695.4	5		91.5	33		603.9						
32002	22:41	19.3	41	791.3				41		791.3							22001	4:12	13.8	42	579.6	20		276	22		303.6						
21001	3:45	14.3	38	543.4	20		286	18		257.4							31002	4:32	13.5	40	540	20		270	20		270						
	9:15	8.8	(10)												10	88		9:15	8.8	(10)						10	88						
22002	9:29	8.5	40	340	20		170	20		170							21002	10:40	7.3	39	284.7	15		109.5	24		175.2						
41001	15:12	2.8	24	67.2	14		39.2	10		28							42001	14:27	3.6	26	93.6	12		43.2	14		50.4						
	16:20	1.7	(25)			15	25.5		10	17								16:20	1.7	(25)												25	42.5
82701	17:15	0.8	40	32							40		32				41002	17:10	0.8	28	22.4	12		9.6	16		12.8						
42002	17:30	0.5	28	14	10		5	18		9							82701	17:50	0.2	40	8							40		8			
今日合计			332	4 534.9	99	15	1 315.7	153	10	2 273.7	80		988		10	88				334	4 029.2	105		1 251.3	149	10	1 933.9	80		932		25	42.5
今日结存			138		59			69			0			10																			

表 7-3-9 小时间隔非号码制货车停留时间登记簿

2023 年 5 月 3 日 （运统 9）

项目 每小时合计	货车出入总数						其中																																					记事
							货物作业车										无调中转车						有调中转车										非运用车										
	到达		发出		结存	停留时间	入				出				结存	停留时间	到达		发出		结存	停留时间	入				出				结存	停留时间	入				出				结存	停留时间	
							到达		转入		发出		转出										到达		转入		发出		转出				到达		转入		发出		转出				
	车数	换算小时	车数	换算小时			车数	换算小时	车数	换算小时	车数	换算小时	车数	换算小时			车数	换算小时	车数	换算小时			车数	换算小时	车数	换算小时	车数	换算小时	车数	换算小时			车数	换算小时	车数	换算小时	车数	换算小时	车数	换算小时			
1	2	3	4	5	6	7	8	9	10	11	12	13	14	15	16	17	18	19	20	21	22	23	24	25	26	27	28	29	30	31	32	33	34	35	36	37	38	39	40	41	42	43	44
昨日结存					140										50						0										65										25		
18:00～19:00	85	54	40	4	185	190	25	10							75	60	40	36	40	4	0	32	20	8							85	73									25	25	
19:00～20:00					185	375									75	135					0	32									85	158									25	50	
20:00～21:00			41	20.5	144	539.5					21	106			54	199.5					0	32					20	10			65	233									25	70	
21:00～22:00	36	18			180	701.5	10	5							64	258.5					0	32	26	13							91	311									25	100	
22:00～23:00	41	12.3			221	893.8									64	322.5					0	32	41	12.3							132	414.3									25	125	
23:00～0:00			38	11.4	183	1 103.4					5	1.5			59	385					0	32					33	9.9			99	536.4									25	150	
0:00～1:00					183	1 286.4									59	444					0	32									99	635.4									25	175	
1:00～2:00					183	1 469.4									59	503					0	32									99	734.4									25	200	
2:00～3:00					183	1 652.4									59	562					0	32									99	833.4									25	225	
3:00～4:00	38	11.4			221	1 846.8	20	6							79	627					0	32	18	5.4							117	937.8									25	250	
4:00～5:00			82	53.6	139	2 014.2					40	26			39	680					0	32					42	27.6			75	1 027.2									25	275	
5:00～6:00					139	2 153.2									39	719					0	32									75	1 102.2									25	300	
6:00～7:00					139	2 292.2									39	758					0	32									75	1 177.2									25	325	
7:00～8:00					139	2 431.2									39	797					0	32									75	1 252.2									25	350	
8:00～9:00					139	2 570.2									39	836					0	32									75	1 327.2									25	375	
9:00～10:00	40	20			179	2 729.2	20	10							59	885					0	32	20	10					10	8	85	1 404.2			10	8					35	408	
10:00～11:00			39	11.7	140	2 896.5					15	4.5			44	939.5					0	32					24	7.2			61	1 482									35	443	
11:00～12:00					140	3 036.5									44	983.5					0	32									61	1 543									35	478	
12:00～13:00					140	3 176.5									44	1 027.5					0	32									61	1 604									35	513	
13:00～14:00					140	3 316.5									44	1 071.5					0	32									61	1 665									35	548	
14:00～15:00			26	15.6	114	3 340.9					12	7.2			32	1 108.3					0	32					14	8.4			47	1 717.6									35	583	
15:00～16:00	24	19.2			138	3 574.1	14	11.2							46	1 151.5					0	32	10	8							57	1 772.6									35	618	
16:00～17:00					138	3 712.1			15	10.5					61	1 208					0	32			10	7					67	1 836.6							25	17.5	10	635.5	
17:00～18:00	68	46	68	30.4	138	3 865.7	10	5			12	9.6			59	1 264.4	40	32	40	8	0	56	18	9			16	12.8			69	1 889.8									10	645.5	

$$t_{停}=\frac{1\,200+1\,315.7-1\,251.3}{79+67}=\frac{1\,264.4}{146}=8.7\ (\text{h})$$

$$t_{无}=\frac{988-932}{80}=\frac{56}{80}=0.7\ (\text{h})$$

$$t_{有}=\frac{1\,560+2\,273.7-1\,933.9}{\frac{153+149}{2}}=\frac{1\,899.8}{151}=12.6\ (\text{h})$$

$$t_{中}=\frac{56+1\,899.8}{80+151}=8.5\ (\text{h})$$

表7-3-8、表7-3-9“合计”行，已经给出了货物作业车和各类中转车当日停留时间，直接带入公式计算，可得出相同的结果。

（三）两种统计方法的比较

号码制仅当车辆从车站出发时才统计，因而计算出的指标反映的是当日发出货车的在站停留时间、中转车数、作业次数和货物作业车各作业过程消耗的时间，而不是当日的实际情况。其统计数据，如“中转车数”“装卸作业次数”作为“货车运用效率统计（运报-5）”的原始资料，会造成统计失实，也与“装卸车报表（XB-1）”和“货车分类装车报表（XB-2）”的概念不一致；且逐车登记，填写和计算繁琐，费时费事，而统计货物作业车在站各作业过程消耗时间的目的在于掌握车站总体作业组织情况的统计规律，以便改进工作，具体到每一辆车的入线前停留、货物作业和出线后停留时间并无实际意义。

非号码制采用批处理方式统计，符合现场的实际作业情况，计算工作量小，得出的中、停时指标能准确、真实反映当日或当班车站工作的实绩；利用非号码制统计方法也可以精确统计当日作业车在站各作业过程的时间消耗，且能反映当日或当班实际完成情况，计算方法简洁、计算工作量比号码制小很多。因而采用非号码制统计方法比较合理。

当前我国铁路大多数车站都建立了货车管理信息系统，其实时更新的货车数据库可以追踪车站现车的状况，准确反映货车在站的位置、运用状态、装载状态和作业过程，完全可以满足车站18点统计工作的信息需求。18点统计工作也已经全面实现了站、局和国铁集团的三级计算机处理和信息传输，工作效率高、速度快，为运输调度指挥部门掌握运输生产形势，制定运输生产日常计划提供了准确的资料。

技能训练

采用批处理方式统计，符合现场的实际作业情况，计算工作量小，得出的中、停时指标能准确、真实反映当日或当班车站工作的实绩；利用非号码制统计方法也可以精确统计当日作业车在站各作业过程的时间。为体验用非号码制计算本站作业车在站各货物作业过程停留时间的方法，以【例7-3-4】的数据和表7-3-10给出的该站当天作业车动态（见表7-3-10），计算该站5月3日货物作业车各作业过程停留时间。

表 7-3-10 车站货物作业车动态表

强国 站 2023 年 5 月 3 日

入线前停留	站线作业	专用线作业	出线后停留
入线前停留开始	装卸作业开始	装卸作业开始	出线后停留开始
1.昨日到达尚未送作业地点车数	1.昨日送达尚未装卸完了货车	1.昨日送达尚未装卸完了货车	1.当日 18:00 结存待发作业车数
站线/18:00,9	/18:00,8(装 5、卸 3)	/18:00,12(卸 7,装 5)	(1)站线作业的待发货车/18:00,10
2.今日到达时间,车数	2.今日送达货场时间,作业车数	2.今日送达专用线时间,作业车数	(2)专用线作业的待发货车/18:00,11
(1)12002/18:37,25	(1)/19:00,9(装 2、卸 7)	(1)/21:00,15(装 5,卸 10)	2.站线作业完了时间,车数
(2)31001/21:30,10	(2)/19:30,10(卸车)	(2)/22:50,10(卸车)	(1)/20:00,5
(3)21001/3:45.20	(3)/5:20:10,20(装 5,卸 15)	(3)/11:40,20(卸 5,装 15)	(2)/21:30,2
(4)22002/9:29,20	(4)/16:50,14(装 4,卸 10)	3.调移至专用线装车时间,作业车数	(3)/22:50,3
(5)41001/15:12,14	(5)/17:10,15(装 15)	/19:40,7	(4)/0:10,7
(6)42002/17:30,10	3.调移至货场装车时间,作业车数	装卸作业完了	(5)/2:00,10
3.今日转入时间,车数	(1)/20:25,3	(1)/19:10,12(双重作业待送 7)	(6)/8:00,5
非运用转入/16:20,15	(2)/22:00,7	(2)/22:00,7	(7)/11:15,15
4.站线双重作业卸车完了时间,车数	(3)/23:30,10	(3)/23:20,15	3.专用线作业完了时间,车数
(1)/20:00,3	(4)/8:40,15	(4)/1:10,10	(1)/19:10,5
(2)/21:30,7	装卸作业完了	(5)/14:25,20	(2)/22:00,7
(3)/23:00,10	(1)/20:00,8(双重作业待送 3)		(3)/23:20,15
(4)/8:00,15	(2)/21:30,9(双重作业待送 7)		(4)/1:10,10
5.专用线双重作业卸车完了时间,车数	(3)/22:50,3		(5)/14:25,20
/19:10,7	(4)/23:00,10(双重作业待送 10)		出线后停留结束
	(5)/0:10,7		(1)11002/20:31,21
	(6)/2:00,10		(2)32001/23:40,5
	(7)/8:00,20(双重作业待送 15)		(3)22001/4:12,20
	(8)/11:15,15		(4)31002/4:32,20
			(5)21002/10:40,15
			(6)42001/12:47,12
			(7)41002/17:10,12

一、复习思考题

1. 什么是中时、停时?

2. 号码制与非号码制统计方法各有何优缺点?

二、习题

1. 某中间站5月6日16:00到达42002次带来待卸重车5辆,车号分别为3487128、3723861、4812473、5298264、4371397,16:25送达货物作业线,42002次列车16:38离开车站时挂走站内货物作业线先前到达的全部货车,该次列车带来的5辆货车于19:05全部卸空;其中,车号为3487128、3723861、4812473的3辆货车19:35调移到装车位置,22:00装车完了;5月7日4:00到达的42001次带来3辆待卸重车5372865、3623654、3713895,4:20送到车站货物作业线,42001次4:35从车站出发挂走42002次带来的5辆作业车;5月7日7:00待卸重车完成卸车,其中3623654双重作业7:30调移到装车地点,10:45装车完毕;5月7日16:00到达的42002次带来2辆待卸重车3981467、3572811,16:15送到货物作业线,42002次列车16:25从该站出发、挂走车号为5372865、3623654、3713895的3辆货车,至5月7日18:00,两辆货车尚未卸空。依据以上资料,分别用号码制和非号码制计算该站5月7日停时、编制车站货车停留时间报表(运报-4)。

2. 区段站B18点结存中转车216辆。30001次18:10开“C/50(中转车)”;31005次19:15到“B/20、C/30”;30003次19:25开“C/10(本站装)、40(中转车)”;41002次19:47开“中转车/50”;30012次19:55开“空P/10(站卸)、A/40(本站装10)”。试用非号码制统计原理计算19:01~20:00这一小时该站中转车平均停留时间完成多少?

3. 已知技术站C计划中时2.1 h。某日17:00统计结算时,中转车结存85车,中转停留车小时1 700车·h,中转车数766,中时2.2 h,17:00至18:00中转车到发情况为17:25发出有调中转车45车,17:58到达无调中转车55车,若该站采用1 h结算制,试按非号码制统计原理,计算当日中时,并说明中时完成情况。

学习任务4　车站工作分析

学习内容

1. 车站工作分析的主要内容。

2. 车站工作分析的种类,及专题分析的作用和方法。

相关理论知识

车站运输工作分析的目的在于总结执行日班计划、车站技术作业过程、列车运行图和列车编组计划的经验和问题,检查行车安全情况,从而据以制定改进车站工作的有效措施。根据分析,还可以确定各工种和人员的工作质量,表扬先进、推广先进经验,以便进一步挖掘潜力、提高车站工作水平。

一、分析的主要内容

车站工作分析的主要内容包括：

1. 安全情况分析

对发生的事故和事故苗子找出发生的原因，提出今后防止的措施和落实措施的组织保证，对于防止事故的好人好事加以肯定。

2. 列车正晚点及调车工作完成情况分析

列车出发晚点的原因(车流不足、车流接续时间紧、编组不及时、等机车、等技检、临时甩车、违反编组且发现过迟等)，列车违编的情况，到发线的运用是否合理，调车作业的组织工作、作业方法及效率。

3. 装卸情况分析

装卸车数，品类别、去向别装车计划，成组、直达装车计划的完成情况，挂线装卸计划的兑现情况及没有实现的原因，待卸车数、积压货物数量及待卸、积压原因。

4. 中时、停时完成情况的分析

检查中、停时是否完成计划，分析没有完成的原因。可着重分析班计划中列车出发计划规定的开行车次是否符合车站的车流性质、是否在计划车次开完以后仍有积压车流，车站装、卸安排是否符合出发列车的编组需要，是否有因车站工作失误导致始发列车晚点甚至运休的情况；根据分析结果，提出加速车辆周转的具体措施。

5. 运用车保有量分析

车站运用车保有量应当与其办理的中转和作业车数相适应。但由于每天的作业情况不同，车站运用车保有量偏离技术计划值并不一定说明保有量不正常。日常车站应保有的运用车数量可按下式推算：

$$N_{中}=\frac{t_{中}\ u_{中}}{24},N_{货}=\frac{t_{货}\ u_{货}}{24} \tag{7-4-1}$$

式中 $N_{中}$、$N_{货}$——车站合理的中转货车和货物作业车保有量，车；

$t_{中}$、$t_{货}$——技术计划规定的车站中时和停时，h/车或 h/次；

$u_{中}$、$u_{货}$——车站每日办理的中转车数和进行装卸作业的次数，车或次。

运用车数量波动超过10%，就可能对车站作业造成不利影响。如果保有量过多，应找出作业不畅的原因，及时消除；保有量过少，往往是由于到达车流量减少，将难以完成装卸和列车编组任务，需要从铁路局或全路范围查找原因。

6. 车站作业计划编制和执行情况的分析

检查计划的编制质量、兑现程度以及指挥失误的情况。例如，班计划制定的运输组织措施是否得当，阶段计划的解编顺序和时机、取送时机和内容的安排与出发列车编组是否协调，调车作业计划的效率等。

二、车站工作分析的分类

车站工作分析有日常分析、定期分析和专题分析三种。

1. 日常分析

日常分析主要是指班分析和日分析。班分析在交班会上进行，由站长(副站长)或车间主任主持，分析全班工作完成的情况。日分析由车站技术室负责，对全天工作进行分析，针对一定问题，如卸车、排空、列车出发晚点、调车作业重点地分析作业效率、安全隐患等问题。

2. 定期分析

定期分析是指周(旬)、月、季、半年、年度分析，由车站工程技术人员负责，除以上日常分析的内容以外，对车站工作日常计划和调度指挥的质量、车站各部门的工作情况、车站职工的劳动积极性以及劳动纪律等也应进行检查。定期分析的结果应写出书面的总结报告。

3. 专题分析

专题分析是不定期的分析，根据解决某一重大问题的需要而确定分析内容和完成的期限，一般由临时组织的专门工作组负责。

车站分析工作中，车流分析是一项重要的内容。车流分析的目的在于对车站到发车流的动态实行经常的监督，掌握车流变化的规律，以便及时调整车站技术设备的运用方案，制定相应的作业组织方法，保证运输生产的顺利进行。

车流分析的重点内容为：车站办理车数($N_{办}$)、车站有调车数($N_{改}$)和有调车数占接入总车数的比重、各方向到发车流量及其比重、本站装卸车数等内容。

车站分析工作一定要及时，不然就会失去分析的作用。分析应建立在充分调查研究的基础上，采用的数据应该真实可靠。这样，分析的结论才能是确切的、中肯的。在分析情况时要善于发现积极因素和先进经验，尽量避免思想上的主观性和片面性。

1. 车站运输工作分析的内容有哪些?
2. 车站运输工作专题分析的目的是什么?

▶ 项目8 ◀

货物列车编组计划编制

项目描述

铁路货物运输是利用铁路运输设备，在车站通过装卸作业由货流形成重车流、由卸后空车形成空车流，再由重、空车流形成列车流，向车辆目的地输送的作业过程。把车流编组成列车流向目的地输送的组织工作称为车流组织。

车流组织是铁路运输生产的重要环节，它所研究的问题是怎样经济、高效地把重、空车流组织成列车流向卸、装地点输送。车流组织方法是以列车编组计划的形式体现的。为了适应铁路货流和运输设备的变化，列车编组计划通常每年编制一次。

本项目主要介绍列车编组计划的基本概念和编制原理，以及违反列车编组计划的各种情况。

本项目依据的相关规范、规程与标准：《货物列车编组计划规则》。

学习目标

1. 素质目标

认识列车编组计划是一个整体优化的全路技术站分工计划，理解实行列车专门化对于加速货物送达和机车车辆周转的意义，树立局部服从整体，严格按列车编组计划编车的思想意识。

2. 能力目标

理解列车编组计划的编制原理，能够准确识别违反列车编组计划的七种情况。

3. 知识目标

掌握装车地直达列车的组织条件和装车地直达列车编组计划的编制方法，技术站列车编组计划的要素和编制原理，以及区段管内列车编组计划的制定方法。

学习任务1　认识列车编组计划任务、作用及货物列车分类

1. 列车编组计划的任务和作用。

2. 货物列车的分类。

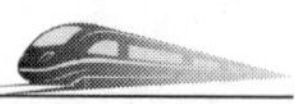

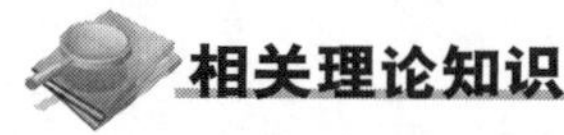

相关理论知识

一、列车编组计划的任务和作用

1. 列车编组计划的任务

货物列车编组计划的基本任务是根据货流、车流的特点，统筹利用路网的点、线能力，大力组织直达运输，减少车流改编作业量，加速货物送达和机车车辆周转，提高运输效率。

具体体现在以下几个方面：

(1)在装车站最大限度地组织直达运输和成组装车，减少技术站的改编作业量。

(2)减少车流在途中技术站的改编作业次数，加速货物送达和机车车辆周转。

(3)优化枢纽车流组织，减少枢纽内技术站间交换车数量和小运转列车开行次数。

(4)合理分配各技术站的解编任务，使各站承担的改编作业量与其作业能力相适应。

(5)充分利用铁路区段通过能力，发挥铁路的最大经济效益。

另外，根据国民经济发展对铁路运输的要求，预见车流将来可能发生的变化，有计划、有准备地调整某些站场的分工，必要时从合理组织车流的实际出发，提出新建或扩建站场的计划，也是列车编组计划的一项重要任务。

2. 列车编组计划的作用

列车编组计划以提高货物的送达速度、加速机车车辆周转为目标，为全路各站提供车流组织方法，在铁路运输组织中发挥着重要作用。

(1)列车编组计划是全路技术站作业分工的战略部署

在列车编组计划中，统筹安排全路技术站的车流改编任务，保证各站所负担的解编任务与其设备能力相适应，从而可以避免技术站的作业困难。

(2)列车编组计划是车站制定设备运用方案和作业组织方法的重要依据

列车编组计划规定了货运站和技术站编组列车的到达站、种类和车辆编挂办法，这在很大程度上也就确定了各站的办理车数和改编车数，车站可以据以制定车场和调车机车的运用计划。

(3)列车编组计划是运输计划和列车运行图之间的重要联系环节

列车编组计划根据铁路货物运输计划制定计划车流，并进一步将车流组织成列车流。它所规定的列车发站、到站、编组内容及开行数量是编制列车运行图的依据。

(4)列车编组计划是疏导车流、预防线路通过能力紧张和枢纽工作困难的强有力的工具

通过变更列车编组计划，可以调整枢纽和方向的作业负担，使其能力紧张状况得到缓和，从而确保运输畅通。

(5)列车编组计划是铁路为国民经济其他部门服务的重要环节

铁路企业通过组织装车地直达运输，与厂矿企业的生产过程、物资分配、运输组织等方面密切配合，体现了产、供、运、销各部门作业的协调配合。

(6)列车编组计划是制定路网上站场合理布局规划的重要依据

在制定铁路枢纽发展规划、进行站场扩建和新建设计时，必须以车流组织最优方案为基础，即根据列车编组计划确定的改编任务确定编组站或枢纽的发展规模及设备数量。

综上所述，列车编组计划在合理运用站场设备、调节铁路方向和车站作业负担，缓和运输紧张状况、协调企业生产等方面发挥着重要作用。因此，高质量地编制和执行列车编组计划是满足运输市场需求、充分发挥铁路运输能力、提高运输效率的重要手段。

列车编组计划是铁路运输基础性质的计划，列车编成站只有严格按照列车编组计划规定的车流组织方法编组列车，才能充分发挥车站的作业能力和区段通过能力，保证高效、快速地输送车流。

二、货物列车的分类

货物列车的种类可按编挂车辆的重、空状态，编组地点和运行距离，运输性质和用途，列车内的车流到站和编组方式等加以划分。

1. 按列车编挂车辆的重、空状态分

(1)重车列车

全部由重车编组而成的列车。

(2)空车列车

为整列配送空车目的而编开的列车。空车列车通常是为装车地直达列车整列配送空车，其车种、车型和车数应符合重直达列车装车的需要。为了充分利用机车的牵引动力和区段通过能力，在保证空车基本组辆数的条件下，可以利用指定组号的重车或其他车种的空车为空车直达列车补轴。

(3)空重混编列车

没有空车编挂辆数限制，既编挂有重车又编挂有空车的列车。

2. 按列车编组地点和列车运行距离分

按列车编组地点，货物列车分为货物作业地点(包括装车地和卸车地)组织的列车和技术站组织的列车。

(1)装车地组织的列车

装车地组织的列车指以车站自装重车流编组的列车，包括：

①始发直达列车

由一个车站所装的货车组成，通过一个及其以上编组站不进行改编作业的列车。

②阶梯直达列车

由同一区段、枢纽地区或相邻区段的几个车站所装车组编成的通过一个及其以上编组站不进行改编作业的列车。

③基地直达列车

当装车区各站的装车量都不足以单独组织直达列车或为了扩大装车地直达列车吸收的车流量，根据各站的设备、车流和径路条件，可以指定一个条件较好的车站作为直达基地，将各站产生的直达车流都挂送到基地站统一组织直达列车。由直达基地汇集的装车区各站车流组织的通过一个及其以上编组站不进行改编的列车称为基地直达列车。

④整列短途列车

在同一车站装车，到达同一车站卸车，运行距离较短，途中不通过编组站的列车称为整

列短途列车。

(2)卸车地组织的列车

以卸车地产生的空车流组织的列车，通常以空车直达列车的形式向装车地点输送空车，包括：

①车底循环使用的回空列车

车底循环使用的回空列车通常由特种货车编组而成，在卸车站卸空以后，整列向装车站回送。

②由卸车站集结的空车编组的列车

由卸车站汇集的各作业地点卸后空车编组而成的空车列车，根据其运行距离又分为空车直达列车、空车直通列车和空车区段列车。

(3)技术站组织的列车

技术站组织的列车指技术站利用汇集的车流编组的列车，分为：

①技术直达列车

在技术站编组，通过一个及其以上编组站不进行改编作业的列车。

②直通列车

在技术站编组，通过一个及其以上区段站不进行改编作业的列车。

③区段列车

在技术站编组，到达相邻技术站，在区段内不进行车辆摘挂作业的列车。

④摘挂列车

摘挂列车是在技术站编组、运行于区段两端的技术站之间、在中间站进行车辆摘挂作业的列车。其中，只在指定的几个作业量较大的中间站进行车辆摘挂作业的列车为重点摘挂列车。

⑤小运转列车

小运转列车包括区段小运转列车和枢纽小运转列车：区段小运转列车是在技术站至邻接区段内的几个中间站之间开行，为技术站与这几个中间站之间车流交换服务的列车；枢纽小运转列车则是在枢纽内编组站与各货运站间输送车流的列车。

小运转列车服务于技术站与邻近区段或枢纽内的中间站之间的车辆交流，把技术站产生的中间站作业车流输送到中间站，把中间站完成装卸作业的重空车流送到邻近技术站，为技术站的列车编组作业服务。除小运转列车外的其他列车统称为大运转列车，小运转列车的开行应当服从大运转列车的车流需要。

3. 按运输性质和用途分

按运输性质和用途，货物列车分为普通货物列车和特定用途货物列车。

普通货物列车是没有指定特定运输条件的货物列车；特定用途货物列车用于运送特定的货物或车辆。特定用途货物列车包括：

(1)货运“五定”班列

为适应市场经济发展，向社会提供及时、快捷的货运服务，以“定点、定线、定车次、定时、定价”为特征的客车化货物列车，包括集装箱“五定”班列和普通货物“五定”班列。其实质是定运行线、定运价。

这种运输形式是在 20 世纪 50 年代末“一条龙”运输的基础上发展起来的。一条龙列车将物资的产、供、运、销紧密联系为一个整体，其组织条件是“三定”(定点、定线、定编组)、“两整”(整列装、整列卸)、“两同”(同一发货人、同一收货人)。

(2)快运货物列车

快速运送鲜活、易腐货物及其他急运货物的列车。

(3)冷藏列车

专门运送易腐货物的机械冷藏列车，设有柴油发电机组、制冷机组及电控装置，在列车运行途中按照运输条件对货物进行制冷或加温。

(4)煤炭直达列车

整列运送煤炭或以装运煤炭的车辆为基本组的始发直达列车。

(5)石油直达列车

以循环使用的黏油罐车为基本组，在原油产地和炼油厂所在站或原油转运站之间整列输送原油或回空的直达列车。

(6)超限货物列车

挂有装载超限货物的车辆并冠以超限列车车次的列车。

(7)重载货物列车

牵引重量在 8 000 t 及其以上的货物列车。

(8)自备车列车

全部由过轨企业自备车组成，为企业输送物资或整列回空的始发直达列车或整列短途列车。

(9)空车直达、直通或区段列车

空车列车按是否通过编组站、区段站分为空车直达列车、空车直通列车和空车区段列车。

4. 按列车内的车流到站及其编组方式分

(1)单组列车

由到达列车解体站及其以远的车辆编组而成，在运行途中不进行车组甩挂的列车，列车内的车辆可以混编，也可以按某些特定要求选分车组并指定编挂位置。

(2)多组列车

多组列车包含的车辆按甩车站选编成组，一部分送达列车运行途中站，一部分送达列车解体站，包括分组列车、摘挂列车和小运转列车。

分组列车是在运行途中的技术站进行车组换挂作业的多组直达或直通列车；而按站顺和到站成组选编的摘挂列车或小运转列车是在区段内的中间站进行车辆甩挂作业、专为中间站服务的列车。

货物列车分类如图 8-1-1 所示。

为了高效、快捷地运输货物，加速机车车辆周转，我国铁路车流组织实行列车专门化的技术政策，即列车的运行距离和旅行速度必须适合货流的需要，一定种类的列车一般只能运送一定种类的货物；反之，一定种类的货物必须用一定种类的列车运送。例如，“五定”班列专门用来运送高附加值、运到期限要求较高的货物，直达列车专门用来运送越过编组站、运距较长的车流；区段车流利用区段列车输送；区段管内车流利用摘挂列车或小运转列车输送。

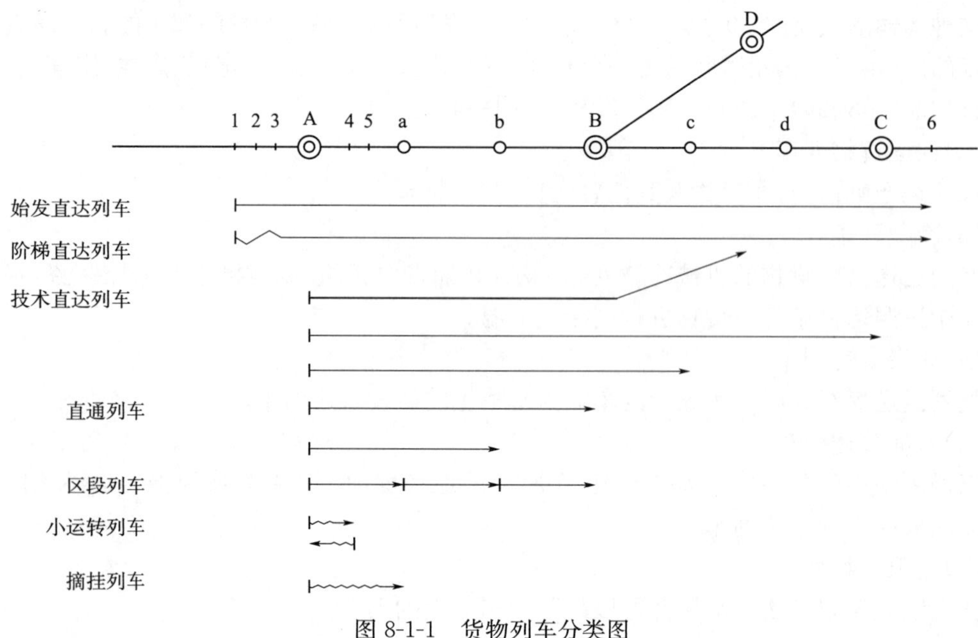

图 8-1-1　货物列车分类图

1. 列车编组计划的主要任务是什么?
2. 列车编组计划在铁路运输组织中发挥着怎样的作用?
3. 什么是列车的专门化?按照列车专门化的要求,货物列车可以划分为哪些种类?

学习任务 2　编制装车地直达列车编组计划

学习内容

1. 组织装车地直达运输的意义。
2. 组织装车地直达运输的基本条件。

相关理论知识

装车站利用自装车流直接编开直达列车的运输组织称为装车地直达运输组织;装车站利用自装车流编组的直达列车,称为装车地直达列车。在装车地组织的直达列车,根据组织条件、到站、车辆编挂办法及运行条件的不同,可有多种形式。

按列车组织条件,装车地直达列车可分为始发直达列车、阶梯直达列车、基地直达列车和整列短途列车。

按列车内货车的到站,可以分为:到达同一卸车站卸车,或到达国际过轨站过轨的直达列车;到达邻近的几个车站卸车的直达列车;到达技术站解体的直达列车。

一、组织装车地直达运输的意义

货物运输直达化是衡量铁路运输组织水平的重要标志之一。组织装车地直达运输可以促进物资产、供、运、销各部门间的密切协作,使货流组织与车流组织更好地结合起来,最大限度地减少中间作业环节,实现运输组织工作现代化与科学化。

装车站利用自装车流组织直达列车,具有以下优点:

1. 减轻沿途技术站的改编作业负荷

车流在装车地点直接组织直达列车,无改编通过沿途技术站,可以减轻这些技术站的改编作业负担,从而降低铁路运输成本、提高运输效率。同时,可以避免或推迟技术站改、扩建,节省铁路建设用地和设备改建投资。

2. 促成编组站在路网上的合理布局

我国铁路运输的货物中大宗货物占有很大比重。努力提高装车地直达运输的比例、减少车流改编作业量,将使部分编组站的作用弱化以至于消失,而另一部分编组站的作用将会凸显出来,从而有利于路网上编组站的合理规划。

3. 加速车辆周转和货物送达

组织直达列车在运行途中获得的车小时节省一般都超过在装、卸站可能因作业延误而产生的损失。事实上,在大宗货物的装车站和卸车站建设了配套的整列装、卸设备以后,组织装车地直达列车不仅可以获得无改编通过沿途技术站的节省,而且可以在装车端和卸车端都获得极大的经济效益。

4. 有利于实现货运集中化和车辆装卸自动化

为组织装车地直达运输常常需要把零散的货流集中起来,以形成稳定、强大的货流;并运用自动化、机械化装卸机具,加速装卸过程、提高装卸效率。

5. 为稳定列车运行秩序创造有利条件

装车地直达列车到达站通常具有较为稳定的直达车流,因而许多直达列车在列车运行图上固定了列车运行线,为稳定列车运行秩序创造了有利条件。

6. 配合厂矿企业生产

组织装车地直达列车可以促进物资产、供、运、销各部门密切协作,使铁路运输与企业生产过程紧密配合,更好地服务于企业生产。

因而,我国铁路运输部门十分重视装车地直达运输组织工作,将它作为首要的车流组织形式。

二、组织直达列车的基本条件

装车地直达运输具有良好的经济效益,应当大力发展。但是,组织装车地直达运输,并不是在任何条件下都是经济可行的,必须具备一定的条件(包括装车端条件、通道条件和卸车端条件)才有可能组织。

1. 装车端条件

为了保证装车地直达列车获得较好的经济效益,直达列车的装车站应具备以下条件:

(1)具有流量稳定的直达车流去向，一般每日装车量不少于一列。

(2)装车设备(如货位，储仓、装车线等)具有组织整列或分批装车的能力。

(3)调车设备具有编组直达列车的能力。

(4)有充足、及时的空车供应。

当一个装车站具备上述条件时，该装车站就可以组织始发直达列车；当一个装车站不具备单独组织直达列车的条件而装车区各站联合起来具备上述条件时，这若干个装车站可以联合组织阶梯直达列车。在能够保证较长时间内都有稳定货流供应的地点，应合理规划、改善车站的装车和编组条件。

2. 通道条件

装车地直达列车的运行区段应当具有相应的通过能力，其区间线路和车站的基础设施应满足列车载重和列车长度的需要。

3. 卸车端条件

直达列车的终到站为卸车站时，其卸车能力应能实现整列或成组(反阶梯直达)卸车，并能有效组织卸后空车的利用或回空。直达列车的终到站为技术站时，该站应具有快速中转到达车流的能力。

我国铁路具备组织直达列车条件的装车站，主要是位于油田、煤矿、铁矿等矿区的装车站，其次是港口货运站、集装箱货运站。矿区站装车数量大、车流去向比较集中，同时具有较好的装车设备，特别适宜于组织直达列车。港口货运站一般具有较大数量的直达车流，并且具有充足的空车供应，也有利于组织直达列车。在“一带一路”发展战略指引下，我国与亚欧大陆沿线各国的国际贸易量增长迅速，长途集装箱运输有望得到快速发展。

三、装车地直达列车编组计划的编制方法

装车地直达列车编组计划通常采取上下结合的方式进行编制。首先由国铁集团根据以往的实绩和运输市场的需要，研究和规定各铁路局应完成的直达运输任务，结合装车计划一并下达。各铁路局根据国铁集团确定的任务，编制计划车流，从品类别、发到站别车流资料中查定直达车流，填写装车地直达列车计划车流表，并结合装卸站的设备条件、装卸能力，参考以往实绩，与有关厂矿企业单位共同研究协商，拟定装车地直达列车计划和空车配送草案报国铁集团核定。

1. 装车地直达列车编组计划的编制步骤

制定装车地直达列车编组计划时，要在保证达到主要目标的前提下，优先采用经济效果好且易于实现的组织方式，并根据货流构成及装卸站作业条件等因素，本着“先远后近、能高勿低，能多勿少”的精神，按如下步骤进行：

(1)先组织直接面向市场和有特定运输条件的直达列车，如“五定”班列、集装箱直达列车、鲜活快运货物列车、重载单元列车、循环直达列车等，再组织一般的装车地直达列车。

(2)先组织一个发站一个发货单位装的直达列车，再组织同一发站几个发货单位装的直达列车，最后组织几个车站联合配开的直达列车。

(3)先组织到达同一车站或同一专用线卸的直达列车，再组织到达同一区段或枢纽内几

个站卸的直达列车，最后组织到达技术站解体的直达列车。

(4)在一定条件下采用建立直达基地或联合出车区的方法，把零散车流汇集起来组织多点配开的直达列车。

在召开列车编组计划会议期间，各铁路局应将所拟直达列车编组计划草案根据计划车流、到站接卸能力的变化等情况进行必要的调整。如需变重时，并要研究直达列车的补轴、减轴及其编组办法。

(5)最后填写直达列车站别计划表及直达列车计划汇总分析表，说明所编直达列车种类、发到车站、列数及车数，并计算有关指标。

2. 空车直达列车的开行方式

为了保证装车地直达列车的空车供应，空车一般应以直达列车的形式向组织装车地直达列车的装车站输送。空车直达列车可以由一个卸车站单独组织，也可以由临近的几个卸车站联合组织；在大量卸车地区，可指定空车汇集站，开行基地式空车直达列车。

未纳入空车直达列车的零星空车流，按排空方向，与重车流混编，一起送往前方技术站。前方技术站根据所汇集空车流的数量和构成，对满足一定条件的车种别空车流，应该组织空车直达列车，其余空车流则仍以空重混编的方式向管内装车站或前方技术站输送。

3. 制定实现装车地直达列车编组计划的主要措施

为保证装车地直达列车编组计划的实现，扩大直达运输的比重，可采取如下技术组织措施：

(1)摸清大宗物资的产销规律和流向，为组织直达运输提供可靠的货源、货流保证；在装卸区建立产、供、运、销联合办事机构，因地制宜地采用各种办法把大宗、稳定的货流最大限度地集中起来，为组织直达运输创造条件。

(2)在编制与审批铁路运输生产计划时优先安排直达列车的货源、货流，制定直达列车装车计划，并在月、旬运输方案中安排日历装车计划，排定直达运输货物的发送顺序。

(3)配备专职人员负责装车地直达列车的计划、组织和统计分析工作，并及时解决直达运输和运输方案中出现的问题。

(4)统一规划煤矿、冶金企业、港口和储运基地的装卸、仓储设备以及工业编组站与铁路联轨站的修建与扩建，使之适应提高列车重量和发展直达运输的需要。

1. 组织装车地直达运输有何意义？
2. 组织装车地直达运输应满足哪些条件？
3. 装车地直达列车有哪几种组织形式？各在什么情况下采用？

学习任务3 编制技术站货物列车编组计划

1. 编制技术站列车编组计划的要素。

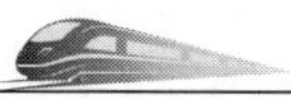

2. 技术站列车编组计划的编制原理，绝对计算法。

相关理论知识

装车地直达列车吸收的车流将在装车地点编组，通过沿途技术站，直接送达卸车站或途中技术站改编。未被装车地直达列车吸收的车流和未送达卸车站的车流，都要汇集到相应的技术站，在那里集结并编组成各类列车，直接或再经中转后送达卸车站。

一、编制技术站列车编组计划的要素

编制技术站列车编组计划可以用区段行车制作为比较基础，确定方案的优劣。区段行车制是指完全不组织直达、直通列车，技术站所产生的区段管内车流由本站组织摘挂列车或小运转列车送达中间站装卸，跨区段车流则全部送往前方技术站改编。

与区段行车制相比，技术站每开行一个直达列车到达站，就要消耗一个到达站的集结车小时 $T_{集}$，但直达车流 $N_{直}$ 无改编通过沿途技术站可获得 $N_{直}\sum t_{节}$ 车小时的节省。为了选择方向上经济有利的列车编组方案，需要计算和比较各列车编组方案的车小时总消耗（绝对计算法）或相对于区段行车制的车小时总节省（表格计算法）。方向上各支直达车流的流量、各技术站集结直达列车到达站耗费的集结车小时和直达车流无改编通过途中技术站的车小时节省是计算技术站列车编组计划的三大要素。

1. 技术站间计划车流的确定

计划车流是编制列车编组计划最重要的依据，为了获得准确的车流数据，各铁路局要深入厂矿企业进行货源调查，详细了解编组计划实行期间的生产计划和销售计划，上下结合，综合平衡，掌握大宗货物的流向和流量，参考以往车流规律，结合现行编组计划执行实绩，确定出符合客观实际的计划车流。为了使确定的车流量具有一定的代表性和稳定性，一般选用第二或第三季度的平均车流量作为编制依据。

技术站间车流按以下方法确定：

(1)发、到站别的计划车流中，应减去已被装车地直达列车吸收的车流。

(2)如果装车地直达列车是到达某技术站解体（或减轴）的，而解体（或减轴）的车流中，还包括有到达前方技术站及其以远的车流时，则这一部分车流应加入该直达列车解体（或减轴）站的车流中，并作为该站产生的车流。

(3)每个技术站发出的车流除该站本身产生的车流以外，还包括该站后方区段所有车站和衔接支线产生的车流。每个技术站到达的车流，除去到达该站本身的车流以外，还包括到达该站前方区段所有车站和衔接支线的车流。

2. 货车集结时间

技术站车辆集结参数是编制列车编组计划的重要依据之一，技术站每增加一个列车到达站，就要多消耗一个 $T_{集}=cm$ 的集结车小时。列车平均编成辆数 m 受牵引定数的限制基本上是固定的；所以 $T_{集}$ 的大小主要取决于货车集结参数 c，其数值取决于列车运行图的编制质量和铁路运输日常调度指挥的水平。c 的数值，可以通过实际查定取得，我国铁路技术站的集结参数通常为 8—10 车 · h/车。

查定集结参数应以车流较稳定、工作较正常的一旬的实际车流为依据，首先查定各到达站的集结参数，然后再按各编组列车到站的车流比重采用加权平均法计算全站的集结参数。

(1)货车集结参数可根据货车集结的写实数据，利用下式计算得到：

$$c_i = \frac{\sum_j t_{集}^{ij}}{60 \cdot m \cdot D} \quad (车 \cdot h/车) \tag{8-3-1}$$

式中 c_i——i 到达站的集结参数；

D——进行写实查定的天数，为消除偶然性对查定结果的影响，写实天数一般不少于3昼夜；

$\sum_j t_{集}^{ij}$——i 到达站在 D 天中消耗的集结总车分，$t_{集}^{ij}$ 为 i 到达站在 D 天中第 j 列的车列集结车分。

(2)对于不受满轴限制的摘挂、小运转列车其集结参数可按下式计算：

$$c = \frac{n \cdot \sum_j t_{集}^{j}}{N \cdot D} \quad (车 \cdot h/车) \tag{8-3-2}$$

式中 $\sum_j t_{集}^{j}$——查定期间该站摘挂或小运转列车集结车小时之和；

n——查定期间集结的摘挂或小运转列车列数；

N——查定期间集结的摘挂或小运转车流总车数。

(3)全站除摘挂、小运转列车外的各列车到达站平均集结参数可按下式计算：

$$c = \frac{\sum_{i=1}^{k} \sum_{i=1}^{n} t_{集}^{ij}}{60mDk} \quad (车 \cdot h/车) \tag{8-3-3}$$

式中 k——该站集结的除摘挂、小运转列车外的列车到达站数。

3. 货车无改编通过技术站的节省

货车无改编通过沿途技术站，只在车站办理无改编中转列车的技术作业就可继续运行；如果在车站改编则需要经历列车到达、车列解体、调车场集结、车列编组和列车出发，即在站进行有调技术作业和集结过程后，才能从车站发出。显然，货车以无调方式通过技术站比较节省时间和铁路运输资源。

以具有3个技术站的 A_2-A_0 方向为例(见图8-3-1)，方向上技术站间共有3支车流。

当 A_2 站不开行 $A_2 \to A_0$ 的直达列车时，N_{20} 和 N_{10} 两支车流在 A_1 站的车小时消耗之和为 $N_{20}(t_{有调作业}+t_{集})+N_{10}t_{集}$；当 A_2 站开行 $A_2 \to A_0$ 的直达列车时，N_{20} 和 N_{10} 两支车流在 A_1 站的车小时消耗之和为 $N_{20}t_{无调作业}+N_{10}t'_{集}$，式中 $t_{集}$ 和 $t'_{集}$ 分别为 N_{20} 参加和不参加 $A_1 \to A_0$ 到达站的车流集结过程时该到达站

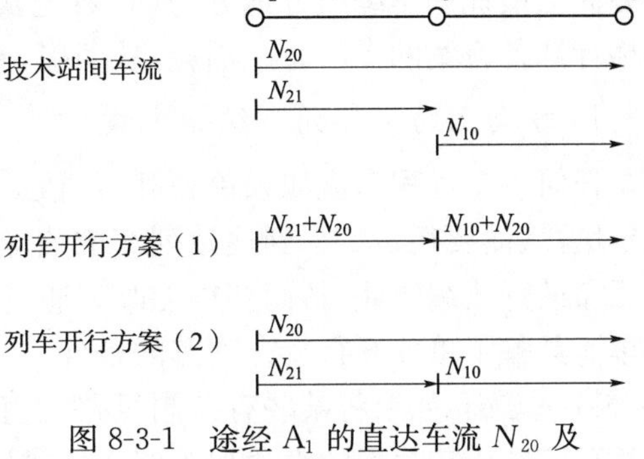

图8-3-1 途经 A_1 的直达车流 N_{20} 及 N_{10} 在 A_1 站的车小时消耗

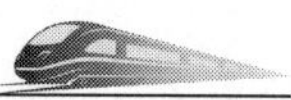

平均每车的集结车小时：$t_{集}=\frac{cm_1}{N_{20}+N_{10}}$，$t'_{集}=\frac{cm_1}{N_{10}}$。由于编组一个列车到达站全天消耗的货车集结时间决定于货车集结参数和列车平均编成辆数而与该去向全天的车流量无关，因而$(N_{20}+N_{10})t_{集}=N_{10}t'_{集}=T^1_{集}$，可得直达车流 N_{20} 每辆货车无调通过技术站 A_1 的车小时节省为

$$t_{节省车小时}=t_{有调作业}-t_{无调作业} \tag{8-3-4}$$

式中 $t_{有调作业}$——有调中转车在技术站进行技术作业(包括到达、解体、编组和出发作业，不包括在调车场集结)及作业间等待所平均停留的时间，h；

$t_{无调作业}$——无调中转车随列车在站进行无改编中转作业平均每车在站停留时间，h。

因为在计算方向上列车编组计划时需要比较各方案车流在站作业和集结的作业成本，货车在集结过程中只是在调车场停留，不进行技术作业，而有调中转车和无调中转车因在站的作业不同，在站停留车小时成本也不同。所以货车无调通过技术站的节省不能简单地以两者作业停留时间之差计算，而均应以作业成本按货车集结车小时加以换算。

无调中转车停留车小时的成本包括按货车寿命小时分摊的车辆购置和维护、检修费用，及无改编中转作业费用；有调中转车在站作业的停留车小时成本不仅包括按货车寿命小时分摊的车辆购置和维护、检修费用，还包括到达、解体、编组和出发作业费用。实际上，货车无调通过技术站，推迟或消除了技术站改、扩建的需要而节省的建设费用也应考虑在内。

因而，货车无改编通过技术站的节省可按下式计算：

$$t_{节}=t^{换算}_{有}-t^{换算}_{无} \quad (h) \tag{8-3-5}$$

式中 $t^{换算}_{有}$——有调中转车在站进行技术作业及作业间等待时间的费用按货车集结车小时费用换算的货车停留时间，h；

$t^{换算}_{无}$——无调中转车在站作业费用按货车集结车小时费用换算的货车停留时间，h。

货车无调通过技术站节省时间按每一个技术站的列车和车辆技术作业过程、列车运行图及其他相关资料查定。

二、技术站列车编组计划的绝对计算法

绝对计算法穷举计算方向上的全部列车编组方案，计算各方案的车小时消耗和各站的改编车数，从而找出车小时消耗少、又能适应各站改编能力的编组方案。采用绝对计算法寻找方向上最优列车编组方案分为两步：先找出全部方案，删除显然不利方案；然后利用专用表格计算各方案的车小时总消耗，从而确定最优方案，或较优可行方案。

1. 方向上的全部列车编组方案

任何一支远程车流如果单独开行直达列车到达站，必须将该到达站的车流划分出来单独集结，从而要耗费一个到达站列车的货车集结车小时；同时，由于直达列车在沿途各技术站无需进行改编作业，从而获得无改编通过的车小时节省。当节省大于损失时，就可认为该支车流具备了单独开行直达列车的条件。

另一方面，如果将某些有共同径路的直达车流合并，即撤销一些远程直达列车到达站，使其车流并入较短程的直达列车到达站，虽然增加了该支车流在技术站改编的损失，却可能因减少了在始发站的集结时间而获得车小时节省。

所以，方向上各支车流可以单开，也可以合开，制定列车编组方案的实质就是寻求车流的最优组合方案。

任一技术站上所有车流的一种组合方式，称为该技术站的一个列车编组方案，方向上各技术站编组方案的一种配合方式就构成方向上的一个列车编组方案。

以有 4 个技术站的 A_3—A_0 方向为例，各站的车流支数及可能的列车编组方案如图 8-3-2 所示。A_3 站有 3 支车流，5 个组合方案；A_2 站有 2 支车流，2 个组合方案；A_1 站只有 1 支车流，1 个列车开行方案。在 A_3—A_0 方向上，可以组合成 5×2×1=10 个列车编组方案，如图 8-3-3 所示。

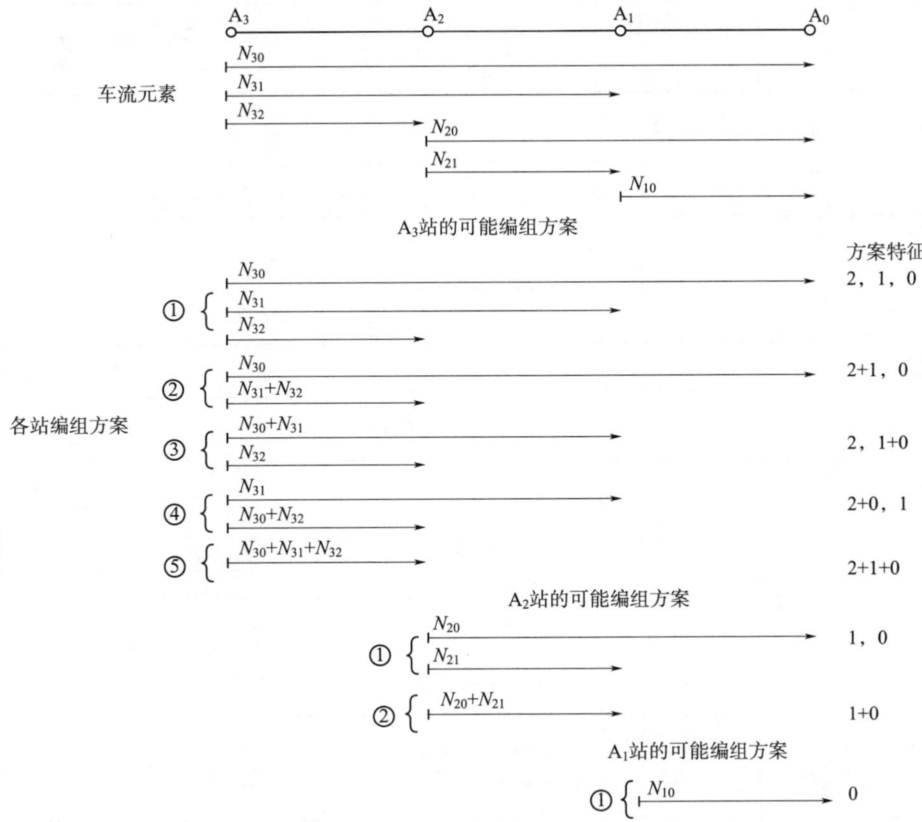

图 8-3-2 在有 4 个技术站的直线方向上各站的车流支数及列车编组方案

2. 绝对计算法的计算原理及计算步骤

(1)计算原理

绝对计算法以区段行车制为基础计算方案的集结车小时消耗，任何一个技术站每开行一个直达列车到达站，就要消耗一个列车到达站的集结车小时；以所有直达车流均无改编通过其径路上的所有技术站作为比较基础，计算车流在沿途技术站改编所产生的车小时消耗；方向上每一列车编组方案的运营支出为集结车小时与改编车小时的消耗之和；经过计算所有列车编组方案，运营支出最小的方案即为最优方案；在满足各站改编能力的方案中，运营支出最小的可行方案为最终当选方案。

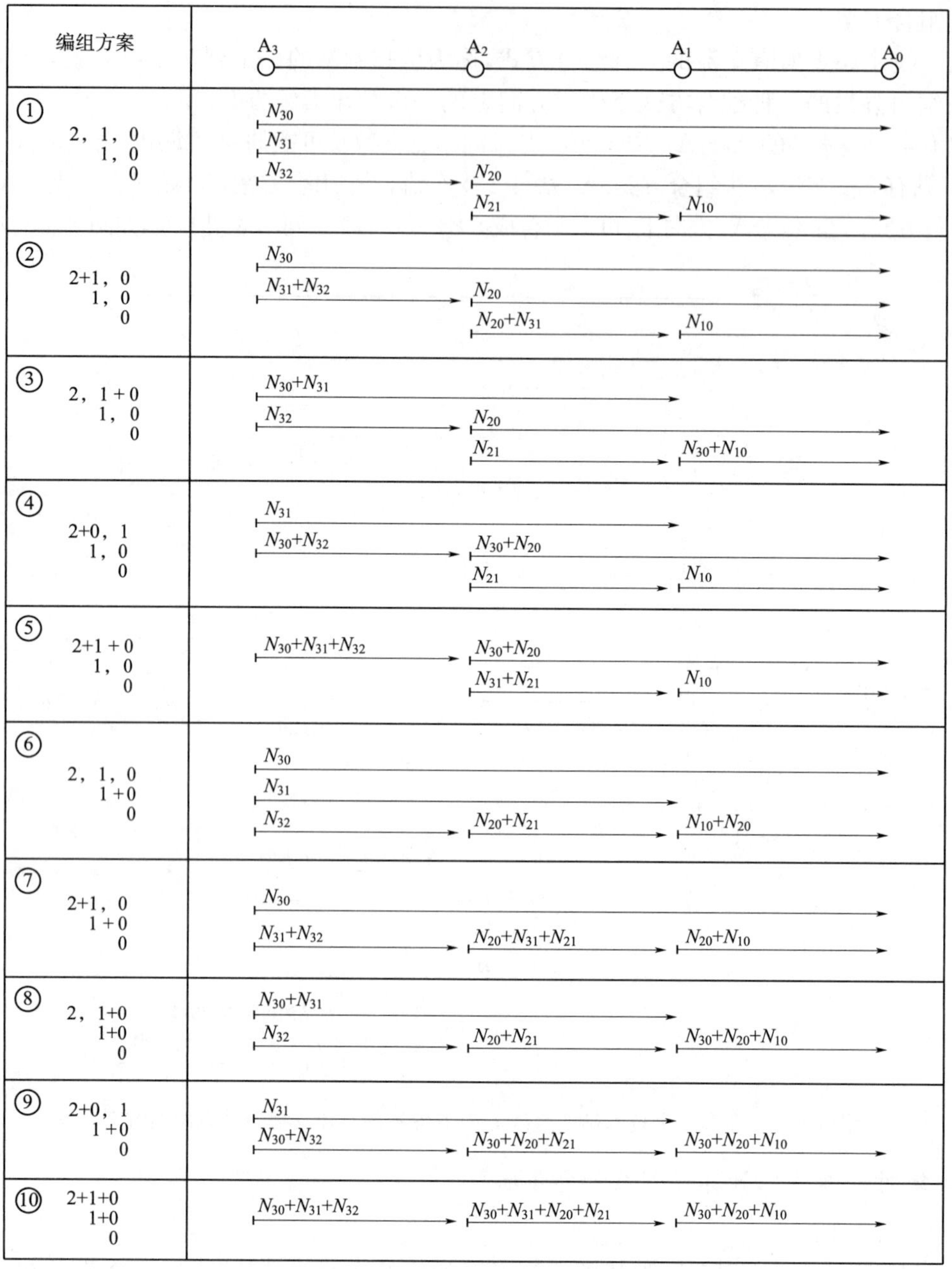

编组方案	A_3　　A_2　　A_1　　A_0
① 2，1，0 1，0 0	N_{30} N_{31} N_{32}　N_{20} N_{21}　N_{10}
② 2+1，0 1，0 0	N_{30} $N_{31}+N_{32}$　N_{20} $N_{20}+N_{31}$　N_{10}
③ 2，1+0 1，0 0	$N_{30}+N_{31}$ N_{32}　N_{20} N_{21}　$N_{30}+N_{10}$
④ 2+0，1 1，0 0	N_{31} $N_{30}+N_{32}$　$N_{30}+N_{20}$ N_{21}　N_{10}
⑤ 2+1+0 1，0 0	$N_{30}+N_{31}+N_{32}$　$N_{30}+N_{20}$ $N_{31}+N_{21}$　N_{10}
⑥ 2，1，0 1+0 0	N_{30} N_{31} N_{32}　$N_{20}+N_{21}$　$N_{10}+N_{20}$
⑦ 2+1，0 1+0 0	N_{30} $N_{31}+N_{32}$　$N_{20}+N_{31}+N_{21}$　$N_{20}+N_{10}$
⑧ 2，1+0 1+0 0	$N_{30}+N_{31}$ N_{32}　$N_{20}+N_{21}$　$N_{30}+N_{20}+N_{10}$
⑨ 2+0，1 1+0 0	N_{31} $N_{30}+N_{32}$　$N_{30}+N_{20}+N_{21}$　$N_{30}+N_{20}+N_{10}$
⑩ 2+1+0 1+0 0	$N_{30}+N_{31}+N_{32}$　$N_{30}+N_{31}+N_{20}+N_{21}$　$N_{30}+N_{20}+N_{10}$

图 8-3-3　在有 4 个技术站的方向上单组列车编组方案

(2)计算步骤

以有四个技术站的 A_3—A_0 方向为例，计算资料如图 8-3-4 所示。（注：为了简化计算、便于说明问题：这里及其后的例题中给出的车站改编能力均偏小，实际上单向三级三场编组站日改编能力约为 5 000 辆，双向三级六场编组站的日改编能力应在 10 000 辆以上；其次，编组站日改编车流量应包括该站改编的全部车流，但计算编组计划方案时各站解编车数仅计算了改编途经该站的直达车流数量。）

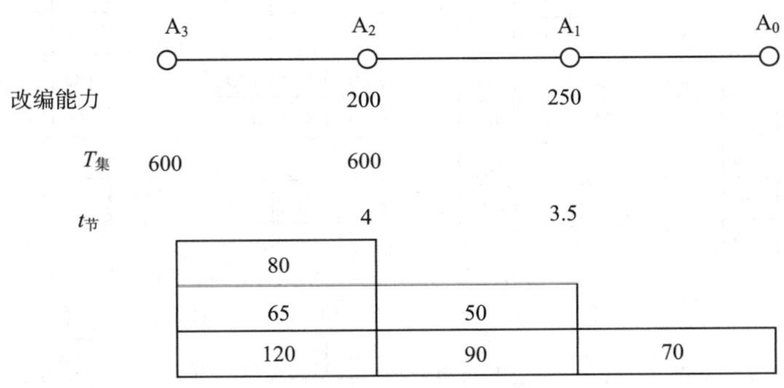

图 8-3-4　$A_3 \rightarrow A_0$ 方向技术站列车编组计划计算资料

①剔除显然不利方案

在开行列车到达站相同的方案中，有一部分编组方案是显然不利的，可以直接从计算方案集中删除，而不必计算。显然不利方案有以下两种：

a. 额外增加了改编次数的方案

这类方案与开行列车到达站相同的其他编组方案相比，由于额外增加了改编次数，从而增加了方案车小时的总消耗，成为显然不利方案。例如，按本例计算资料在图 8-3-3 所示的具有四个技术站的 A_3-A_0 方向上，方案⑧和方案⑨的列车到达站总数及每个列车到达站的始发站和终到站都相同，只是车流组合方式不同。方案⑧将 N_{30} 与 N_{31} 合并开行，使 N_{30} 仅在 A_1 站改编一次；而方案⑨将 N_{30} 与 N_{32} 合并开行，使 N_{30} 既在 A_1 站改编，又在 A_2 站改编。与方案⑧相比，方案⑨使 N_{30} 在 A_2 站额外改编一次，因而是显然不利方案。

b. 选择了在 $t_{节}$ 值较大的车站改编的方案

这类方案与其对应的其他编组方案相比，虽然没有增加改编次数，但由于某一支或几支车流在 $t_{节}$ 值较大的车站改编，从而增加了方案车小时的总消耗，也成为显然不利方案。例如按本例的计算资料在图 8-3-3 所示的方案④中，N_{30} 在 A_2 站改编，而在方案③中 N_{30} 在 A_1 站改编，在两个方案中 N_{30} 均只改编一次，但车流在 A_2 站改编的每车消耗是 4 车・h，而在 A_1 站改编每车消耗 3.5 车・h，因而方案④为显然不利方案。

②利用专用表格计算各方案的车小时总消耗

在本例中，方案④和方案⑨为显然不利方案，不必计算。利用绝对计算法的专用计算表格及计算结果如图 8-3-5 所示。

计算表的上半部分填写各支车流在沿途技术站的改编车数：每行表示一支车流，每列表示一个技术站，格内填写在该站改编的车流数量，表格右方标注方案特征；计算表的下半部分用来计算方案的改编车数、改编有调中转车流的车小时消耗、直达列车始发站的车流集结车小时消耗和方案总车小时消耗等计算结果。

以方案⑤为例：

a. 计算各站改编车数（填写计算表的上半部分）

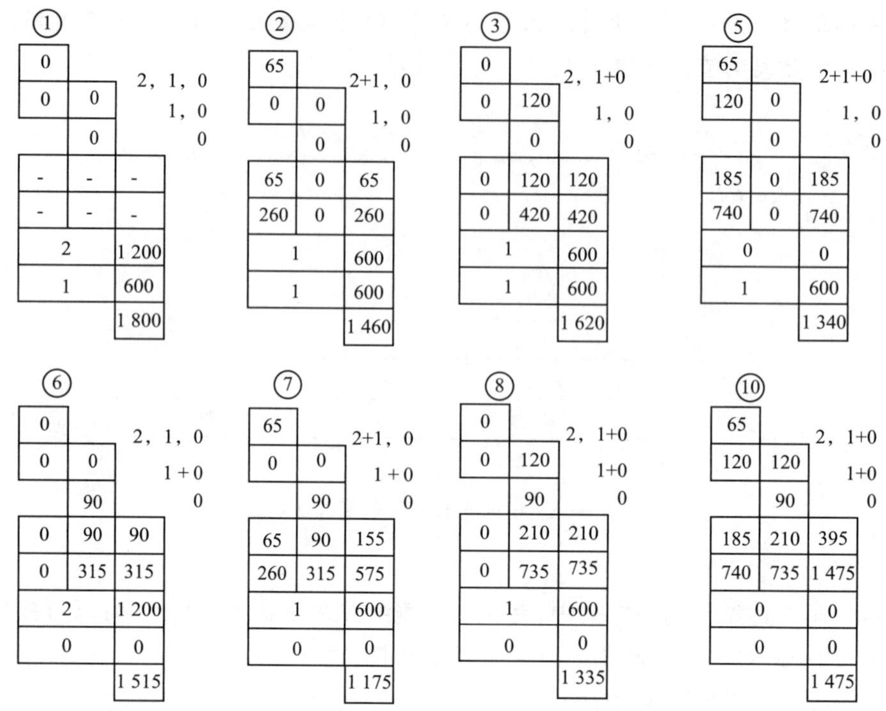

图 8-3-5　在具有四个技术站的方向上利用绝对计算法计算列车编组方案示例

首先在计算表右侧标注方案特征：(2＋1＋0；1，0；0)，表示：A_3 站的三支车流 N_{32}、N_{31} 和 N_{30} 合并开行到达 A_2 站的直达列车；A_2 站的两支车流，N_{21} 和 N_{20} 均单独开行直达列车；A_1 站只有一支车流 N_{10}，必须开行 $A_1 \rightarrow A_0$ 的列车到达站。

然后，填写每支车流在沿途技术站的改编车数。根据方案特征：N_{31} 需要在 A_2 站改编，因而在第一行填记改编车数 65；N_{30} 也要在 A_2 站改编，在第二行 A_2 站的对应方格内填记改编车数 120，N_{30} 到达 A_2 站后即等同于 N_{20}，是否无改编通过 A_1 站要看 A_2 站的列车编组方案，应为无改编通过，故在第二行 A_1 站对应的格内填写 0；N_{20} 无改编通过 A_1 站，在第三行应填写 0。N_{32}、N_{21} 和 N_{10} 三支到达邻近技术站的车流均只有唯一的输送方法，不予计算。至此，计算表的上半部分填写完毕。

b. 计算方案指标(填写表的下半部分)

第一行统计各站改编车数，即表的上半部分各列改编车数之和：A_2 站改编 185 车，A_1 站改编 0 车，方案总改编车数 185。

第二行计算各站改编车小时消耗 $\sum N_{改编} t_{节}$：A_2 站为 185×4＝740 车·h，A_1 站为 0×3＝0 车·h，方案总改编车小时 740。

第三行和第四行分别填写 A_3 站和 A_2 站集结直达列车到达站数和与集结车小时消耗。A_3 站仅集结 $A_3 \rightarrow A_2$ 直达列车到达站，这一列车到达站各方案都要开行，不予计算，填写 0，消耗集结车小时 0；A_2 站集结 $A_2 \rightarrow A_1$ 和 $A_2 \rightarrow A_0$ 两个直达列车到达站，其中到达前方技术站的不计算，填写该站集结 1 个到达站，集结车小时 600。

最后，加总改编车小时和集结车小时 740＋600＝1 340，填写在第五行，至此完成了方案⑤的计算。

③确定当选列车编组方案

方向上的全部列车编组方案计算完以后，车小时总消耗最小的方案即为最优方案，本例中方案 7 为最优方案。检查该方案各站改编车数：A_2 站的日改编能力 200 车，实际改编 65 车；A_1 站的日改编能力 250 车，实际改编 90 车，该方案可行，即为当选方案。

④绘制当选方案到达站图

方案选定以后，还要画出该方案的列车到达站图，绘出该编组方案开行的全部列车到达站及其包含的车流内容，如图 8-3-6 所示。

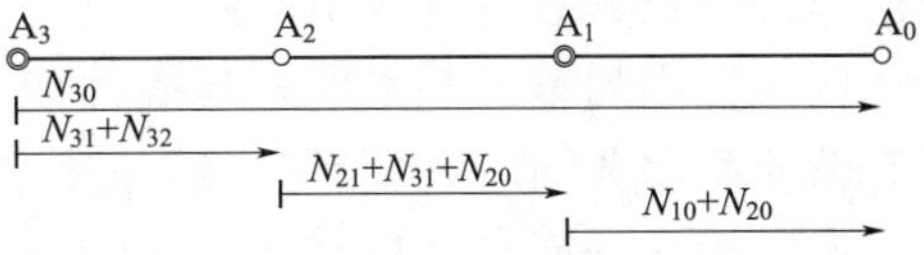

图 8-3-6　当选方案到达站图

⑤填写方向上技术站间单组列车编组计划(见表 8-3-1)

表 8-3-1　A_3—A_0 方向列车编组计划

发站	到站	列车种类	编组内容	固定车次	附注
A_3	A_0	技术直达列车	A_0 及其以远	10001～10005	
A_3	A_2	区段列车	A_2 及其以远	30001～30007	
A_2	A_1	区段列车	A_1 及其以远	31001～31009	
A_1	A_0	区段列车	A_0 及其以远	32001～32007	

绝对计算法可以找到问题的最优解，当最优方案不可行时也很容易逐次从次优方案中寻求可行解；但随着方向上技术站数量的增加，编组方案数迅速增大为天文数字，因而只适合于技术站数不大于 6 的方向。

目前，比较成熟的计算方法是表格计算法。表格计算法以区段行车制为比较基础，采用试探法逐步向最优方案逼近，直到找不出改进措施，即认为已达到较优方案。此外还有诸如整数规划法和 0-1 规划方法等现代算法。

复习思考题 FUXI SIKAO TI

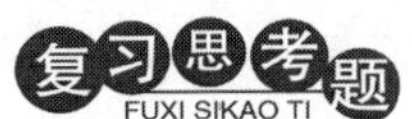

1. 技术站列车编组计划的三要素是什么？怎样查定？
2. 什么是技术站的列车编组方案？什么是方向上的列车编组方案？
3. 计算技术站列车编组计划要达到的目标是什么？

学习任务 4　编制区段管内列车编组计划

学习内容

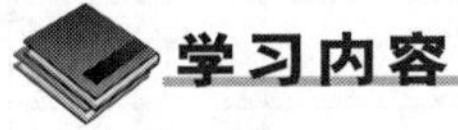

1. 区段管内计划车流的确定。
2. 区段管内列车开行方案的确定。

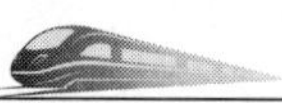

相关理论知识

在区段内各中间站零散到发的车流称为区段管内车流。区段管内车流通常用摘挂、重点摘挂、小运转等区段管内列车或调度机车输送。区段管内车流组织的任务，就是选择合理的列车种类及其数量输送中间站车流。

区段管内列车的基本形式是摘挂列车。摘挂列车从区段一端的技术站出发，为区段内所有营业站服务，到达区段另一端的技术站。

区段小运转列车是从区段一端的技术站出发，仅为区段内个别到发车流量较大的中间站服务后就返回出发技术站的区段管内列车。重点摘挂列车是我国铁路较多采用的又一种区段管内车流组织形式，它运行于整个区段，也是只为区段内一部分装卸作业量较大的中间站服务，其旅行速度比摘挂列车高，且对区段通过能力的影响较小。当区段内作业量较大的中间站偏于区段一侧时，可考虑开行小运转列车；而当区段内作业量较大的中间站较均匀地分布于区段内时，则考虑开行重点摘挂列车。调度机车接受列车调度员的调遣，服务于几个中间站，兼有调车机车和小运转列车的性质。

区段管内列车编组方案主要可有以下几种配合形式：

(1)仅开行摘挂列车。

(2)开行摘挂列车和小运转列车。

(3)开行摘挂列车和重点摘挂列车。

(4)开行摘挂列车、小运转列车和重点摘挂列车。

一、区段管内计划车流的确定

区段管内车流包括区段内各车站间相互到发的车流和区段内各车站与外区段间相互到发的车流，由铁路局制定。区段管内重车流在编制全国计划车流时查定，根据经济调查和日常车流规律加以调整核定；空车流依据装卸货物品类、车种别装卸差确定。区段管内各中间站到发车流表形式见表 8-4-1，据此可以得到相应的车流密度图，如图 8-4-1 所示。

表 8-4-1　区段内中间站到发车流表

至 自	A	b	c	d	e	f	G	计
A		2/0	15/10	2/11	8/5			27/26
b			0/2					0/2
c	20/0					2/0	7/0	29/0
d	6/0				0/1		6/0	12/1
e	10/0					1/0	8/0	19/1
f	8/0							8/0
G			2/0		5/0	5/0		12/0
计	44/0	2/0	17/12	2/11	13/6	8/0	21/0	107/29

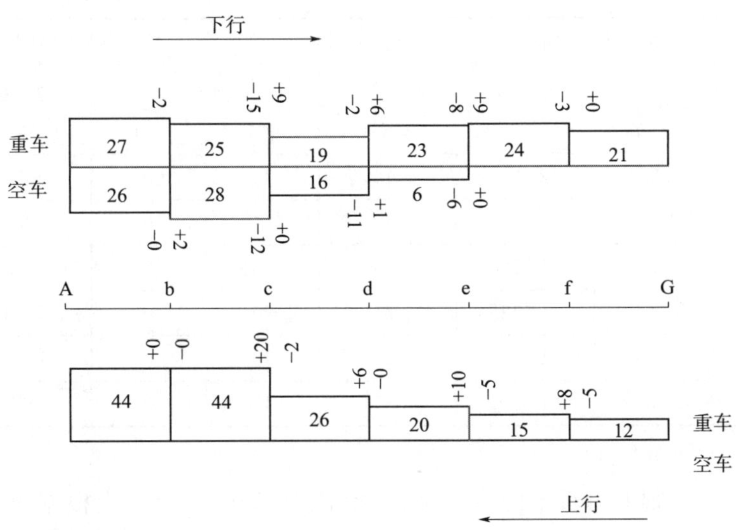

图 8-4-1 A—G 区段管内车流密度图

二、区段管内列车开行方案的确定

区段管内摘挂列车的开行数量，依据区段内各区间上、下行车流密度和区间差别列车重量标准确定。

跨区段列车的重量标准一般是按整个区段规定的。实际上，由于区段内各区间的线路平面和纵断面存在差异，因而在规定的列车计算速度下各区间的牵引重量也不相同；同时，由于摘挂列车在各中间站办理车辆甩挂作业，致使列车重量在沿途不断变化。为了充分利用机车牵引力，在查定该区段应开行的摘挂列车数时，一般应以各区间牵引重量和各区间由摘挂列车挂运的车流量为依据，用下式分别对每一区间进行计算：

$$n_{摘挂}=\frac{U_{摘挂}^{重}\ q_{总重}+U_{摘挂}^{空}\ q_{自重}}{Q_{区间}}$$

式中 $n_{摘挂}$——该区间一日内应开行的摘挂列车数；

$U_{摘挂}^{重}$ $U_{摘挂}^{空}$——该区间一日内由摘挂列车挂运的重车数和空车数；

$q_{总重}$——货车平均总重，t；

$q_{自重}$——货车平均自重，t；

$Q_{区间}$——该区间列车牵引重量，t。

对每个区间分别上下行方向求出 $n_{摘挂}$ 的数值后，再综合考虑区段通过能力的合理利用，分析各种区段管内列车的配合开行方案，确定最终方案。表 8-4-2 给出了 A—G 区段各区间上、下行通过总吨数和列车牵引重量标准。

可以看出，如果 A—G 区段只开行一对摘挂列车，可以满足绝大多数车站的作业需要，由于 c 站作业量较大，仅 c—b 和 b—A 两区间上行方向不能满足需要，考虑到 e 站作业量也较大，可以加开一对仅为 c 站和 e 站服务的重点摘挂列车。为了充分利用机车牵引力和区段通过能力，考虑到该对摘挂列车尚有部分余力，可用区段车流补轴。

表 8-4-2　A—G 区段各区间通过总吨数和列车牵引重量标准

区间名称	A⟶G 方向(下行)				G⟶A 方向(上行)			
	车数		总吨数(t)	列车牵引重量(t)	车数		总吨数(t)	列车牵引重量(t)
	重车	空车			重车	空车		
A—b	27	26	2 732	3 150	44	0	3 520	3 200
b—c	25	28	2 616	3 400	44	0	3 520	3 350
c—d	19	16	1 872	3 050	26	0	2 080	3 250
d—e	23	6	1 972	3 650	20	0	1 600	3 300
e—f	24	0	1 920	3 200	15	0	1 200	3 100
f—g	21	0	1 680	3 350	12	0	960	3 400

注:重车总重 80 t;空车自重 22 t。

开行区段列车原则上每日不应少于 2 列;摘挂列车开行数量,应根据车流量安排,每个区段原则上开行 2 列,摘挂车流较大时可安排开行重点摘挂列车。

1. 什么是区段管内车流?
2. 常用的输送区段管内车流的列车有哪几种?各有什么特点?
3. 在区段管内列车编组计划中,管内列车有哪几种配合开行的方式,各在什么情况下采用?

学习任务 5　执行列车编组计划

1. 编组计划执行前的准备工作。
2. 违反列车编组计划的几种情况。
3. 调整列车编组计划的权限规定。
4. 高质量直达列车。
5. 编组计划执行情况的统计分析制度。

相关理论知识

货物列车编组计划是全路车站编解作业合理分工和科学组织车流的办法,它确定了各站的作业任务和相互关系。如果不按规定办事,任意违反编组计划编车,必然会影响整体部署、打乱站间分工,增加改编作业,甚至造成技术站和干线堵塞,破坏运输秩序等种种不良后果。因此,必须强调列车编组计划的严肃性,组织有关职工认真执行。

一、执行前的准备工作

在新编组计划实行前，各铁路局应制定本铁路局关于执行编组计划的措施，组织有关人员认真学习新列车编组计划的内容、特点和要求。各技术站要根据需要和可能，做好调整车场分工和变更线路固定使用方法。每一个编组列车的车站应将车站的编组计划摘录及注意事项张贴在车站调度员、车站值班员、调车区长等人员工作场所。

二、认真执行，防止违编

有下列情况之一者，除另有规定外，均为违反列车编组计划：

(1)直达列车的车流，编入直通、区段、摘挂和小运转列车；直通列车的车流编入区段、摘挂和小运转列车；区段列车的车流编入摘挂和小运转列车

因为这种把高等级列车的车流编入较低等级列车的做法破坏了列车的专门化，势必造成远程车流在沿途技术站重复改编，延缓货物运送和车辆周转，打乱站间分工。

但对于装载超限货物的限速货车，虽属直达、直通或区段车流，亦可以利用摘挂列车挂运；对于有计划的成组换挂，或为加速鲜活易腐货物及急运物资的输送，中间站到发的车流亦可利用直达、直通、区段列车挂运，都不算违反列车编组计划。

(2)直通、区段、摘挂和小运转列车的车流，编入直达列车；区段、摘挂和小运转列车的车流，编入直通列车；摘挂和小运转列车的车流，编入区段列车

这种把低等级列车的车流编入较高等级列车的做法同样破坏了列车的专门化，其后果必然使远程列车不得不在途中技术站改编或在中间站进行车辆甩挂，也会延缓货物的运送和车辆周转，破坏站间分工。但为了加速中间站到发的仔牲畜、鱼苗、薯秧等快运货物的运送，亦可依据调度命令，优先用直达、直通、区段列车挂运，而不算违反列车编组计划。

(3)未按规定选分车组或未执行指定的编挂顺序(由于执行隔离限制实难兼顾时除外)

主要有以下几种情况：

①分组列车和按规定选分车组的单组列车，未选分成组。

②应按站顺编挂的摘挂列车，未按站顺编挂。

③指定连挂位置的车组，未按指定位置连挂。

发生上述情况，将打乱站间分工，造成有关站作业困难，延长停留时间，降低运输效率。

例如，列车编组计划规定新丰镇—安康东摘挂列车的编组内容为："1. 西安南—旱阳间到站成组，2. 安康东及其以远，按组顺编组"，如果列车自新丰镇出发时区段车流挂在机车次位，就违反了列车编组计划，在途中将会发生作业困难。

(4)未按补轴、超轴规定编组列车

例如，列车编组计划规定武威南开往阿拉山口远程直达列车的编组内容为"阿拉山口卸，基本组 3 200 t，70.0"，附注栏规定"机次以嘉峪关以远补轴"武威南站在编组该到达站的列车时，只能以嘉峪关及其以远车流补轴且挂在机车次位，而不能以"哈密及其以远"或其他车流补轴。

(5)违反车流经路，将车辆编入异方向列车

我国铁路规定：车流应按最短径路或特定径路输送，在特殊情况下按照调度命令以迂回径路输送。如果车站不按规定的径路将车辆编入列车，将会增大运输成本，延缓车辆周转，

还可能加剧通过能力的紧张状况。例如,对有平行径路的车流,未按规定的径路编组或错误的将上行车流编入下行列车等,都算违反编组计划。

(6)未达到编组计划规定的基本组重量、辆数或长度

专门运送特定货物或空车的列车在保证基本任务的前提下可以利用指定车流补轴,如果基本组没有到达规定的重量或辆数标准,就会影响企业生产或装车,属于违反列车编组计划。例如列车编组计划规定江村开往乌西的普快货物班列,编组内容为"乌西及其以远,基本组 3 200 t,68.0;江村以新丰镇及其以远车流补轴,4 000 t,70.0",该列车中的基本组"乌西及其以远"的重量不能少于 3 200 t。又如绿化、嘉峪关开往柳树泉的空车直达列车编组内容为"空敞车,基本组 48 辆",附注栏为"车底固定循环",柳树泉是哈密地区煤炭装车站,每列 48 辆煤车循环往来于柳树泉与嘉峪关之间,拆散将影响装车。

(7)其他未按列车编组计划规定编组的列车

列车编组计划的其他规定,通常是为了方便车站作业和节省调车时间,均应遵守。

凡与行车有关的人员都应熟悉列车编组计划,发现违编时应及时向车站调度员、编车区长提出。车站领导人得知违编情况后,应立即处理,纠正违编。如已接近列车出发时刻,应立即报告本区段列车调度员,请求指示。

技术站对于执行列车编组计划负有特别重要的责任。在日常工作中,车站调度员或调车区长应按列车编组计划的规定,正确制定调车作业计划;调车组人员在编组列车的过程中如果发现问题,要及时汇报;车号员在编制出发列车编组顺序表时要检查其中编挂车流及编组方法是否违反编组计划,发现问题及时汇报,以便纠正。

铁路局调度所应监督车站执行编组计划的情况。车站发生违编时,调度所要根据发生的原因以及可能产生的后果,从尽量减少损失这一前提出发,要求车站纠正违编或承认列车违反编组计划出发。为了保证严肃执行编组计划,必须以调度命令形式承认违反列车编组计划,管内列车须有铁路局的调度命令,跨局列车须有国铁集团的调度命令。对违反编组计划的列车,应记录车次、原因及责任者,以便核查。

三、严格调整权限

货物列车编组计划是一定时期内基础性质的计划,不宜频繁变更。遇车流或技术设备发生较大变化必须调整时,须按一定的权限变更。

1. 需要调整列车编组计划的情况

(1)车流量发生显著变化。

当原先不具备开行直达列车到达站的某去向直达车流显著增长已具备开行的车流条件,或某去向车流显著减少已不满足开行条件时,可考虑增开、延长或取消某些直达列车到达站。

(2)车站、线路等设备的运输条件发生较大变化。

例如,货运站的装卸设备更新,自动化、机械化程度提高,可以实现整列装车和快速卸车,原先制约装车地直达列车组织的瓶颈已经消除;技术站设备经改、扩建,改编能力提高,可以承担更多组号车流的解编任务等,可利用改善的设备条件提高车流组织水平。

(3)车站、枢纽发生堵塞或进行较长时期的施工,影响车站正常作业时,可考虑采取以下一些措施:

①减少作业困难站编组的列车到达站数或列车中的分组数，以减少集结时间和改编作业量。

②从装车地区组织始发直达列车通过作业困难的技术站。

③由辅助作业站或由邻近技术站协助编组直达列车通过作业困难的技术站，或将作业困难站的部分编组任务移到枢纽地区的其他车站担当。

④由于天灾或意外事件，影响区间或车站的通过能力时，可采取变更车流径路的办法缓和区段通过能力的紧张状况，或调整管内列车编组计划。

⑤由于新线开通或新设备投入运用，需对某些站场分工作相应的调整时，或由于紧急运输任务的影响需对编组计划作适当的调整时，则均应因地制宜、因时制宜地采取有关措施。

2. 变更编组计划的权限

为了保持计划的严肃性，列车编组计划的变更需要一定的权限，不得随意变更。在以上情况下，只有下列人员才有权变更编组计划：

(1)国铁集团有权变更跨局列车编组计划。

(2)铁路局运输部长有权变更本铁路局管内编组计划，在征得有关铁路局同意后有权变更跨局区段、摘挂、小运转列车编组计划，变更后应报国铁集团。

变更货物列车编组计划的实行期限应不少于 10 d，并最迟于实行前 3 d 将调整办法下达有关单位，以便事先做好各项准备工作。

四、大力提倡组织高质量直达列车

凡超过编组计划的规定，并符合下列条件之一的列车为高质量列车：

(1)车船衔接，路、矿、厂直出直入，整列装卸的直达列车。

(2)同一卸车地点或按到站货区、货位编组的直达列车。

(3)在始发站组织或技术站组织，超过编组计划规定并符合前方一个编组站编组计划的远程直达列车。

高质量直达列车体现了运输组织整体优化的原则，在编组列车时照顾到后续作业的需要，可以在自己不增加工作量或增加较少工作量的条件下，极大地减少后续作业的工作量，从而提高铁路运输的整体作业效率。其具体办法可以在运输方案中固定下来，并组织实现。

五、建立执行情况的统计分析制度

为了考核货物列车编组计划的执行情况，积累车流资料及研究车流规律，应指定编组站、区段站和分界站建立必要的统计、报告和分析制度。

车站对所有始发、到达或交接的列车完成列车编组计划的情况，应逐日、逐列在专门的登记簿上进行统计，逐旬上报铁路局。对其中违反编组计划的列车，应注明违反的性质、原因、承认违编的调度命令号码和调度员的姓名、采取的纠正措施等，铁路局应根据车站填报的资料，编制主要站完成列车编组计划报告，并按月、旬进行分析。

为了掌握和分析车流动态及积累车流资料，各技术站和主要货运站、分界站，均应建立重车车流月报表，记录自装和接运的重车车流去向。由铁路局汇总，编制局重车车流表，上

报国铁集团，各技术站要建立车流汇总表，由铁路局将编组站车流汇总表上报国铁集团，作为研究车流规律和编制或调整列车编组计划的重要依据。各铁路局每季应将执行编组计划情况书面报国铁集团运输部。

1. 什么是违反列车编组计划？违编对于铁路运输生产有什么危害？
2. 什么是高质量直达列车？车站编组高质量直达列车有什么意义？

▶ 项目9 ◀

列车运行图编制

项目描述

列车运行图是表示列车运行的图解，它规定本区段牵引机车的型号、列车牵引重量和计长，本区段内开行的各次列车在技术站出发和终到的时刻，在中间站的运行方式（通过、停车）、在车站通过、到达和出发的时刻以及机车周转方法。

列车运行图是铁路行车组织工作的基础。所有与列车运行有关的铁路部门必须按列车运行图的要求组织本部门的工作，保证列车按图定时刻运行。

本项目主要介绍列车运行图在铁路行车工作中的重要作用，列车运行图的基本概念和编制原理。

本项目依据的相关规范、规程与标准：《铁路技术管理规程》（简称《技规》）、《铁路运输调度规则》（简称《调规》）、《列车运行图编制管理规则》。

学习目标

1. 素质目标

理解列车运行图在铁路运输组织中的作用，培养大局意识，牢固树立按图行车的信念。

2. 能力目标

能够看懂列车运行图，依据给定的资料严格按照列车运行的图示和时分标注方法绘制列车运行图，计算列车运行图指标。

3. 知识目标

熟悉列车运行的坐标表示法，了解列车车次的编定、列车运行线线型、列车运行整理符号的绘制要求、列车运行图的分类和机车周转图的表示方法，理解列车运行图的编制依据，掌握铁路区段通过能力计算、列车运行图铺画以及列车运行图指标计算方法。

学习任务1　认识列车运行坐标表示法

学习内容

1. 列车运行的坐标表示法。

2. 列车车次的编定、列车运行线线型和列车运行整理符号。

相关理论知识

为了有效地利用区段和车站通过能力，提高铁路客、货运输服务质量，必须以列车运行为核心协调路内、外与运输有关各部门的生产过程。列车运行安排可以用列车时刻表或列车运行图的形式表示，由于列车运行图可以直观地从时空上显示列车的位移及列车之间的相互关系，因而在铁路运输工作中得到了广泛的运用。

列车运行图按区段编制，以横坐标表示时间、纵坐标表示距离，用列车运行线表示列车随时间的推移在区段内位置的变化。

一、列车运行图的格式

1. 时间表示方法

为了适应不同的需要，使列车运行的描述简捷、直观，列车运行图按横轴时间间隔的划分，有二分格、十分格和小时格三种格式。

(1)二分格运行图

二分格运行图(见图 9-1-1)的横轴以 2 min 为单位用细竖线加以划分，为了便于识别，十分用较粗的竖线、小时用更粗的竖线表示。二分格运行图不需标注数字，因而编图人员手工编制新图时使用比较方便。现在由于实现了计算机辅助铺图，二分格图已不再使用。

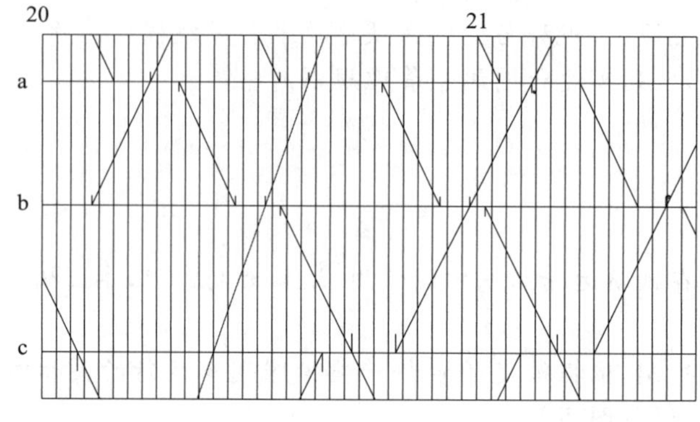

图 9-1-1　二分格运行图

(2)十分格运行图

十分格运行图(见图 9-1-2)的横轴以 10 min 为单位用细竖线加以划分，半小时用虚线表示，小时用较粗的竖线表示。十分格运行图简洁、易读，用于编制和发布新图及在日常调度工作中铺画实绩图和列车运行调整的阶段计划。

(3)小时格运行图

小时格运行图(见图 9-1-3)的横轴以 1 h 为单位用竖线加以划分，只表示列车在区段的始发和终到时刻，不标注在中间站的到发时分，运行线通常画成“航空线”。小时格运行图主要用于编制列车运行方案和机车周转图，及调度工作日(班)计划的列车工作计划和机车工作计划。

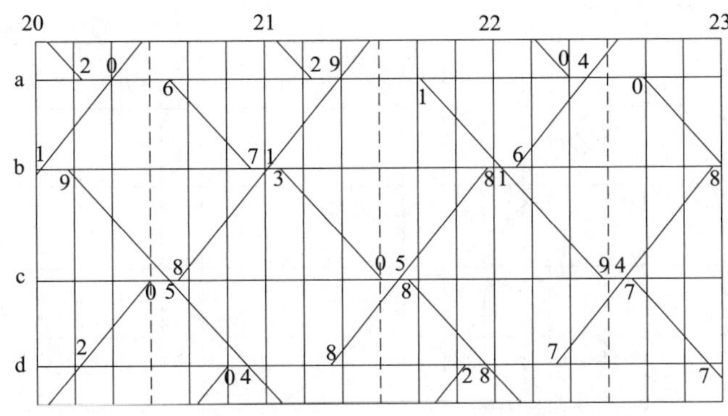

图 9-1-2 十分格运行图

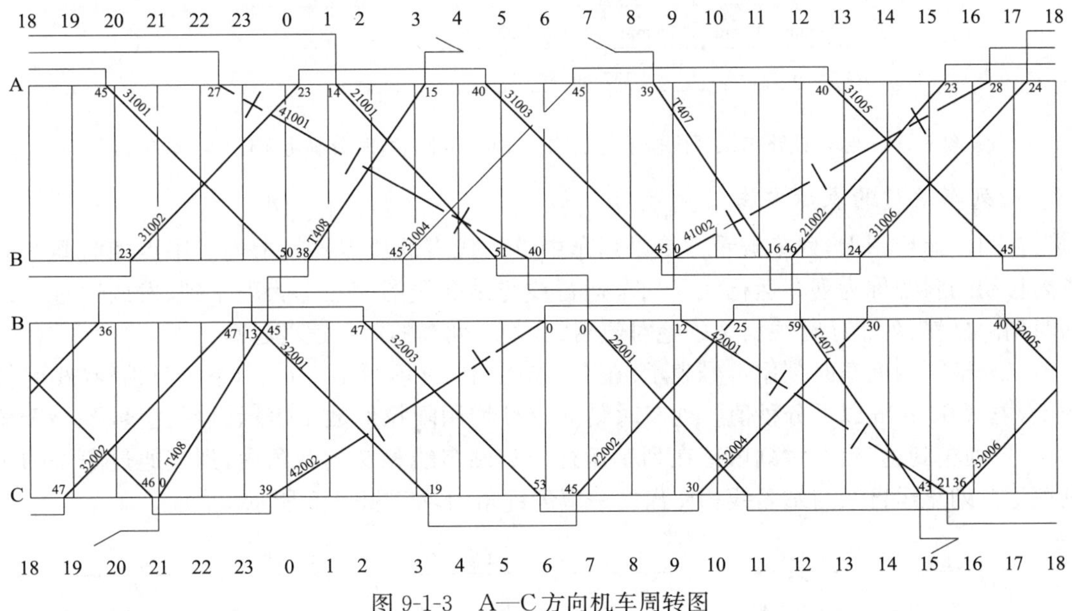

图 9-1-3 A—C 方向机车周转图

2. 车站中心线位置的确定方法

在列车运行图上，表示车站中心线位置的横线称为站名线。站名线可以按站间实际里程，也可以按列车在两站间的纯运行时分确定。

由于不同区间线路的平、纵断面条件不同，列车在区段内的运行并不是匀速的。这样，如果按站间实际里程标注站名线，通过列车的运行线将会成为折线，既不美观，也不容易发现运行线铺画错误。而以列车区间纯运行时分确定站名线位置时，通过列车的运行线基本上是一条直线，有较好的直观性。因而，我国铁路运行图通常普速铁路按下行货物列车的区间纯运行时分，高速铁路按下行高速列车纯运行时分，确定图上各站站名线的位置。

在图 9-1-4 中，A—B 区段下行方向货物列车纯运行时分共计 137 min，下行列车各区间纯运行时分分别为 20、23、26、21、22、25 min，当 A 站和 B 站中心线在图上的位置确定以后，可以用直尺在图上作一条斜线，以刻度 0 和 137 分别对齐表示 A 站和 B 站的横线，则从直尺刻度 20、43、69、90、112 处所作的平行线即为 a、b、c、d 和 e 站中心线在图上的位置。

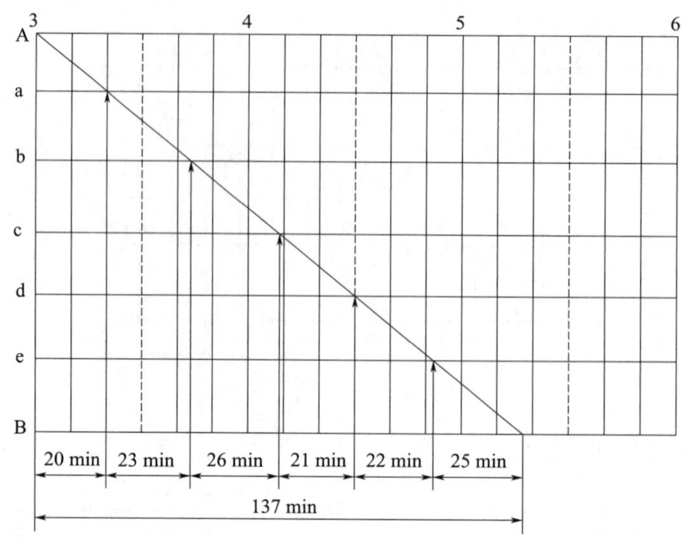

图 9-1-4 普速铁路单线区段按下行货物列车区间纯运行时分确定车站中心线位置

3. 列车运行的表示方法

在列车运行图上，列车被看作是以列车中点为代表的质点。表示列车中点随时间在区段内移动的斜线称为列车运行线。列车运行线与站名线的交点即为列车到、发或通过车站的时刻。显然，列车运行线斜率的绝对值越大，表示列车的运行速度越高。

二分格图的列车时刻用符号表示；在十分格图上，仅填写 10 min 以下分秒值；在小时格图上，填写 60 min 以下分秒值。列车时刻的分秒均用阿拉伯数字表示，秒的字号要小于分的字号；列车到达、出发时刻填记在列车运行线与站名线相交的钝角内，列车通过车站的时刻填记在列车运行线与站名线相交出站一端的钝角内，如图 9-1-5 所示。

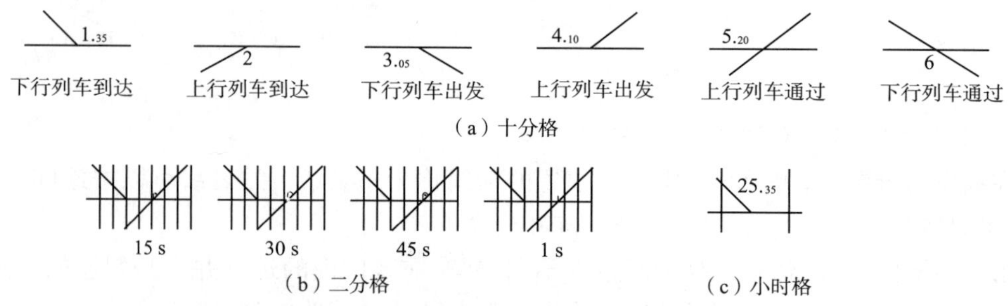

图 9-1-5 运行图中列车时刻的表示方法

二、列车车次和列车运行线的表示方式

在列车运行图上，铺画有不同种类列车的运行线。我国铁路开行的列车按运输性质分为：旅客列车、特快货物班列、军用列车、货物列车、单机和路用列车五类。

在铺画列车运行图和日常列车运行调整中，要按照列车的等级组织会让和越行，通常低等级列车停车等会或待避高等级列车。我国铁路规定列车运行等级的顺序依次为动车组列车、特快旅客列车、特快货物班列、快速旅客列车、普通旅客列车、军用列车、货物列车。单机、路用列车根据用途按指定条件运行。开往事故现场救援、抢修、抢救的列车应优先办理。专运和特殊指定的列车,按指定的等级运行。在特殊情况下,可发布调度命令临时提高某些列车的等级,例如在发生重大自然灾害的紧急时刻运送抢险救灾物资的货物列车可能提高到优于旅客列车的等级,在爆发战争的情况下军用列车的运行等级可以优于其他一切列车。

1. 列车车次

列车车次根据列车分类和等级编码,见表 9-1-1。向首都方向运行的列车为上行列车,车次定为双数;向远离首都方向运行的列车为下行列车,车次定为单数。在运行途中变更上、下行运行方向的旅客列车对,使用两对车次,在运行方向变更站变车次,原则上在与车底配属段邻接的区段采用较小的车次。例如,兰州—青岛的直达特快旅客列车车次为 Z274/Z271、青岛—兰州 Z272/Z273,在济南站变车次;该对列车车底配属于青岛客运段,所以列车在青岛—济南段出发时是 Z272、返回青岛时是 Z271,在济南—兰州段的车次向兰州方向是 Z273、从兰州始发是 Z274。在运行途中变更运行方向的货物列车,由车次变更点所在铁路局选定车次。使用直通车次运行的列车,如径路中存在与列车整体运行方向不符的个别路段时,可以保持全程车次不变。在这种情况下会出现某一路段的同一方向存在上、下行两种车次的情况。

表 9-1-1 全路列车车次编定表

列车种类	车次范围	列车种类	车次范围
一、旅客列车			
1. 高速动车组旅客列车	G1～G9998	7. 普通旅客列车(120 km/h)	1001～7598
其中:直通	G1～G4998	(1)普通旅客快车	1001～5998
管内	G5001～G9998	其中:直通	1001～3998
2. 城际动车组旅客列车	C1～C9998	管内	4001～5998
3. 动车组旅客列车	D1～D9998	(2)普通旅客慢车	6001～7598
其中:直通	D1～D4998	其中:直通	6001～6198
管内	D5001～D9998	管内	6201～7598
4. 直达特快旅客列车(160 km/h)	Z1～Z9998	8. 通勤列车	7601～8998
其中:直通	Z1～Z4998	9. 临时旅客列车(100 km/h)	L1～L9998
管内	Z5001～Z9998	其中:直通	L1～L6998
5. 特快旅客列车(140 km/h)	T1～T9998	管内	L7001～L9998
其中:直通	T1～T3998	10. 旅游列车(120 km/h)	Y1～Y998
管内	T4001～T9998	其中:直通	Y1～Y498
6. 快速旅客列车(120 km/h)	K1～K9998	管内	Y501～Y998
其中:直通	K1～K4998		
管内	K5001～K9998		
二、特快货物班列			
特快货物班列(160 km/h)	X1～X198		

续表

列车种类	车次范围	列车种类	车次范围
三、货物列车			
1. 快运货物列车			
(1)快运货物班列(120 km/h)	X201～X398		
(2)货物快运列车(120 km/h)	X2401～X2998　X401～X998		
其中:直通	X2401～X2998		
哈尔滨局	X2401～X2430	上海局	X2691～X2740
沈阳局	X2431～X2480	南昌局	X2741～X2770
北京局	X2481～X2510	广铁集团	X2771～X2810
太原局	X2511～X2540	南宁局	X2811～X2840
呼和浩特局	X2541～X2570	成都局	X2841～X2890
郑州局	X2571～X2600	昆明局	X2891～X2920
武汉局	X2601～X2630	兰州局	X2921～X2950
西安局	X2631～X2660	乌鲁木齐局	X2951～X2970
济南局	X2661～X2690	青藏公司	X2971～X2990
管内	X401～X998		
哈尔滨局	X401～X430	上海局	X691～X740
沈阳局	X431～X480	南昌局	X811～X840
北京局	X481～X510	广铁集团	X771～X810
太原局	X511～X540	南宁局	X811～X840
呼和浩特局	X541～X570	成都局	X841～X890
郑州局	X571～X600	昆明局	X891～X920
武汉局	X601～X630	兰州局	X921～X950
西安局	X631～X660	乌鲁木齐局	X951～X970
济南局	X661～X690	青藏公司	X971～X990
(3)中欧、中亚集装箱班列、铁水联运班列	X8001～X9998		
其中:中欧、中亚集装箱班列(120 km/h)	X8001～X8998	水铁联运班列(普通货车标尺)	X9501～X9998
中亚集装箱班列(普通货物标尺)	X9001～X9500		
(4)普快货物班列(普通货物标尺)	80001～81998		
2. 煤炭直达列车	82001～84998	5. 空车直达列车	87001～87998
3. 石油直达列车	85001～85998	6. 技术直达列车	10001～19998
4. 始发直达列车	86001～86998	7. 直通货物列车	20001～29998

续表

列车种类	车次范围	列车种类	车次范围
8. 区段货物列车	30001～39998	12. 自备车列车	60001～69998
9. 摘挂列车	40001～44998	13. 超限货物列车	70001～70998
10. 小运转列车	45001～49998	14. 保温列车	78001～78998
11. 重载货物列车	71001～77998		
四、军用列车	（略）		
五、单机和路用列车			
1. 单机	50001～52998	4. 试运转列车	55001～55998
其中：客车单机	50001～50998	其中：普通客货列车	55001～55300
货车单机	51001～51998	300 km/h 以上动车组	55301～55500
小运转单机	52001～52998	250 km/h 动车组	55501～55998
2. 补机	53001～54998	5. 轻油动车、轨道车	56001～56998
3. 动车组检测、确认列车		6. 路用列车	57001～57998
(1)动车组检测列车	DJ1～DJ8998	7. 救援列车	58101～58998
300 km/h 检测列车	DJ1～DJ998	8. 回送客车底列车	
其中：直通	DJ1～DJ400	有火回送动车组车底	001～00100
管内	DJ401～DJ998	其中：直通	001～0050
250 km/h 检测列车	DJ1001～DJ1998	管内	0051～00100
其中：直通	DJ1001～DJ1400	无火回送动车组车底	00101～00298
管内	DJ1401～DJ1998	其中：直通	00101～00200
(2)动车组确认列车	DJ5001～DJ8998	管内	00201～00298
其中：直通	DJ5001～DJ6998	无火回送普速客车底	00301～00498
管内	DJ7001～DJ8998	回送图定普速客车底	图定车次前冠以“0”
		因故折返旅客列车	原车次前冠以“F”

注：冠于车次数字前的字母按汉字读音：“G”读“高”；“C”读“城”；“D”读“动”；“Z”读“直”；“T”读“特”；“K”读“快”；“L”读“临”；“Y”读“游”；“X”读“行”；“DJ”读“动检”；“F”读“返”。

中欧、中亚集装箱班列和普快货物班列按列车运行速度分为 120 和 80 两个等级：“120”指速度达到 120 km/h 的班列，车次编定为 X8001～X8998；“80”指运行速度在 80 km/h 及以下，即“普通货车标尺”的列车，其中中亚集装箱班列车次编定为 X9001～X9500，水铁联运班列车次编定为 X9501～X9998。

2. 列车运行线的表示方式

为了便于区分不同种类的列车，在列车运行图上以不同线形表示不同种类列车的运行线。表 9-1-2 列出了我国铁路规定的列车运行线线型。

表 9-1-2　列车运行线表示方法

列车种类	表示方法	说　明
旅客列车、动车组列车	————————————	红单线,以车次区分
临时旅客列车、旅游列车	—‖—‖—‖—‖—‖—‖—	红单线加红双杆,以车次区分
回送客车底	—□—□—□—□—□—□—	红单线加红方框
特快班列	—○—○—○—○—○—○—	蓝单线加红圈
快速班列	—○—○—○—○—○—○—	蓝单线加蓝圈
直达列车(普快班列)	————————————	蓝单线
直通、自备车、区段列车	————————————	黑单线,以车次区分
摘挂列车、小运转列车	—+—|—+—|—+—|—	黑单线加"+""|",以车次区分
重载货物列车	— — — — — — — — — — — —	蓝断线,以车次区分
冷藏列车	—○—○—○—○—○—○—	黑单线加红圈
军用列车	(略)	
回送军用列车	(略)	
超限超重货物列车	—□—□—□—□—□—□—	黑单线加黑方框
路用列车、试运转列车(不含动车组)	—○—○—○—○—○—○—	黑单线加蓝圈,以车次区分
单机	—▷—▷—▷—▷—▷—▷—	黑单线加黑三角
救援、除雪列车	—×—×—×—×—×—×—	红单线加红"×",以车次区分
重型轨道车	—‖—‖—‖—‖—‖—‖—	黑单线加黑双杆

表 9-1-2 中,动车组列车是指动车组检测列车、动车组确认列车、回送动车组列车和试运转动车组列车。动车组检测列车(Comprehensive Inspection Train,CIT)用于高速铁路的综合检测,拥有对轨道、接触网、通信信号等基础设施的综合检测能力;确认列车是高铁线路夜间 0:00～4:00 检修后,当日运营之前开行的"不载客列车",确认线路绝对安全后,载客列车才能开行。

3. 列车运行整理符号

列车在本区段的出发有自编始发和从邻接区段转来或从中间站出发,到达有在技术站或中间站终到和转往邻接区段等情况。表示列车在本区段出发和到达运行条件的符号称为列车运行整理符号,见表 9-1-3。

表 9-1-3　列车运行整理符号

名　称	列车运行整理符号	名　称	列车运行整理符号
列车始发	20001 5	列车从邻接区段转来	20003 8
列车终到	6	列车开往邻接区段	20006 9

续表

名　　称	列车运行整理符号	名　　称	列车运行整理符号
列车在中间站临时停运	7	—	—

列车车次通常标注在列车出发或转往邻接区段的运行整理符号上或出发端的列车运行线上方。

三、机车周转表示方法

机车周转是机车在牵引区段往返担当列车牵引任务的安排，用机车周转图表示。机车周转图规定列车机车从机车配属段所在站向机车折返段所在站担当牵引的车次和在折返段整备后担当的返程车次，分为计划机车周转图和实绩机车周转图。计划机车周转图又分为基本机车周转图和日（班）计划机车周转图。基本机车周转图是与重新编制的新图或调整的列车运行图配套的机车周转图，只在列车运行图上勾画了机车交路，没有具体指定各次列车的牵引机车号，如图 9-1-3 所示；日（班）计划机车周转图是由机车调度员在列车工作计划上具体指定各次列车的牵引机车形成的，如图 9-1-6 所示。实绩机车周转图则是当日各台列车机车实际牵引列车的真实记录，与日（班）计划机车周转图相比，由于列车早点、晚点、增开、停运及机车赶不上交路机车调度员临时指定替班机车等因素的影响会有一些出入。

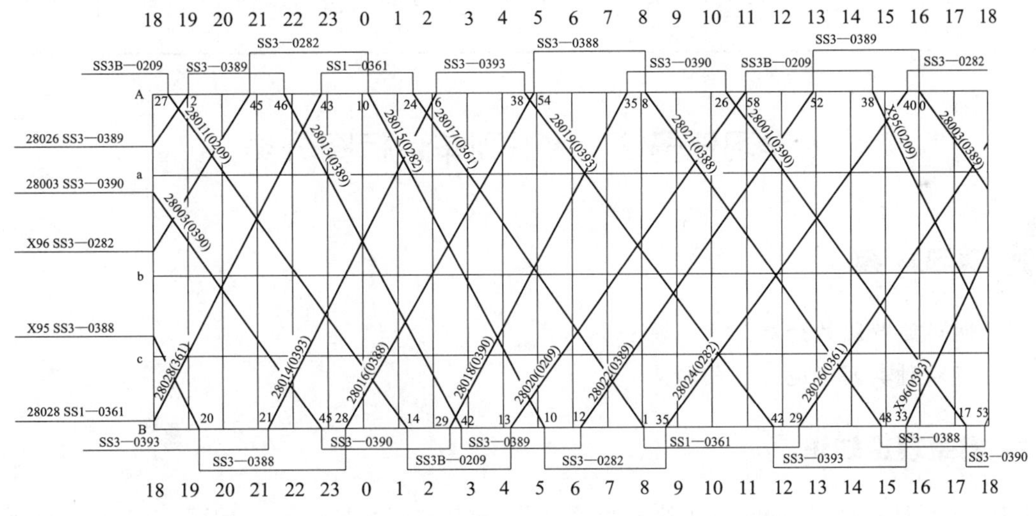

图 9-1-6　日（班）计划机车周转图

一、复习思考题

1. 用列车运行图和列车时刻表表示列车运行各有什么优缺点？分别在什么场合运用？
2. 在运行图中按照列车区间纯运行时分划分区间比按区间实际里程划分有什么优点？

3. 十分格和小时格运行图怎样标注列车在站通过、到达和出发的时分数字？

4. 我国铁路开行的列车分为几大类？列车车次和运行线线型是怎样规定的？

5. 什么是机车交路？机车周转图的作用是什么？

二、习题

依据表 9-1-4 列车时刻表铺画 A—E 区段 6:00—10:00 列车运行图片段。要求按下行货物列车的区间纯运行时分 $t'_{A-b}=14$ min，$t'_{b-c}=12$ min，$t'_{c-d}=15$ min，$t'_{d-E}=13$ min，确定车站中心线。注意：客车运行线用红单线及摘挂列车运行线的图示方法，列车到、发和通过时刻必须标在正确的位置上。

表 9-1-4　列车时刻表

车次	11001	42001	11003	T31	T32	11002	11004	21004
A	6:05	6:30	8:44	9:50	7:33	8:25	9:44	11:07
b	6:21	6:47 7:22	9:00	10:04	7:19	8:10	9:29	10:52
c	6:33	7:37 8:10	9:12	10:14	7:08	7:57	9:14 9:08	10:39
d	6:49 6:56	8:28 9:05	9:27	10:27	6:54	7:41	8:51	10:23
E	7:12	9:21	9:41	10:39	6:40	7:25	8:35	10:07

学习任务 2　认识列车运行图分类

学习内容

1. 列车运行图的分类。

2. 不同种类列车运行图的特点。

相关理论知识

列车运行图可以依据区间正线的数量、同方向列车运行速度是否相同、上下行方向的列车数量是否相等、列车运行方式以及列车运行图的使用期间等条件划分为各种类型。

一、按区间正线数分

1. 单线运行图

按区段内各区间均只有一条正线、列车只能在车站交会的运行条件铺画的列车运行图称为单线运行图（见图 9-2-1）。

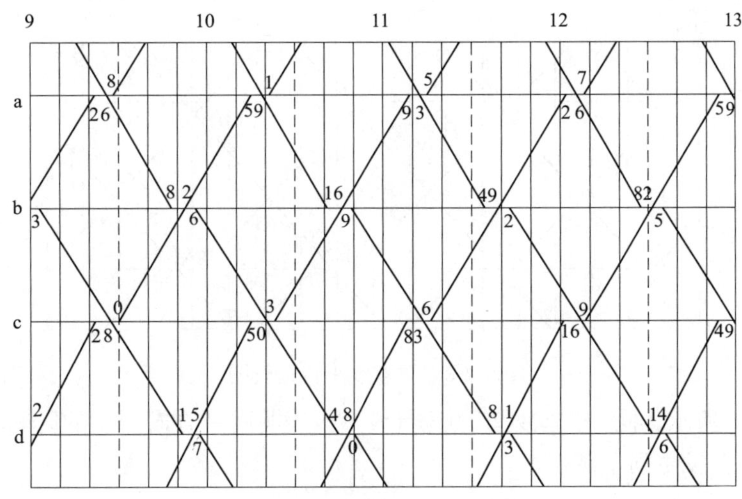

图 9-2-1 单线成对平行运行图

2. 双线运行图

按区段内各区间均有两条正线，上、下行列车分线运行的条件铺画的列车运行图称为双线运行图，其特征是列车可以在车站也可以在区间交会(见图 9-2-2)。

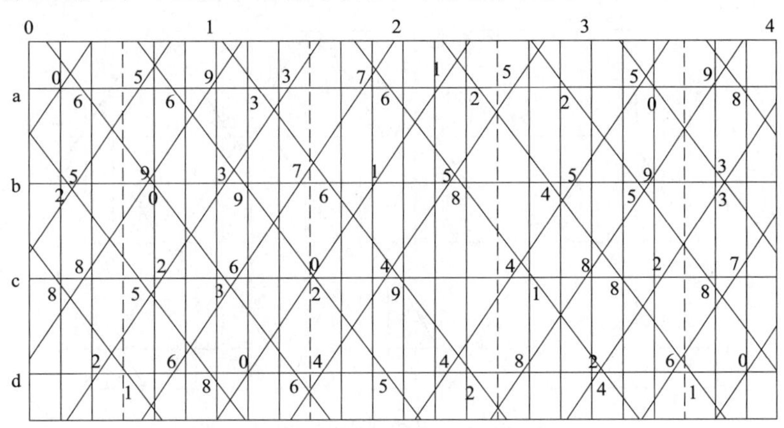

图 9-2-2 双线成对连发平行运行图

3. 单双线运行图

为区段内部分区间修建了双线或双线插入段的单线区段铺画的列车运行图称为单双线列车运行图(见图 9-2-3)。双线区间是在单线区段的困难区间增设一条正线形成的，双线插入段则是从单线区段困难区间的一端或两端将一条站线向区间延伸形成第二正线，在单线区段修建双线区间或双线插入段是为了提高铁路区段通过能力和列车旅行速度，同时为列车运行调整提供方便条件。

二、按同方向列车的运行速度是否相同分

1. 平行运行图

区段内铺画的同一方向的列车运行线均相互平行的运行图称为平行运行图，如图 9-2-1、

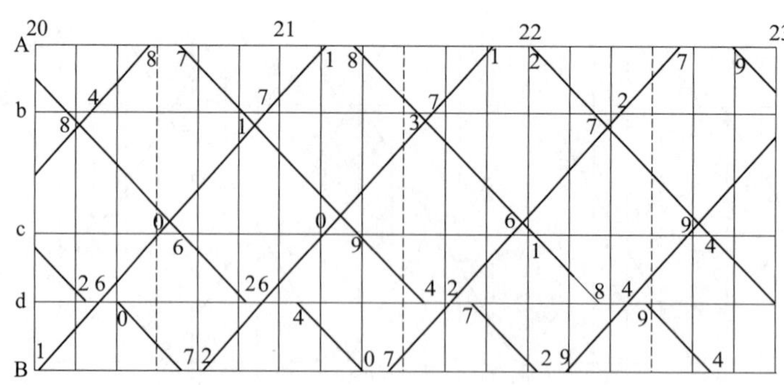

图 9-2-3　单双线平行运行图

图 9-2-2、图 9-2-3 所示。同一方向列车的运行线平行表明同一方向列车的区间运行速度相同，因而在区段内不会发生列车越行。

2. 非平行运行图

在运行图上铺画了运行速度有差异的不同种类列车，因而不是全部列车运行线都平行的运行图称为非平行运行图。如既开行旅客列车，又开行货物列车的既有线列车运行图（见图 9-2-4）和高、中速列车混跑的高速铁路运行图（见图 9-2-5）。

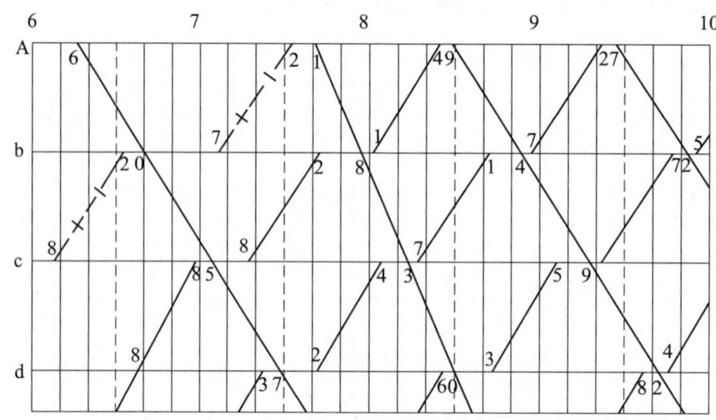

图 9-2-4　单线非平行运行图

三、按上、下行方向列车数量是否相等分

1. 成对运行图

上、下行方向开行的列车数量相等的运行图称为成对运行图。

2. 不成对运行图

上、下行方向开行的列车数量不相等的运行图称为不成对运行图。在上、下行方向的运量差别较大而形成了货运方向和非货运方向的区段，或虽然上、下行方向运量的差别不大但列车的牵引重量差别较大的区段，应采用不成对运行图。

列车运行图是以一昼夜 24 h 为单位分别各区段铺画的。列车运行线是否成对，不是看某一时段上、下行列车的数量是否相等，而是看该区段列车运行图全天 24 h 内两个方向开行的列

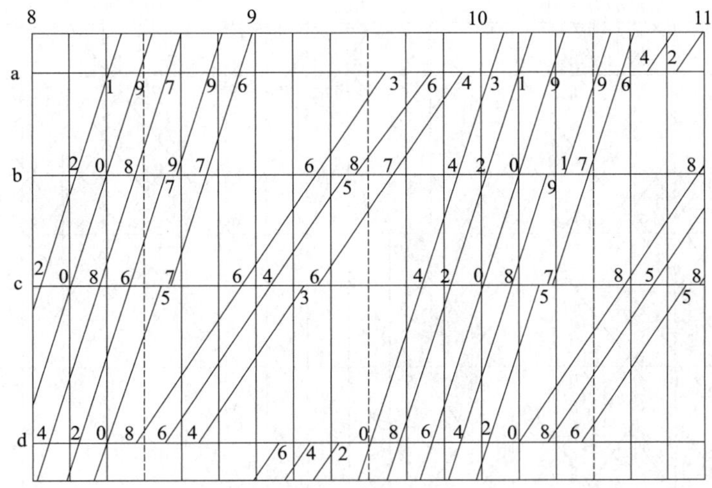

图 9-2-5　高、中速列车混跑的高速铁路运行图

车数是否相等。在单线半自动闭塞区段和自动站间闭塞区段不成对运行图中，货运方向必然会有连发列车运行线，但是铺画有连发列车运行线的运行图不一定是不成对运行图。

四、按列车运行方式分

1. 追踪运行图

在自动闭塞区段，列车按规定的追踪间隔从车站出发或通过，在同一区间、同一时间内可以有多列列车以闭塞分区为间隔运行（三显示、四显示自动闭塞区段）或利用列车运行控制装置保持列车安全运行间隔（移动自动闭塞）运行，这种运行图称为追踪运行图，如图 9-2-6 和图 9-2-7 所示。

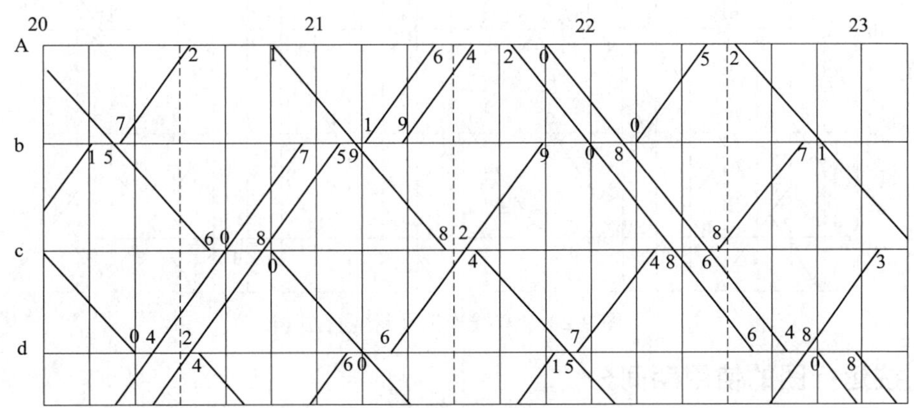

图 9-2-6　单线部分追踪平行运行图

2. 非追踪运行图

在非自动闭塞区段，同一区间的一条正线上、同一时间只能有一列列车运行。以站(所)

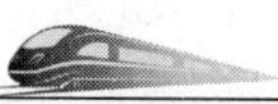

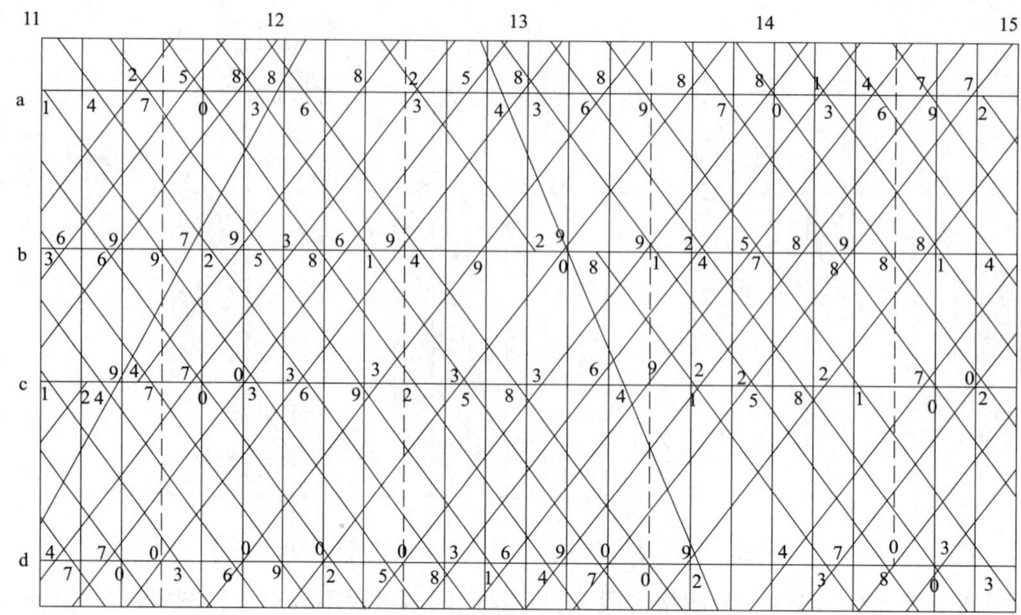

图 9-2-7　双线追踪非平行运行图

间区间为间隔的列车运行图称为非追踪运行图。单线、双线半自动闭塞和自动站间闭塞区段的运行图均为非追踪运行图。其中，在双线半自动闭塞和双线自动站间闭塞区段的每一条正线上，全部列车均以连发间隔运行。全部列车均按连发间隔铺画的双线运行图称为连发运行图（见图 9-2-8）。

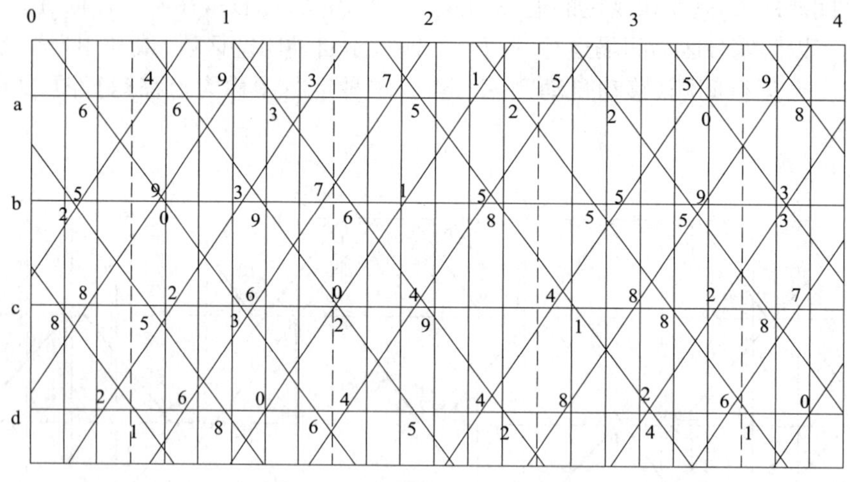

图 9-2-8　双线连发平行运行图

五、按运行图的使用期间分

1. 基本图

基本列车运行图，简称基本图，是指根据规定期间内的计划客、货运量重新编制或调整，在日常运输工作中正在实施并持续到下次重新编制或调整为止的列车运行图。调整后的基本图又称调整列车运行图，简称调整图。

2. 分号图

分号列车运行图，简称分号图，是指为适应运量较大波动、线路施工或重大特殊运输任务而编制的，短时间实行，实行完毕又恢复到基本图的临时性列车运行图，例如施工图、春运图、暑期图、“五一”分号图、“十一”分号图等。

每张运行图按照不同分类标准同时具有多方面的特征。例如，图 9-2-1 所示的列车运行图是单线、非追踪、成对、平行运行图，而图 9-2-7 所示为双线、追踪、非平行运行图。

1. 单线运行图、双线运行图和单双线运行图各有什么特点？
2. 什么是平行运行图、非平行运行图？什么种类运行图可能出现列车越行？
3. 在什么情况下需要铺画不成对运行图？根据运行图在某一时段上下行列车数量不相等或图上铺画有连发运行线的单线运行图，就可以判定该图为不成对运行图吗？
4. 追踪运行图和非追踪运行图有什么不同？
5. 什么是基本图？什么是分号运行图？分号图怎样命名？

学习任务 3　列车运行图编制依据

1. 列车运行图的编制资料。
2. 列车作业时间标准和运行图天窗的确定。
3. 列车间隔时间及其查定方法。

相关理论知识

在开始编图前，必须整理好运行图编制资料。铁路局各业务处室分工负责提出、收集、整理和核定运行图编制资料，报铁路局总工程师室汇总，经铁路局编图工作组审核、批准后报国铁集团。国铁集团编图委员会负责审核各铁路局上报资料，汇总工务、供电、电务等部门施工天窗要求，在编图前下发各铁路局，由铁路局总工程师室整理成册，作为编制列车运行图的依据。

一、列车运行图编制资料

列车运行图中铺画的各类列车运行线的数量应当符合运输需求并留有一定的后备；为了保证运输安全和与列车运行有关的各项作业的顺利进行，实现良好的车流接续、区段间直达、直通列车运行线的接续和机车交路，铺图列车运行线需要遵守相应的规定和时间标准；此外，对当前运行图执行情况的分析也是本次编图的重要参考。

1. 列车运行图的数量指标

铺画列车运行图时，首先要根据客流和货流的性质、流量，确定每一区段铺画各类旅客列车和货物列车运行线的对数。旅客列车的始发、终到站、列车种类和开行数量依据客流预

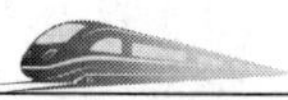

测数据确定，其原则是：满足不同旅客的出行需求，尽量减少旅客换乘次数；货物列车的发站、到站及列车种类依据列车编组计划的规定，各到达站开行列数适当向上波动。在列车运行图技术资料中应对本铁路局、各铁路局间分界站及各区段开行的客、货列车数量做出具体规定。

2. 列车运行及编组要求

在列车运行图编制资料中需要列出受线路条件、机车车辆性能和站线有效长度的限制，对列车运行、停站和编组的具体要求：

(1)线路允许速度。

(2)车站过岔速度。

(3)车站正线、到发线数量及有效长度。

(4)长期慢行处所及限速。

(5)旅客列车牵引机型、辆数，货物列车牵引机型、牵引定数，双机牵引区段的单机牵引定数。

(6)列车使用补机区段。

(7)牵引变电所供电范围及接触网分相位置。

(8)列车技检、凉闸必须停车站及停站时分。

(9)机车、动车组和乘务交路图等。

3. 列车运行图要素

铺画列车运行图时必须遵守的各项时间标准称为列车运行图要素，分为列车作业时间标准、列车间隔时间标准和列车运行线可铺画时段，主要包括：

(1)列车区间运行时分。

(2)客、货列车在中间站作业的停站时间。

(3)列车在技术站、客货运站的技术作业过程及其作业时间标准。

(4)客、货运机车自、外段折返及乘务员出发、到达工作时间标准。

(5)列车间隔时间，包括列车车站间隔时间和列车追踪间隔时间。

(6)线路、信号和牵引供电设施施工、维修所需的运行图预留“天窗”时段。

其中，第(1)～(4)项为列车作业时间标准；第(5)项为列车间隔时间标准；第(6)项规定了不能铺画列车运行线的时段。

4. 现行列车运行图完成情况的分析及改善意见

编制列车运行图需要考虑的因素很多，很难照顾周全。为了方便旅客、客户，改善为厂矿企业服务的质量，同时也为运输生产创造良好的作业条件，需要积累运行图执行情况的资料。由于运行图的执行以一昼夜为单位，具有重复性，因而容易发现问题。这些资料在编制新图时可以作为参考，以便保留当前运行图的优良性能、清除存在的问题。

二、列车作业时间标准和运行图天窗

1. 列车作业时间标准

(1)列车区间运行时分

列车区间运行时分指列车在两个相邻分界点中心线之间的运行时间标准，包括列车区间纯运行时分、起动附加时分和停车附加时分。列车不停车通过两个相邻分界点所需的运行时分称为区间纯运行时分。列车到站停车时速度逐渐减为零,从车站出发时速度从零增加到运行速度,与不停车通过区间两端站相比多花费的区间运行时间分别称为停车附加时分和起动附加时分。

列车区间运行时分取决于机车、车辆类型,规定的列车计算速度及列车重量标准,线路平、纵断面,气候条件等因素。部分车站上、下行列车在不同车场到发,或旅客列车在专用的客场接发,使不同方向、不同种类的列车在同一区间的运行距离不同(见图 9-3-1);同一区间客、货列车的运行速度不同,上、下行列车的运行速度也存在差异。由于以上原因,区间纯运行时分应按列车种类和上、下行方向分别查定。

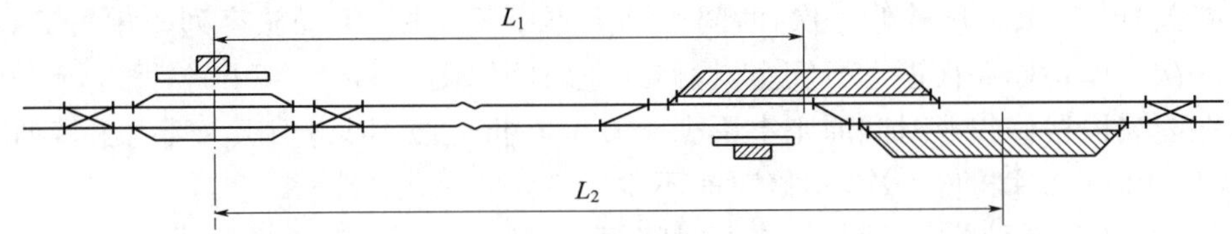

图 9-3-1 上、下行列车在同一区间的运行里程不同

列车区间运行时分由机务部门采用牵引计算和试运转相结合的方法确定。由于牵引计算所依据的参数值可能与实际情况有出入,确定的计算速度和牵引定数不一定十分合理,加上司机驾驶技能的差别,计算的结果还应参照不同水平的司机进行试运转获得的数据加以验证和修改。最终确定这一标准时,要避免给点过紧,应当为司机和列车调度员留有一定余地。

(2)列车在中间站作业的停站时间

车站是铁路进行运输生产的基地,列车在中间站的作业包括客、货运作业和列车技术作业。客运作业如市郊旅客列车的始发和终到、组织旅客乘降、装卸行包和邮件;货运作业如摘挂车辆、不摘车装卸;列车技术作业如列车在长大下坡道前在站技术检修、试风,在长大下坡道途中的车站凉闸,在补机推送区间的两端站摘挂补机等。

确定列车停站时间,应充分考虑平行作业,优化作业过程,在保证完成给定作业的条件下缩短列车停站时间。在铺画列车运行图时,列车在作业站的停点应等于或略大于作业需要的停站时间。

(3)列车在技术站和客、货运站的技术作业时间标准

直达、直通列车在途中技术站经过无改编或部分改编中转作业以后要继续向目的地输送,其运行线在技术站相邻的两个区段间应有合理的衔接,以保证必要的作业时间又不致过长的停留。此外,技术站自编始发列车的车流来源于到达该站的中转车流和本站作业车流,因而需要:在供流列车和受流自编始发列车间建立起良好的车流接续关系,即供流列车到达技术站与受流自编始发列车出发之间的时间间隔应能完成终到列车到达、解体和自编始发列车编组、出发作业,保证中转车流及时挂运;对于货物作业车,车辆取送和货物作业应与列车编组作业相互配合。

旅客列车车底在配属段和折返段所在站的停留时间应能满足旅客乘降、行包装卸、车底取送、整备和检修作业的需要。如停留时间不足,将造成折返列车始发晚点。

在大宗货物装车地组织的始发直达列车通常整列配空,重直达列车到达卸车站卸后的空车以空车直达的形式向装车站回送。在运行图上,空车直达列车到达装车站与重直达列车从该站出发的时间间隔及重直达列车到达卸车站与空车直达列车从卸车站出发的时间间

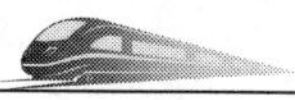

隔应满足直达列车在站作业的时间标准。

因此，在编制列车运行图时，需要遵守技术站、客货运站技术作业过程的时间标准，以保持列车运行线与客车车底周转和车流的良好配合。这些标准主要包括：

①在到、发车场内办理各种列车作业的时间标准。通常货物列车到达技检 35 min，始发技检 25 min，无调中转技检 25 min。

②在驼峰或牵出线上解体和编组列车的时间标准。

③旅客列车车底在配属段、折返段所在站的停留时间标准。

目前我国铁路旅客列车车底按运行公里检修。动车组取消站检，运行 4 000～6 000 km（与车型有关）或 48 h 入库检修一次，时间原则上不小于 4 h。跨局旅客列车单程 2 000 km 以内的，一次入库检修保往返运行安全，检修作业时间原则上不少于 6 h；单程运行 2 000 km 以上的，在配属段检修作业时间原则上不少于 6 h，在折返段不少于 4 h。管内旅客列车原则上运行 4 000 km 入库检修一次，检修时间不少于 6 h。

④货运站办理整列或成组装、卸作业时间标准。

车站各项技术作业程序和时间标准由车站定期查标，在《站细》中规定。

(4)机车在自、外段折返或途中换挂及乘务员出发、到达工作时间标准

我国铁路机车配属于固定的机务段，在规定的牵引区段担当列车牵引任务，在配属段、折返段进行整备和检修作业，实行长交路时乘务员在途中换班。因而需要规定机车在配属段所在站和折返段所在站停留时间标准及列车在运行的途中站换挂机车和机车乘务员换乘时间标准。

机车在自段和外段所在站的停留时间标准是机车在基本段和折返段所在站办理必要的作业需要停留的最少时间。这些作业包括到达试风和摘头、入段走行、在段内整备、出段走行和在机待线等待挂头、与出发车列连挂和试风、列车出发等。采用不同的机车运转制，机车在机务段所在站的作业过程不同，所以该项时间标准主要取决于实行的机车运转制，即机车交路。

机车交路是机车固定担当运输任务的周转区段，在机车日常运用中也指机车到达基本段或折返段以后牵引返程列车的具体安排。机车交路按用途分为客运机车交路和货运机车交路；按牵引区段长度不同分为一般机车交路和长交路；按机车运转制分为肩回运转制、半循环运转制、循环运转制和环形运转制交路等。

机车乘务员一次连续工作时间（包括出勤、退勤工作时间），普通班制时客运列车一般不超过 8 h，货运列车一般不超过 10 h。双班单司机值乘时（包括出退勤各站时间）：客运列车不超过 15 h，货运列车不超过 16 h。

机车运转制的实施需要有机车乘务制度的保证。机车乘务制度是机车乘务员使用机车的制度，分为包乘制、轮乘制和随乘制。随着蒸汽机车退出历史舞台，内燃和电力机车承担了主要运输任务，我国铁路已经越来越多地采用机车长交路、循环运转制，机车乘务员轮乘制和随乘制。

2. 施工天窗和维修天窗

运行图天窗是指列车运行图中不铺画列车运行线或调整、抽减列车运行线为施工和维修作业预留的时间，按用途分为施工天窗和维修天窗。铁路运输固定设备的施工和维修必须在规定的运行图“天窗”时间进行。在运行图中，要依据施工计划给出的线路、信号设备和电力接触网施工、维修的起止时分，在规定的区间或车站区域为设备检修和施工留出运行图天窗。

(1)高速铁路天窗

高速铁路天窗原则上不少于 240 min,通常安排在 0:00—6:00 时段。仅开行动车组列车的区段应安排垂直天窗(又称"矩形天窗"),如图 9-3-2 所示为设置了 0:30—4:30 共 4 h 综合维修天窗的列车运行图示意图。

在开行夕发朝至高铁动卧列车的高铁线路,天窗时间按开行日和非开行日分别公布:跨线高铁动卧列车开行日,垂直天窗时间应不少于 180 min,使动卧列车运行线避开综合维修天窗;非开行日区间垂直天窗时间应不少于 300 min。在"垂直天窗"时间,区段内全部接触网断电,因而便于统一管理,并能为所有设备的综合维修提供充分的时间。

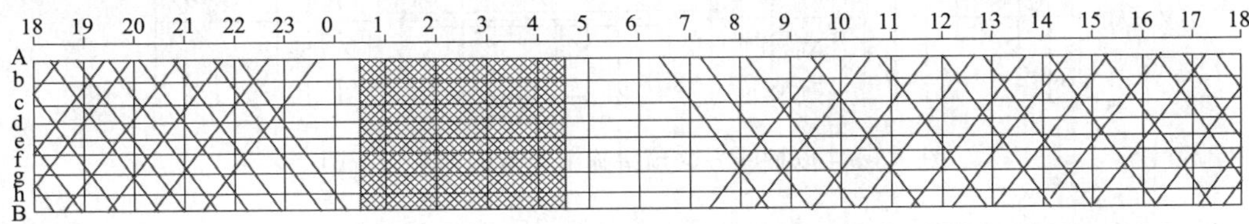

图 9-3-2　高速铁路垂直天窗示意图

(2)普速铁路天窗

普速铁路施工天窗,技术改造工程、线路大中修、桥隧涵大修、大型养路机械作业、接触网大修及改造时,应不少于 180 min;维修天窗,应不少于 120 min。

双线区段按上、下行线路分别按供电臂供电范围设置的天窗称为 V 形天窗,如图 9-3-3 所示。V 形天窗对于列车运行的影响小,便于列车运行调整,因而得到广泛应用。

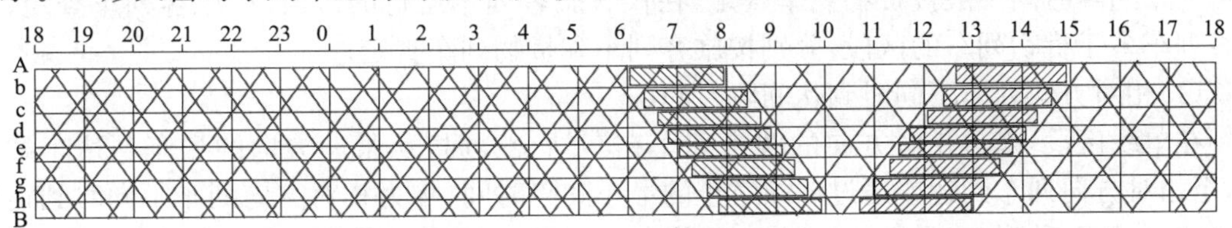

图 9-3-3　双线区段 V 形天窗

普速铁路单线区段天窗可以专门铺画预留施工天窗的施工分号图,或施工期间在基本图上采用抽线的方法形成天窗,如图 9-3-4 和图 9-3-5 所示。

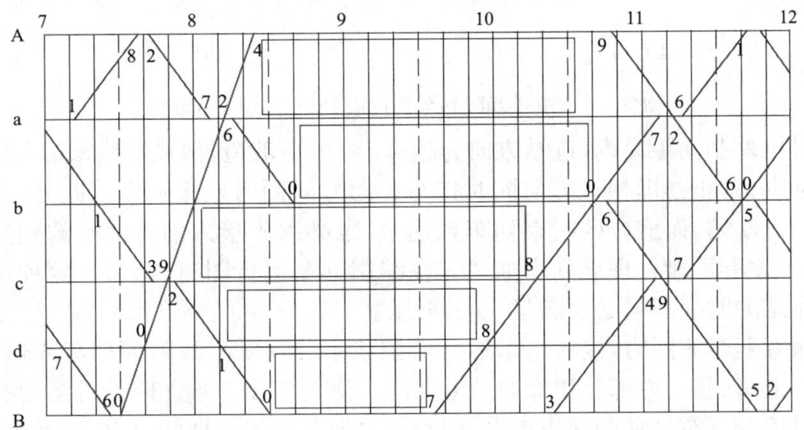

图 9-3-4　单线区段预留天窗的列车运行图

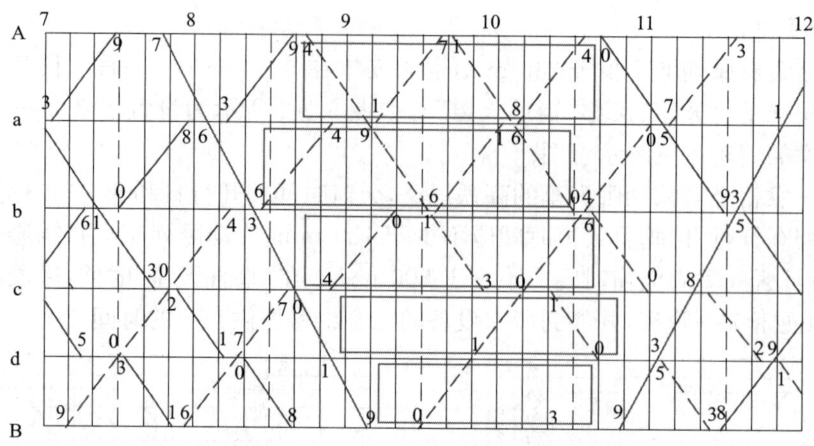

图 9-3-5　以抽线方法预留施工天窗的列车运行图

三、列车间隔时间及其查定方法

列车间隔时间包括车站间隔时间和追踪列车间隔时间。车站间隔时间是车站办理两列列车到达、出发或通过作业所需要的最小间隔时间;追踪间隔时间是在设有自动闭塞的线路上,同一方向追踪运行的两列列车间的最小间隔时间。

1. 车站间隔时间

列车间隔时间一般按货物列车查定,在仅有旅客列车运行的区段,按旅客列车查定;在旅客列车多于货物列车的区段,分别按旅客列车和货物列车查定。

(1)相对方向列车不同时到达间隔时间($\tau_{不}$)

在单线区段,来自相对方向的两个列车在车站交会时,从某一方向的列车到达车站时起,至相对方向列车到达或通过该站时止的最小间隔时间,称为相对方向列车不同时到达间隔时间,分为两种形式(见图 9-3-6):一列停车一列通过;两列均停车。

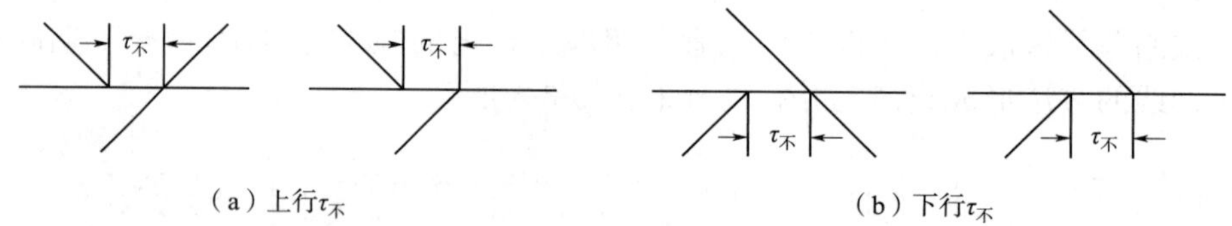

(a)上行$\tau_{不}$　　(b)下行$\tau_{不}$

图 9-3-6　相对方向列车不同时到达车站间隔时间

进站信号机外制动距离内,进站方向为超过 6‰的下坡道,而接车线末端无隔开设备时,为防止列车冲突,禁止办理相对方向同时接车和同方向同时发接列车。此外,在单线区段,当一列列车通过车站,而前方区间有列车到达时,也必须先接入前方区间的到达列车,腾空前方区间以后,才有可能办理该列车通过。在编制列车运行图时,遇以上两种情况,相对方向列车到达车站的时间间隔必须满足 $\tau_{不}$ 的要求。

在接发旅客列车的同时,接入列车运行监控记录装置发生故障的列车或运行控制设备发生故障的轨道车、制动力部分切除的动车组列车而接车线末端无隔开设备,禁止办理相对方向列车同时接车。在日常调度指挥中,相对方向列车不能办理同时接车,其到达车站的时间间隔也应符合 $\tau_{不}$ 的要求。

确定相对方向列车不同时到达车站间隔的原则是必须为车站办理相关作业提供足够的时间，并且不影响第二列车以正常速度进站。当相对方向列车不能同时接车时，应先接入停站列车，在第一列车到达、车站已经为对向列车准备好接车进路开放进站信号时，第二列车与车站中心线的距离应不小于进站距离、制动距离及司机确认信号显示时间内所通过的距离之和，如图 9-3-7 所示。因此，不同时到达间隔时间由车站作业时间和对向列车通过进站距离 $L_{进}$ 两部分组成，按下式计算：

$$\tau_{不}=t_{作业}+t_{进}=t_{作业}+0.06\times\frac{L_{进}}{v_{进}}=t_{作业}+0.06\times\frac{0.5l_{列}+l_{确}+l_{制}+l_{进}}{v_{进}}\quad(\text{min})\tag{9-3-1}$$

或

$$\tau_{不}=t_{作业}+0.06\times\frac{0.5l_{列}+l_{制}+l_{进}}{v_{进}}+t_{确}\quad(\text{min})$$

式中 $t_{作业}$——车站办理列车到达，为对向列车办理闭塞、准备进路开放信号的作业时间，min；

$l_{列}$——列车长度，m；

$l_{确}$——司机确认进站信号显示状态时，列车运行的距离，m；

$l_{制}$——列车的制动距离或由预告信号机至进站信号机的距离，m；

$l_{进}$——进站信号机至车站或到达场中心线的距离，m；

$v_{进}$——列车的平均进站速度，km/h；

$t_{确}$——司机确认进站信号显示状态时，列车运行的时间，可取 0.1 min。

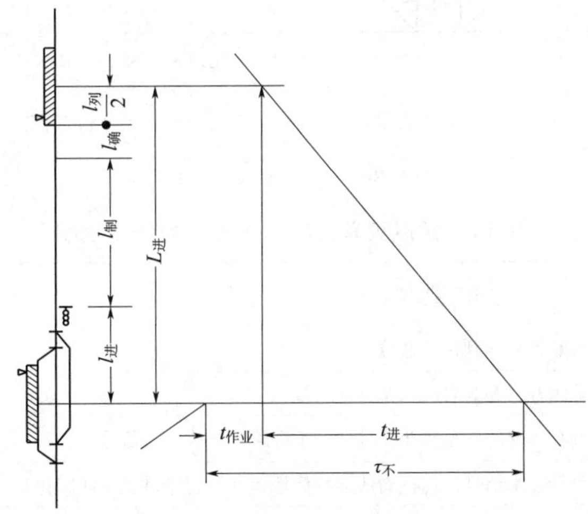

图 9-3-7　进站信号机开放时相对方向列车的位置及不同时到达间隔构成示意图

车站办理必要作业所需时间，根据车站信联闭设备条件及其作业内容查定。在采用半自动闭塞时，相对方向列车不同时到达车站间隔时间的作业程序见表 9-3-1。

(2)会车间隔时间($\tau_{会}$)

会车间隔时间是单线区段自列车通过或到达车站时起，至该站向同一区间发出对向列车时止的最小间隔时间。会车间隔时间在运行图上的表示形式如图 9-3-8 所示。

在半自动闭塞条件下，会车间隔时间所包含的作业程序见表 9-3-2。

(3)同方向列车连发间隔时间($\tau_{连}$)

在半自动闭塞区段或自动站间闭塞区段，自前行列车到达或通过邻接前方站时起，至由

本站向该区间再发出另一同方向列车时止的最小间隔时间，称为同方向列车连发间隔时间。根据列车在前后两站停车或通过的不同情况，连发间隔时间有以下四种形式(见图 9-3-9)：两列车通过前后两车站，如图 9-3-9(a)所示；第一列车在前方站停车，第二列车在后方站通过，如图 9-3-9(b)所示；第一列车在前方站通过，第二列车在后方站停车，如图 9-3-9(c)所示；两列车在前后两站均停车，如图 9-3-9(d)所示。

表 9-3-1　组成列车不同时到达间隔时间的作业程序

顺号	作 业 项 目	一列停车一列通过		两列都停车	
		时间(min)	1　2　3　4	时间(min)	1　2　3　4
1	车站值班员通过控制台监视列车到达，与邻站值班员解除闭塞，并为对向列车办理闭塞手续	0.5		0.5	
2	车站值班员指示内勤助理值班员排列接车（通过）进路开放信号，内勤助理值班员执行命令	0.2		0.2	
3	对向列车通过进站距离的时间	2.5		3.5	
4	车站值班员监视列车到达或通过	(0.5)		(0.5)	
不同时到达间隔时间		3.2 (取3 min)		4.2 (取4 min)	

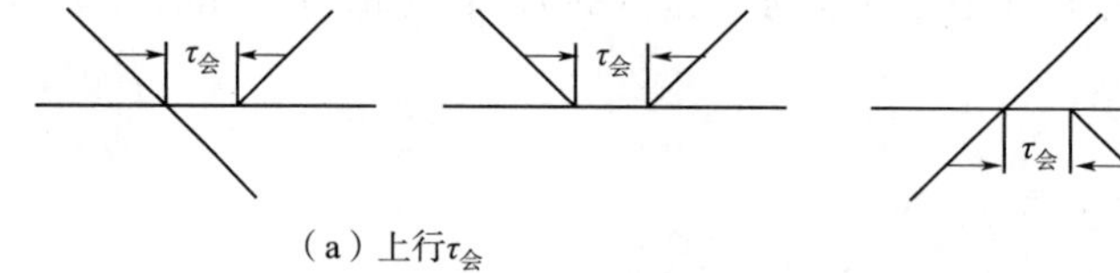

(a) 上行$\tau_{会}$　　(b) 下行$\tau_{会}$

图 9-3-8　会车间隔时间

表 9-3-2　组成列车会车间隔时间的作业程序

顺号	作 业 项 目	时间(min)	1　2
1	车站值班员通过控制台监视列车到达或通过	0.2	
2	车站值班员与邻站解除闭塞，并为对向列车办理闭塞	0.5	
3	车站值班员停止影响发车进路的调车作业，排列发车进路，开放出站信号	0.4	
4	外勤助理车站值班员显示发车信号，司机确认出站信号和发车信号显示，列车起动	0.5	
5	车站值班员监督列车出发	(0.5)	
会车间隔时间		1.6 (取2 min)	

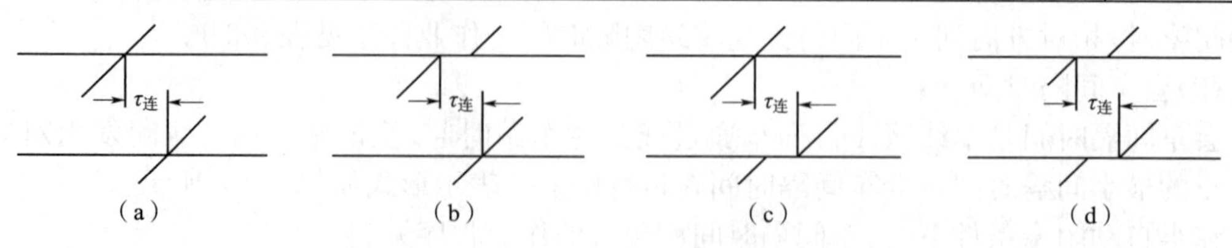

(a)　(b)　(c)　(d)

图 9-3-9　不同形式的连发间隔时间

其中，形式(a)、(b)的共同特点是第二列车在后方站通过，可以归结为第一类连发间隔；形式(c)、(d)的共同特点是第二列车在后方站停车，为第二类连发间隔。(a)与(b)、(c)与(d)的不同点仅在于前者是前方站值班员监督列车通过，后者是监督列车到达。

第一类连发间隔时间由两部分组成(见图 9-3-10)。

①前后两站办理作业所需的时间 $t_{作业}$。

②第二列车通过后方站进站距离 $L_{进}$ 的时间 $t_{进}$。

因而，这类连发间隔时间可按下列公式计算：

$$\tau_{连}=t_{作业}+t_{进}$$

$$=t_{作业}+0.06\frac{L_{进}}{v_{进}}$$

$$=t_{作业}+0.06\frac{0.5l_{列}+l_{确}+l_{制}+l_{进}}{v_{进}}\quad(\text{min})$$

或 $$\tau_{连}=t_{作业}+0.06\frac{0.5l_{列}+l_{制}+l_{进}}{v_{进}}+t_{确}\quad(\text{min})$$

(9-3-2)

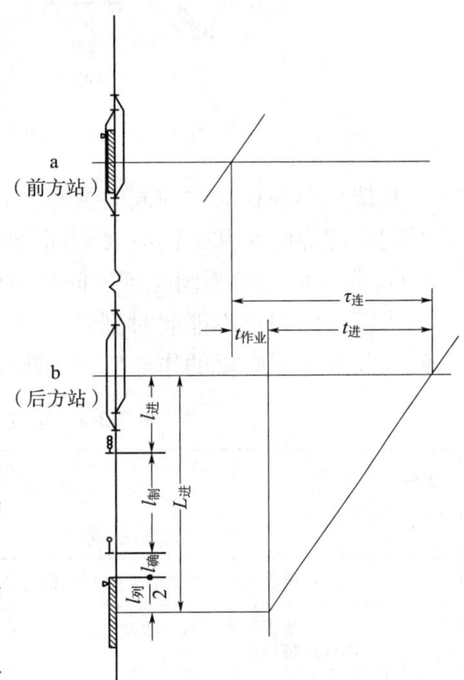

图 9-3-10　两列车通过前后站连发间隔时间组成

第二类连发间隔则由前后两站办理作业所需的时间 $t_{作业}$ 和第二列车从车站出发的时间 $t_{出}$ 组成。

在半自动闭塞条件下，上述两种连发间隔时间的作业程序见表 9-3-3。

(4)同方向列车不同时到发间隔时间和不同时发到间隔时间

如图 9-3-11 所示，自某方向列车到达车站时起，至由该站发出另一同方向列车时止的最小间隔时间称为同方向列车不同时到发间隔时间；自列车由车站发出时起，至同方向列车到达车站时止的最小间隔时间，称为同方向列车不同时发到间隔时间。

表 9-3-3　组成连发间隔时间的作业程序

顺号	作业项目	第一类型 时间(min)	第一类型 1 2 3 4	第二类型 时间(min)	第二类型 1 2
1	前方站车站值班员通过控制台确认列车进入（通过）接车线后开通区间	0.5		0.5	
2	两站为第二列车办理闭塞	0.2		0.2	
3	后方站车站值班员排列发车进路开放出站信号			0.4	
4	后方站车站值班员排列列车通过进路开放出站、进站信号	0.4			
5	第二列车通过进站距离的时间	2.5			
6	司机确认出站信号显示及发车信号，列车起动			0.5	
7	车站值班员通过控制台监视列车进路、信号及列车进（出）站	(0.5)		(0.5)	
	连发间隔时间	3.6 (取4 min)		1.6 (取2 min)	

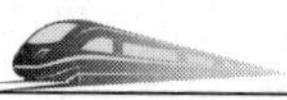

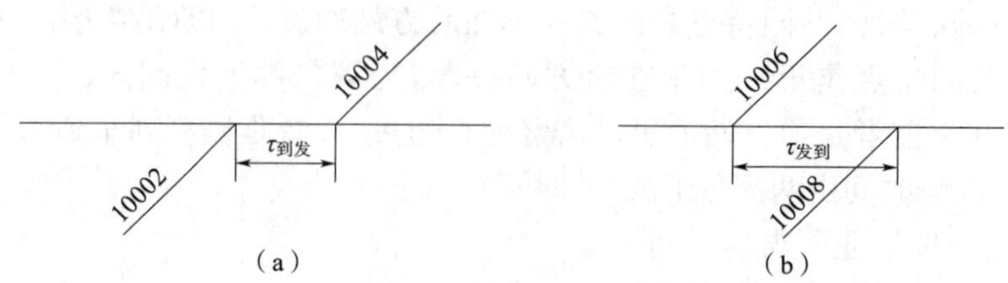

图 9-3-11　同方向列车不同时到发和不同时发到间隔时间

凡禁止办理相对方向同时接车和同方向同时发接列车的车站，必须查定同方向列车不同时到发间隔时间和不同时发到间隔时间。

① 同方向列车不同时到发间隔时间

当同方向列车不能同时到发时，只有当到达列车在接车线警冲标内方停稳、出发列车在车站为其办理了必要的作业后方可出发，其作业程序见表 9-3-4。

表 9-3-4　组成不同时到发间隔时间的作业程序

顺号	作 业 项 目	时间（min）	1　2
1	车站值班员为出发列车预办闭塞		
2	车站值班员通过控制台监督列车整列到达	0.5	
3	车站值班员指示内勤助理值班员为出发列车排列发车进路开放出站信号,内勤助理值班员执行	0.5	
4	外勤助理值班员显示发车信号，司机确认发车条件，列车起动	0.7	
5	车站值班员监督列车出发	（0.5）	
同方向列车不同时到发间隔时间		1.7（取2 min）	

②同方向列车不同时发到间隔时间

当同方向列车不能同时发到时，只有在出发列车出清出站方向最外方道岔的轨道电路后车站才能为到达列车开放进站信号，此时到达列车应距离车站中心线不少于列车进站距离 $L_{进}$，如图 9-2-12 所示。

同方向列车不同时发到间隔时间的组成见表 9-3-5。

因而，同方向列车不同时发到间隔时间可按下式计算：

$$\tau_{发到}=t_{出}+t_{作业}+t_{进}=t_{作业}+0.06\left(\frac{l_{出}+0.5l_{列}}{v_{出}}+\frac{0.5l_{列}+l_{制}+l_{进}}{v_{进}}\right)+t_{确} \quad (9\text{-}3\text{-}3)$$

式中　$t_{出}$——出发列车由车站中心线至出清出发进路中最外方道岔的走行时间，min；

$t_{作业}$——车站为到达列车排布进路开放信号需要的时间，min；

$t_{进}$——到达列车通过进站距离需要的时间，min；

$l_{出}$——列车出站距离，m；

$v_{出}$——列车通过出站距离的平均速度，km/h；

$v_{进}$——列车平均进站速度，km/h；

$t_{确}$——在司机确认信号显示状态的过程中，列车的运行时间，可取 0.1 min。

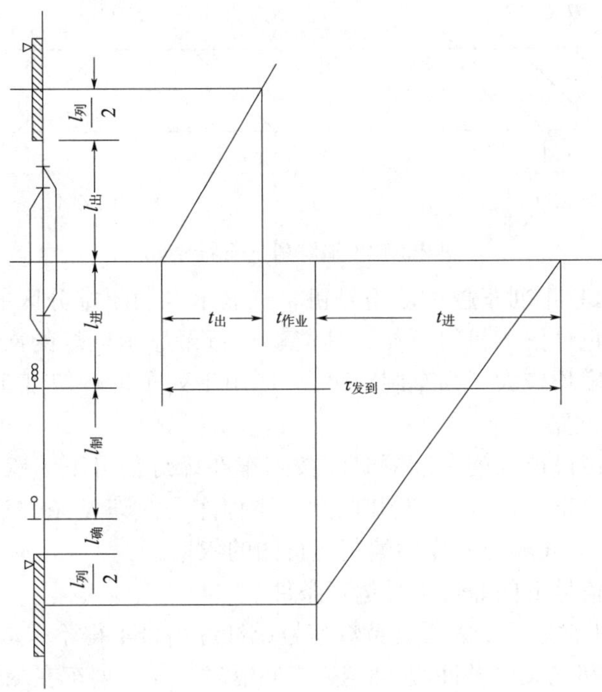

图 9-3-12 同方向列车不同时发到间隔时间组成

表 9-3-5 组成不同时到发间隔时间的作业程序

顺号	作 业 项 目	时间（min）	1 2 3 4 5
1	出发列车起动至驶出车站最外方道岔轨道电路，车站值班员通过控制台监督列车整列出站	2.0	
2	车站值班员指示内勤助理值班员为到达列车排布接车进路开放信号，内勤助理值班员执行	0.5	
3	到达列车通过进站距离	2.5	
4	车站值班员通过控制台监督列车到达	（0.5）	
	同方向列车不同时发到间隔时间	5 min	

2. 追踪列车间隔时间

在自动闭塞区段，同一方向追踪运行的两个列车之间的最小间隔时间称为追踪列车间隔时间，如图 9-3-13 所示。

确定追踪列车间隔时间的基本要求是：必须保证列车安全运行；不影响列车的正常运行；充分利用区间通过能力。

(1)三显示自动闭塞区段追踪列车间隔时间

在三显示自动闭塞区段：绿色灯光表示前方有至少两个闭塞分区空闲，准许列车按规定速度运行；黄色灯光提示运行前方只有一个闭塞分区空闲，要求列车注意运行；红色灯光表

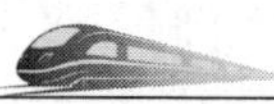

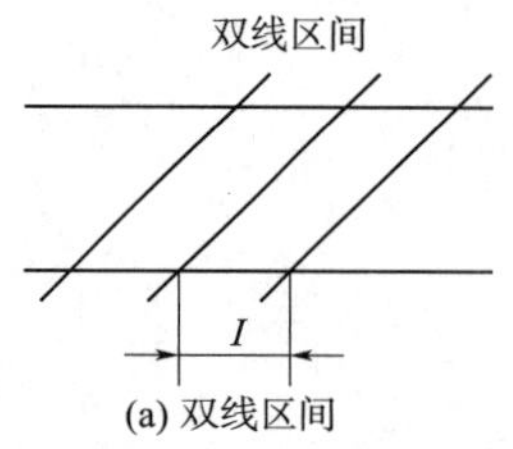

(a) 双线区间

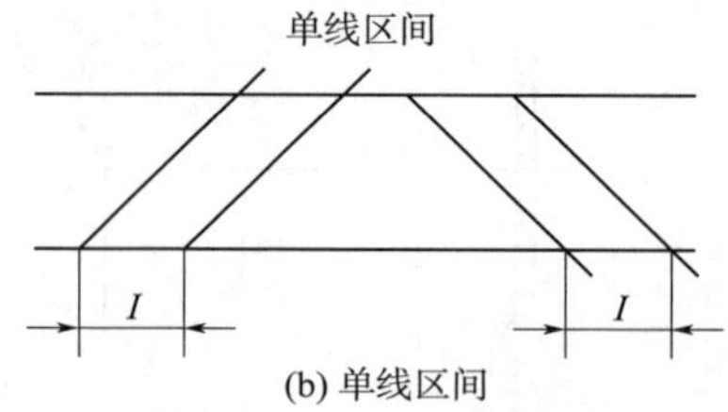

(b) 单线区间

图 9-3-13　追踪列车间隔时间

示前方闭塞分区占用，禁止列车越过该信号机。三显示自动闭塞分区的长度应保证列车在越过显示黄灯的通过色灯信号机时开始减速能够运行至显示红灯的次一信号机前停车，因此每个闭塞分区的长度均应大于列车制动距离，适用于列车运行速度 120 km/h 及以下、制动距离 800 m 的普速铁路。

三显示自动闭塞区段追踪列车间隔时间按列车在绿灯信号下追踪运行条件确定，再对各站分别按列车到站停车、从车站出发和两列车不停车通过车站条件计算列车追踪间隔进行检验，并以其中最大的间隔时间作为编制运行图的依据。

①按列车在绿灯信号下向绿灯信号运行条件

为了避免列车在正常运行中因看到黄灯信号或红灯信号不得不采取减速或停车措施，而降低运行速度、恶化司机的驾驶条件，在确定追踪间隔时应保证列车在绿灯信号下运行。根据这一条件，在三显示自动闭塞区段，追踪列车之间至少应间隔三个闭塞分区（见图 9-3-14）。追踪间隔时间 $I_{追}^{绿}$ 可按下式计算：

$$I_{追}^{绿}=0.06\,\frac{l_{列}+l'_{分区}+l''_{分区}+l'''_{分区}}{v_{运}}\quad(\text{min})\tag{9-3-4}$$

图 9-3-14　列车在绿灯信号下向绿灯信号运行时的追踪间隔

在长大上坡道区间，因列车运行速度较低，为缩短追踪间隔时间，可按照列车间隔两个闭塞分区的条件（见图 9-3-15）计算追踪间隔时间：

$$I_{追}^{黄}=0.06\,\frac{l_{列}+l'_{分区}+l''_{分区}}{v_{运}}+t_{确}\quad(\text{min})\tag{9-3-5}$$

式中　$t_{确}$——司机确认信号转换显示的时间，min。

②按前行列车到站停车条件

按到站停车条件确定追踪列车间隔时，应使后行列车在进站信号机的绿灯信号下通过车站，而不因站内未准备好接车进路降低速度甚至机外停车。为此，车站准备好进路和开放进站信号的时刻，应不迟于第二列车接近站外第二通过色灯信号机的时刻（见图 9-3-16）。

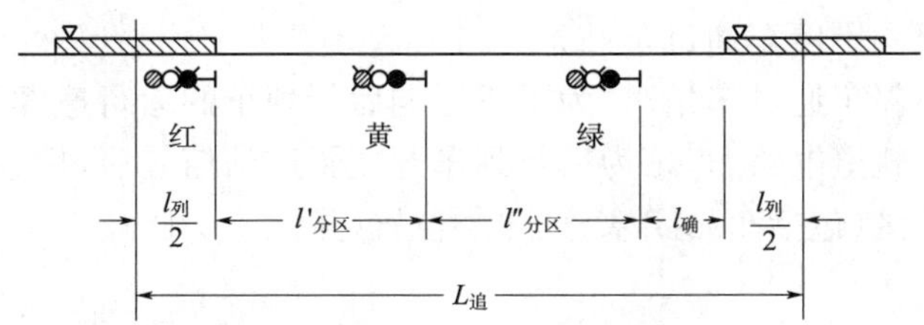

图 9-3-15　列车在绿灯信号下向黄灯信号运行时的追踪距离

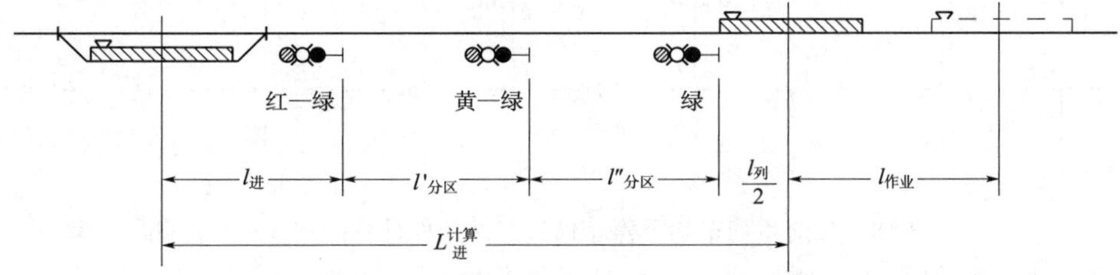

图 9-3-16　按前行列车到站停车条件计算的列车追踪间隔

按到站条件确定追踪列车间隔时间可按下式计算：

$$I_{到}=t_{作业}+0.06\frac{0.5l_{列}+l'_{分区}+l''_{分区}+l_{进}}{v_{进}}\quad(\text{min})\tag{9-3-6}$$

式中　$t_{作业}$——车站值班员监督前行列车整列到达、为后行列车准备通过进路开放信号的时间，min；

$v_{进}$——列车通过进站距离的平均速度，km/h。

③按列车从车站出发条件

按列车从车站出发的条件确定追踪列车间隔时，应使出发列车在出站信号机显示绿灯的条件下出发，如图 9-3-17 所示。

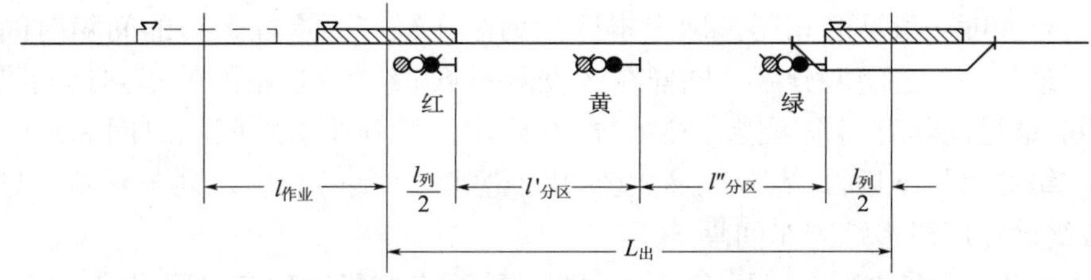

图 9-3-17　按列车从车站出发条件计算的列车追踪间隔

只有在前行列车腾空两个闭塞分区后，出站信号机才能显示绿灯。因此，由车站发出追踪列车的间隔时间应不小于：

$$I_{发}=0.06\frac{l_{列}+l'_{分区}+l''_{分区}}{v_{出}}+t_{作业}\quad(\text{min})\tag{9-3-7}$$

式中　$v_{出}$——列车通过出站距离 $L_{出}$ 的平均速度，km/h；

$t_{作业}$——车站为出发列车排布进路开放出站信号和司机确认信号的时间，min。

对于允许凭出站信号机的黄色灯光发车的列车，$I_{发}$ 为

$$I_{发}=0.06\frac{l_{列}+l'_{分区}}{v_{出}}+t_{作业}\quad(\text{min})\tag{9-3-8}$$

④按前后两列车均不停车通过车站条件

前后两列车均不停车通过车站时，为了不影响后行列车的运行速度，在第一列车出清了出站方向最外方道岔轨道电路、车站为后行列车开放了进站信号后，后行列车应处于与第一列车相隔三个闭塞分区（包括车站闭塞分区）的位置（见图 9-3-18）。

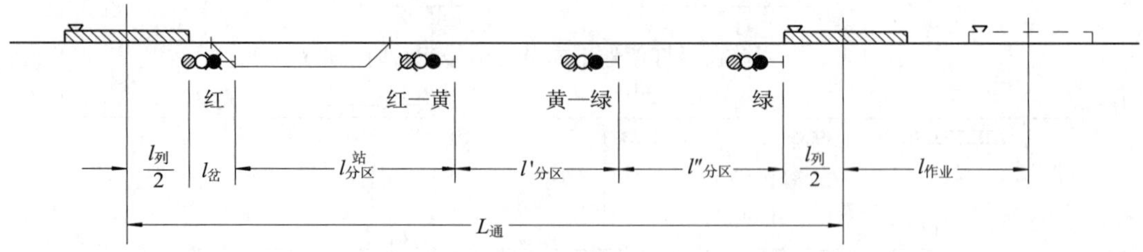

图 9-3-18　按前后列车均不停车通过车站条件计算的列车追踪间隔

所以前后追踪列车均不停车通过车站的追踪间隔时间应为

$$
\begin{aligned}
I_{通} &= t_{出站} + t_{作业} + t_{通过} \\
&= 0.06\,\frac{l_{列}+l_{岔}}{v_{通}} + t_{作业} + 0.06\,\frac{0.5l_{列}+l'_{分区}+l''_{分区}+(l_{分区}^{站}-0.5l_{列})}{v_{通}} \\
&= t_{作业} + 0.06\,\frac{l_{列}+l_{岔}+l_{分区}^{站}+l'_{分区}+l''_{分区}}{v_{通}} \quad (\text{min})
\end{aligned}
\tag{9-3-9}
$$

式中　$t_{出站}$——前行列车自车站中心线运行至出清出站方向最外方道岔轨道电路的时间，min；

$t_{作业}$——车站为后行列车开放进站信号的时间，min；

$t_{通过}$——后行列车通过站外两闭塞分区和车站闭塞分区的时间，min；

$l_{岔}$——出站信号机至出站方向最外方道岔轨道绝缘节的距离，m。

一个区段由许多区间组成，每个区间又包含若干闭塞分区，各分区的长度、平纵断面条件和列车运行速度一般不会相同。确定本区段列车在绿灯下追踪运行的间隔时间 $I_{追}^{绿}$ 应选取运行时间最长的三连闭塞分区。同样在区段内一条正线上，各站的列车到达间隔时间、出发间隔时间、通过间隔时间也可能存在差异，在确定区段列车追踪间隔时间标准时，为保证列车经常在绿灯信号下运行，也应取最大值，用于检验 $I_{追}^{绿}$ 是否能满足列车到站、出发和通过条件，并最终确定区段追踪列车间隔 I。

由于旅客列车和货物列车运行速度的差别：旅客列车在货物列车之后追踪运行时，两列车自车站出发的时间间隔应大于追踪列车间隔，以保证在越行站或区段另一端技术站两列车间能满足到站追踪间隔条件，避免旅客列车在区间内被货物列车压着而不得不降低运行速度，如图 9-3-19(a)所示；而货物列车在旅客列车之后追踪运行时，只要满足出发间隔时间即可，在运行过程中列车间隔将逐渐拉大，如图 9-3-19(b)所示。

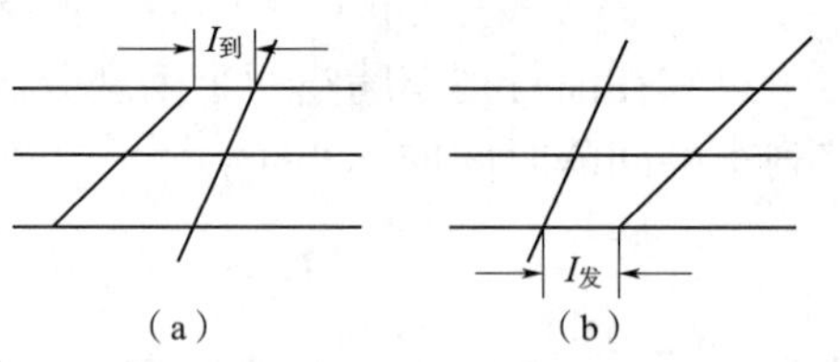

图 9-3-19　旅客列车和货物列车追踪运行间隔时间

(2)四显示自动闭塞区段追踪列车间隔时间

四显示自动闭塞系统在三显示的基础上增加了绿黄信号，采用绿（运行信号，表示前方至少有 3 个闭塞分区空闲，列车可以按正常速度运行)、绿黄(警惕信号，表示前方有 2 个闭塞分区空闲，准许列车按正常速度进入，离开时减至规定速度)、黄(减速信号，表示运行前方只有一个闭塞分区空闲，要求列车减速运行、准备停车，越过黄灯时必须减速至规定的限速值)和红(停车信号，表示前方闭塞分区占用，不得越过该信号机)四种信号指示列车运行条件。四显示自动闭塞采用速差式信号，不同显示指示不同的允许速度。例如在我国最高速度 160 km/h 的干线铁路使用的四显示自动闭塞系统中：绿色信号表示列车进入其防护的闭塞分区的允许速度为 160 km/h，离开时的允许速度为 160 km/h；绿黄信号表示列车进入其防护的闭塞分区的允许速度为 160 km/h，离开时的允许速度为 115 km/h；黄色信号表示列车进入其防护的闭塞分区的允许速度为 115 km/h，并在本闭塞分区内速度降为 0 km/h；红色信号表示列车应在该信号机前停车，不得越过。

四显示自动闭塞系统(见图 9-3-20)要求制动距离超过一个闭塞分区长度的重载列车和速度较高的列车，全速通过绿黄灯信号机防护的闭塞分区后以常用制动方式开始减速，能够以规定的速度通过黄灯信号，并保证列车能够在红灯信号机前停车。制动距离小于一个闭塞分区的常速列车遇绿黄灯信号时不减速，仍按三显示自动闭塞绿灯的要求运行。为保证列车运行安全，各闭塞分区的长度应大于常速列车制动距离，任意两个相邻闭塞分区的长度大于重载列车和速度较高列车的制动距离。四显示自动闭塞适用于列车最高运行速度 160 km/h 的提速既有铁路。

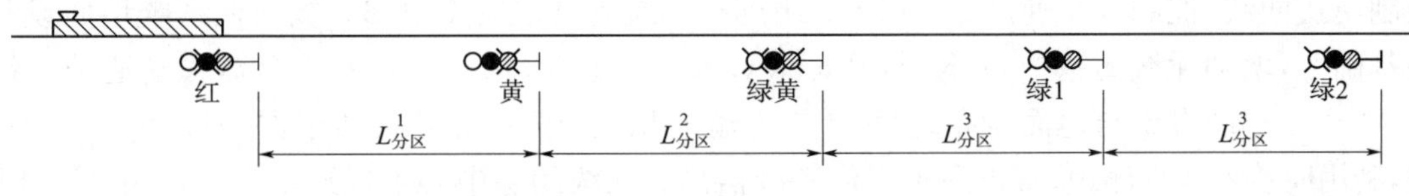

图 9-3-20 四显示自动闭塞系统

我国第一条四显示自动闭塞区段是郑州一武昌段，全长 535 km，于 1992 年底建成。该区段增设了“保护分区”，即设置了两重红灯分区，如图 9-3-21 所示。“保护分区”使超速的旅客列车在越过第一红灯信号后可以在第二红灯信号前安全停车，加大了安全系数；但另一方面，降低了区段通过能力。为了不影响车站接发列车作业和调车作业，进站或正线出站信号机显示红灯时，不设保护区段，而在其预告方向连续两架信号机显示黄灯。郑武段设计的客车最高速度 120 km/h，闭塞分区长度平均 850 m，最大长度 1 100 m，追踪间隔 6 min，机车信号可以同时显示与地面信号对应的颜色及速度值：绿/120、绿黄/100、黄/85、黄黄/45(通过 12 号道岔进侧线)、红黄/0。

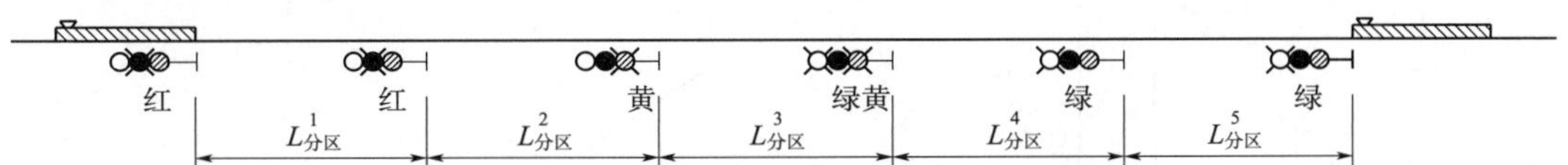

图 9-3-21 设置了“保护分区”的四显示自动闭塞

在四显示自动闭塞区段，提速客车与其他列车之间应间隔四个闭塞分区：

$$I=\frac{0.06(l_{列}+l^1_{分区}+l^2_{分区}+l^3_{分区}+l^4_{分区})}{v_{运}} \tag{9-3-10}$$

设有"保护分区"的四显示自动闭塞的列车追踪间隔为五个闭塞分区：

$$I=\frac{0.06(l_{列}+l_{分区}^{1}+l_{分区}^{2}+l_{分区}^{3}+l_{分区}^{4}+l_{分区}^{5})}{v_{运}} \tag{9-3-11}$$

当列车运行速度进一步提高时，列车制动距离也进一步延长，需要在2个以上闭塞分区施加制动。例如：列车运行速度为200 km/h时，紧急制动距离2 000 m；350 km/h时，紧急制动距离增加到6 500 m。为了有效监控列车速度、保证行车安全，我国铁路研制了列车运行控制系统(Chinese Train Control System，CTCS)，分为0～4五个级别。其中CTCS-0级配备机车信号和列车运行监控记录装置LKJ，用于列车运行速度120 km/h、制动距离800 m的既有线路，CTCS-1级由主体机车信号、改进的列车运行监控记录装置LKJ2000和向车载设备传输定位信息的点式应答器组成，适用于列车最高运行速度160 km/h、制动距离1 400 m的提速既有线四显示自动闭塞区段。

当列车运行速度达到200～250 km/h时，采用CTCS-2列车运行控制系统。CTCS-2包括车站列控中心(Train Control Center，TCC)、轨旁电子单元(Lineside Electronic Unit，LEU)、有源应答器、无源应答器、车载安全计算机(Vital Computer，VC)、轨道电路信息接收模块STM、应答器信息接收模块BTM、列车接口单元TIU、人机界面DMI和运行记录单元DRU。由车载安全计算机VC依据获取的前方空闲闭塞分区数量、区间线路参数、车站列车进路和临时限速信息，以及列车速度传感器检测的列车速度消息计算出列车目标距离速度控制模式曲线，控制列车速度。CTCS-3级列控系统是在既有CTCS-2级列控系统地面设备的基础上，增加无线闭塞中心(Radio Block Center，RBC)，采用铁路专用全球移动通信系统GSM-R在车载设备与地面设备之间双向传输信息，轨道电路提供列车占用性和完整性检查，利用应答器实现测距，修正列车定位基准信息。无线闭塞中心生成列车运行许可，GSM-R实现车地双向信息传输，车载设备实现目标—距离速度连续控制。

(3)移动闭塞

当列车运行速度达到250 km/h及以上时，地面信号已经不能正常发挥作用，移动闭塞就应运而生了。移动闭塞取消了区间通过色灯信号机，其设备由地面系统、车载系统和GSM-R(Global System of Mobile communication for Railway)铁路全球移动通信系统组成，对列车实行高效的运行监控、安全防护和自动驾驶，保障高速行驶列车的安全。

在移动闭塞中，列车追踪间隔应保证当前行列车因突发事件而即刻停车时，后行列车能在与前行列车保持安全防护距离的条件下停车，如图9-3-22所示，可按下式计算：

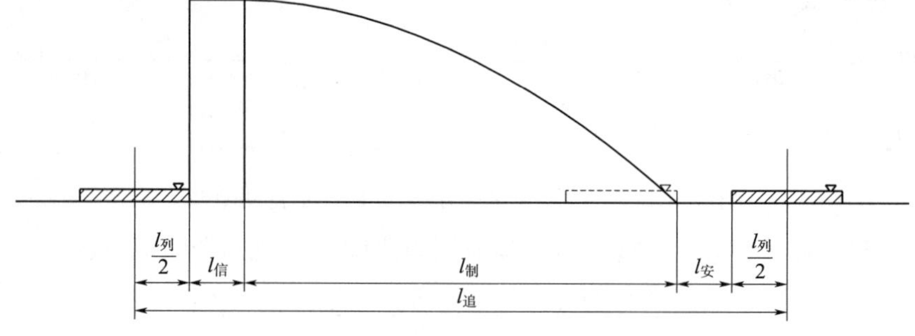

图9-3-22　移动闭塞列车追踪间隔

$$I=\frac{0.06(l_{列}+l_{制}+l_{安})}{v_{运}}+t_{信} \quad (\text{min}) \tag{9-3-12}$$

式中 $l_{列}$——一个列车长度，m；

$l_{制}$——列车制动距离，m；

$l_{安}$——列车安全防护距离，m；

$t_{信}$——列车与车站控制中心间进行信息传输、数据处理返回指令、接受指令的时间，min；

$v_{运}$——列车区间运行速度，km/h。

为了保证旅客的舒适度，列车制动负加速度必须控制在合理范围。所以在移动闭塞条件下，列车运行速度越高，列车追踪时间间隔将延长。

一、复习思考题

1. 什么是列车运行图要素？有哪些基本要素？对于运行图编制各起什么作用？
2. 列车在区段内办理的哪些作业需要列车在中间站停车？停站时间如何确定？
3. 什么是车站间隔时间？包括哪些间隔？确定这些间隔时间的依据是什么？
4. 怎样确定三显示自动闭塞区段的列车追踪间隔？
5. 四显示自动闭塞、移动闭塞各在什么情况下采用？其列车追踪间隔怎样计算？
6. 什么是运行图天窗？

二、习题

1. a 站处于半自动闭塞区段，采用计算机联锁，下行列车进站信号机的预告信号距进站信号机 1 000 m，下行进站信号机至车站中心线距离为 850 m，列车全长 $l_{列}=650$ m，下行列车通过车站的速度为 60 km/h，司机确认信号时间为 0.1 min，办理各项作业所需时间可参考表 9-3-1，计算 a 站上行到达列车与下行通过货物列车的不同时到达时间间隔。

2. 如图 9-3-23 所示，a、b 两站处于半自动闭塞区段，计算机联锁，b 站上行列车进站信号机的预告信号距进站信号机 1 100 m，上行进站信号机至车站中心线距离为 850 m，列车全长 $l_{列}=650$ m，上行列车通过车站的速度为 60 km/h，司机确认信号时间为 0.1 min，两站办理各项作业所需时间可参考本章表 9-3-3，计算 a、b 两站间上行第一类连发间隔时间。

3. a—b 区间上行各闭塞分区的列车运行时间如图 9-3-23 所示，一个列车长度的运行时间 1 min，试确定该区间上行货物列车在绿灯下运行的追踪间隔时间。

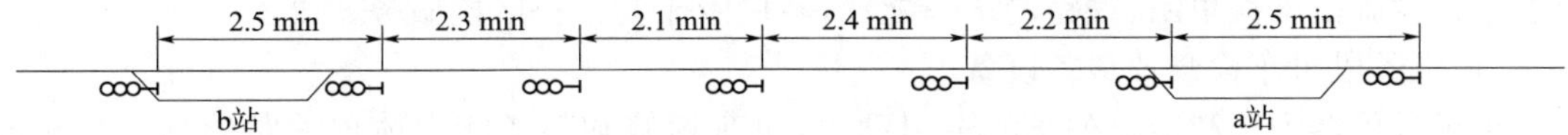

图 9-3-23 a—b 区间各闭塞分区（包括站间分区）列车运行时分

学习任务4　铁路区段通过能力计算

学习内容

1. 平行运行图通过能力。
2. 非平行运行图通过能力。

相关理论知识

铁路通过能力，一般按区段计算，是指该铁路区段在一定的机车车辆和行车组织方法条件下，其固定设备在一昼夜内所能通过的列车对数或列车数。为了完成国家运输计划、满足国民经济发展和国防建设的需要，铁路必须具备相应的通过能力。

计算铁路通过能力的目的，在于确定当前运量下铁路通过能力的利用程度，为铺画计划运行图、进行运输调度指挥和制定运输设备的改、扩建计划提供依据。

铁路通过能力是由多种运输设备配合形成的，主要取决于下列固定设备：

1. 区间

铁路区间通过能力即该区间一昼夜所能通过的列车数量，主要决定于区间正线数，线路平、纵断面条件，牵引机车的类型和性能，采用信号设备的种类以及规定的列车重量标准和行车组织方法等。

在非自动闭塞区段，列车区间运行时分是影响区段通过能力的主要因素，区段中各区间的通过能力通常是不均等的，其中通过能力最小的区间称为限制区间，其通过能力即为区段通过能力；在双线自动闭塞区段，列车追踪间隔时间是影响区段通过能力的主要因素，列车区间运行时分对通过能力没有影响。

2. 车站

车站通过能力指车站在一昼夜内能够接、发的旅客列车和货物列车数，包括咽喉通过能力、到发线通过能力和驼峰、牵出线解编能力。车站通过能力主要决定于车站咽喉区的平行进路数、列车和调车进路设计的合理性，车场布局和到发线数量，信号设备的种类以及驼峰类型、调车场线路数及牵出线数量。

3. 电气化铁路的牵引供电设备

牵引供电设备的通过能力主要决定于牵引变电所和接触网的容量。

4. 铁路运载工具检修设备

实现铁路区段的通过能力还需要有机车、车辆和动车组的保障。机车、车辆和动车组检修和整备设施由国铁集团、铁路局统一配置，不局限于为某一区段服务。

(1)机务段机车检修及整备设备

机车是旅客列车和货物列车的牵引动力，机车检修和整备能力体现铁路的列车机车和调车机车供应能力，由机车检修台位数和机车整备线的长度、数量及机车检修、整备设备的布局决定。

(2)车辆检修设备

车辆检修能力反映铁路保持车辆良好技术状态的能力,由列检所、车辆段和车辆工厂的配置,车辆段车辆检测能力,车辆运用维修、站修和段修能力,车辆工厂的厂修能力确定。

(3)客车段、动车段检修和整备能力

普通旅客列车由客运机车和客车车底组成,旅客列车在完成一次行程后,机车入客运机务段整备、车底调送到客车段进行检修和整备作业。我国铁路提速以后,动车组已经广泛运用于快速旅客运输。动车组由固定编组的动车和拖车组成,运行速度通常在 200～350 km/h,担任高速或快速旅客输送任务。客车段和动车段设在旅客列车的终到和始发站,分别负责普通客车车底和动车组的整备和检修任务。

铁路各项固定设备可能具有不同的通过能力,其中能力最小的设备限制了整个区段的能力,该项设备的能力即为该区段的最终通过能力。因而铁路固定设备不应追求某一单项设备的先进性,而应使各项设备的能力相互协调。

一、平行运行图通过能力(n)

平行运行图简称平图。在单线平行运行图上,为了实现最大通过能力,上、下行方向列车在限制区间应采取相同的交会方式,使列车运行线在限制区间周期性排列;在双线平行运行图上,要实现最大通过能力,同方向列车运行线以连发间隔或追踪间隔排列,也呈现周期性。为实现最大通过能力,列车运行线在图上重复排列的单元所占用的时间称为运行图周期。在运行图上列车运行线的周期性分布如图 9-4-1 所示。

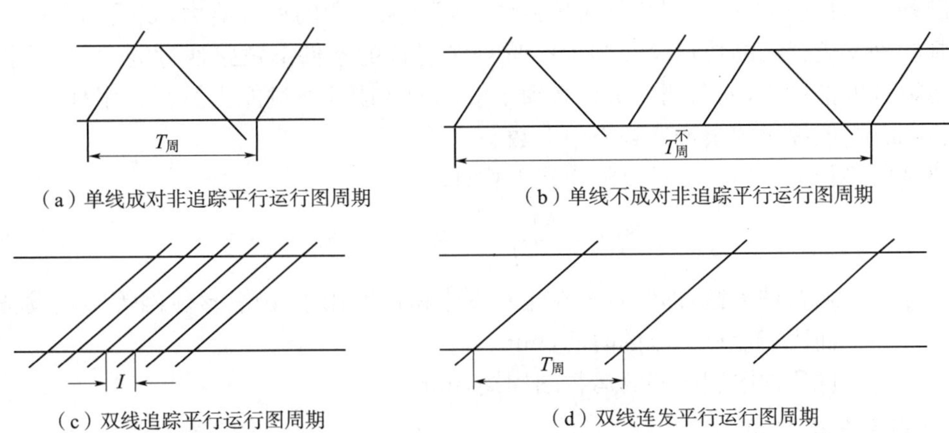

(a) 单线成对非追踪平行运行图周期　(b) 单线不成对非追踪平行运行图周期

(c) 双线追踪平行运行图周期　(d) 双线连发平行运行图周期

图 9-4-1　平行运行图周期

1. 单线成对非追踪平行运行图

在单线半自动闭塞或自动站间闭塞区段,通常采用成对非追踪运行图。由于列车停站对区间通过能力会产生不利影响,在计算区间最大通过能力时,在中间站都应采取一列停车、一列通过的方式。列车在区间两端站的交会方式有以下四种方案,如图 9-4-2 所示。

【例题 9-4-1】 设上、下行列车在 a—b 区间的纯运行时间分别为 $t''=25$ min、$t'=21$ min,列车起动附加时分和停车附加时分分别为 $t_{起}=2$ min、$t_{停}=1$ min,对向列车不同时

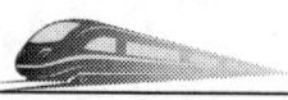

到达车站间隔时间 $\tau_{不}=4$ min、会车间隔时间 $\tau_{会}=1$ min。计算该区间不同列车交会方案的运行图周期。

解:如图 9-4-2 所示,a—b 区间各列车交会方案的运行图周期分别为:

方案(a) $T_{周}=t_{起}+t''+\tau_{会}+t_{起}+t'+\tau_{会}=2+25+1+2+21+1=52(\text{min})$

方案(b) $T_{周}=t''+t_{停}+\tau_{不}+t'+t_{停}+\tau_{不}=25+1+4+21+1+4=56(\text{min})$

方案(c) $T_{周}=t''+\tau_{会}+t_{起}+t'+t_{停}+\tau_{不}=25+1+2+21+1+4=54(\text{min})$

方案(d) $T_{周}=t_{起}+t''+t_{停}+\tau_{不}+t'+\tau_{会}=2+25+1+4+21+1=54(\text{min})$

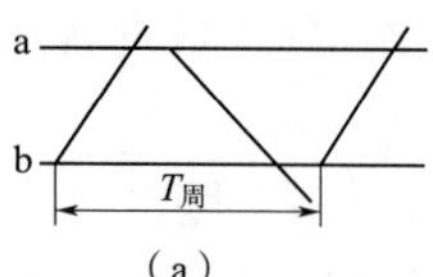

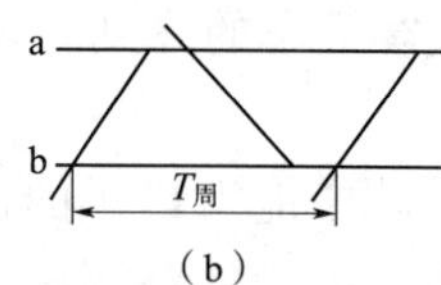

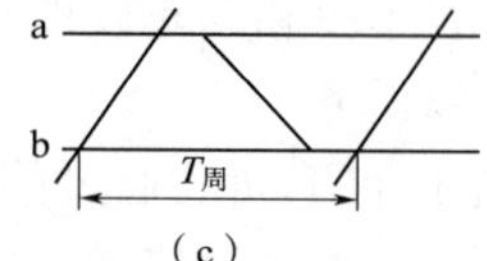

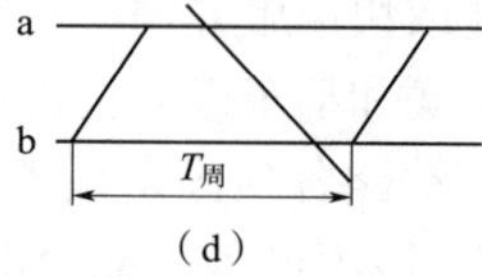

图 9-4-2 单线成对非追踪平行运行图列车在区间两端站的交会方案

可见,同一区间采用不同会车方案,由于包含不同的运行图要素,周期一般是不同的。铁路区段内分布的中间站把整个区段划分为区间;各区间的运行图周期一般是不均等的。区段的通过能力取决于限制区间。所以为了获得最大通过能力,在限制区间应选用 $T_{周}$ 最小的列车交会方案。

在区段中,上、下行列车运行时分之和最大的区间称为困难区间。通常困难区间也就是限制区间。但也可能上、下行列车运行时分之和与困难区间接近且与困难区间相邻的区间,因为受到困难区间采用通过能力最大的铺画方式的影响而成为限制区间。

编制列车运行图前,运行图编制人员需要了解铁路区段的通过能力,以便确定在该区段可以铺画的列车运行线的数量及在当前客货列车对数的条件下铁路通过能力的利用程度;在日常运输调度指挥中,列车调度员也必须了解调度区段的通过能力及其利用程度,对进行列车运行调整尚能提供的余地做到心中有数。

铁路区段平行成对运行图通过能力按下式计算:

$$n_{最大}^{平行}=\frac{1\,440-T_{空隙}}{T_{周}} \quad (对) \tag{9-4-1}$$

式中 $T_{空隙}$——运行图天窗,即每昼夜在运行图中留出的用于线路、接触网等固定设备检修而不能运行列车的时间,min;

$T_{周}$——区段内限制区间的运行图周期,min。

2. 双线平行运行图

(1)非自动闭塞区段

双线非自动闭塞区段,包括双线半自动闭塞或站间自动闭塞区段,采用连发运行图,如图 9-4-3 所示。双线连发运行图的周期为

$$T_{周}=t_{运}+\tau_{连} \quad (\text{min}) \tag{9-4-2}$$

由于区间上、下行线路的平、纵断面不同,上、下行方向的限制区间可能不是同一个区间。因而,在计算区段通过能力时,应分别上、下行按限制区间,以下式计算:

$$n=\frac{1\,440-t_{空隙}}{t_{运}+\tau_{连}} \quad (列) \tag{9-4-3}$$

(2)双线自动闭塞区段

在装有自动闭塞的双线区段采用追踪运行图,如图 9-4-4 所示。

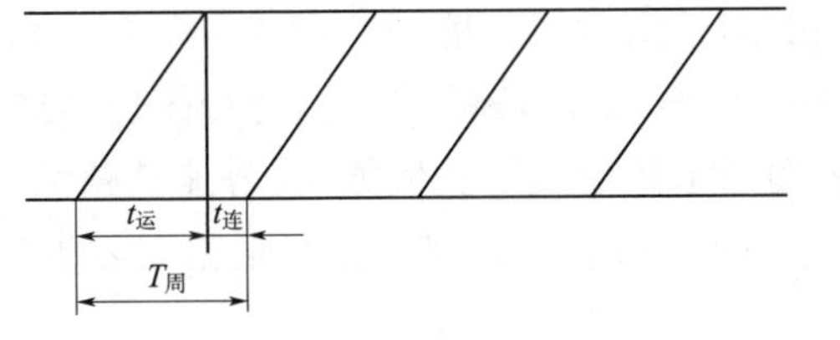

图 9-4-3 双线连发运行图周期

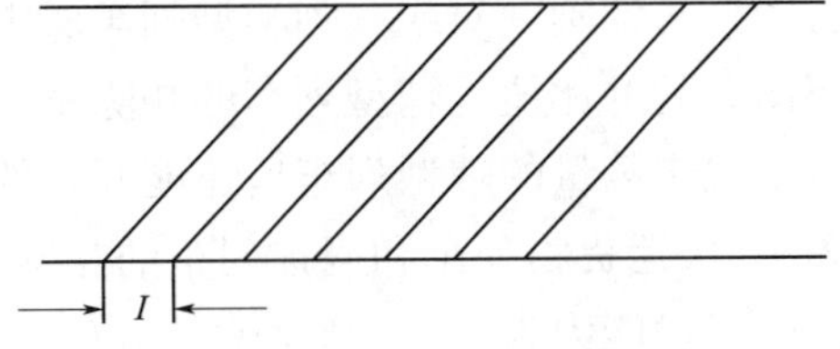

图 9-4-4 双线追踪运行图周期

双线追踪运行图的 $T_{周}$ 等于追踪列车间隔时间 I,每一方向的区间通过能力为

$$n=\frac{1\ 440-t_{空隙}}{I} \quad (列) \tag{9-4-4}$$

可以看出,双线区段采用自动闭塞可以显著提高通过能力。

二、非平行运行图通过能力

当同方向列车运行速度相同时,铁路区段可以实现最大的通过能力,即平图通过能力是区段的最大通过能力。但是,在客、货运量没有达到必须分线运行时,只能在同一区段既开行旅客列车,又开行货物列车;在高速铁路上,当高速列车的数量没有达到足够的程度时,为了充分利用高速线路的通过能力,也可以开行一部分中速旅客列车和快运货物列车。以上两种情况都会导致在同一区段有不同速度的列车运行。铺画有不同速度等级列车的运行图称为非平行运行图。

在铁路区段中,开行数量占较大优势的列车或可以作为占用运行图能力标准的列车称为主型列车;与主型列车旅行速度不同的其他列车称为辅型列车。例如,在普速铁路,通常绝大多数列车是货物列车,因而货物列车是主型列车;在高速铁路上,有停站的高速列车、中速列车、快运货物列车占用运行图时间可以用全程通过的高速列车作为标准来计算,因而全程通过的高速列车是主型列车。在非平行运行图中,能够开行主型列车和辅型列车的最大数量称为区段的非平行运行图通过能力。

确定非平行运行图通过能力有图解法和分析法两种方法。

1. 图解法

图解法是在运行图上实际铺画各类列车运行线,所能实现的最大列车数量即为非平行运行图通过能力。在普速铁路上,旅客列车的种类和数量是依据一定时期内的计划旅客运量确定的,在按照旅客列车开行方案铺画了规定种类和数量的旅客列车后,由在运行图上还能实际铺画的货物列车数量即可得出该区段的通过能力。

图解法利用优化的计算机程序可以快速、精确地获取区段通过能力的数据,不失为一种好方法;但人工铺画不仅费时、费事,且铺画的结果还与铺图人员的技术水平和熟练程度有关。所以图解法确定区段通过能力适用于利用计算机铺图,或进行运行图优化研究。

2. 分析法

分析法根据辅型列车的扣除系数近似地计算非平行运行图的通过能力。扣除系数是指在运行图上每铺画一对或一列辅型列车所占用的运行图时间与铺画一对或一列主型列车占用运行图时间的比值。辅型列车的扣除系数总是大于1。区段的非平行运行图通过能力以在开行了规定数量的辅型列车后还能开行的主型列车数量表示。例如，在普速铁路区段，如旅客列车、快运货物列车和摘挂列车的扣除系数分别为$\varepsilon_{客}$、$\varepsilon_{快运}$和$\varepsilon_{摘挂}$，则该区段的非平行运行图的通过能力为

$$n_{货}^{非}=n-\varepsilon_{客}n_{客}-(\varepsilon_{快运}-1)n_{快运}-(\varepsilon_{摘挂}-1)n_{摘挂} \tag{9-4-5}$$

$$n_{非}=n_{货}^{非}+n_{客} \tag{9-4-6}$$

式中　$n_{货}^{非}$——区段的非平行运行图货物列车通过能力，对数或列数；

n——以货物列车为主型列车的区段平行运行图通过能力，对数或列数；

$n_{客}$、$n_{快运}$、$n_{摘挂}$——分别为在运行图上指定铺画的旅客列车、快运货物列车和摘挂列车的对数或列数；

$n_{非}$——区段的非平行运行图通过能力，对数或列数。

分析法简单易行、可以得到大致的结果。但目前各类列车的扣除系数尚未找到在铺图前就能精确确定的计算方法，实际上取决于辅型列车运行线在图上的铺画方式(分散铺画还是连续铺画)、与其他列车的相对位置等因素，其扣除系数并不是一成不变的。

扣除系数的大小与一系列因素有关，其中主要有：

(1)区间的不均等程度。

(2)旅客列车、快运货物列车、摘挂列车的运行速度、数量及其在运行图上的铺画位置。

(3)旅客列车和摘挂列车在区段内的停站次数及停站时间。

这些因素的影响只能在运行图铺好之后才能完全确定。因此，在计算通过能力时，不得不利用扣除系数的经验数值。目前，我国既有铁路采用的扣除系数见表9-4-1和表9-4-2。与半自动闭塞相比，自动站间闭塞的车站间隔时间较小，因而其各类列车的扣除系数略大于半自动闭塞。

表9-4-1　列车扣除系数表

区间正线	闭塞方法	旅客列车	快运货物列车	摘挂列车	备注
单线	自动	1.0	1.0	1.3～1.5	
	半自动	1.1～1.3	1.2	1.3～1.5	摘挂列车3对以上取1.3
	自动站间闭塞	1.2～1.4	1.3	1.4～1.6	
双线	自动	见表9-4-2	2.0～2.3	2.5～3.0	摘挂列车3对以上取2.5，6对以上取2.0
	半自动	1.3～1.5	1.4	1.5～2.0	
	自动站间闭塞	1.4～1.6	1.5	1.6～2.1	

表 9-4-2 三显示双线自动闭塞区段旅客列车扣除系数表

$n_{客}$(列)	$I_{通}$(min)						
	6	7	8	9	10	11	12
5～10			2.3～2.4	2.15～2.3	2.05～2.2	1.95～2.1	1.9～2.0
11～20			2.3～2.35	2.15～2.2	2.05～2.1	1.95～2.0	1.8～1.9
21～30		2.4～2.45	2.2～2.25	2.05～2.1	1.95～2.0	1.85～1.9	1.7～1.8
31～40	2.5～2.55	2.3～2.35	2.1～2.15	1.95～2.0	1.85～1.9	1.75～1.8	1.6～1.7
41～50	2.4～2.45	2.2～2.25	2.0～2.05	1.85～1.9			
51～60	2.3～2.35	2.1～2.15	1.9～1.95				
61 及以上	用图解法确定						

一、复习思考题

1. 什么是铁路区段的通过能力？区段通过能力与哪些因素有关？
2. 单线铁路区段的困难区间和限制区间在概念上有什么区别和联系？
3. 怎样计算单线平行成对列车运行图的通过能力？
4. 什么是非平行运行图通过能力？有哪几种计算方法？
5. 扣除系数的含义是什么？怎样确定主型列车和辅型列车？

二、习题

画出 A—b 单线区间成对平行运行图周期的可能铺画方式，计算该区间的通过能力。资料如下：所有列车在 A 站均停车；区间运行时分为下行 $t'_{A-b}=18$ min，上行 $t''_{A-b}=16$ min；列车间隔时分 $\tau_{不}=4$ min，$\tau_{会}=1$ min，$t_{起}=2$ min，$t_{停}=1$ min。

学习任务 5 列车运行图铺画

1. 旅客列车运行图的编制。
2. 货物列车运行图的编制。

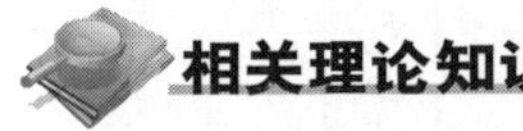

为了适应运输设备的发展、更好地满足旅客和客户的运输需求、完善铁路运输组织，当前全路基本图每年编制 1 次，每季度都要根据运量变化编制调整图，同时编制春运、五一、暑假和十一分号图。

基本图的变更通过编制或调整来实现。编制需重新确定各项技术作业标准、重新构建旅客列车运行框架、重新铺画全部客货列车运行线、在全路范围同时实行。调整则是在各项技术作业标准和旅客列车运行框架不做大的变动的基础上，对基本图所做的局部变更。

列车运行图编制实行两级管理，跨局列车由国铁集团组织铁路局编制，局管内列车由铁路局负责编制。

一、旅客列车运行图的编制

编制列车运行图要考虑的因素很多，而且有些要求是相互抵触的，需要综合平衡。在客货混跑的普速铁路，旅客列车有较高的优先等级，因而在编制列车运行图时，通常先确定旅客列车运行线的铺画位置，在客车运行线的空档中插入货物列车运行线，完成详图铺画。

在铺画旅客列车和货物列车运行线时，都要处理好各方面的关系，安排好整个方向上的列车开行顺序。所以，编制列车运行图首先要编制列车运行方案，着重解决运行图的全局问题，如图 9-5-1 所示；然后依据方案图铺画详图，即具体规定每一列车在各个车站上到、发或通过的时刻。

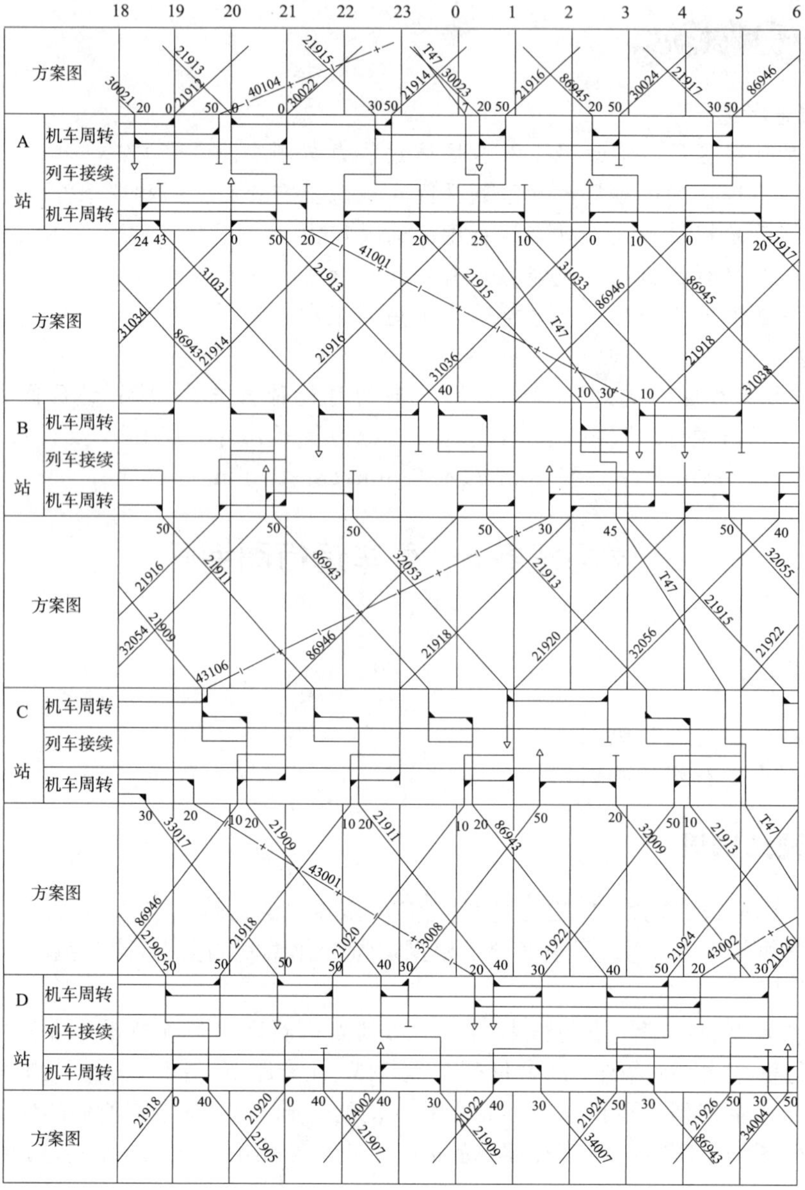

图 9-5-1　列车运行方案

1. 旅客列车运行方案

在旅客列车运行方案中，应按列车运行图资料规定的各类旅客列车对数铺画客车运行线，旅客列车的种类和对数应符合客流的性质和流量的需要。旅客列车运行方案主要解决以下的问题：

(1)方便旅客出行

①规定适宜的旅客列车始发、终到和通过各主要站的时刻

对于旅行时间在 7～10 h 的大城市间开行的旅客列车，应尽可能按“夕发朝至”的要求安排列车始发和终到时刻。直通列车始发和终到时间宜在白天，为了方便旅客乘车、充分利用客运站的通过能力和保证其客运作业的均衡，在城市交通的配合下，直通列车可以规定：不早于 7:00、晚于 0:00 开；不早于 6:00、晚于 0:00 到。根据上述要求，可以对直通列车规定出合理的发车时刻范围。以全程运行时间为 10＋24 D(h)的直通列车为例(D 为列车在途中运行的整天数)，其合理发车时间范围应在 20:00—0:00、7:00—14:00 间，如图 9-5-2 所示。直通列车通过沿途各大站的时刻也应力求方便旅客，若不能完全满足此项要求时，应权衡轻重，或不同车次照顾不同发到站的旅客。

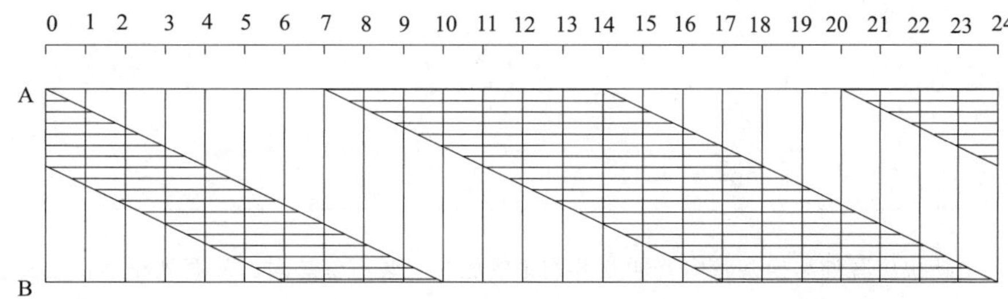

图 9-5-2 直通客车的合理发车时刻范围

普通旅客列车以运送短途旅客为主，途中停站次数较多，以白天运行为宜。

② 开行直达车次满足流量较大的直通客流的乘车需求

长途客流如果没有直达车次，旅客就需要在途中换乘。因而在制定旅客列车开行方案时，要进行详尽的客流调查，直通、管内客流配合，适当延长列车运行距离，减少旅客换乘。

③缩短旅客中转换乘的等待时间

各方向旅客列车到达枢纽站的时刻应适当衔接，以减少中转旅客的换乘等待时间。为此要做好客流调查，掌握通过客流在各方向间换乘的流量，编图时要照顾中转直通客流较大的方向。例如，图 9-5-3 表示 E→D 及 C→A 均开行直通旅客列车，但 E→A 的中转客流量远大于

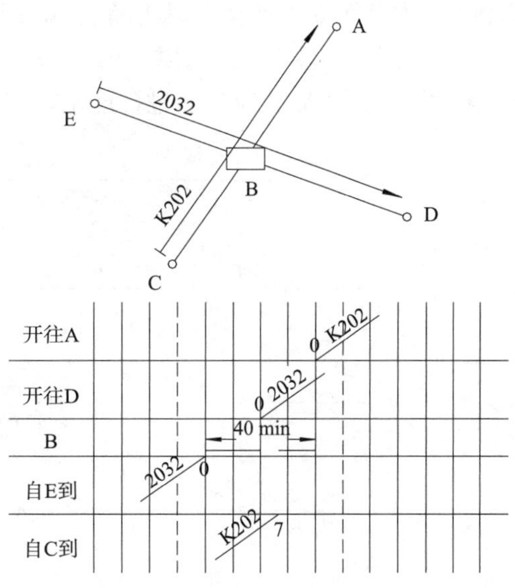

图 9-5-3 直通列车在枢纽站相互衔接

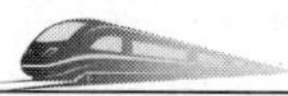

C→D的中转客流,因此E→D及C→A直通列车经过B站的时刻应照顾E→A方向中转旅客。

普通旅客列车与长途快速旅客列车在运行时刻上也应衔接配合,以方便小站出发的旅客由普通旅客列车换乘长途快速旅客列车和到达小站的旅客由长途快速旅客列车换乘普通旅客列车,如图9-5-4所示。

当普通旅客列车对数较少,不足以在长途快速列车前后均开行普通旅客列车时,只能照顾流量较大的客流,例如从长途快速旅客列车换乘普通旅客列车的客流占优势时,列车运行线的铺画方案如图9-5-5所示。

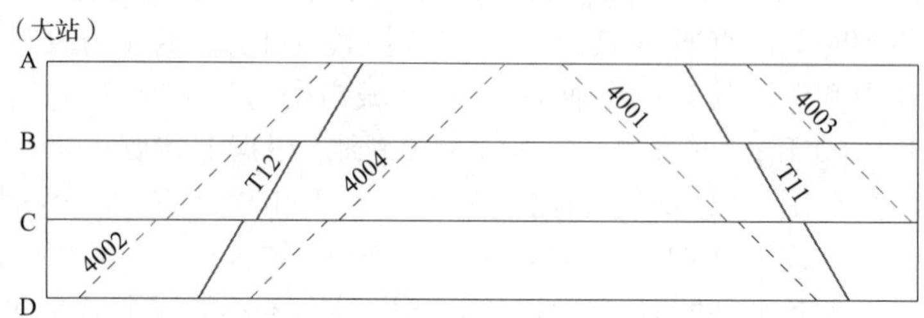

图9-5-4 管内旅客列车与特快旅客列车运行时刻的配合

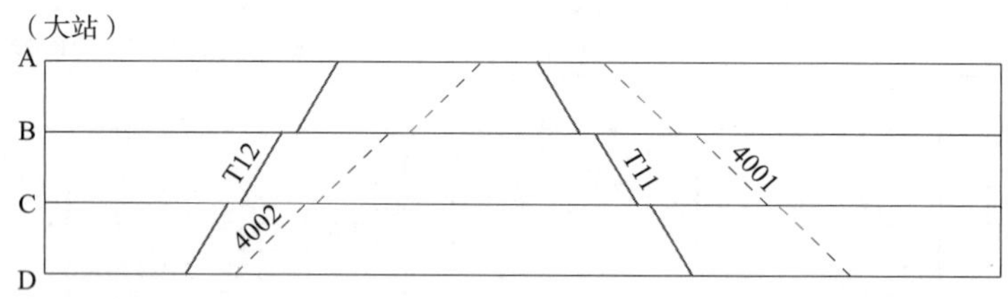

图9-5-5 由特快旅客列车换乘管内普通旅客列车的旅客人数占优势时的旅客列车运行线配合方式

(2)经济合理地使用机车车辆

旅客列车的到发时刻,除应便利旅客出行外,还应力求经济地使用动车组、客车车底和客运机车。如图9-5-6所示,A为车底配属段所在站,B为折返站,如车底在配属段所在站停留时间标准为6 h,折返站4 h,可以看出,方案(a)由于上、下行旅客列车运行线的相对位置安排不当,多用了一列车底。应当通过合理排布列车运行线,使机车车辆运用数量减少到最低限度。

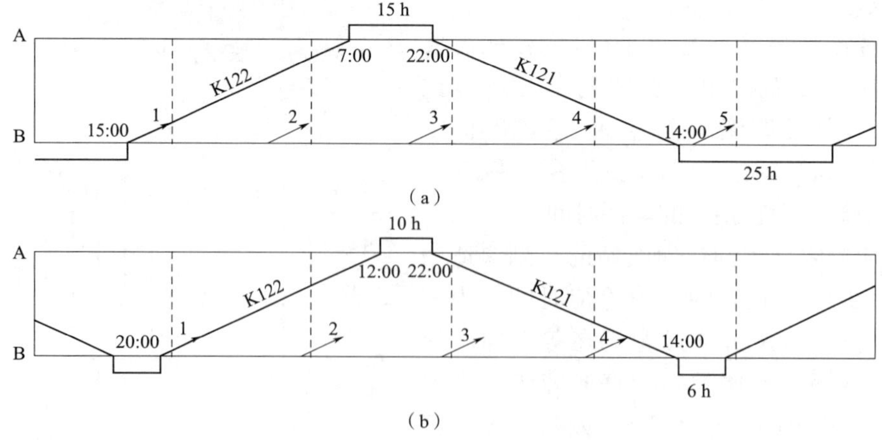

图9-5-6 客车车底需要数量与列车到发时刻的关系

(3)保证旅客列车运行与客运站技术作业过程的协调

由于旅客列车到发时刻的特殊要求,客运站在一昼夜的某一段时间内,往往出现列车密集到达或出发的情况。编制列车运行方案要保证在列车密集到发期间列车的到、发间隔与车站技术作业过程和候车室及进、出站通道的能力相协调,避免造成站内拥堵。

(4)充分利用铁路通过能力

在运行图上旅客列车的铺画方式应保证较小的扣除系数,以提高铁路的通过能力。

(5)为货物列车运行创造良好条件

在客货混跑的铁路区段,均衡地铺画旅客列车运行线不仅有利于保持良好的车站作业秩序和有效利用车站的客运设备,而且有利于货物列车运行线的均衡分布,使车站行车和货运设备得到有效利用、减少作业等待时间。

2. 依据旅客列车铺画方案编制详图

旅客列车运行方案完成以后,即可据以铺画客车详图,在编制列车运行详图时,除国际联运的旅客列车在国境站的接续时刻不得变更外,其他列车的运行时刻尚可作必要的调整,以便创造更好的会让和运行条件,与货物列车运行取得较好的配合;在铺画详图时,列车的会让和被越行要尽可能与列车的停站作业结合,以提高列车的旅行速度。

二、货物列车运行图的编制

为了保证列车运行线与企业生产过程、车流集结过程的紧密配合,各邻接区段、各相邻铁路局间列车运行的紧密衔接以及列车运行图与列车编组计划、车站技术作业过程、机车周转图的相互协调,在旅客列车运行图编制以后,货物列车运行线的铺画也可分两步进行,即先编方案图,然后再根据方案图编制详图。但在运量大、区间通过能力比较紧张的单线区段,由于在编方案图时很难准确地规定运行线间的相对位置,铺画详图时常常无法实现方案的安排,所以一般不编方案图,而直接编制详图。

1. 货物列车运行方案

编制货物列车运行方案,可由方向的一端开始,顺序铺画货物列车运行线,或由方向中间的某一铁路局间分界站向两端延伸铺画。当存在通过能力利用率接近饱和的区段时,运行图编制最好就由这一最繁忙的区段开始。在编制货物列车运行方案图时,应注意解决以下几方面的问题:

(1)列车运行图与列车编组计划的配合

列车编组计划是编制列车运行图的重要依据,编制列车运行图时必须做到:

①按照列车编组计划所规定的各类列车的发、到站及数量,并考虑适当向上波动,在运行图上铺画相应的货物列车运行线。

②对有稳定车流保证的定期运行的列车,应在运行图上固定运行线,从始发站到终点站使用统一的车次,这种列车通过沿途各技术站时要有良好的接续,如图 9-5-7 所示的 15806 次列车,在途中技术站的停留时间应略大于该站无改编中转时间标准。

③对没有稳定车流保证的直达列车,可以在两编组站间使用直通列车车次。经过编组站时,相邻区段不同车次的运行线也要考虑适当的衔接,如图 9-5-7 所示的 20002 次和 21002 次列车运行线:当直达车流不足不能开行 A→C 直达列车时,可分别作为直通列车运行

线;而当有足够的直达车流可以开行时,即可衔接起来,在调度日班计划中规定全程统一的车次,开行直达列车。

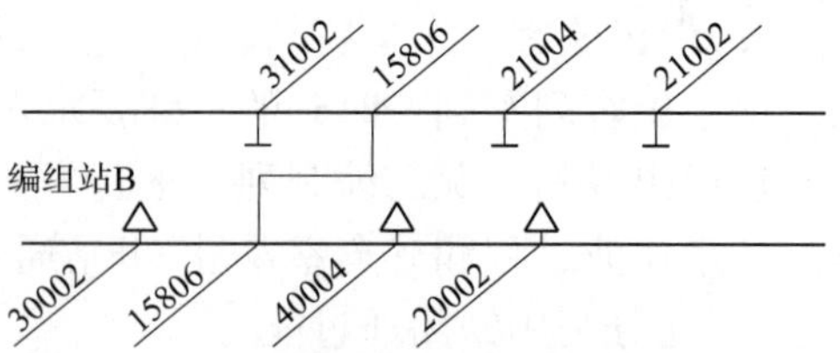

图 9-5-7　直通列车运行线在技术站的衔接

(2)列车运行图与车站技术作业过程的配合

列车运行不均衡是导致货车在车站产生各种等待停留时间和浪费车站通过能力、改编能力的主要原因。因此,在编制运行图时应力求使各方向列车在技术站均衡到发,并使各方向改编列车和中转列车交错到开,为车站创造均衡而有节奏的工作条件。

受旅客列车铺画位置的影响,保证邻局、邻区段货物列车有良好的运行条件,往往会造成货物列车运行线在运行图上不能均衡排列,而在一段时间内产生列车密集到开的现象。在这种情况下,铺画运行图时应注意符合下列要求:

①列车到达技术站和由技术站出发的间隔时间,应考虑车站的到发线数目及列车占用到发线的时间,以保证车站能不间断地接发列车。

②到达技术站解体的列车,其间隔时间应与驼峰或牵出线的作业进度相适应,以减少列车待解停留时间;解体列车到达间隔时间与车站技术作业过程相协调时(见图 9-5-8)不产生待解时间;而解体列车到达间隔时间与车站技术作业过程不相协调时(见图 9-5-9),将产生大量待解时间。

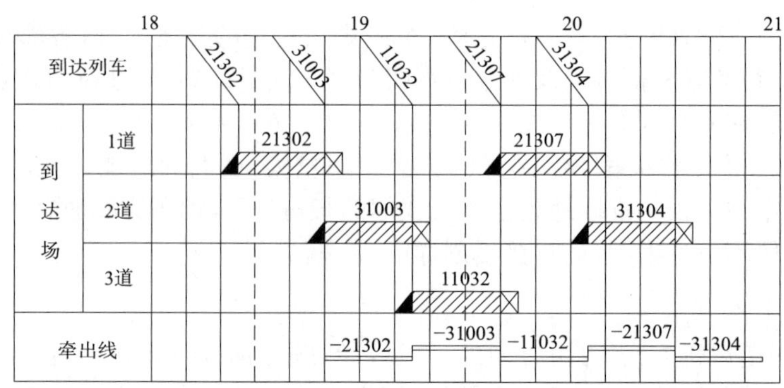

图 9-5-8　与车站解体作业进度相协调的列车到达间隔

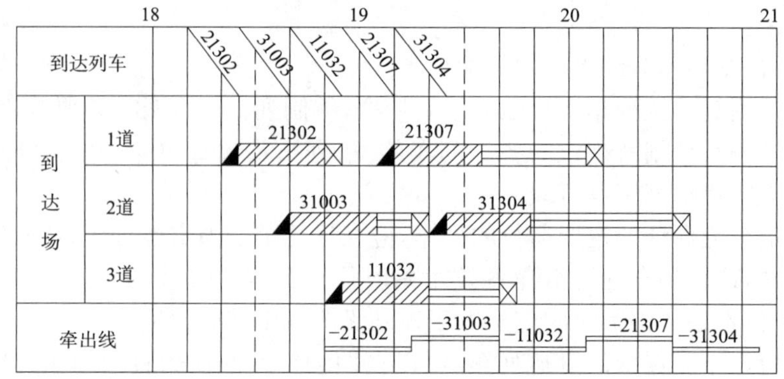

图 9-5-9　与车站解体作业进度不协调的列车到达间隔

③由技术站编组出发的列车，其间隔时间应与牵出线的编组作业进度相适应，以减少待发停留时间。

④对于组织始发直达列车的车站，应使空车列车到达与重车列车出发之间的间隔与该站各项作业时间相协调，如图 9-5-10 所示，否则就会延长货车停留时间或不能保证重车列车按规定时刻出发。

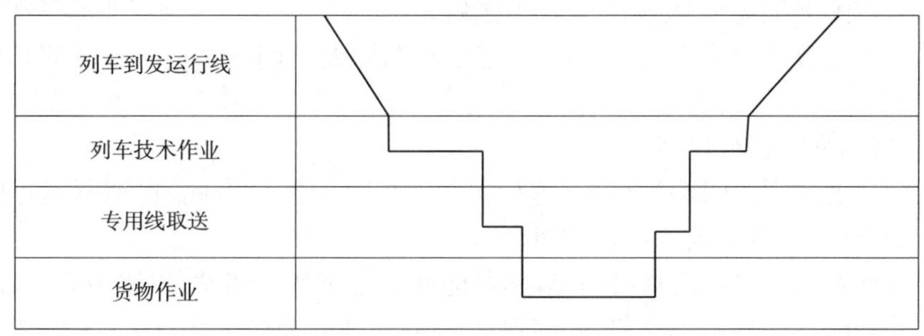

图 9-5-10 空车直达列车到达装车站的时间应与重直达列车出发时刻相协调

(3)铺画有弹性的列车运行图，为列车运行调整预留空间

在日常列车运行组织中，列车可能发生出发晚点、运行晚点。如果在运行图上列车运行线都按最小列车间隔铺画，在双线区段和区间均等的单线区段，一趟列车晚点就会形成连锁反应，影响一大片。这种没有预留列车运行调整余地的运行图称为"刚性的列车运行图"。在运行图中，实际列车间隔大于相应列车间隔标准的部分称为列车运行缓冲时间。列车运行缓冲时间充足且分布合理的运行图称为"具有弹性的运行图"。刚性的运行图将使行车调度员的列车运行调整工作变得极为困难，因而在编制列车运行图时，应注意在列车运行线之间分布适当的列车运行缓冲时间。

在双线区段，列车运行缓冲时间由宽裕的区段通过能力和辅型列车的额外扣除产生；在单线区段，列车缓冲时间由宽裕的区段通过能力、区间不均等和辅型列车的额外扣除产生。

2. 铺画货物列车运行详图

货物列车运行方案制定完毕后，要进一步确定各次列车在中间站的到发或通过点，即铺画详图。方案图中所规定的运行线可做适当调整，但应尽可能不改变跨局列车在铁路局间分界站的到开时刻。

摘挂列车和其他为区段管内工作服务的各种列车的运行线在详图中的位置，参照管内货物列车铺画方案安排，必要时可适量移动，以免影响其他货物列车的运行。

在铺画详图时，应注意如下三个方面的问题：

(1)保证行车安全和旅客乘降安全

①遵守不准同时接发列车的有关规定。

②保证各项列车间隔时间符合规定的标准。

③避免某方向列车在禁止停车的车站上停车。

④遵守规定的机车乘务组和车长工作、休息的时间标准。

⑤列车在车站会车和越行时，同时停在车站上的列车数应与该站的到发线数相适应。

(2)有效地利用区间通过能力

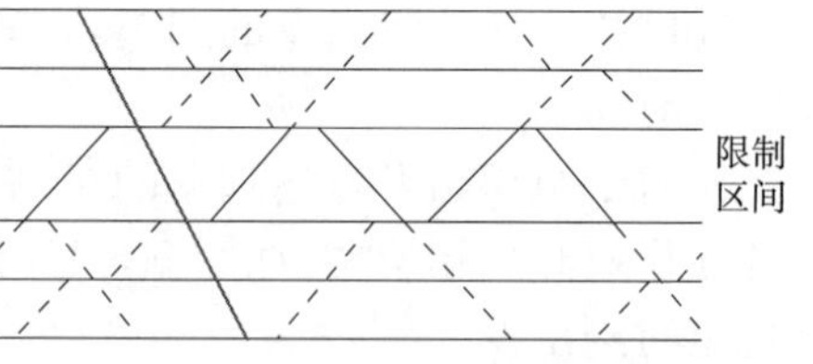

图 9-5-11 从限制区间开始铺画运行线

铺画详图可从区段一端的技术站开始向另一端逐步延伸;当在运行图上铺画的列车对数达到区间通过能力利用率的 80%以上时,为了有效地使用区间通过能力,应从限制区间开始铺画货物列车运行线。即在运行图上铺完旅客列车运行线之后,从限制区间铺画规定数量的货物列车运行线,然后再从限制区间分别向其他区间顺序铺画,如图 9-5-11 所示。

(3)提高货物列车旅行速度

影响旅行速度的主要因素是会车、越行次数及停站时间。因此,在铺画运行图时,应尽量减少列车的会让、越行次数和停站时间。

①铺画在旅客列车之前的货物列车,尽可能使之通过各中间站,以避免在区段内被旅客列车越行,如图 9-5-12 所示,其中图 9-5-12(a)为不合理的铺画方法,图 9-5-12(b)为合理的铺画方法。

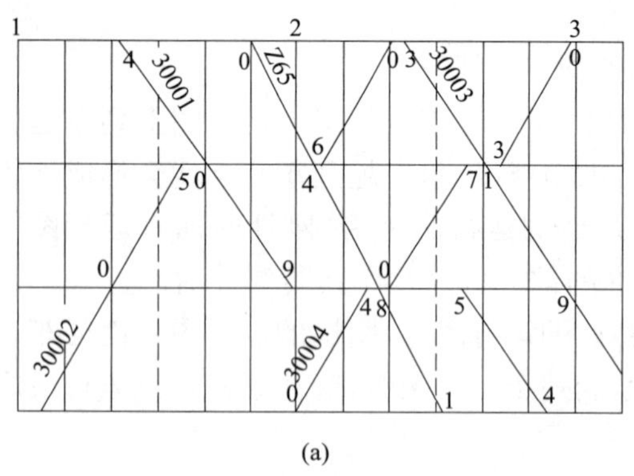

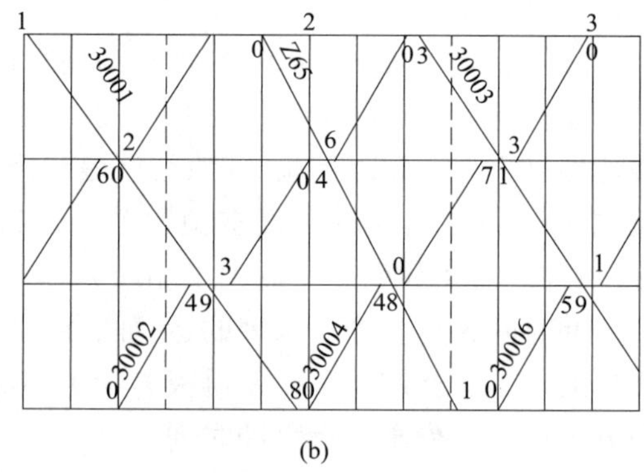

图 9-5-12 货物列车与旅客列车之间的合理距离

②在旅客列车之后铺画货物列车时,尽量使客货列车之间能够铺画交会的对向货物列车,以减少会车停站时间。如图 9-5-13 所示,其中图 9-5-13(a)为不合理的画法,图 9-5-13(b)为合理的画法。

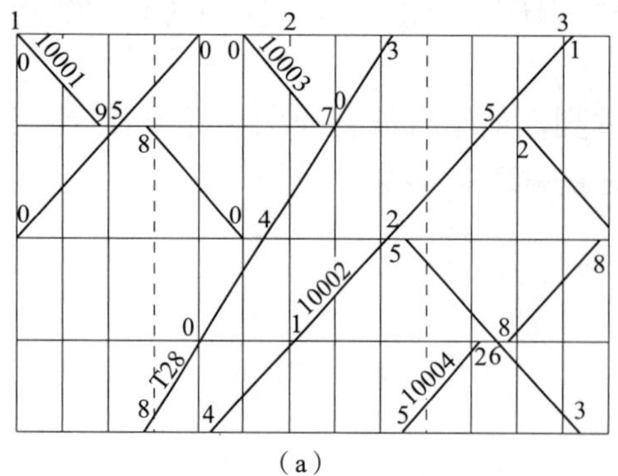

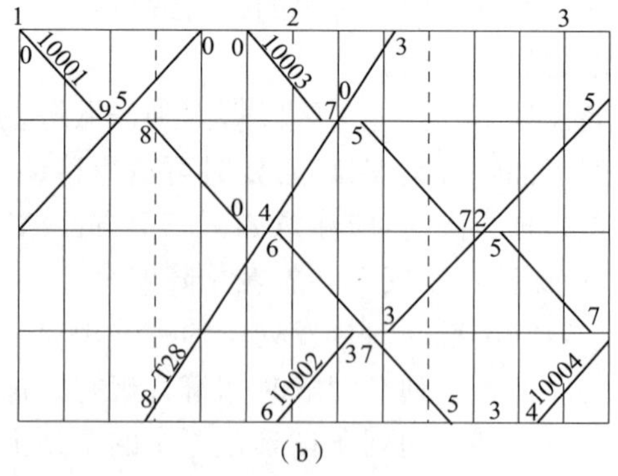

图 9-5-13 旅客列车与货物列车之间的合理距离

③当在区段内不能避免越行时,尽可能将越行地点规定在有技术作业的车站上,或者规定在两相邻区间运行时分较小的车站上。如图 9-5-14 所示,若 b 站为上行列车技术作业停车站,则列车在待避快速列车的同时可以进行技术作业,从而可以减少以至于消除由于被越行而产生的额外停留时间;又若 b 站两相邻区间的运行时分较小,则可以缩短列车在 b 站的待避停留时间。

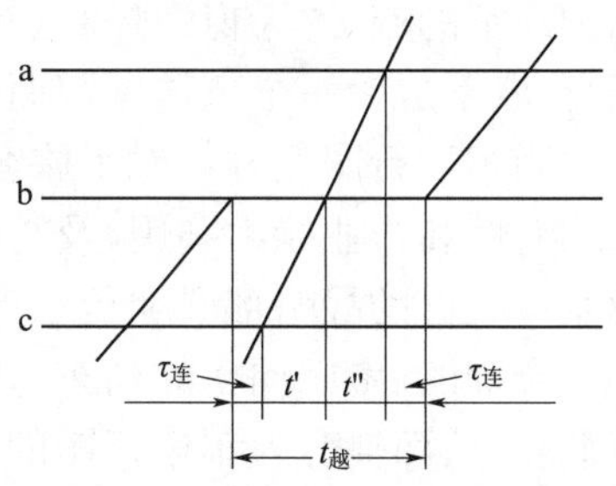

图 9-5-14　列车待避时间

④在通过能力比较紧张的单双线区段,可从双线及其邻接区间开始铺画列车运行线,使列车以较小的运行图周期在双线区间内不停车交会。

1. 编制旅客列车和货物列车开行方案需要考虑哪些问题?

2. 在列车运行图中怎样体现列车编组计划的计算结果?

3. 什么是具有"弹性"的列车运行图? 列车晚点的"缓冲时间"是怎样产生的? 在列车运行图中分配"缓冲时间"的基本原则是什么?

学习任务6　认识列车运行图的指标和实行新图前的准备工作

学习内容

1. 列车运行图的作用。
2. 列车运行图的质量检查和指标计算。
3. 实行新图前的准备工作。

相关理论知识

列车运行图编制完毕后,需要全面检查列车运行图的铺画质量,计算各项指标,并部署实行新图的准备工作。

一、列车运行图的作用

铁路客、货运输是依靠列车运行实现的。为了保证铁路运输工作安全、高效和有序地进行,与运输有关的各铁路部门的工作都依据列车的运行时刻进行。车站根据列车运行图安排到发线的使用、列车的解体、编组和取送,组织客运作业和货物装卸工作;机务段根据列车运行图开行的车次、时刻,计划机车周转、安排机车的整备、检修和乘务员的作息;车辆段列检所根据列车到达和出发的时刻,及时派出列检组完成车辆检修任务,扣修定检到期的车辆;工务、供电、电务等部门对线路、接触网和通信信号设备的施工和维护,都必须根据运行

图中规定的施工“天窗”时间进行。与运输有关的各铁路部门的工作，通过列车运行图协调配合，联系成为一个整体。因而，列车运行图是协调铁路各部门工作的综合作业计划。

列车运行图充分考虑了旅客的出行、换乘的实际需要，货物列车的车流接续、车站作业的均衡性和作业能力利用，及与企业生产的配合，是有效使用铁路运输能力、为客货运输、企业生产服务的战略部署和行动计划。

合理的、考虑周密的列车运行线分布，能够提供弹性时间，便利行车调度员进行列车运行调整，从而提升列车运行图的健壮性。列车运行图的健壮性是指运行图所提供的部分列车的运行偏离图定时刻对其他列车的影响可以控制在一定范围、仍然可以保持整体良好列车运行秩序的能力。刚性的、没有余地的列车运行图会给列车运行调整带来很大困难，一趟列车晚点可能引起整片列车的晚点；而赋予一定弹性的列车运行图，可以有效地化解列车运行波动所造成的不利影响。

列车运行图是铁路运输工作的综合计划和行车组织工作的基础。科学合理地编制列车运行图，对保证行车安全，适应国家和人民群众的运输需求，提高运输能力、效率和效益，具有重要意义。

二、列车运行图的质量检查和指标计算

基本图编制完毕后，铁路局要对运行图的编制质量全面审查，并按国铁集团确定的时间，将编制的列车运行图、列车时刻表、列车运行图技术资料、机车周转图、运行图各项指标及分析资料、区间通过能力、旅客列车编组表及编图工作总结等一并报国铁集团。

列车运行图以 24 h 为周期循环使用，质量良好的运行图使运输有关各部门的作业井然有序、顺利高效，而不合理的运行线布局将持续地每天按时影响运输作业和企业生产。

1. 运行图质量检查

对运行图质量检查的主要内容包括以下几个方面：

(1)运行图上铺画的各类列车数，是否符合所规定的任务。

(2)列车运行方案采取的保障重点厂矿企业生产的措施是否落实。

(3)运行线的铺画是否符合规定的各项时间标准，列车的会让是否合理，在中间站停车会让的列车数是否超过各该站现有的到发线数。

(4)摘挂列车的铺画是否符合区段管内列车铺画方案。

(5)机车乘务组连续工作时间和机车在自外段所在站的停留时间是否满足规定的时间标准。

(6)在运行图上预留的施工“空隙”时间和长度是否符合施工计划的要求。

通过检查，对于发现的问题应加以调整。实际上，运行图的质量检查只是一个必要的作业环节，所有问题都应在编制过程中解决，检查是为了万无一失。等到编完以后发现问题再来调整，就很困难了。

2. 列车运行图指标计算

列车运行图旅客列车、行包专列各项指标分别按跨局列车、管内列车计算，货物列车分别按直达、直通、区段、摘挂、小运转计算。

(1)列车运行图的数量指标

①旅客列车的对数和走行公里、客运机车使用台数及旅客列车输送能力。

②货物列车的对数和走行公里、货运机车使用台数和货物列车输送能力。

③行包专列、“五定”班列对数、走行公里及运输能力。

(2)列车运行图的质量指标

①旅客列车、货物列车和行包专列、“五定”班列的平均技术速度

技术速度即列车在区间运行的平均速度,计算公式为

$$v_{技}=\frac{\sum l_{列}}{\sum t_{运}}\qquad (km/h)\tag{9-6-1}$$

式中 $\sum l_{列}$——计算范围内,图定旅客列车、货物列车或行包专列、“五定”班列每日走行的列车公里数,km;

$\sum t_{运}$——计算范围内,图定旅客列车、货物列车或行包专列、“五定”班列每日区间运行时间之和,包括列车纯运行时分和起、停车附加时分,h。

②货物列车、行包专列、“五定”班列平均旅行速度

货物列车、行包专列、“五定”班列旅行速度指其在区段内平均每小时移动的距离,按下式计算:

$$v_{旅}=\frac{\sum l_{列}}{\sum t_{旅}}\tag{9-6-2}$$

式中 $\sum l_{列}$——计算范围内,图定货物列车或行包专列、“五定”班列走行公里,km;

$\sum t_{旅}$——计算范围内,图定货物列车或行包专列、“五定”班列每日区间旅行时间之和,包括列车纯运行时分、起停附加时分和在区段内中间站的停留时间,h。

③旅客列车平均直通速度

旅客列车直通速度指旅客列车自始发站出发至到达终到站,平均每小时移动的距离,按下式计算:

$$v_{直}^{客}=\frac{\sum l_{客列}}{\sum t_{全旅}}\tag{9-6-3}$$

式中 $\sum l_{客列}$——图定旅客列车全程列车公里之和,km;

$\sum t_{全旅}$——图定旅客列车全程旅行时间之和,包括列车纯运行时分、起停附加时分和在沿途各站停留时间,h。

④货物列车平均直达速度

货物列车直达速度指货物列车自始发站出发至终到站的全程平均每小时移动的距离。这项指标综合反映货物列车旅行速度和技术站接续时间的水平,按下式计算:

$$v_{直}^{货}=\frac{\sum l_{直货}}{\sum t_{旅}+\sum t_{技停}}\tag{9-6-4}$$

式中 $\sum l_{直货}$——直达、直通货物列车全程走行公里之和,km;

$\sum t_{技停}$——直达、直通货物列车在沿途技术站停站时间之和,h。

⑤直通和直达货物列车在技术站的平均接续时间

直通和直达货物列车在技术站的平均接续时间反映列车运行线在技术站相邻区段的衔接质量，应略大于技术站无改编或部分改编中转作业的时间标准，可以按列车、技术站、铁路局和全路计算：

$$T_{接续}=\frac{\sum t_{接续}}{\sum n_{中转}} \tag{9-6-5}$$

式中 $\sum t_{接续}$——中转货物列车在沿途各技术站的停留时间之和，h；

$\sum n_{中转}$——货物列车在技术站完成中转作业的次数。

其他质量指标还包括动车组、客车车底、行包专列在自、外段所在站停留时间及需要组数，客运机车和货运机车的全周转时间，日车公里，机车在自、外段停留时间，机车运用台数等。

为了进一步评价新运行图的编制质量，除计算新运行图的各项指标外，并应与现行运行图进行比较，分析各项指标提高或降低的主要原因。

三、实行新图前的准备工作

运行图编制完毕后，由国铁集团规定全路统一实行新运行图的日期，并于施行前 45 d(调整图和分号图 30 d,采用选线方法编制的分号图 20 d)下发实行新图文件。铁路局于实行新图前 30 d(调整图和分号图 20 d,采用选线方法编制的分号图 15 d)下发实行新图文件及相关资料。为了保证从旧图平稳、顺利地过渡到新图，在实行新图之前要做好下列准备工作：

(1)发布有关实行新图的文件。

(2)利用报刊、广播和电视等媒体宣传新图，向社会发行新旅客列车时刻表，在车站及各售票网点公告旅客列车开行车次和时刻的变化。

(3)各铁路局根据国铁集团发布的有关命令和指示，拟定执行新运行图的技术组织措施和新旧客货列车运行的交替计划。

(4)组织有关人员学习新运行图，使每个有关职工了解、熟悉并掌握新运行图的规定和要求。

(5)做好机车、客车和乘务人员的调配工作。

(6)有关局共同召开局分界站会议，共同拟定保证实现新图的措施。

1. 列车运行图编制完毕以后，对其编制质量进行检查的主要内容是什么？

2. 列车运行图的主要技术指标有哪些？怎样计算？

3. 货物列车技术速度、旅行速度、直达速度和旅客列车直通速度分别在哪些方面反映铁路运输水平？

4. 在新、老运行图交替时，应采取哪些措施保证新图的顺利实施？

项目10

铁路货物运输技术计划编制

项目描述

为了适应运量的变化,保证货运站作业能力、路网各区段和技术站的通过能力得到合理利用,从而顺利完成运输任务,铁路运输生产必须按计划进行。我国铁路实行长期计划指导下按月组织运输生产的制度。首先制定铁路发展的长期规划,从宏观上保证运输能力与客货运量相适应;每月制定月度货物运输计划;依据月度货物运输计划编制技术计划,确定各铁路局区段行车量和机车、车辆的合理保有量;编制运输方案制定保证实现月度运输计划的技术组织措施。月度装车计划数、技术计划指标和运输方案的措施为铁路运输日常调度指挥提供参照。

本项目主要介绍货物运输月度计划的编制方法、技术计划的作用及铁路局运用车保有量的计算方法、运输方案的制定目的和内容。

学习目标

1. 素质目标

认识全面和准确的货流调查对于铁路运输组织的重要意义。理解全路、铁路局和车站的机车、车辆保有量与其完成的工作量相适应的意义。

2. 能力目标

领会月度运输计划、技术计划和运输方案的作用及相互关系。

3. 知识目标

了解月度货物运输计划的编制方法;掌握技术计划的编制原理及主要技术指标;熟悉运输方案的主要内容。

学习任务1　编制铁路月度货物运输计划

学习内容

1. 月度货物运输计划的货源保证。

2. 月度货物运输计划的编制原理和方法。

3. 提高月度货运计划兑现率的措施。

相关理论知识

月度货物运输计划是保证年度运输计划按月完成的具体安排,是铁路组织日常运输生产的基础。编制铁路月度货物运输计划的基本任务是:根据国家经济政策和运输政策,密切产、供、运、销关系,合理安排各地区、各部门各种物资的发送量和流向,充分发挥铁路的运输能力,分月完成年度运输任务。

一、月度货物运输计划的货源保证

铁路局月度货物运输计划分为月编计划和日常计划两部分。月编计划是铁路局组织下月运输生产的依据,日常计划是月编计划的补充。

1. 编制货运计划的基本原则

编制货运计划的基本原则是:

(1)以物资生产计划及供求关系为基础,合理规划产、供方向。

(2)考虑各种运输业之间的分工,组织合理运输,消除过远、对流、重复和其他不合理运输。

(3)积极组织直达运输,加速物资运送。

(4)充分利用空车方向的运力,减少空车走行。

(5)优先保证重点物资运输。

2. 货源、货流组织的基本方法

货源、货流组织是铁路月度货运计划工作的基础。有预见地调查、了解物资的生产、供应、销售情况,掌握市场货源货流变化规律,并加以科学的组织,可以为月度货运计划提供可靠的依据,从而使货运计划建立在可靠货源的基础上。

我国铁路经过多年实践,形成了"摸、核、排、对、组"五字的货源、货流组织方法。

(1)摸,就是了解市场需求。在客户提出订车计划之前深入发货单位,对货源、货流进行调查,或召开货源调查会,核实货源。针对不同物资和不同企业的产销特点,采取不同的组织方式。例如煤炭和其他矿山装车站的货源稳定,而且大多能够组织直达列车运送。做好这类车流的组织工作,对稳定全路货流关系重大。而大城市所在车站因专用线多,货场多,发收货单位多,发送货物品类多,货源和装车点分散,因此需要做好详实的计划和衔接。

(2)核,指在客户提出订车计划后,要核实货源,防止差错和遗漏。核实货源要符合以下要求:数量要可靠,流向要合理,时间要准确,装卸能力和短途运输工具要衔接,对可能发生的情况应有预见,手续要齐全。除此之外,各级货运计划人员要努力学习工、农、商各行业基本知识,了解产、供、运、销关系,知晓各种物资的生产量与运输量的比例关系,以及季节性物资的产销特点,做到心中有数。

(3)排,即综合平衡货运计划,按照有关政策和铁路运输能力,综合平衡,使运需和运能相适应。

(4)对,即对照。月度计划确定以后,铁路和发货单位要进一步核实货源,检查计划与实际情况是否相符,计划货源有无落空,发现有变化及时与发货人联系,采取措施保证计划兑现。

(5)组,指组织计划兑现。督促发货单位提出旬计划,组织物资进站,安排日历装车,有条件组织直达运输的,要加强与发、收货人的联系,落实装卸车能力,配备空车,作好集中装车的准备工作。

3. 货源组织工作的负责制

多年来,我国铁路货源组织工作已形成一套基本组织形式,即以车站货源小组为基础的车站、铁路局分工、负责制。其分工,主要是根据吸引地区的范围、厂矿规模大小以及横向所联系的同级机构三个方面加以区分的。一般是铁路局与省、市、自治区、地区一级联系,车站货源小组直接与县、乡及厂矿企业联系。分级负责制体现了货源、货流组织工作的广泛群众基础,又贯彻了分工负责的精神。

当前部分铁路局成立了局货运营销中心、由若干相邻车站组成的货运营业部及车站货运营业室三级货运组织机构。

车站(或营业部、营业室)货源小组由车站主管货运副站长或货运主任(营业部主任、营业室负责人)为组长,以货运计划人员为核心,吸收其他货运人员参加,其任务是:

(1)深入厂矿农村了解物资生产、销售、储运、装卸和短途搬运能力等情况,摸清货源及流向流量,组织计划运输。

(2)按时向上级汇报货源情况、提出运量建议。

(3)安排旬、日历装车,组织均衡完成运输任务。

(4)定期进行经济调查,了解吸引地区产、运、销变化情况和经济发展趋势,建立经济台账,掌握运输规律,提高计划质量。

(5)密切与物资部门的联系,经常交流情况,协助企业改进运输管理。

(6)进行到货调查,配合到货单位做好接卸车准备工作。

铁路局的货源组织工作主要有以下五项任务:

(1)掌握管内货源变化情况,实事求是地向国铁集团提报“原提、核实和建议”运量。

(2)与管内主要企业保持密切联系,为企业解决实际困难,以运输促生产。

(3)核定所属单位的月度货运计划,并组织完成或超额完成。

(4)参加大宗物资分配会议,结合物资分配,大力组织合理运输,均衡运输和直达运输。

(5)分析货源、货流动态,掌握管区内货源变化规律,做好统计分析工作,总结经验,提高计划管理水平。

在货源货流组织工作中,既要抓好重点物资和大宗货物的组织,也要抓好一般物资和零星分散物资的组织;既要组织好管内的货源货流,也要组织好跨局的货源货流;既要摸清次月的计划货源,也要进行当月货源的核实。实践证明,货源货流组织工作开展好的地方,计划落空、计划外要车和计划变更均少,工作也比较主动。

二、月度货运计划的编制

1. 月度货运计划的编制体制

我国铁路自 1949 年 5 月编制“6 月份货运计划”起,开始建立按月编制货运计划制度,要

求各物资托运单位必须按时向铁路提出月度请求车计划。开始时，由铁道部主持，各铁路局每月来京集中统一编制计划。1966—1976 年由各铁路局编制，1976 年以后各铁路分局集中在铁路局编制。2005 年分局撤销，各铁路局与铁道部通过网络传送资料，不再集中。当前，我国铁路采取了更为灵活、多样的运输需求提报方式，客户可以随时提报运输需求计划。

2. 货物品类的划分

我国现行铁路月度货物运输计划划分为煤、石油、焦炭、金属矿石、钢铁、非金属矿石、磷矿、矿建材料、水泥、木材、粮食、棉花、化肥、盐、化工产品、金属制品、工业机械、电子产品、农业机具、鲜活货物、农副产品、饮食烟草、纺织皮革、纸及文教用品、医药、其他货物、零担及零快货物、集装箱和特货公司装车共 29 个品类。

货运计划品类以车和吨数为计算单位。计划车数的计算方法按照国铁集团公布的货车静载重标准或装车点实际完成的静载重标准折算。

3. 月度运输计划的编制依据和内容

月度运输计划依据以下四方面资料编制：

(1)托运部门提出的运输需求计划

运输需求计划包括水换陆的换装计划、国防物资运输计划、国际铁路联运进口的交换资料、经运营铁路转提的订车计划以及发站提出的整车、集装箱、零担货物装车计划。

以上几项汇集起来构成“原提运量”。原提运量客观反映了物资部门的运输要求。各级铁路货运部门、在原提运量的基础上进行核实，剔除不落实部分，使其成为可运的有效货源即“核实运量”。在核实运量的基础上结合运能情况，向上级提出计划运量的安排建议，即“建议运量”，供领导核定计划时参考。

(2)运输能力的资料

主要是总装车能力，各干线编组站的通过能力、到站装卸能力，机车车辆能力，尤其特种车辆能力等。

(3)国家运输政策和上级铁路对计划月的重点要求和指示

(4)国家批准的铁路年度货物运输计划

月度运输计划的基本内容就是核定的订车计划表的各项内容。为便于日常掌握和分析，各级铁路部门可以根据不同的工作需要，规定格式和内容。国铁集团全国铁路月度运输计划包括以下内容：

①各铁路局货物品类装车计划。

②发、到铁路局货物品类运输计划。

③各铁路局货物品类卸车计划。

④通过限制区段货物品类装车计划。

⑤各铁路局货物品类静载重计划。

⑥分省、分主要矿煤炭装车计划。

⑦港口货物品类装卸车计划。

⑧国际铁路联运进出口计划。

⑨主要油田、炼油厂的原油和成品油运量计划。

⑩到达主要钢厂、焦化厂洗煤运量计划。

⑪重点矿山、铁矿石装车计划。

⑫其他重点物资装车计划。

⑬直达列车和成组装车计划。

铁路局的计划内容项目更多、更具体。除上述以外，还包括冷藏车运用计划、毒品车运用计划、铁路内部用料卸车计划、国防物资运输计划等。

铁路月度运输计划一经确定，即作为国家运输任务布置下达，并成为检查考核工作的依据。

4. 编制月度货运计划的方法和程序

(1)编制方法

我国铁路运输计划的编制，采取“两下两上，上下结合，逐级平衡，分级核定”的方法。

所谓“两下”指国铁集团第一次往下布置关于编制计划的要求与重点指示和第二次下达铁路局的总装车任务、煤炭装车、限制区段装车、国际联运、国防物资、水陆联运、内外贸到港等计划运量。

“两上”就是铁路局中旬上报国铁集团“原提、核实、建议”运量等各种资料和下旬上报国铁集团全部计划安排资料。

“逐级平衡，分级核定”就是铁路局组织主要站、车务段和管内主要物资的计划平衡，国铁集团组织全国铁路货运计划平衡；各自根据权利范围，分别核定车站、铁路局的月度货运计划任务。上下结合、分工负责编制计划，体现了集中统一领导、群众路线和分级负责管理的精神。

(2)月编计划的编制程序

各铁路局必须在指定的时间点与国铁集团进行信息交流，铁路局内的计划工作进度可以根据本铁路局运量及货源稳定性状况作出自己的规定。

①每月 21 日前，国铁集团下达次月计划编制注意事项和重点运输计划，包括军运、电煤、油品、支农物资等，以及国家有关部门提出的次月运输需求计划。

②每月 21 日 18 点前铁路局收集整理客户次月需求，将次月稳定物资的需求、客车运输方案，以及根据历年变化规律预测预留的其他物资装车需求三部分汇总，形成铁路局次月运输需求建议，于 22 日 18 点前通过计划编制系统报国铁集团货运部。

③每月 23 日国铁集团将各铁路局建议汇总形成建议方案，研究确定次月全路局别装车及主要技术指标方案，于 24 日 18 点前通过计划编制系统向铁路局下达。

④铁路局每月 25 日按国铁集团的月度轮廓，核实货源，在优先安排国家重点物资的基础上，按照公平、公正、透明的原则，安排客户提出的次月稳定物资运输需求，将结果反馈客户及站段。

⑤每月 26 日国铁集团汇总形成全路次月装车方案，包括总指标(总装车数、发送吨、周转量)、品类别装车、使用车去向、车种别运用车、静载重。铁路局同时形成本铁路局次月运输方案向站段下达。

5. 月度货运计划的综合平衡

综合平衡是编制月度货运计划的中心环节。组织月度计划综合平衡应遵守以下原则：

(1)执行国家方针政策。

(2)保证重点，兼顾一般。

(3)坚持合理运输原则。

6. 计划外运输和计划变更

承认计划外运输可以满足各单位临时发生的紧急运输需要,弥补月计划货源的落空,又是超额完成月度货运计划不可缺少的手段。但大量的计划外运输往往打乱正常运输秩序,给运输全局带来不利影响。

计划外运输主要是由以下原因造成的:

(1)外贸进、出口船舶临时靠港,国际铁路联运入超。

(2)发货部门漏提订车计划。

(3)物资产、供、销发生变化。

(4)运输与生产销售计划脱节。

(5)水陆联运货物跨月换装。

(6)静载重计划未完成。

(7)临时紧急运输,如国防需要,抢险、救灾、防洪、防涝,抗旱、抢收抢种等临时要车。

由于人们对客观规律认识的限制、自然灾害等原因,产生计划外运输是难以避免的,但不少计划外运输是可以经过组织工作避免或减少的。

处理计划外订车,需要原则性与灵活性相结合、运输要求与运输能力相结合,做到既满足运输急需,又减轻对日常运输工作的冲击,降低计划外运输比重。

计划外运输实行国铁集团、铁路局分工管理:国铁集团负责处理国际联运、出口货物、跨铁路局的到港货物,统配矿煤炭及通过国铁集团掌管的限制区段货物的计划外要车;铁路局负责处理局管内和国铁集团上述范围以外的跨局的计划外运输、通过国铁集团授权铁路局管理的限制区段货物及局管内港口货物的计划外运输。

变更计划,是指月度计划确定后、计划执行前,发货人要求变更核定计划中某一项目。由于变更计划有影响正常运输的一面,所以对变更计划规定了一定的范围:

(1)变更到站,限新到站与原到站顺路,并不超过原到达铁路局,不违反合理运输流向和不增加限制区段运量。

(2)变更发站,只限专用铁道中有几个车站的企业。

(3)变更品名,一般只限原发货单位经营的同一品类的货物。

(4)变更收货人。

变更计划每车只能变更一次,并仅限变更范围内的一项(变更到站的同时可以变更收货人)。计划外运输不予变更。

三、提高月度货运计划兑现率的措施

铁路局月度货物运输计划是编制铁路运输技术计划的依据,技术计划的指标又是铁路运输日常调度指挥的重要依据,如果计划车流与实际车流相差甚远,技术计划指标和运输方案的车流组织措施,就不仅不能起到指导作用,还会贻误生产。

在当前条件下,要求所有客户提前一个月提报订车计划已不现实。因而,收集到的订单的装车去向和数量往往不能全面反映下月的实际装车情况。显然,依据不完整的车流资料难以编制出准确的技术计划。在这种情况下,月度货物运输计划的准确性就成为制约技术计划编制质量的关键。因而，需要研究各地区市场经济的规律性，准确掌握货流的变化。可以采取以下措施提高货物运输计划的编制质量：

1. 加强货流调查

国家指令性重点物资的发运，可按照归口物资部门向国铁集团提报的运输计划确定；铁路局、车站吸引范围内的生产比较稳定、具有相当规模的厂矿企业，其每月发送货流一般可根据其生产计划确定。这种长期、稳定的货流可以作为月度运输计划的核心部分。

2. 进行货流预测

每一地区、车站发送和中转的货物一般有一定的规律性、季节性，例如：车站每天拼装集装箱和零散货物使用的车数；在蔬菜、水果成熟的季节，为产地服务的车站装车外运的车数；在日常运营中，每月受理的计划外装车车种别数量、去向等。应当认真调查研究，摸清货流产生的规律和数量变化的情况，由车站预测发站、到站和车种车数，据此提报一定数量的预留订车计划（即所谓"空头计划"）。

3. 改进计划受理方法

在日常运输组织中，许多铁路局改进了计划受理方法，最大限度地方便客户、吸引货流。例如，随时受理订车计划：客户可以根据自己的需要，随时向车站提报，期限可以是一次装车或旬、月、季、半年、年。

国铁集团根据掌握的国家重点物资运输任务、各铁路局提报的货运计划及上月完成装车和本月上中旬共45天的平均运量，参照去年同期运量确定下月建议运量向各铁路局下达，内容包括国铁集团重点物资运输任务、各限制口控制装车数及注意事项等。铁路局根据国铁集团下达的下月建议运量，编制下月使用车计划。

1. 编制月度货运计划应遵循的基本原则是什么？
2. 进行货源货流调查可以采用哪些方法？
3. 阐述编制铁路运输月度计划的大致过程。
4. 当前月度货物运输计划编制存在的主要问题是什么？有哪些解决途径？

学习任务2　认知铁路货物运输车流径路

1. 铁路货物运输车流径路的分类。
2. 我国铁路采用的车流径路。
3. 铁路车流径路的发布形式。

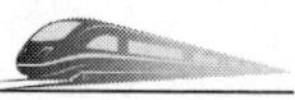

相关理论知识

车流径路是铁路运输组织的基础，在制定货运计划、列车编组计划、调度工作日常车流调整计划、编制车站调车作业计划时确定车流组号、计算货物运价里程等方面都有很多实际应用，也是计统和财务部门计算各铁路局完成货物吨公里、分配其货运收入的依据之一。在编制技术计划时，要根据每张运输需求计划单指定的发站、到站及车种、车数编制铁路局使用车计划和向外铁路局移交重车的资料。在通报外铁路局的移交重车资料中：要对移交各铁路局的到卸重车按各铁路局的接入分界口汇总；对移交各铁路局的通过重车先按接入分界口汇总，在各接入分界口内再按交出分界口小计。因此编制技术计划的人员必须熟悉车流径路。

一、铁路车流径路的分类

车流径路是铁路车辆由发站送往到站所途径的路线。由于路网的环状结构，某一发站至某一到站间往往存在着两条及以上的径路。车流径路可以按照输送车流的运营费用支出或运输距离分类。

1. 按照输送车流的运营费用支出分

(1)经济的车流径路

经济的车流径路指车辆从发站输送至到站运营支出最小的车流径路。这类径路由于运输距离短或线路技术条件好，车辆在途时间也短。

(2)不经济的车流径路

不经济的车流径路指发站至到站间经济的车流径路以外的车流径路。

2. 按照运输距离分

(1)最短径路

最短径路即在指定的发、到站间所有可能的车流径路中车辆走行距离最短的径路。

(2)特定径路

当全部车流都按最短径路输送时，由于路网上某些路段所承担的运量超过了该线路的通过能力，而为通过这些路段的部分车流特别指定的径路。

(3)迂回径路

由于自然灾害、事故、线路施工封锁等原因，线路通过能力降低或行车中断时，在短期内对途经该线的部分或全部车流以调度命令临时指定的输送径路。

二、我国铁路采用的车流径路

为了加快货物送达、减少铁路运营支出和充分利用铁路综合运输能力，在日常运输工作中，车流应沿经济、合理的径路输送。从理论上讲，只有经济的车流径路才是合理的车流径路。但是，确定经济的车流径路是一项复杂和困难的工作。

这是因为，一方面，计算经济的车流径路需要详细地占有线路里程、线路技术标准、车流组织方法、机车类型和牵引重量标准、列车旅行速度、车流改编和运行的单位成本等影响运营费用支出和货物在途时间的有关技术资料，对货物沿不同径路输送时由这些因素引起的综合效果进行经济比较，这些数据不仅量大而且变化频繁，需要进行常年的统计、计算和分析，由此而耗费的大量人力、物力得不偿失；此外，车流径路应当保持相对稳定，车流径路的频繁变化会给铁路运输日常组织带来不稳定和混乱。

另一方面，线路里程一般是稳定不变的，而且两种分类方法所划分的车流径路通常具有对应关系：即最短车流径路也就是经济的车流径路；特定径路是较经济的车流径路；迂回径路是在最短径路或特定径路不能通行或能力受限时的经济径路或较经济的可行径路。当然可能存在由于最短径路技术条件较差，采用其他径路反而更加经济的情况，但并不多见，当出现这种情况时，应当采取技术改造措施改善其车流输送条件，而不是闲置不用。

1. 一般情况下采用的车流径路

我国铁路采用最短径路输送车流；当部分路段通过能力不足时，其不能负担的部分由特定径路输送；在不能按最短径路或特定径路输送时，根据调度命令临时指定车流迂回径路。最短径路和特定径路是在正常情况下采用的径路，称为正常径路；迂回径路则是在非正常情况下采用的临时径路，为非正常径路。

2. 特殊情况下采用的车流径路

在日常运输组织中，一些特殊车流往往不能按正常径路输送，例如：

(1)超限、超重货物车辆如按最短径路输送时，部分路段的建筑限界和桥梁强度可能无法满足车辆超限、超重等级的要求，因而其运输径路必须按国铁集团、铁路局有关超限、超重货物审批电报指定的径路办理。

(2)装运需途中上水的活动物、植物车辆，在正常径路上不具备上水条件时，应按发站在货物运单上注明的配备上水站的径路输送。

(3)有特殊需求的军事物资运输，由国铁集团调度命令指定径路运行。

三、铁路车流径路的发布

正常车流径路确定以后，需要在全国铁路环状图上表示。利用车流径路线表示了车流最短径路和特定径路的全国铁路环状图即为“全国铁路环状车流径路图”；同时，根据国铁集团确定的特定径路及其分流的车流，逐条编写，汇集成册，形成“全国铁路车流特定径路”文件(简称径路文件)。

国铁集团发布的“全国铁路环状车流径路图”和“全国铁路车流特定径路”文件是全路日常车流组织工作的依据；非正常径路则在事件发生时以调度命令的形式发布。

以指定列车编组站为起点绘制的全国车流径路图可用于判定该站各车流组号的到站范围。在日常铁路运输组织中，为了方便车站编车，可以采用以下 4 种方法表示车流组号范围：用“全国铁路环状车流径路图”和“全国铁路车流特定径路”文件表示；在“全国铁路货运营业站示意图”上把本站各组号的路段涂上不同色彩，以便员工查找；在铁路局《列车编组计划》中以文字详细列举每一列车编组站各组号车流的到站范围；车站建立计算机车流组号站名词典，以车站编码为关键字段，列出全路各站的所属组号。对于本站到解列车，可以编制计算机程序，为到达货车确定组号，自动编制解体调车计划。

车流径路的制定是一项长期的基础性工作，车流径路应当保持相对稳定，每当新线建成

形成了新环、线路技术条件或车流发生较大变化等原因需要调整时，都需要重新计算。国铁集团调度指挥中心负责修订和发布“全国铁路环状车流径路图”“全国铁路车流特定径路”文件的工作。

1. 什么是车流径路？怎样分类？
2. 我国铁路以什么径路输送车流？
3. 铁路车流径路是怎样发布的？
4. 车流径路在车站工作中有什么应用？
5. 技术计划编制人员为什么需要掌握车流径路？

学习任务3　铁路运输技术计划的作用和铁路局运用车保有量的计算方法

1. 铁路运输技术计划的作用。
2. 技术计划铁路局运用车保有量的计算方法。

相关理论知识

处于全国铁路网、铁路局或铁路车站范围内的铁路货车数量称为各该单位的货车保有量，为运用车保有量和非运用车保有量之和。运用车分为运用重车和运用空车，运用重车按其到站又分为管内工作车和移交重车。管内工作车是指在局管内车站卸车的重车；移交重车指到站为外铁路局车站，须由铁路局间分界站移交外铁路局卸车的重车。

一、铁路运输技术计划的作用

铁路局要完成卸车、装车和向外铁路局输送重空车流的运输任务，需要保有合理数量的管内工作车、移交重车和空车。运用车不足将难以实现运输计划。例如，没有足够的管内工作车，车站将不能完成卸车任务，进而影响装车；空车不足，装车和分界口排送空车会发生困难；移交车数量偏少，将影响分界口交车，进而造成外铁路局不能完成卸车任务和空车数量不足。其结果将浪费铁路的运输能力，影响铁路的经济效益。运用车过多，往往是由于区间或车站工作不畅，也会产生不良影响：如塌方使区间行车中断，造成列车和车辆积压；车站货场或专用线作业不正常，使待卸车数量膨胀；技术站解编作业不畅，造成车场满线，接不进、编不出。运用车保有量膨胀造成的直接影响是机车车辆运用效率降低，列车运行秩序混乱。

在铁路运输生产中，各铁路局承担的货物运输任务每月都有所变动。管内各站、各区段车种别的装车数量、装车去向，由外铁路局接入重车的去向、卸车地点、车种别数量各月都不相同，由此造成了铁路局管内各区段月间重空车流数量、流向和行车量的变化。

铁路运输技术计划根据各铁路局下月完成的装车和接运重车任务，确定各铁路局管内工作车、移交重车和空车的合理保有量，以便与实际保有量相对照，作为判断铁路局运用车保有量是否正常及制定运输调度调整措施的参照。

二、技术计划中铁路局运用车保有量的计算方法

在编制技术计划时，要根据各铁路局完成的工作量和货车周转时间，确定其应保有的各类运用车数。

1. 工作量，管内工作车、移交重车和空车工作量

(1)工作量

①工作量的概念

工作量是衡量铁路局承担运输任务的数量指标。货车从第一次装车完了之时起，至第二次装车完了之时止，称为货车的一次周转过程。货车完成一次周转平均消耗的时间称为货车周转时间。货车每周转一次计算为完成了一个工作量。

对铁路局来说，由于存在铁路局间的货车交流，货车在管内的周转过程往往是不完整的。根据货车每完成一次周转就会产生一次重车状态的事实，通常用局管内一日产生的重车数来计算工作量。实际上，全国路网与俄罗斯、蒙古、哈萨克斯坦、朝鲜、越南等国也有货车交流，因而国际间交流的货车在我国路网的周转过程也是不完整的。所以，可以一般地说，工作量是指管内每日产生的重车数量，而货车周转时间是指货车在管内每产生一次重车状态平均消耗的货车时间。

货车在局管内的周转情况如图 10-3-1 所示。在 1～6 情况下，管内增加了重车，分别计算为增加了一个工作量；在 7～8 情况下，管内没有增加重车，因而不计算工作量。

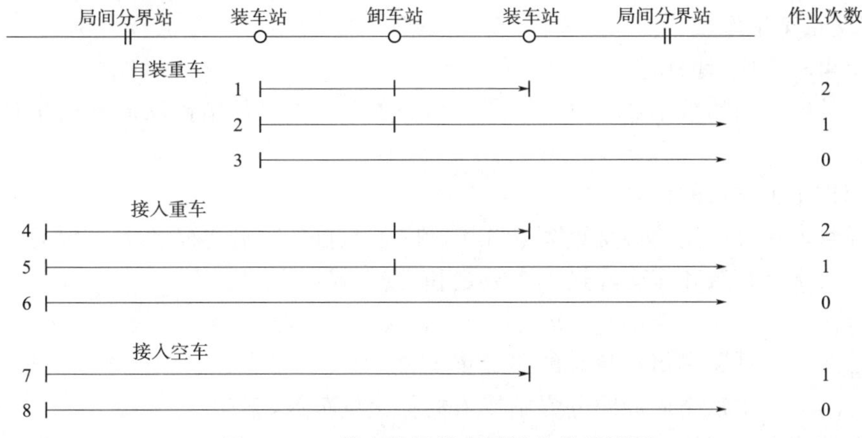

图 10-3-1 货车在局管内周转的几种情况

②工作量的计算方法

铁路局一昼夜产生的重车数包括自装重车和接运重车两部分，故铁路局的工作量为

$$u = u_{使} + u_{接重} = u_{自装自卸} + u_{自装交出} + u_{接入自卸} + u_{接运通过} \quad (车/d) \qquad (10\text{-}3\text{-}1)$$

式中 $u_{使}$——铁路局每日使用车数，即铁路局每日装车数与增加使用车数之和，车/d；

$u_{接重}$——从各铁路局间分界站每日接入重车数之和，车/d。

也可根据重车去向，按下式计算：

$$u=u_{卸空}+u_{交重} \tag{10-3-2}$$

式中 $u_{卸空}$——铁路局每日卸空车数，车/d；

$u_{交重}$——各铁路局间分界口每日交出重车数之和，车/d。

在日常运输调度调整工作中，不仅需要掌握总的运用车保有量，而且需要分别管内工作车、移交重车和空车确定车流调整措施，所以在编制技术计划时，还要定义和确定管内工作车、移交重车和空车的工作量。

(2)管内工作车工作量

①管内工作车工作量的概念

在本铁路局管内卸车的重车称为管内工作车。管内工作车工作量是指每日在铁路局范围内产生的管内工作车数。

②管内工作车工作量的计算

管内工作车来自管内各站自装和铁路局间分界站接入，因而管内工作车工作量可依据来源按下式计算：

$$u_{管内}=u_{自装自卸}+u_{接入自卸} \quad (车/d) \tag{10-3-3}$$

式中 $u_{自装自卸}$——管内各站一日内自装的管内工作车数，车/d；

$u_{接入自卸}$——一日内由铁路局间分界站接入的管内工作车数，车/d。

在编制技术计划时，也可按其去向计算：

$$u_{管内}=u_{卸空} \quad (车/d) \tag{10-3-4}$$

管内工作车是铁路局装车所需空车的来源之一，因而在编制技术计划时除了计算总的管内工作车工作量外，还应按车种计算管内工作车工作量。

(3)移交重车工作量

①移交重车工作量的概念

到站为外铁路局的重车称为移交重车。移交重车工作量是指铁路局管内每日产生的移交重车数。

②移交重车工作量的计算

铁路局管内每日产生的移交重车来源于管内各站自装和分界站接入。因而移交重车工作量为自装交出重车数和接运通过重车数之和，按下式计算：

$$u_{移交}=u_{自装交出}+u_{接运通过} \quad (车/d) \tag{10-3-5}$$

式中 $u_{自装交出}$——铁路局每日自装的移交重车数，车/d；

$u_{接运通过}$——由铁路局局间分界站接入的移交重车数，车/d。

也可以按移交重车的去向计算：

$$u_{移交}=u_{交重} \quad (车/d) \tag{10-3-6}$$

式中 $u_{交重}$——铁路局每日向外铁路局移交的重车数，车/d。

每个铁路局与外铁路局间都有多个分界站，在日常运输工作中总的移交车保有量正常，并不能说明实际移交车保有量正常。因为可能有的分界站移交车过剩，有的分界站移交车不足，而两者相互抵消给出了保有量正常的假象。在实际保有量不正常的情况下需要知道那些分界站的移交车保有量不正常以及与正常值的偏离量。所以，为了给运输调度日常车流调整工作提供更为精确的参照，除了需要计算铁路局总的移交重车工作量外，还要计算分界口别的移交重车工作量。

(4)空车工作量

①空车工作量的概念

空车工作量是指每日管内产生的空车数，包括自卸空车和接入空车两部分。

②空车工作量的计算方法

空车工作量可以根据空车来源，按下式计算：

$$u_{空}=u_{卸空}+u_{接空} \quad (车/d) \tag{10-3-7}$$

式中 $u_{卸空}$——铁路局一日卸空车数，为卸车数与增加卸空车数之和，车/d；

$u_{接空}$——一日内由铁路局间分界站接入空车数，车/d。

空车工作量也可按空车去向计算：

$$u_{空}=u_{使}+u_{交空} \quad (车/d) \tag{10-3-8}$$

式中 $u_{使}$——铁路局每日使用车数，车/d；

$u_{交空}$——每日由铁路局间分界站交给外铁路局的空车数，车/d。

空车是完成装车任务的必要资源，各车种间相互代用是有限制的。因而在总的空车保有量“正常”的情况下，常常由于车种不匹配，而无法完成装车和排空任务。所以现在各局在计算技术计划时和日常运营组织中，空车保有量也分车种掌握。这就需要按空车车种计算空车工作量。

2. 货车周转时间

货车周转时间可以采用车辆相关法和时间相关法两种方法计算。

(1)车辆相关法

铁路局管内的运用车数和完成的工作量之间存在一定比例关系。例如，若全路每天装车 20 万辆、货车周转时间为 3 d，那么第二天必须用另外的 20 万辆货车来装车，第三天再使用 20 万辆货车，第四天就可以用卸后的 20 万辆货车来装车了。这样，要保证完成每天 20 万辆货车的装车量，总共需要 60 万辆货车：20 万×3=60 万，即 $u\times\theta=N$。由此得出：

$$\theta=\frac{N}{u} \quad (d) \tag{10-3-9}$$

式中 θ——货车周转时间，d；

N——管内运用车保有量，车；

u——一日内完成的工作量，车/d。

由于 $u=u_{使}+u_{接重}$，故 $\theta=\frac{N}{u_{使}+u_{接重}}$。

式中 $u_{使}$——使用车数，即铁路局管内各站每日装车使用的空车运用车数，车/d；

$u_{接重}$——各铁路局间分界站每日接入重车数，车/d。

利用局管内运用车保有量和完成的工作量之间的比例关系来计算货车周转时间的方法称为车辆相关法。车辆相关法简单快捷，所以在进行铁路运营工作日常统计和制定调度工作日班计划时都采用这种方法。

(2)时间相关法

时间相关法按照货车在一次周转的过程中各个作业环节的时间消耗来计算货车周转时间。

①总的货车周转时间

$$\theta=\frac{1}{24}(T_{旅}+T_{技}+T_{货})=\frac{1}{24}\left(\frac{l}{v_{旅}}+\frac{l}{L_{技}}t_{中}+k_{管}\,t_{货}\right) \qquad (d) \qquad (10\text{-}3\text{-}10)$$

式中 $T_{旅}$——货车在一次周转中平均在各区段内的旅行时间之和,包括区间运行、起停附加时分和中间站停站总时间,h;

$T_{技}$——货车在一次周转中在各技术站进行中转作业的停留时间之和,h;

$T_{货}$——货车在一次周转中在装卸站的停留时间,h;

l——货车全周距,即货车在一次周转中平均走行的距离,km,按下式计算:

$$l=\frac{\sum NS}{u}=\frac{\sum NS_{重}+\sum NS_{空}}{u}=l_{重}+l_{空}=l_{重}(1+\alpha) \qquad (10\text{-}3\text{-}11)$$

其中 $\sum NS$——局管内全部货车每日在管内的走行距离,车·km;

$\sum NS_{重}$——管内每日重车走行距离,车·km;

$\sum NS_{空}$——管内每日空车走行距离,车·km;

u——铁路局每日完成的工作量,车;

$l_{重}$——货车重周距,即货车在管内的一次周转中在重车状态下平均走行的距离,km;

$l_{空}$——货车空周距,即货车在管内的一次周转中在空车状态下的平均走行距离,km;

α——空车走行率,即货车在一次周转中空车走行距离与重车走行距离之比;

$v_{旅}$——货车平均旅行速度,km/h;

$L_{技}$——货车中转距离,即货车在技术站两次中转之间的平均走行距离,km,按下式计算:

$$L_{技}=\frac{\sum NS}{\sum N_{技}} \qquad (10\text{-}3\text{-}12)$$

其中 $\sum N_{技}$——总中转次数,即各技术站中转车数之和,次;

$k_{管}$——货车管内装卸率,即货车在管内每完成一次周转平均进行的装卸次数,次;

$t_{货}$——货车每进行一次货物作业平均在站的停留时间,h。

在日常运营工作中,如果采用的数据正确,两种方法得出的计算结果应当基本吻合。在编制技术计划时,是先依据下月货运计划计算出工作量 u、利用时间相关法计算出货车周转时间 θ,然后再利用车辆相关法确定下月运用车保有量。

②管内工作车、移交车和空车周转时间

为了顺利地完成运输生产任务,在日常运输工作组织中,应采取各种车流调整措施,保证管内运用车保有量在理论值附近波动,而不至于有较大的偏离。当车流分布不正常,运用车过多或过少时,还应当具体分析管内工作车、移交重车和空车保有量,确定是哪一种运用车分布不正常，从而找出正确的车流调整方法。为了便于在日常工作中对货车运用进行有效的监督和考核，在技术计划中除了规定总的运用车保有量外，还要规定管内工作车、移交车及空车保有量。

a. 管内工作车周转时间

管内工作车在局管内周转的情况如图 10-3-2 所示。

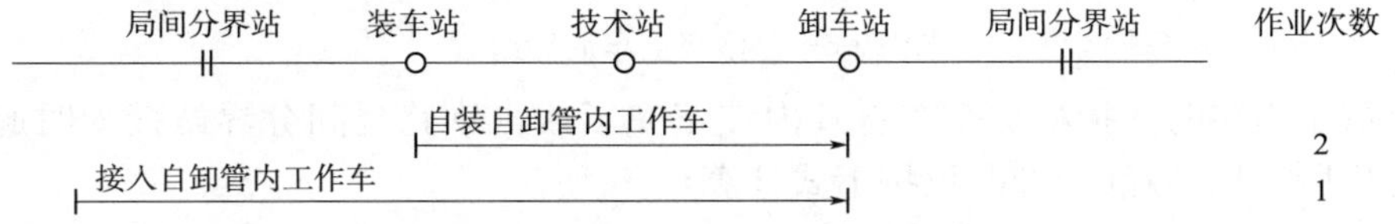

图 10-3-2　管内工作车周转过程

管内工作车周转时间指管内工作车自产生至转变为空车所平均延续的时间，即在管内装车完了或从外铁路局接入之时起至卸车完了之时止所平均消耗的时间，按下式计算：

$$\theta_{管内}=\frac{1}{24}\left[\frac{l_{管内}}{v_{旅}}+\frac{l_{管内}}{L_{技}}t_{中}+k'_{管}t_{货}(1-\gamma)\right]\quad (\mathrm{d}) \tag{10-3-13}$$

式中　$l_{管内}$——管内工作车周距，即管内工作车从接入分界站或装车站至卸车站平均走行的距离，km，按下式计算：

$$l_{管内}=\frac{\sum NS_{自装自卸}+\sum NS_{接入自卸}}{u_{卸空}}\quad (\mathrm{km}) \tag{10-3-14}$$

其中　$\sum NS_{自装自卸}$——每日管内各站自装的管内工作车走行公里，车·km；

$\sum NS_{接入自卸}$——每日从外铁路局接入的管内工作车走行公里，车·km；

$u_{卸空}$——管内工作车工作量，即一日内接入和自装的管内工作车数，车，按下式计算：

$$u_{卸空}=u_{自装自卸}+u_{接入自卸} \tag{10-3-15}$$

$k'_{管}$——管内工作车的管内装卸率，即每辆管内工作车在局管内平均进行的货物作业次数，按下式计算：

$$k'_{管}=\frac{u_{自装自卸}+u_{卸空}}{u_{卸空}}\quad (次) \tag{10-3-16}$$

γ——空态系数，货车在一次货物作业在站停留时间内空车状态时间占停时的比重；空车状态是指：装车时，自空车到达车站时起，至装车完了时止；卸车时，自重车卸车完了时起，至空车从车站发出时止；双重作业时，自卸车完了时起，至装车完了时止。

由于在中间站装卸的管内工作车通常由摘挂列车或小运转列车送达，所以旅行速度较低。如果与平均旅行速度相差较大，应单独查定。

管内工作车周转时间的车辆相关法公式为

$$\theta_{管内}=\frac{N_{管内}}{u_{管内}}\quad (\mathrm{d}) \tag{10-3-17}$$

式中　$N_{管内}$——管内工作车保有量，车；

$u_{管内}$——管内工作车工作量，车/d。

b. 移交重车周转时间

移交重车在局管内周转的情况如图 10-3-3 所示。

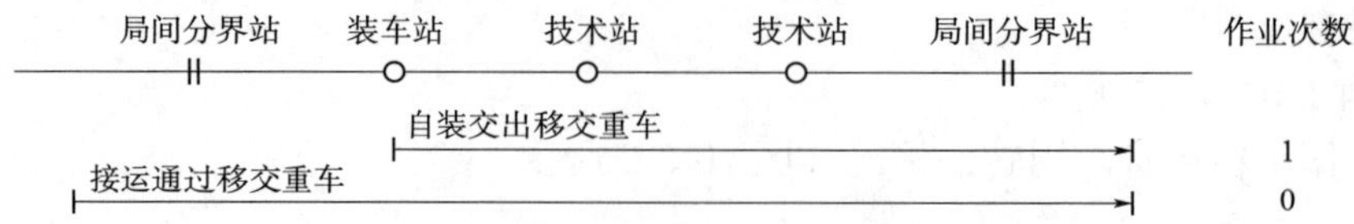

图 10-3-3　移交重车周转过程

移交重车周转时间指移交车在自管内装车完了或由铁路局间分界站接入时起，至移交给邻局时止所平均消耗的时间，可按下式计算：

$$\theta_{移交}=\frac{1}{24}\left[\frac{l_{移交}}{v_{旅}}+\frac{l_{移交}}{L_{技}}t_{中}+k''_{管}t_{货}(1-\gamma)\right]\quad (d)\qquad (10\text{-}3\text{-}18)$$

式中　$l_{移交}$——移交重车周距，即移交重车在管内平均走行的距离，km，按下式计算：

$$l_{移交}=\frac{\sum NS_{自装交出}+\sum NS_{接入通过}}{u_{移交}}\quad (km)\qquad (10\text{-}3\text{-}19)$$

其中　$\sum NS_{自装交出}$——自装交出的移交重车在管内的走行公里，车·km；

$\sum NS_{接运通过}$——由铁路局间分界站接入的移交重车在管内的走行公里，车·km；

$u_{移交}$——移交重车工作量，车；

$k''_{管}$——移交车管内装卸率，即均每辆移交车在管内平均进行的货物作业次数，按下式计算：

$$k''_{管}=\frac{u_{自装交出}}{u_{移交}}\quad (次)\qquad (10\text{-}3\text{-}20)$$

移交重车周转时间的车辆相关法公式为

$$\theta_{移交}=\frac{N_{移交}}{u_{移交}}\quad (d)\qquad (10\text{-}3\text{-}21)$$

式中　$N_{移交}$——移交车保有量，车；

$u_{移交}$——移交车工作量，车/d。

c. 空车周转时间

管内工作车在铁路局管内周转的情况如图 10-3-4 所示。

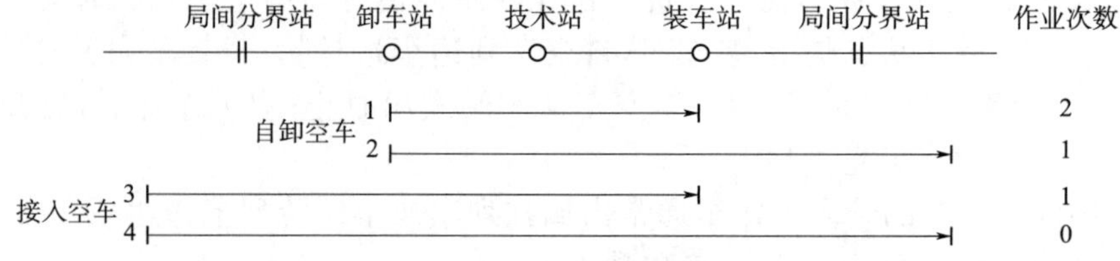

图 10-3-4　空车周转过程

空车周转时间指自运用重车在管内卸空时或空车由邻局接入时起，至装车完毕或移交邻局时止所消耗的时间，可按下式计算：

$$\theta_{空}=\frac{1}{24}\left(\frac{l'_{空}}{v_{旅}}+\frac{l'_{空}}{L_{技}}t_{中}+k'''_{管}t_{货}\,\gamma\right)\quad (d)\qquad (10\text{-}3\text{-}22)$$

式中 $l'_{空}$——空车周距，即平均每辆空车在管内存续期间(指由分界站接入或在管内卸车站卸车完了至装车完毕或移交外铁路局)平均走行的距离，km/车，按下式计算：

$$l'_{空}=\frac{\sum NS_{空}}{u_{空}} \quad (km/车) \tag{10-3-23}$$

其中 $u_{空}$——空车工作量，车；

$k'''_{管}$——空车管内装卸率，即空车在管内存续期间平均完成的货物作业次数，按下式计算：

$$k'''_{管}=\frac{u_{使}+u_{卸空}}{u_{空}} \quad (次) \tag{10-3-24}$$

空车周转时间的车辆相关法公式为

$$\theta_{空}=\frac{N_{空}}{u_{空}} \quad (d) \tag{10-3-25}$$

式中 $N_{空}$——空车保有量，车；

$u_{空}$——空车工作量，车/d。

3. 运用车保有量计划

计算运用车保有量，为铁路局日常运输调整提供依据，是编制技术计划的主要目的。

(1)运用车保有量计划

铁路局为完成月度运输计划规定的运输任务，应当保有的运用车数量为

$$N=u\times\theta \quad (车) \tag{10-3-26}$$

(2)管内工作车、移交车和空车保有量计划

①路局和地区管内工作车保有量可按下式计算：

$$N_{管内}=u_{卸空}\times\theta_{管内} \quad (车) \tag{10-3-27}$$

②移交车保有量

$$N_{移交}=u_{移交}\times\theta_{移交} \quad (车) \tag{10-3-28}$$

移交重车保有量还应按铁路局间分接口分别计算。

(3)空车保有量

$$N_{空}=u_{空}\times\theta_{空} \quad (车) \tag{10-3-29}$$

由于运用车分为管内工作车、移交重车和空车，因而下式成立：

$$N=N_{管内}+N_{移交}+N_{空}$$

1. 技术计划在铁路运输组织中发挥什么作用？

2. 什么是工作量？在技术计划中为什么需要计算工作量？什么是管内工作车工作量、移交重车工作量和空车工作量？工作量与管内工作车工作量和移交重车工作量的关系是什么？

3. 为什么在计算了总的移交车工作量后，还需要分别计算各分界站的移交车工作量？

4. 在技术计划中，按车种别计算管内工作车、移交重车和空车工作量的目的是什么？

5. 什么是货车周转时间、管内工作车周转时间、移交车周转时间和空车周转时间？

6. 编制技术计划时，各铁路局运用车保有量怎样计算？

7. 铁路局核准的下月运输需求计划的准确性对于技术计划的质量有什么意义？

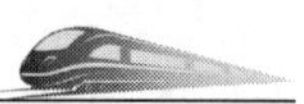

学习任务4 认识运输方案

学习内容

1. 铁路运输方案的性质和作用。
2. 铁路运输方案的技术组织原理。
3. 运输方案的编制方法。

相关理论知识

一、铁路运输方案的性质和作用

运输方案根据运输生产规律寻求总体最优的运输组织方法，是保证完成月度货物运输计划的综合部署。运输方案按照编制和执行的组织机构分为跨铁路局运输方案、铁路局运输方案和车站运输方案。

1. 运输方案的性质

为了完成月度运输计划，需要研究计划月的货流特点及由此可能带来的困难，制定提高运输效率和克服困难所应采取的运输组织措施。因而铁路局、站段每月都要根据实际情况，按照月度货物运输计划、技术计划的要求，与路内外有关单位密切配合，共同编制和执行运输方案。

月度运输计划规定了铁路当月应完成的货物运输任务；技术计划是为完成月度货物运输计划所制定的铁路机车、车辆的运用和分配计划。月度货物运输计划和技术计划规定了当月运输工作的数量指标和质量指标，但对于如何组织货流车流，使车流组织和列车运行、列车运行与机车运用密切结合，则缺乏具体安排，因而不能据以直接组织运输过程。

运输工作日班计划虽然可以解决这一问题，但又因日班计划依据的车流事先未经统筹规划，要求在很短的编制时间内，临时加以组织，既难于作深入考虑，又不易组织实现。

运输方案就是根据这一情况，按照月度货物运输计划、技术计划的任务要求、列车运行图和列车编组计划的规定，在满足产、销需要，协调路内外与运输有关部门关系的前提下，综合部署月、旬运输工作而制定的旨在全面改进运输组织的对策和办法。

因而，运输方案是指导铁路日常运输工作的战略部署。

2. 运输方案的作用

铁路运输方案在运输日常调度指挥中发挥着重要的指导作用，主要表现在：

(1)平衡运能和运量

当运能不能满足运量的需要时，运输方案通过综合平衡，保证计划内物资和重点物资的运输。

(2)组织路内外协作，保证企业生产，提高运输效率

在运输方案中：根据企业的生产特点组织重、空车辆的取送，保证企业生产的顺利进行；

同时，企业根据铁路的要求，组织定点、定线、定编组的三定列车，固定成组配空、出重的运行线，编组高质量列车。由于加强了路内外协作，既可满足企业生产的运输需要，又可为运输组织创造方便条件。

(3)做到有预见地组织运输生产

通过运输方案，可以找出当前运输工作的薄弱环节，有利于提高运输工作的预见性和主动性，对可能产生的困难采取预防措施，从而保证实现计划运量。

(4)便于对运输设备的改建和扩建提出切中要害的方案，提高基建投资的效益

运输方案主要研究在现有设备条件下，为消除运输薄弱环节而应采取的技术组织措施，并不涉及运输能力加强。但是，由于运输方案是从全局的角度考虑作业组织，因而在进行铁路技术设备的改、扩建时，从运输方案的角度容易得到整体最优的方案。

例如，当某编组站能力紧张时，既可以加强编组站本身的能力，也可以在编组站以外采取措施，改善装、卸站的货物作业能力、组织始发直达列车，以缓解编组站的作业压力，往往投资少、收效大。

二、铁路运输方案的技术组织原理

1. 运输方案的基本原则

铁路运输方案是以运输过程的整体优化为目标所制定的保证完成月、旬运输工作的综合部署。编制运输方案应遵守以下原则：

(1)提高作业效率，缩短关键作业的延续时间

根据计划评审技术的原理，一项工程的工期由处于关键路线上的单项作业时间之和决定。缩短了这些单项作业的延续时间，整个工期就缩短了。运输方案就是要通过提高作业效率，使运输设备的作业能力与运输需要相适应。

(2)局部服从整体，前一工序为后一工序打基础、创条件，组织高质量列车，加速机车车辆周转

例如，开行高质量直达列车，可以越过更多的编组站不进行改编，从而使列车中编挂的车辆在这些编组站的作业从有调中转变为无调中转，减少了调车的作业环节；按照在卸车站的作业地点编组的高质量直达列车，则可以减少在卸车站的调车作业；在货运站将同一组号的装车集中在一条装卸线上，就可以减少分解取回车辆的调车作业。

(3)以系统观点统筹安排，消除薄弱作业环节

铁路的运输能力由最薄弱的作业环节决定，消除了薄弱环节，就提高了系统的整体作业能力。运输方案通过有预见地合理分配作业负担，使薄弱环节的作业能力与其承担的作业任务相适应，从而保证在现有设备条件下顺利完成运输任务。

2. 运输方案的技术组织原理

(1)提高运输效率

①充分利用运输设备的通过能力

运输方案采用选取与当月运量相适应的分号运行图，统筹分配区段、技术站和货运站的作业负担，使系统的整体运能得到充分利用。

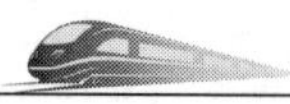

②减少运输生产的中间环节

铁路运输是多部门、多工种参与的生产过程，通过协作减少作业，就能提高运输效率、降低运输成本。这就需要：

a. 本部门的不同工种根据后续作业的要求组织作业，送车照顾装卸、装卸考虑编组。

b. 组织高质量列车(超过列车编组计划规定到站的列车和为解体站或到站创造方便条件、减少调车作业的列车)，减少途中站和终到站的作业环节，按前方技术站和到站的要求组织装车和编组列车。

c. 打破铁路和厂矿界限，组织列车直入直出。大型厂矿的专用铁道与铁路接轨站都设有工业技术站。到发的列车通常要经过铁路技术站和厂矿技术站两次技术作业，通过运输方案加强路矿协作，厂矿按铁路编组计划编组列车，按到达厂矿要求组织装车，就可以减少列车的解编和技术作业，缩短车辆停留时间。

d. 车站可以按出发列车的编组需要，把同一组号的货物集中在一起，组织货位使用、进货和装车，装好以后取车连挂就可以成列或成组，减少调车钩数。

③压缩车辆的非生产停留时间

根据统计，车辆周转过程中，三分之一在装卸车站作业和停留，三分之一在技术站作业和停留，只有三分之一时间在途中运行，装卸站的停留时间25%是作业时间，75%是等待时间，技术站上停留时间用于作业的只有20%，大部分时间是集结和等待时间。

运输方案压缩非生产停留时间有如下一些做法：

a. 按大阶段去向均衡，小阶段去向集中的原则组织挂线装车。大阶段均衡是指3～6 h内，各去向列车数量均衡；小阶段集中是指在编组某一趟列车之前的一段时间内，各装车点都装统一去向的车流，使取车就是编组，连挂即可成列。

b. 挂线装车，即根据列车出发时间和编组内容安排装车，保证装好的车能立即挂出，不产生等线发车时间。

c. 组织车流配合到达技术站，压缩车辆集结时间。

d. 根据到站的卸车能力，组织本站作业车到达。

④实现货物列车运行客车化

运输方案实现货物列车运行客车化的具体方法是列车挂线，即以定点、定线、定编组的方式，为有稳定车流的去向制定列车运行线。列车挂线的方式有：

a. 一个发站发出的列车挂一条运行线。

b. 几个发站发出同一径路的列车合用一条运行线，到站可以是一个或几个卸车站，或到达技术站改编。

(2)适应运量波动

在日常运输工作中，运量波动是不可避免的。运量降低，铁路运输能力空费；运量超过运能，则无法完成运输任务。因而，应当采取组织措施，把运量的波动控制在一定的范围。运输方案通常采用以下措施应对运量波动：

①组织本站机动货源作为调整货源

铁路运输的货物从时间要求来看，有两大类：一类是时间要求比较严格，如鲜活货物、抢险救灾物资；另一类是发运时间有一定灵活性，可以适当提前或推后的货物。铁路运输方案安排日历装车时,应先安排发送日期没有调整可能性的货源。发送日期比较灵活的货源,可以作为机动货源,补充落空或不足的货源,保证方案列车的开行。

②利用出车区其他车站的车流补轴

在同一出车区内,各站大多装运同种大宗货物。本站车流不足,影响方案列车时,可以用其他车站的车流补充。打破部门、工种的界限,统筹安排运输资源,是运输方案解决运能、运量矛盾的主要思路。

三、运输方案的编制方法

1. 跨局运输方案

跨局运输方案在交换车流较大的铁路局间编制,目的在于合理安排跨局列车的挂线,以协调铁路局间的列车解编任务,减少车辆在途中的改编作业,缓和编组站和区段能力紧张。跨局运输方案主要包括跨局货流组织方案和跨局列车组织方案。

(1)跨局货流组织方案

由于跨局货流的发站和到站不在同一铁路局,为了避免到站卸车困难,相关铁路局应根据厂矿生产需要和车站装、卸作业条件协商决定直达列车的组织方法。

首先要合理规划物资的调拨,消除不合理运输,使货流相对集中,以利于开行直达列车。其次,要根据到站的卸车条件组织直达列车,防止因待卸时间过长降低车辆的使用效率。

(2)跨局列车组织方案

跨局列车组织方案主要规定分界口交接的空、重直达列车的组织办法,即指定跨局空车直达列车的车种、编成辆数、固定车次和跨局核心列车的车次及编组内容。

为了便利到站的卸车作业或缓解编组站的能力紧张,要在跨局运输方案中规定高质量直达列车的编组要求。高质量直达列车是指超过列车编组计划的要求,为卸车站或终到的编组站提供作业便利的直达列车,包括:

①越过列车编组计划规定的最远到达站的直达列车。由于远程直达列车无改编通过更多的技术站,可以获得更大的经济效益。

②为编组站编组分站、分场的列车。当直达列车到达的枢纽内有两个及以上编组站时,要求列车编成站按枢纽内的编组站编组列车而不混编,即到达列车中只能编挂该列车终到的编组站集结的车流,而不能包含枢纽内其他编组站集结的车流。分站编组可以减少枢纽小运转列车的开行数量和调车作业量,但列车编成站可能延长车列集结时间。

当到站为双向编组站或实行双推双溜的编组站时,按到站的调车系统或调车分区编车,也可以减少车辆转场和重复分解的调车作业。

③对本站自编列车中车辆的组号再按照列车终到站列车编组计划规定的组号细分,从而减轻终到站改编车流的作业负担、加速作业进度。

④按到站的同一专用线和货物作业点成组,便于货运站送车的列车。有的货运站因调车设备能力不足而延误车辆取送,如规定列车中车辆按到站的卸车地点分组,甚至按车辆的作业线分组,就可以减轻卸车站的调车作业负担,加速车辆在到站的作业过程。

跨局运输方案在加强铁路局间协作、保证运输畅通方面发挥了积极的作用,今后应当在

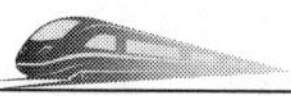

国铁集团的主持下，逐步形成全路运输方案，以指导跨局列车的运输组织工作。

2. 铁路局运输方案

铁路局运输方案包括货运工作方案、列车工作方案和机车工作方案。在站场或线路施工期间还需要编制施工方案。

铁路局运输方案依据月度运输计划、技术计划、列车编组计划、列车运行图及站段技术作业标准，区段通过能力、技术站改编能力及货运站装卸能力，水运、公路接运能力，施工计划等原始资料编制。

(1)货运工作方案

①货运工作方案的主要内容

a. 大宗稳定货流始发、阶梯直达列车的配开计划。

b. 成组装车的日历安排。

c. 短途货物整列出车和固定车底循环列车日历装车计划。

d. 零流合组直达列车和区段零流挂线装车的日历安排。

e. 重点装车站的日历装车安排。重点装车站是指具有大宗稳定货源的车站，所装货物到站卸车有困难的车站，或发送方向较多需要重点组织的车站。

f. 主要站的卸车安排。

②货运工作方案的编制方法

编制货运工作方案的思路是通过扩大直达、成组装车提高运输效率：

a. 根据运输设备条件组织货流

发站和到站有整列装、卸条件时，应使供需关系相对集中，以形成稳定、强大的车流，为组织直达列车创造条件。

装车可以整列，但卸车站不具备整列卸车条件时，可考虑组织反阶梯直达列车或到达技术站解体的列车。

卸车可以整列，但整列装车有困难时，可组织阶梯直达列车。

对同品名、不同发货单位的货源，可以组织统一运用仓库、货区货位、统一调配搬运工具，实行统一发货，既提高装车设备的利用效率，又为组织直达列车和成组装车创造条件。

b. 根据货流条件选择自装车流的组织方式

以大宗货物装车站和出车区为单元，将全月批准的请求车计划，按先直达、后成组、再零星的顺序，由远而近地组织自装车流。

在选择车流组织方式时，应采取有效措施，最大限度地扩大直达列车吸收车流的比例：

a)在大宗货物装车站，可以采取“以整带零”的方法，扩大直达流量，即以煤、矿石等大宗货物为主，吸收相同到站或去向的零星货流，扩大直达流量。例如，青岛地区，只有青岛和沧口两站具备组织至济南直达列车的能力，四方、沙岭庄和娄山车流不足不能单独组织需送张店编组站改编。济南局把五个车站的车流联合起来全部纳入直达计划，安排日历装车、尽量减少每列的挂车站数，既扩大了直达车流量，又减轻了张店编组站的作业负担。

b)编制旬间日历装车计划，把中间站的零星车流纳入技术站车流组织计划。

(2)列车工作方案

列车工作方案根据货运工作方案的货流组织进行车流挂线，确定方案列车运行线。列车工作方案具体实现货运工作方案的安排，是铁路运输方案的核心和最终体现。

编制列车工作方案所要完成的工作包括：

①车流组织

列车工作方案包括直达车流和空车流组织。

a. 直达车流组织

主要是自装车流的组织，其目的在于增加装车地直达列车的数量、提高装车地直达列车的质量。在编制列车工作方案时，需要根据各站车流和改编设备条件，最终确定直达到站。在货运工作方案中，已经细致地考虑了自装车流的组织方法，编制列车工作方案时可以直接引用。

b. 空车流组织

向空车不足的装车地点配送空车是实现装车计划的必要条件。在编制运输方案时，主要解决空车直达列车组织问题。

编开始发直达列车的装车站通常需要整列配送空车，实行整列或成组装车。空直达列车的开行列数，根据国铁集团技术计划规定的铁路局间分界站的空车交接数和要求以及自局管内始发直达列车列数确定。

空车直达列车的组织地点，应选择在大量卸车站或有大量空车汇集的技术站。

②选定分号运行图

为了提高机车的运用效率，实现均衡运输，在运输方案中要根据技术计划规定的各区段行车量，并考虑日常波动选定分号运行图。在运输方案中，应根据当月技术计划的行车量，并考虑一定的波动，选定相应的分号图。

③车流挂线

车流挂线是指为货运工作方案中确定的各种车流指定运行线，将车流与运行图中的列车车次固定起来。这些有稳定、足够数量车流保证的车次即为核心车次，又称为方案车次。在一般情况下方案车次占全部运行线的比重不应少于60%。

由于方案列车固定了在装车站和卸车站的出发和到达时间，便于铁路与厂矿密切配合，保证编组站、装卸站和区段工作的稳定。

车流挂线的方法有两种：

a. 单独固定

车流量达到或接近每日一列能够每日开行的到达站，单独固定一条运行线。

b. 联合固定

小于每日一列、有共同径路的若干到达站可联合使用运行线的两种方式：

a)发站相同而到站不同的直达列车联合使用一条运行线。同一装车站，如组织有到达同一方向不同到站的直达列车，它们有一段共同径路，这些不同到站的直达列车可以联合使用列车运行线。如图10-4-1所示，a站每月组织到C站的直达列车13列，到D站16列，全月两个到达站的列车共29列，可以联合使用一条a站至C站的运行线。这时，应当为运行距离较长的直达列车，在各区段的运行图上选定接续关系良好的运行线，全程使用统一的车次。当开行距离较短的直达列车时，其超长区段的运行线可以用作直通或区段列车运行线。

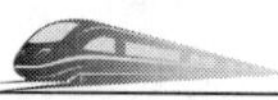

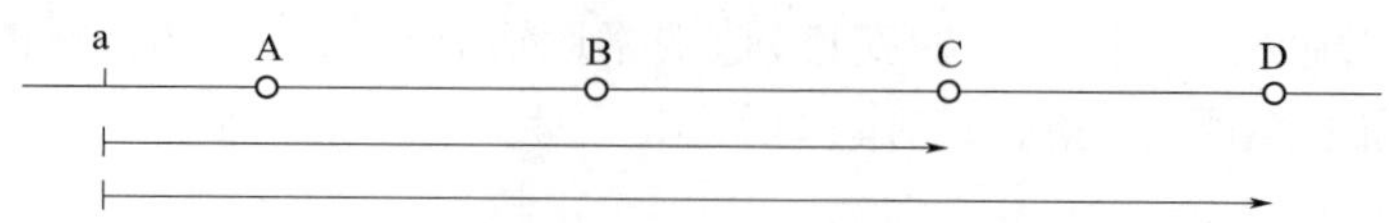

图 10-4-1 发站相同而到站不同的到达站共用运行线

b)发站不同而到站相同的直达列车联合使用一条运行线。位于相同运行区段的不同发站，或位于不同支线的不同发站，如果它们组织的直达列车有相同的到站，可以考虑联合使用一条运行线。在图 10-4-2 所示的运行区段中，a 站每月组织到 D 站的直达列车 18 列，b 站 12 列，则这两个到达站可以联合使用一条 A 站至 D 站的运行线。

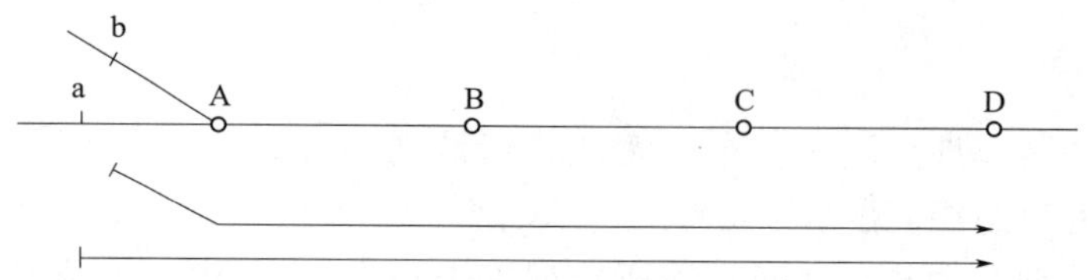

图 10-4-2 发站不同而到站相同的到达站共用运行线

(3)机车工作方案

编制机车工作方案的主要任务是在列车工作方案确定的分号运行图上勾画机车周转图，安排机车检修工作。

在制定列车工作方案，从基本图中抽线选定分号图时就应考虑机车周转，抽线时应尽量减少机车在折返段的交路变更，而在基本段调整某些机车交路，使机车在机务段所在站的停留时间不至于过分延长而需要增加机车台数。

3. 大宗货物装车站运输方案

车站是铁路运输的基层生产单位，运输方案的最终实现要靠车站的工作组织。大宗货物指品种单一、运量大且稳定的货物，如煤炭、石油、矿石、黑色金属、建筑材料、棉花、粮食等。我国铁路总运量中，大宗货物运量所占比例很大，高效地实现大宗货物运输对于铁路和国民经济意义重大。

大宗货物装车站运输方案所要解决的问题是空车流配送和自装车流出重的组织方法，使铁路运输更好地为企业生产服务，同时提高运输效益。即运输方案应保证发货企业正常生产、满足收货单位对原材料的需求、最大限度组织直达运输。

(1)空车配送时间间隔和数量

煤炭、原油等大宗货物的生产是连续性的，其生产、储存和运输环节必须相互协调。例如，煤炭开采出来从井下提升到地面以后，经皮带输送机进入漏斗仓暂存，漏斗仓通常设于装车线上方，在空车列通过漏斗仓下方时，控制仓口的开闭使煤漏入车内。为了保证煤炭企业的正常生产和铁路机车车辆的运用效率：在仓满之前应有空车送达，否则就会造成煤炭落地，此时停止生产将造成企业经济损失，而继续生产，落地煤炭装车又需耗费大量人力物力且延长装车时间；另一方面，空车过早送达，舱内尚未集结足够的煤炭，将造成机车车辆等待货物集结，降低使用效率。原油生产企业同样需要在储油罐储满前空黏油罐车送达装车地点，空罐车送到时，储油罐内应储有足够本次装车的原油。因而，空车到达与货物集结应相互配合。

(2)按照铁路局运输方案组织开行始发直达及高质量直达列车

高质量直达列车是超过列车编组计划的要求编开的，方便到站和收货单位作业、减轻前方编组站作业负担的列车，它体现了社会主义协作精神。

大宗货物装车站应努力实现铁路局运输方案对该站车流组织方法的规定，以整带零增加直达列车的开行数量，编开高质量列车。

1. 运输方案对铁路运输组织发挥什么作用？
2. 编制运输方案的基本原理是什么？
3. 开行高质量直达列车有什么意义？

学习任务5　执行铁路运输方案

1. 运输方案下达。
2. 日常运输调度保证实现运输方案的措施。
3. 运输方案的考核分析。

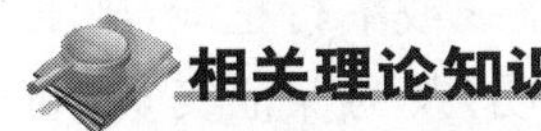

铁路运输月度计划、技术计划和运输方案密切相关，是一个有机的整体：月度计划确定铁路局本月的运输任务；技术计划规定为完成运输任务铁路局应保有的机车、车辆的数量和应实现的运输指标；运输方案则详细地制定为实现月度运输计划需要采取的运输组织措施。在编制时间上，先编制月度计划，然后根据计划运量制定技术计划，最后确定运输方案，三者互相依存，共同为运输日常调度提供依据。

一、运输方案的下达

运输方案编制完成后，在计划月开始前，铁路局将月度计划、技术计划和运输方案报送国铁集团调度指挥中心、各有关省经委，抄送有关铁路局、本铁路局总工室、各业务处、车务段、机务段及主要站。内容包括：

1. 月度货物运输计划

(1)货物品类装车计划

按煤、石油、焦炭、金属矿石、钢铁、非金属、磷矿、矿建、水泥、木材、粮食、棉花、化肥、盐、化工、金属、工业机械、农业机械、鲜活易腐、农副产品、食品、纺织、文教、医药、零担、集装箱等29个品类，列出本铁路局下月的总装车数、发送吨数、日均装车数和车容量净载重。

(2)去向别装车计划

按哈尔滨、沈阳、北京、太原、呼和浩特、郑州、武汉、西安、济南、上海、南昌、广州、南宁、

成都、昆明、兰州、乌鲁木齐和青藏18个铁路局列出本铁路局下月装往自局和外铁路局的装车数、发送吨数和日均装车数。

(3)站、段别货物品类装车计划

按29个品类列出局管内各车务段和局直属站下月日均装车数、净载重、月装车数、发送吨数和品类别装车数。

(4)站别装车计划

为了便于非直属站了解自站计划月的装车任务,在运输方案中以车务段为单位列出各站应完成的装车数。

2. 运输方案

这部分内容主要包括始发直达、整列短途和成组装车计划和挂线方案,空车直达列车开行计划和列车工作方案,为每个区段选定分号图、确定列车对数和方案车次对数。

3. 技术计划

在铁路局下达的"运输方案"中将技术计划的计算结果以表格形式下达,包括铁路局技术计划指标,车种别管内重车、移交重车和空车保有量计划,去向别车种别使用车和增加使用车计划,自装和接入的限制口交车数,"五定"班列和跨局直达列车开行计划,车种别卸空车计划,区段货物列车回数计划,车种别分界站货车出入计划和车务段、局直属站运输指标计划。

4. 施工计划

最后列出计划月铁路线路施工和接触网检修的地点、指明是上行正线或下行正线,施工的起止里程,施工日期,有关施工项目、封锁区间和列车限速运行的说明,及为保证安全、顺利施工对有关部门提出的要求。每项施工任务后还列出了施工单位及负责人姓名、施工计划的审核业务处和安全协议签订单位及负责人姓名,以便于相互联系。

二、日常运输调度保证实现运输方案的措施

运输调度通过编制和执行日班计划实现运输方案。

在运输方案中规定了采用的分号运行图和核心车次,确定了直达车流组织和配空方法,奠定了列车工作计划的基础;规定了主要装车站的出车和配空方法、中间站的日历装车计划,稳定了货运工作计划。这就使调度人员在编制和执行日班计划时有了方向,提高了预见性。同时,运输方案把货运工作、列车工作和机车工作紧密衔接起来,使路内外有关部门和工种互相协调配合,有利于提高运输效率。因而,编制和执行调度日班计划,必须以运输方案为依据,并根据实际情况进行适当的调整:

1. 保证方案空车直达列车的开行

空车直达列车为重直达列车装车提供空车保证,在运输调度工作中必须千方百计兑现方案空车直达列车,特别是分界站交出空直达列车的开行。

2. 保证挂线直达列车运行线

始发直达列车是主要的挂线列车,在日常工作中应积极组织,从落实货源和空车供应两个方面保证实现。

(1)当发现车流不足时,应及时组织出车区其他车站补足,或动用同一去向的备用货源,或调整共用该运行线的发站。

(2)空车是重直达方案列车开行和排空的资源,在日常调度工作中,如空车流不足,应加快管内工作车的输送,组织突击卸车,增加空车资源。

3. 保证技术站核心列车按线开行

(1)组织自装车流

当出现核心列车运行线的接续车流不足时,应有预见地组织自装车流补充。特别是到达车流来自距离较远的编组站时,往往在本站列车出发 10 h 之前就可以推算出接续车流的数量。当中转车流不足时,及时完成本站补轴车流的装车和取送是保证技术站按线开车的主要措施。

(2)组织中转车流提前到达

计划调度员对于接续车流不足的运行线,可以将接续时间不足的低等级列车编挂的急需车流,在途中的区段站换挂到高等级列车,提前送达编组站。例如将跨区段运行的摘挂列车从区段中收集来的车流在区段站甩下,换挂到直达或直通列车,保证编组站的编车需要。

(3)组织分组列车按方案交车

当直达流量不足影响方案列车开行时,如果前方技术站有补轴车流,可以改为组织分组列车,通过车组换挂,保证按方案规定的车次和车流内容交给邻局。

三、运输方案的考核分析

1. 运输方案的考核指标

通常采用以下指标考核运输方案:

(1)日历计划装车率

日历装车计划是扩大直达车流、增加直达列车数量的重要措施。日历计划装车率反映车站和铁路局按日历装车计划装车的比例。

$$\gamma_{日历}=\frac{n_{日历}}{N_{装}}\times 100\% \tag{10-5-1}$$

式中 $n_{日历}$——车站、车务段或铁路局在计划期间实现日历装车计划的装车数,车;

$N_{装}$——车站、车务段或铁路局在计划期间总装车数,车。

(2)直达、成组装车比

直达、成组装车比即直达、成组装车数占全部装车数的比值,用以考核运输方案的编制效果。

$$\gamma_{直}=\frac{n_{直}}{N_{直}} \qquad \gamma_{组}=\frac{n_{组}}{N_{装}} \tag{10-5-2}$$

式中 $n_{直}$——由直达列车输送的装车数,车;

$N_{直}$——直达车流量,车;

$n_{组}$——成组装车数,车。

(3)方案直达列车数和成组装车数兑现率

$$\eta_{直达}=\frac{n_{直达}}{N_{直达}}\times 100\% \qquad \eta_{成组}=\frac{n_{成组}}{N_{成组}}\times 100\% \tag{10-5-3}$$

式中 $n_{直达}$、$n_{成组}$——实际组织的始发直达列车列数和成组装车数,车;

$N_{直达}$、$N_{成组}$——运输方案规定的始发直达列车开行列数和成组装车数,车。

(4)方案空车直达列车兑现率

$$\eta_{空}=\frac{n_{空直}}{N_{空直}}\times 100\% \tag{10-5-4}$$

式中 $n_{空直}$——实际组织的方案空车直达列车列数,车;

$N_{空直}$——运输方案规定的空车直达列车开行列数,车。

(5)跨局方案列车挂线兑现率

$$\mu_{跨局}=\frac{n_{跨局}}{N_{跨局}}\times 100\% \tag{10-5-5}$$

式中 $n_{跨局}$——跨局方案列车按运输方案规定的车次、编组内容和运行线开行的列车数,车;

$N_{跨局}$——运输方案规定的方案列车总数,车。

(6)局管内方案列车挂线兑现率

$$\mu_{管内}=\frac{n_{管内}}{N_{管内}}\times 100\% \tag{10-5-6}$$

式中 $n_{管内}$——局管内方案列车按运输方案规定的车次、编组内容和运行线开行的列车数,车;

$N_{管内}$——运输方案规定的局管内方案列车总数,车。

2. 运输方案分析

运输方案的考核指标反映直达、成组装车组织和方案列车始发组织工作的优劣。通过这些指标不仅可以考核运输方案的执行情况,也可以考核方案编制的质量。

直达、成组装车比是一个综合性指标,从这一指标逐月、逐年的变化,可以看出运输方案的组织效果。运输方案编制质量高,直达、成组装车比就会逐步提高,从而减轻编组站作业负担、提高运输效率。

在进行运输方案分析时,需要从方案编制的合理性和方案执行成绩两方面检查。例如,方案直达列车开行列数兑现率高,可以反映车流组织工作细致、扎实,但是另一方面如果应开行始发直达的车流没有全部组织,规定的直达列车数偏少,也会产生指标完成好的假象。所以,在方案的考核指标中,应当既包括相对指标,也应包括绝对指标。

当运输方案的兑现率较低时,应首先检查方案的制定是否合理,措施是否得当,然后查明方案落空的原因,为改进运输组织提供依据。

运输方案依据现有设备,从运输组织的角度统筹规划,以直达和成组装车为基础、方案列车挂线为核心,全面组织货流和车流,保证月度运输计划的完成、为设备改建和扩建提供依据,是我国铁路运输组织的一项基本制度。从 1954 年至今,运输方案已经走过了 70 年的历程，在运能、运需不平衡的条件下为保证运输畅通发挥了巨大的作用，其编制理论和实践也将随着科学技术的进步而不断发展。

1. 什么是运输方案？在铁路日常运输组织中发挥什么作用？

2. 运输方案与铁路月度货物运输计划、技术计划有什么联系？

3. 跨局运输方案解决什么问题？主要内容是什么？

4. 路局运输方案中的货运工作方案、列车工作方案和机车运用方案所要解决的主要问题是什么？

5. 在日常运输调度工作中怎样实现运输方案？

6. 考核运输方案编制质量和执行情况的指标有哪些？什么是相对指标和绝对指标？运输方案分析为什么需要从方案编制质量和兑现率两个方面考虑？

项目11

铁路运输调度指挥

项目描述

铁路运输是在广阔的路网上由车务、机务、工务、电务、车辆、供电和信息等多部门的员工运用各种运输设备和运输组织方法协同完成的，必须实行高度集中、统一的调度指挥，才能使各工作环节紧密联系、协调动作，顺利完成运输任务。铁路调度指挥系统是全路运输组织的神经中枢，在运输生产中发挥着极为关键的作用。

本项目主要介绍铁路运输调度指挥的基本任务、组织机构、调度工作日常计划的编制、列车运行调整方法等。

本项目依据的相关规范、规程与标准是《铁路运输调度规则》。

学习目标

1. 素质目标

认识铁路运输调度指挥的重要作用和运输调度计划的严肃性，培养服从调度指挥、顾全大局的意识，周密计划、精心组织运输生产的自觉性。

2. 能力目标

对我国铁路运输调度指挥体系结构及各调度工种的职责和相互联系有明确认知，理解编制调度工作日常作业计划依据的原始资料和需解决的关键问题，明确解决办法。

3. 知识目标

了解铁路运输调度的基本任务、各级调度组织机构的设置；明确车流调整的目的和调整方法；了解调度日（班）计划的内容和编制方法；掌握列车运行调整方法。

学习任务1　认识运输调度指挥的任务和组织机构

学习内容

1. 铁路运输调度的基本任务。
2. 铁路运输调度指挥系统的组织机构。

相关理论知识

铁路运输线长、点多、工种多、分工细、连续性强，为使各作业环节协调配合，铁路运输生产必须实行集中领导、统一指挥、逐级负责的管理原则。凡与运输有关部门、各工种的日常生产活动都必须在运输调度的统一指挥下进行。

一、铁路运输调度的基本任务

铁路运输调度是铁路日常运输组织的指挥中枢，担负着组织客货运输、保证国家重点物资输送、提高客货运输服务质量及保障运输安全的重要责任。铁路运输调度的基本任务是精确地编制和执行运输工作日常计划，科学地组织客流、货流和车流，搞好均衡运输，提高运输效率，经济合理地使用机车、车辆及运输设备，组织与运输有关部门紧密配合、协同动作，实现列车编组计划、列车运行图和运输方案，保证完成月度货物运输计划，提高经济效益，为社会主义建设和国防建设服务。

1. 编制运输工作日常计划

铁路运输按照运输工作日常计划进行。调度日（班）计划是一日（班）内的运输工作计划，包括国铁集团调度日计划和铁路局调度日（班）计划。国铁集团日计划包括分界口列车交接计划和货运工作计划。国铁集团在每日10:00前向各铁路局下达次日运输工作轮廓计划，内容与日计划一致。铁路局在10:00依据国铁集团轮廓计划制定铁路局次日各地区轮廓计划，为次日日（班）计划提供宏观控制数据；铁路局调度日（班）计划包括货运工作计划、列车工作计划、机车车辆工作计划和施工日计划，在17:30前编制完毕次日运输调度工作日（班）计划，下达管内各站段执行。由于一日的时间跨度太大，铁路局在编制日（班）计划时资料尚不充分，因而17:30下达的日（班）计划只包括第一班计划和全日各站装卸车数和列车解编轮廓任务，在夜间另行编制早6:00修正计划在5:30前发布，作为第二班计划。

国铁集团轮廓计划从全路的高度，确定次日运输调整的基本措施、布置次日各铁路局去向别装车数、卸车数和分界站交接列车及空车调整数，为各铁路局次日应完成的运输任务确定基本框架；铁路局运输工作日（班）计划是铁路局运输工作的行动计划，它具体规定铁路局次日管内各站装、卸任务，各区段开行列车的车次，机车交路检修和整备、车辆检修和运用安排，组织运输设备施工，确定次日运输工作的重点，以保证顺利完成运输任务。

2. 组织实施运输工作日常计划

铁路运输调度部门在制定日（班）计划以后，必须千方百计保证计划的兑现，维护运输计划的严肃性。

国铁集团调度负责组织全路货流、车流，平衡各铁路局货车保有量，监督铁路局间分界口的列车交接，掌握全国重点用户、港口、车站的装卸车情况，掌握重点物资的装卸和输送情况及客车车体的调拨，及时处理铁路局间分界站出现的问题，保证全路运输计划的实现。

铁路局调度具体组织管内站段的运输生产，组织按计划与相邻铁路局交接列车，指挥和监控列车运行，重点掌握旅客、专运、军特运、超限超重及挂有装载危险货物车辆的重点列车；掌握备用车的备用和解除；组织局管内旅客列车的临时加开、停运、变更路径、车辆甩挂

等；编制、下达施工日计划，发布运行揭示调度命令、施工调度命令，协调组织施工按计划进行，确保施工期间作业安全；发生自然灾害、事故时，启动应急预案，组织救援，调整运输。

技术站调度负责掌握车站的货流、车流，编制和组织实现车站班计划和阶段计划，统筹安排全站的客货和行车作业。

二、铁路运输调度的组织机构

铁路运输调度指挥体系由国铁集团、铁路局和运输站段三级组成。国铁集团设运输调度指挥中心，铁路局设调度所，运输站段设生产调度指挥中心、编组站（区段站）设调度车间（调度室）。在日常运输组织工作中，国铁集团、铁路局、运输站段各工种调度及有关人员分别由调度指挥中心值班主任、调度所值班主任、站段指挥中心值班主任、编组站（区段站）值班站长统一领导。

1. 国铁集团调度组织机构

国铁集团运输调度指挥中心设行车调度处、客运调度处、货运调度处、机辆调度处、供电调度处、施工办公室、安全教育处、信息技术处、统计分析处、综合处等处室，负责组织全路客流、货流、车流，平衡各铁路局货车保有量，经济合理地使用动车组、机车车辆，充分利用通过能力及运输设备，编制全路运输工作日常计划，并组织各铁路局完成；组织各铁路局按国铁集团轮廓计划均衡地完成铁路局间分界站列车、车辆交接任务，及时处理铁路局间分界站出现的问题；掌握全国重点用户、港口和车站的装卸车，搞好与路外单位的协作；掌握专运、军运、行包专列、“五定”班列、重点货物、重点超限货物列车的始发开行情况。

国铁集团调度指挥中心调度组织机构如图 11-1-1 所示。

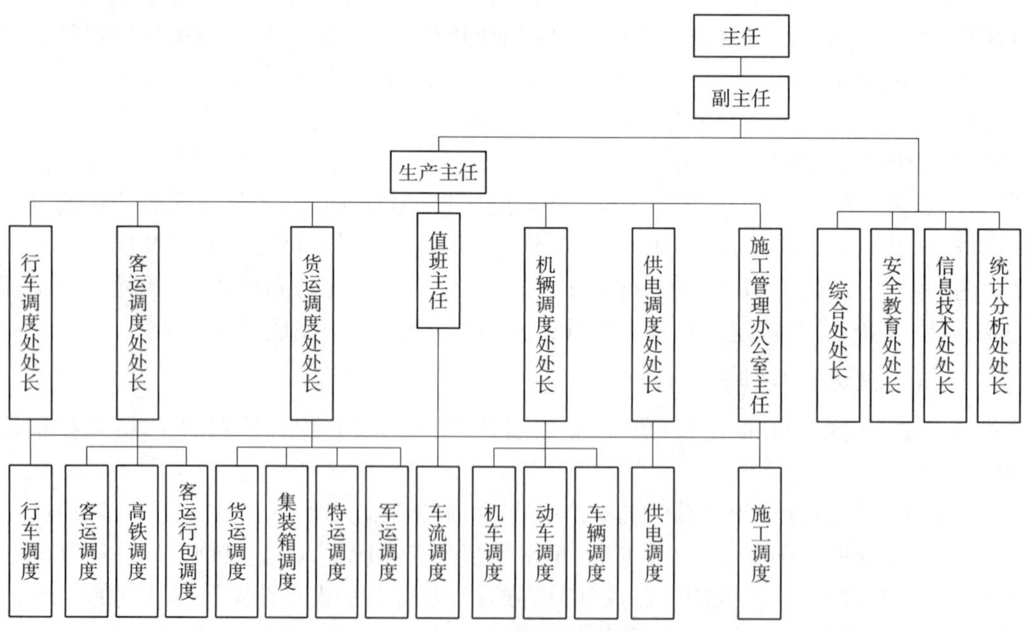

图 11-1-1　国铁集团调度指挥中心组织机构

车流台调度员协助生产主任负责全路的车流调整工作：平衡各铁路局货车现在车和运

用车保有量，掌握货车分布和使用情况，批准国铁集团货车的备用、解除，合理调控非运用车，提高货车使用效率，提出次日车流调整方案，为领导决策提供依据；掌握全路重、空车流动态，做好重、空车流调整，确保重点物资、军事运输以及其他紧急物资的运输；遇有自然灾害、事故等特殊情况，及时下达车流调整命令，并监督、检查各铁路局执行情况。

行车调度台调度员负责管理全路的行车调度指挥工作，设置三个行车调度台：行调一台负责哈尔滨、沈阳、呼和浩特、兰州、乌鲁木齐、青藏铁路局，行调二台负责北京、太原、济南、上海、南昌铁路局，行调三台负责郑州、武汉、西安、广州、南宁、成都、昆明铁路局。各行调台在值班主任及行车调度处长领导下，负责所辖铁路局普速线路的行车组织工作：传达列车工作轮廓计划和日计划以及有关车流调整命令；监督检查铁路局严格执行规章制度和国铁集团调度命令情况，坚持集中统一指挥，维护正常运输秩序；协调铁路局间分界口工作，掌握铁路局运用车分布和分界口机车（机班）运用情况，组织各铁路局按国铁集团日（班）计划均衡完成分界口列车交接和排空任务，及时处理分界口发生的问题，畅通分界口，按时收取分界口列车交接报告；组织督促铁路局调度按编组计划编车、按运行图指挥行车，了解所辖铁路局天气、安全、设备变化、施工等情况，及时将运输生产、安全重点事项布置铁路局；遇发生铁路交通事故、设备故障及自然灾害时，及时掌握情况，按规定逐级上报，并积极组织救援，同时通报相关铁路局。

客调台调度员在值班主任和客运调度处长的领导下，负责全路客运调度指挥工作：监督检查铁路局客运调度工作完成情况；及时处理直通旅客列车途中车辆故障、旅客临时下车等应急情况；掌握全路客车配属、直通旅客列车编组及运用情况，根据需求发布直通旅客列车编组甩挂及临空客车回送命令；遇自然灾害等情况中断行车时，发布直通旅客列车的停运、加开、折返及变更径路等命令。

高铁调度台调度员负责组织铁路局按照列车运行图、高铁调度日计划完成全路高铁运输生产任务；根据需要发布跨局动车组临时加开、停运、变更径路等命令，掌握高铁有关突发事件信息，进行信息通报，参与应急处置工作，组织恢复运输秩序。

货调台调度员在值班主任和货运调度处长领导下，负责督促、检查各铁路局按国铁集团货运装车方案调整装车去向并组织实施：掌握各铁路局管内工作车去向及主要卸车点在站、保留、在途运行工作车情况；组织各铁路局完成装车、卸车和重点物资运输任务；掌握全国重点用户、港口和有关车站的装卸作业及现在车结存、停时等情况；全路抢险救灾物资运输组织工作；掌握铁路局篷布保有量、运用状态及调整工作。

集装箱台调度员在值班主任和货运调度处长的领导下，负责全路集装箱装、卸、调整等运输工作：组织铁路局按国铁集团货运装车方案做好集装箱装车工作、卸车工作；掌握全路空重集装箱的分布和各铁路局保有量，负责新造集装箱及空集装箱的调整工作，负责检查督促各铁路局用规定的车种组织集装箱装车。

军调台调度员在值班主任和货运调度处长领导下，负责日常军运、超限运输有关工作：日常军运计划的接收和下达，组织各铁路局按计划完成军事运输任务；掌握国防尖端保密物资的装车和运行情况；重点掌握军事运输所需车辆的调整及运行情况；负责 D 型车辆的调整和使用。

特调台调度员在值班主任和货运调度处长的领导下，负责全路罐车、机械保温车的调整工作：组织铁路局完成石油、冷藏货物运输任务；处理罐车、保温车的备用和解除；重点掌握

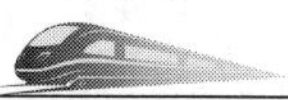

机械保温列车的调配，制定机械保温列车的运用计划；掌握石油直达列车及机械保温车的运行情况；重点掌握重点油品、冷藏货物的运输计划完成情况，保证国家重点物资运输。

施工调度员在值班主任和施工管理办公室主任的领导下，负责审批日常Ⅰ级施工和繁忙干线施工项目日计划，并组织铁路局兑现：处理铁路局施工过程中出现的问题，协调铁路局安排好施工天窗时间，减少施工对运输生产的影响；遇自然灾害、事故、设备故障、重点运输等情况，发布停止施工的调度命令。

2. 铁路局调度组织机构

铁路局调度所是铁路运输生产的直接指挥者，通过编制和执行调度工作日（班）计划，组织管内各站装卸、技术站和作业量较大的车站解编列车、指挥列车运行，完成运输生产任务。

调度所设综合分析室、统计室、安全室、技术教育室、货运调度室、计划调度室、机车调度室、车辆调度室、施工调度室、行车调度室、客运调度室、特运调度室、供电调度室等。其中客运调度室、机车调度室、车辆调度室、供电调度室行政隶属调度所，业务上分别接受铁路局客运处、机务处、车辆处、供电处指导。

路局调度所设主任和若干名副主任。调度人员实行四班倒。值班主任负责班组的全面工作，班内实行分工负责的原则，设置不同职名的调度员分管各自职责范围内的工作。

路局调度所的组织机构如图 11-1-2 所示。

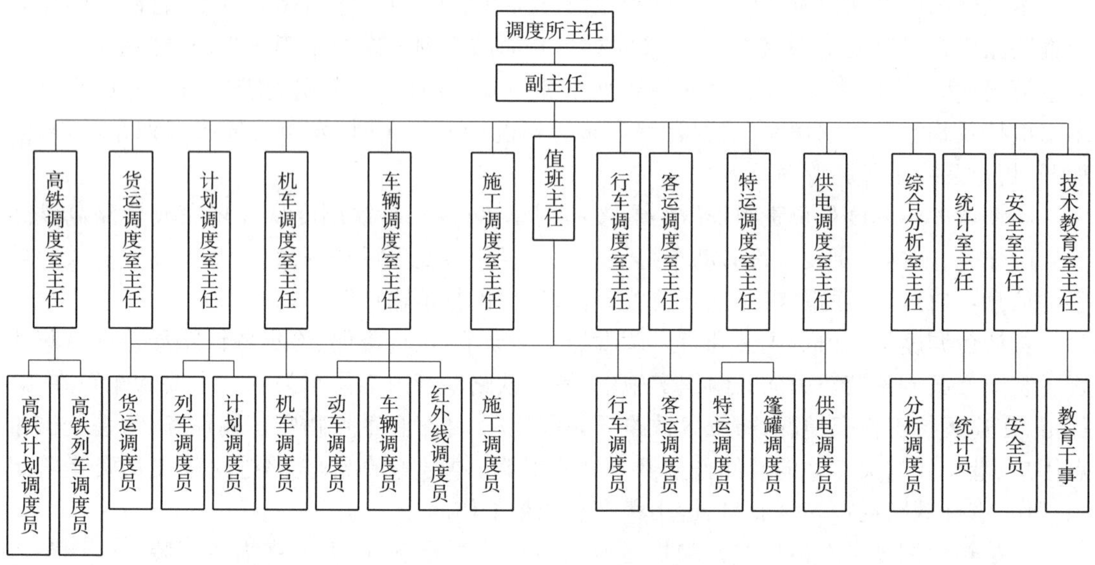

图 11-1-2 铁路局调度所的组织机构

货运调度员：预计当日 18:00 各站卸车数、装车数和去向别装车数、重点物资装车数，18:00 待卸车，有关停、限装命令，卸车单位的卸车能力，次日运输需求情况及国铁集团货运装车轮廓计划。预计 18:00 篷布分布情况（设有篷布调度台的由篷布调度员负责）。

计划及列车调度员：预计当日 18:00 各站运用车（重车分去向，其中到本局和邻局管内摘挂车流分到站；待卸车、空车分车种）、备用车等分布情况，在途列车的编组内容和预计到达编组（区段）站、分界站的时分。快速班列等重点列车编组情况和预计到达分界站的时分。

特运（军运）调度员：整列和零星军用、罐车、冷藏车运输需求的车种、车型、辆数、配车时间及挂运要求；长大货物车(D型车)、装载超限超重货物、剧毒品货物车辆的分布及挂运条件、车次及挂运通知单；专用货车的备用、解除和调配计划。

集装箱调度员：预计当日 18:00 集装箱分布、装卸及运用情况，次日铁路局集团公司管内各站空箱调整计划和跨局排空箱计划。预计当日 18:00 快速(普快)班列装卸、开行及在途运行情况(设有快运调度台的由快运调度员负责)。

机车调度员：预计当日 18:00 运用机车和机车回送计划，机车检修、试运行情况，机车机班分布动态情况。

车辆调度员：预计当日 18:00 货车扣修、修竣、检修车分布及回送情况。车辆(机辆)段结存检修车、扣修、修竣车数及车种，次日检修车计划，检修能力，有运行条件限制故障车辆回送挂运电报或计划申请。铁路局集团公司管内货车检修工厂结存检修车、修竣车数及车种，货车制造工厂新造出车数量及车种，次日入厂修计划。客车车辆试运行计划。

供电调度员：牵引供电设备非正常运行情况。

客运调度员：旅客列车的加开、停运、变更径路、中途折返和客车车辆回送、甩挂等情况。

施工调度员：各站、各区段施工(维修)计划，慢行处所及限速条件；自轮运转特种设备、路用列车开行方案，路料装卸作业方案。

工务调度员：影响运输生产的工务事故、设备故障、自然灾害、外部环境等情况。

电务调度员：影响运输生产的电务事故、设备故障等情况。

特种运输调度员负责军事运输，危险、超限等货物运输组织工作。

统计员负责接收车站 18 点报表资料，编制并上报铁路局 18 点统计报表。

3. 车站调度组织机构

技术站和大型货运站设调度室，负责安排全站的运输生产，领导车站的调车和货运作业。车站调度组织机构如图 11-1-3 所示。

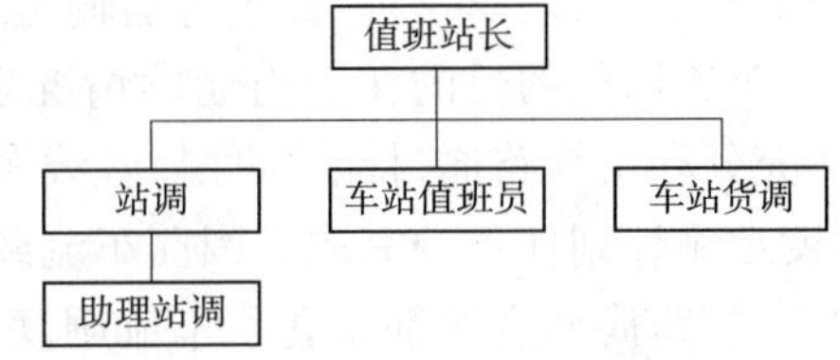

图 11-1-3 车站调度组织机构

值班站长是车站一个班运输工作的领导者，负责监督和协调车站客货运输、调车和接发列车工作，保证顺利完成班计划任务。车站调度室设车站调度员、助理车站调度员和货运调度员。设有双向调车系统的大型编组站，可以设总车站调度员、上行车站调度员和下行车站调度员。总车站调度员负责：根据到达列车的性质、编挂内容及各作业系统的负荷情况，确定应接入的到达场；指定出发列车的站内出发径路；协调上、下行调车系统的作业。上、下行车站调度员则负责安排本调车系统的解、编和取送作业。车站值班员负责领导接发列车作业。车站货运调度员与车站调度员密切配合，依据到卸重车到达确报、订单受理情况、班计划取送轮廓、站调阶段计划和站内货物作业地点存车及作业进度，安排站内货物装卸。

1. 铁路运输调度的基本任务是什么？
2. 我国铁路运输调度指挥组织机构分为几级？各担负什么任务？
3. 铁路局调度所主要调度岗位及工作内容分别是什么？

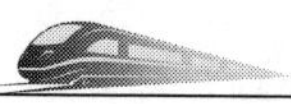

学习任务2 车 流 调 整

学习内容

1. 重车调整。
2. 空车调整。
3. 备用车调整。
4. 专用货车和外国货车调整。

相关理论知识

为了顺利完成铁路货物运输任务，铁路局和车站都必须保有与其运输任务相适应的运用车数量。车流分布不合理会空费铁路运输能力或造成线路和车站的堵塞，影响生产任务的完成。但是，在日常运输工作中，路局管内车流不可避免地会发生变化而偏离正常的保有量，局部的车流变化又将影响到其他地区。因此需要采取调度措施，保证运用车的合理分布。

为保持全路货车的合理分布，各线车流与其通过能力相适应、技术站的改编能力和货运站的装卸能力与所承担的工作量相适应，所采取的调整方向别装车数量、车种别空车配送方向和数量及备用车车种、数量等运输组织措施的过程称为车流调整。

车流调整的目的在于当运输情况发生变化时，通过车流调整措施达到：合理分布运用车；充分利用线路通过能力，保持各线车流相对稳定；预防和消除可能发生的困难，从而保证月度运输计划任务的完成。因而车流调整是调度工作的一项重要内容。国铁集团调度指挥中心、铁路局调度所都设立了车流调度，负责认真推算车流、研究货流、车流变化规律，提出日常车流调整的具体措施。

进行车流调整的依据是：各铁路局运用车的分布情况：总的保有量及管内工作车、空车和移交车保有量与合理保有量的差值；各线通过能力及利用情况；主要技术站、货运站的作业能力及生产情况；国家对铁路运输的紧急需要等。

车流调整方法分为重车调整、空车调整、备用车调整及专用货车和外国货车调整，其调整措施通过日（班）计划实现，必要时可下达临时调整计划。

一、重车调整

重车调整是车流调整的重要内容。因为重车在运用车中所占的比重很大（约 60%～70%），重车又是产生空车的来源，其流向在很大程度上影响和决定了空车的流向，做好了重车流的调整，整个车流调整工作就有了保证；同时，重车调整是在运输货物的过程中进行的，因而经济、有效，不产生额外的运输支出。所以车流调整必须以重车调整为主。

重车调整措施包括去向别装车调整、限制装车、停止装车、迂回运输（变更重车输送径路）和集中装车。

1. 去向别装车调整

去向别装车调整是指在日常运输工作中，为保证良好铁路运输秩序所采取的按方向均衡装车的运输组织措施。

(1)铁路运输秩序良好的基本标志

铁路运输秩序良好的基本标志是：管内各区段行车量均在一个合理的水平，不存在通过能力不能胜任或利用率很低的区段；管内各技术站的改编作业量、货运站的装卸作业量与车站作业能力相适应；铁路局间分界站交、接的空重车流的种类和数量符合月度技术计划的要求。

(2)去向别车流调整方法

去向别装车调整是以审批订单的形式体现的。每日早 9:00 前国铁集团根据各铁路局提报的次日装车订单，制定并下达次日轮廓计划，规定各铁路局通过限制口的装车数、到局别使用车数和分界站车种别排空车数。按去向别组织均衡装车是保持各线车流相对稳定、各铁路局管内工作车数量合理、装卸作业均衡和运输秩序正常的基础，因而铁路局必须严格按国铁集团下达的轮廓计划确定受理车数，严格掌握装车去向。

(3)《铁路运输调度规则》对铁路局去向别装车调整的基本规定

为了保证运输生产的顺利进行，必须执行局部服从整体的原则，各铁路局都要发挥自身的力量，维护良好的运输秩序：

①需要减少或增加日装车数时，应首先调整(减少或增加)自局管内的装车数量需进行跨局调整时，按国铁集团统一安排进行调整。

②分界站接入某方向的重车不足或增多时，应首先采取增加或减少自局装往该去向装车数量的方法进行调整。如果重车不足或增多延续时间较长，自局调整又有一定困难时，应将情况及时报国铁集团，由国铁集团统一调整。

2. 停止装车和限制装车

规定在一段时间内停止向某方向、某一到站或某一收货单位发送全部或某些品类货物的装车称为停止装车，将装车限制在一定数量之内称为限制装车。停、限装遇下列情况采用：

(1)装车数超过区段通过能力和编组站作业能力时。

(2)装车数超过卸车地的卸车能力时。

(3)因自然灾害、事故，线路封锁中断行车时。

(4)因其他原因发生车辆积压或堵塞时。

停止装车和限制装车都将影响货物运输任务的完成、不利于铁路和其他部门的生产，是在不得已的情况下采取的车流调整措施。在下达停、限装的调度命令时，需要对当前发生的情况进行细致的调查，分析运输生产不畅的原因，依据消除不良影响应当采取的措施，精确推算恢复正常运输生产需要的时间以及车流在途中运行的时间，由近及远给出相关铁路局和站段明确的停、限装期间。

3. 集中装车

集中装车是使向某一去向或卸车站的装车较大地超过月度运输计划规定的日装车数，

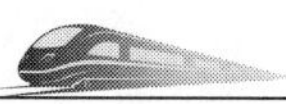

以迅速增加该去向或该卸车站的待卸重车保有量。在下列情况采用：

(1)某铁路局的管内重车严重不足时。

(2)某方向移交重车严重不足时。

(3)重点用户、港口、国境站急需到达物资或外运物资严重积压时。

(4)急需防洪、抢险、救灾重点物资时。

(5)其他经国铁集团、铁路局确认需要组织装运时。

集中装车仅在所经过区段通过能力和到站卸车能力允许的条件下，方准采用。

4. 变更车流输送径路

为了加速车流输送，降低运输成本，车流应经最短径路或特定径路输送。变更重车输送径路，即迂回运输，是将车流由正常径路改为里程较长的另一条径路输送的车流调整方法，一般在遇自然灾害、事故中断行车或重车严重积压、线路堵塞时采用。在局管内的径路变更，由铁路局调度所决定；跨局迂回运输时，应提前征得国铁集团同意，须调度命令批准后方可组织交接。

变更车流输送径路应选择能力有富裕的次短径路。采用迂回运输可能增加运输支出，影响其他线路的正常作业，因而需要权衡利弊。应事先对预计运输中断的时间与迂回运送需要的时间进行比较，确认采取迂回运输有利或特殊紧急需要时方可采用。此外，还应检查迂回径路的通过能力、机车配置是否适应，对可能产生的问题提出切实可行的解决办法，并对变更径路的期限、每日迂回的车数或列数及列车编组计划作出规定，以调度命令公布实行。

凡经上级调度命令批准，采取停装、限装或变更重车输送径路时，铁路局、车站均不准在停装或限装期间，承认通过及到达停装或限装区段(或车站)的途中换票和变更到站。

二、空车调整

办理货运业务的车站可用卸后空车装车。由于卸后空车的车种别数量与装车需要不可能完全一致，各站应把多余空车向空车不足的车站排送。重新分布空车，使各站空车数量与其装车需要相适应或满足特殊需要而采取的空车资源调配措施称为空车调整。

空车调整是重车调整的补充。由于空车走行不生产运输产品，因而在空车调整中应采取组织车种代用、消除同车种空车对流、优化空车调整方案等方法缩短空车总行程。

铁路局、车站必须从全局出发，严格遵守排空纪律，按照上级调度批准的车种、辆数均衡地完成排空任务。

空车调整方法有：正常调整、综合调整和紧急调整。

1. 正常调整

国铁集团根据各铁路局次日的装卸任务，在每日 9:00 下达的运输调度轮廓计划中，向铁路局布置次日铁路局间分界站空车交接任务。正常调整是铁路局在日常生产中为保证装车所进行的空车调整：铁路局根据车种别接空和排空车数、管内各站装车、卸车的差数，确定车种别空车调整的方向和数量。

在运输生产中，一定时期内路网上货源和空车相对稳定的分布确定了车种别空车的流向具有一定的规律性，即各区段各车种空车都具有固定的流向。空车正常调整应符合空车流向，避免同种空车对流。

组织装车地直达列车需要的空车通常采用空车直达列车的形式送达，以保证整列装车。铁路局应当依据列车编组计划和列车运行图的规定，组织局管内相关卸车站和技术站按图定的空车直达列车车次向本铁路局装车站和外铁路局整列排出空车。其余空车由重空混编列车送达装车站。

2. 综合调整

在一定时期内，当货流、车流发生变化，移交重车车流增加时，在不影响接空局重点物资装车需要的前提下，经国铁集团批准，依据下达的日计划命令可以按重、空车总数进行综合调整，即当本铁路局向某一铁路局交出的某车种重车流增加时，可以相应减少向该局排出该种空车的数量，而由接空局利用卸后空车补充装车需要。重、空车数一经国铁集团批准，各铁路局不得再增加重车代替空车的数量。

3. 紧急调整

紧急调整是为保证特殊紧急运输任务需要，如军事调动、抗洪抢险物资的运输，所采取的调整空车的非常措施，以调度命令或日(班)计划中重点事项的形式下达。各铁路局接到紧急空车调整命令以后，必须按照规定的时间、车种、辆数，完成排空任务，即使因此影响了本铁路局的装车，也必须优先保证完成紧急空车调整任务。

采用这种调整方法时，通常应将空车编成直达列车，沿途各通过局不得用来装车。

三、备用车调整

备用车是为了保证完成临时紧急运输任务的需要和减少阶段性闲置货车无效流动而储备的技术状态良好的国铁空货车，分为特殊备用车、军用备用车、专用货车备用车和港口、国境站备用车。

特殊备用车是指国铁集团以备用车命令指定的大于本铁路局月计划部分的某种空货车。

1. 备用、解除的规定

特殊备用车、军用备用车、专用货车备用车、港口和国境站备用车的备用、解除，必须经国铁集团备用车命令批准。非标准轨的货车备用、解除由所在铁路局负责处理。列备、解备必须符合下列规定：

(1)特殊备用车须备满 48 h，但不得超过 3 个月。因紧急任务需要解除备用车时，须经国铁集团调度命令批准，可不受时间限制。

(2)备用车状况需经备用车基地检车员检查。备用前，经基地检车员检查证实车辆技术状态良好方可列备；解除前，经基地检车员检查证实车辆技术状态良好方可解备转变为运用车，经检查发现技术状态不良的备用车，应填写“车辆检修通知单”扣修。

2. 备用车基地

备用车必须停放在铁路局批准的备用车基地内。港口、国境站备用车必须停放在指定的港口、国境站。凡未停放在指定地点的，均不准统计为备用车。备用车在不同基地间不得转移，在同一基地内转移时，须由铁路局以备用车命令批准。

3. 备用车的管理

(1)备用车实施号码制管理，国铁集团、铁路局调度、备用车所在站和车辆段，均应建立备用车辆信息台账，登记有关车辆的备用和解除备用的时间、命令号码、备用地点、车型、车号等信息。

(2)国铁集团、铁路局调度应分别建立备用车调度命令台账，并单独规定备用车命令号码范围。

四、专用货车和外国货车调整

我国铁路的普通货车无固定配属，在全路通用。专用货车实行固定配属制。

1. 专用货车调整

专用货车(包括冷藏车、散装粮食车、家畜车、罐车、风动石砟车、水泥车、毒品专用车、集装箱专用平车、小汽车运输专用车、基本型号为“D”字的长大货物车和涂有“专用车”字样的一般货车)的调整方法，除按一般货车调整规定办理外，空车应按国铁集团指定的方向、到站回送，有配属站的除国铁集团另有指定外，均应向配属站回送。

为使冷藏车、罐车经常保持设备完整，性能良好，铁路局原则上不得以冷藏车代用其他货车，必须代用时，需经国铁集团调度命令批准。各种罐车应分类使用，装运危险货物的罐车必须专车专用，不得代用。

2. 外国货车调整

外国货车停运或在国境站积压时，要采取优先放行和换装措施，对暂时没有确定到站的进口货物，经国铁集团准许，可换装在我国货车内待发或及时组织卸车。

凡外国空货车(包括利用装该国货物的车辆)，应经由最短径路向所属国回送。

1. 什么是车流调整？目的是什么？有哪些方法？

2. 为什么说车流调整的主要方法是重车调整？怎样确定停、限装的期限和数量？

3. 什么是集中装车？在什么情况下采用？

4. 空车调整的基本原则是什么？在空车正常调整中应当怎样确定空车的输送径路和数量？

5. 设立备用车的作用是什么？铁路局在备用车调整上有什么权限？

6. 专用货车卸后应怎样处理？外国货车的调整原则是什么？

学习任务3　编制和执行铁路局调度日(班)计划

1. 铁路局日班计划的编制。

2. 日计划的审批和修正。

相关理论知识

铁路局调度日(班)计划是运输生产的作业组织计划,包括货运工作计划、列车工作计划、机车车辆工作计划和施工日计划。铁路局货运工作计划、列车工作计划和机车车辆工作计划的起止时间为当日 18:00(不含)至次日 18:00,分为两个班计划:当日 18:00 至次日 6:00 的计划为第一班计划;次日 6:00 至 18:00 的计划为第二班计划。铁路局施工日计划起止时间为当日 0:00 至 24:00。

一、铁路局调度日班计划的编制

(一)货运工作计划

货运工作计划规定管内各站次日全日和第一班装、卸车任务,为编制列车工作计划提供自装卸车流的资料,是铁路局日(班)计划的基础。其内容包括次日站别装车计划和卸车计划:各站装车需求受理数(包括发站、发货人、品类、到站、到局、运费、限制去向、车种别受理数);各站卸车计划(包括到站、车种、卸车数,整列货物应有收货人及品类);快运班列、企业自备车等直达列车和成组装车的列数及辆数;篷布、集装箱运用计划和专用货车使用计划。

1. 站别装车计划

编制站别装车计划,包括收集和审批各站的次日装车需求计划,汇总并编制品类别、去向别装车计划,制定直达列车和成组装车计划。

(1)收集次日装车需求计划

次日装车计划是根据管内各站在每日 9:00 前向局调度所货运调度员提报的次日装车需求计划确定的。车站装车需求计划根据客户托运整车货物、整车集装箱货物的订单及车站配装的集装箱货物提出,通过计算机网络向路局调度所发送。

货运调度员将各站报来的次日装车需求计划汇总于"货运工作日况报告附表(运货 5)"提交调度所货运调度室主任审批。

(2)审批次日装车需求计划

次日装车需求计划反映了各站次日装车的需要,在符合政策规定、运输能力又许可时,应全部受理。但在实际工作中,装车可能受到铁路区段通过能力和空车数量的限制。

由于区段通过能力不能满足运输需求,对通过某铁路局间分界站的装车数必须加以限制时,称该铁路局间分界站为限制口。在国铁集团轮廓计划中,规定了各铁路局通过限制口的装车数。在局装车计划中,不能突破这一限制。

局管内空车的使用由铁路局调度所统筹安排,完成次日排空和装车任务。根据调度纪律,编制日(班)计划必须坚持"一卸、二排、三装"的运输组织原则。在完成国铁集团规定的向邻局排送空车任务的前提下,安排本铁路局的装车。

货运调度室主任审批车站装车需求计划的原则是:

坚持"三先、三后"的物资调运原则,即"先中央后地方、先重点后一般、先计划内后计划外",贯彻国家运输政策,保证重点物资运输,优先受理紧急抢险救灾、鲜活易腐、三农物资及

已积压多日货物的装车，做到确保重点，兼顾一般。第一班装车计划应达到全日计划的45%以上。

对已受理的装车需求计划，按站别、调度台别及全局进行汇总，生成去向别、品类别的"装车计划表(运货3)"，并确定直达列车和成组装车计划，然后下达车站执行。

2. 站别卸车计划

确定管内各站次日卸车任务就是推算次日卸车资源中的有效车数，即确定次日18:00前可以卸空的车数。次日各站的卸车资源包括今日18:00本铁路局管内在站、在途的管内工作车和次日由铁路局间分界站接入的管内工作车，共三部分，由货运调度员在"管内工作车去向表(运货-4)"上推算。

(1)当日18:00在站、在途的管内工作车中的有效车数

①18:00在站管内工作车

当日18:00已在局管内的管内工作车可能在车站上待卸或待发，或编挂在途中运行的列车内。

由于我国铁路货车一次作业停留时间标准一般都小于24 h，因而当日18:00各站待卸车均可计算为有效车，对于大多数车站可计算为第一班有效车。

推算18:00各站待发管内工作车中的有效车数时，要根据列车编组计划和列车运行图规定的车流输送办法以及卸车站的作业时间标准，确定待发车的挂运车次及到达各卸车站有效作业车的临界送达时刻和临界车次。有效作业车的临界送达时刻(又称为有效点)是指有效车送达卸车站的最晚时刻。在某方向有效点之前到达卸车站的最后列车称为该站在该方向的临界车次。临界车次按每一方向确定：凡临界车次及之前送达的作业车为有效车；临界车次之后的列车送达车站的待卸车为无效车。

未配备调车机车、待卸车由摘挂列车送达的各中间站的临界送达时间为从18:00回退摘挂列车在该站调车和配对货位的时间及该站卸车作业时间所得到的时刻。技术站由于作业环节较多，送达技术站的作业车要经过列车到达、解体、集结、送车和卸车等作业过程，从车辆到达至卸空可能需要较长的时间，但临界车次的确定原理是相同的。

例如：假设摘挂列车在中间站作业时间标准均为50 min、卸车作业3 h，待卸车在技术站到达、解体、送车、卸车作业时间为6 h，则中间站有效车临界时刻为18:00回退3 h 50 min，即14:10，第一班有效车的临界时刻为2:10；技术站有效车临界时刻为12:00；第一班有效车的临界时刻为0:00。

②18:00在途管内工作车

18:00在途的管内工作车是指当日18:00编挂在局管内运行的列车中的管内工作车，分为可直接送达卸车站的和到达技术站中转的管内工作车两类。

对于当日18:00管内在途列车中可以直接送达卸车站的管内工作车，根据列车到达各站的图定时刻和各站作业时间标准，确定各站有效车的临界车次。

确定18:00在途列车中到达技术站中转的管内工作车的有效车，应根据列车运行图中该次列车在技术站的接续车次和卸车站的作业时间标准确定是否有效。

(2)次日自装管内工作车

中间站次日自装的管内工作车送往到站的过程有以下三种情况：

①由装车站编开的始发直达列车或整列短途列车直接送达卸车站。

②装往邻近技术站卸车的管内工作车，由摘挂列车或小运转列车等区段管内列车送达邻近技术站。

③装往邻近技术站以远的车站卸车的管内工作车送往邻近技术站中转。

技术站产生和汇集的待发管内工作车送往到站的过程有以下两种情况：

①由技术站编组的列车直接送达卸车站，包括由摘挂列车送达邻近区段各站卸车，或由区段、直通、直达列车送达技术站卸车。

②需要由本技术站编开的列车送达途中技术站进行一次或几次中转，才能最后到达卸车站。

可以看出，无论是中间站还是技术站装出的管内工作车，均可能直接送达或需技术站中转。直接送达时，可根据挂线车次的图定到达时刻和车站作业时间标准确定是否为有效车；需技术站中转时，其有效性由装车站挂线车次、技术站接续车次和卸车站作业时间标准确定。

(3)次日铁路局间分界站接入的管内工作车

次日铁路局间分界站接入列车中编挂的管内工作车的到站、车种别车数按相邻铁路局预报确定。可由接入列车直接送达卸车站的管内工作车，根据该车次的图定到达时刻和车站作业时间标准确定其是否为有效车；需技术站中转时，其有效性由接续车次和卸车站作业时间标准确定。

次日各站的卸车任务为卸车资源中三部分有效车之和，按下式计算：

$$N_{卸,i}^{次日}=N_{待卸,i}^{有效}+N_{待发,i}^{有效}+u_{自装自卸,i}^{有效}+u_{接入自卸,i}^{有效} \tag{11-3-1}$$

式中 $N_{卸,i}^{次日}$——i 站次日卸车数；

$N_{待卸,i}^{有效}$——当日 18:00 在 i 站待卸的管内工作车有效车数；

$N_{待发,i}^{有效}$——当日 18:00 在管内各站等待送往 i 站的管内工作车中的有效车数；

$u_{自装自卸,i}^{有效}$——次日管内各站装往 i 站卸车的管内工作车中的有效车数；

$u_{接入自卸,i}^{有效}$——次日分界站接入各次列车中编挂的 i 站卸的管内工作车中的有效车数。

总之，站别卸车计划通过推算次日卸车资源中的有效卸车，确定管内各站次日全日及第一班应卸车数，为各站规定卸车任务。

(二)列车工作计划

列车工作计划确定次日各区段上、下行方向开行列车车次、列数及编组内容。由于我国铁路运输组织工作对于列车编组和开行的基本原则是列车(除摘挂列车和小运转列车和有特殊规定的列车外)必须满足规定的列车重量标准或规定的列车长度方可开行。因此由于车流量的变化，每天开行的列车数将不一定与列车运行图规定的列数相同，必须根据次日车流编制日间列车工作计划及与之对应的机车工作计划。

1. 编组站列车工作计划

编组站列车工作计划是利用编组站日(班)列车工作计划表(运调 11 甲)编制的。目的是推算车流，确定各区段开行的列车车次。

(1)推算次日出发车流

每日 15:00 开始，计划调度员即着手收集预报资料，推算车流。编组站的次日出发车流

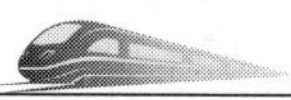

包括中转的重车、空车及车站作业车，这些车流来自三方面：

①当日 18:00 管内在站在途车流

当日 18:00 编组站内的运用车，根据车站上报的 14:30 的现在车，加上 14:30 到 18:00 预计到达的车数，减去预计 14:30 至 18:00 编组出发列车的车数推算。当日 18:00 局管内在途列车(即当日列车工作计划中的“过表列车”)提供的车流依据列车确报或预报、预计到达时刻的资料由各调度区段列车运行调整计划确定。

这部分车流资料因时间较近，可以得到比较准确的数据。

② 次日由铁路局间分界站接入的车流

依据外铁路局提供的次日接入列车的确报或预报，这部分列车包括当日 18:00 已在外铁路局途中运行的和次日编组出发的列车。

③ 次日铁路局管内各站自装卸车流

货调编制的货运工作计划提供局管内各站次日自装卸车种别车数。计划调度员在编制列车工作计划时，应对自装卸车流进行挂线装卸安排。

(2)选定列车运行线

依据按流开车的原则，以时间顺序确定列车运行图上的各次列车是否有足够的车流，选定各区段列车运行线。在运调 11 甲上，先将各站 18:00 站存车数据分别填记在各站当日结存栏；按列车运行图规定的到达时分或预计到达时分，画出次日在该站终到或有车辆甩挂作业列车的运行线并将其编组或摘车内容标注在相应的车流栏；管内各站次日自装卸车流按挂线装卸安排为技术站提供车流。

在选定列车运行线之前，首先应大致计算各去向全天有效集结车数，确定要避免车流积压次日各列车到达站应开行的列数，检查旬计划选定的分号运行图规定开行的车次是否能满足次日车流输送的需要，是否加开临时定点列车。然后，按图定列车车次顺序，依次逐条运行线检查是否有足够的车流、车流接续时间是否满足要求，具体选定运行线。

列车运行线的选定应按《铁路运输调度规则》的规定确定。

(3)确定分界站交接列车计划，进行列车预报

根据所确定的列车出发计划，即可确定分界站交出列车计划，并向邻局预报列车的车次及编组内容。分界站移交列车计划不仅是该局日计划的结果，而且又是邻居编制日计划的资料。因此，列车预报应及时向铁路预确报网传送，以满足邻局编制日计划的需要。

例如 S 铁路局管界如图 11-3-1 所示，C 站列车工作计划如图 11-3-2 所示。

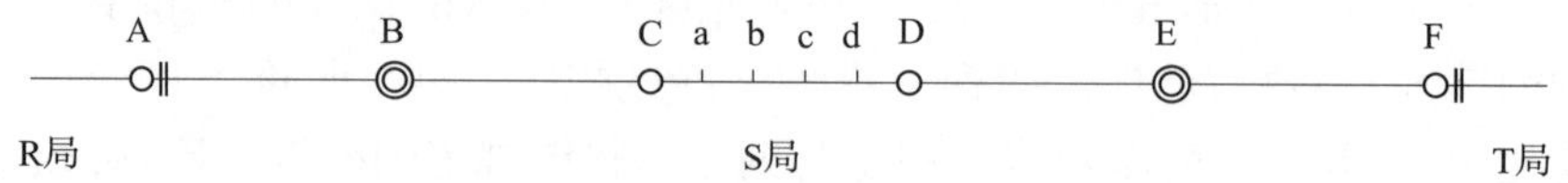

图 11-3-1　S 铁路局管界图

除技术站外，与大型厂矿企业接轨、具有稳定的货源的部分中间站，也有编组始发直达列车的能力。铁路局列车工作计划按区段铺画，每一区段开行的列车包括本区段两端技术站及区段内个别中间站编开的始发列车和由邻近区段接入的列车，以小时格运行图的形式编制。

S局C站日班编车工作计划

		结存	18	19	20	21	22	23	0	1
到达	B方向		31001/10	11011/32		41001/7	31003/30	11013/58		
	D方向			22011/50	32002/7	32004/38		22014/6	32006/24	
C站挂线装卸										
车流集结	A及其以远	44	(44)	12	23		22 10	(45) 17		15
	B及其以远	62		28	(45) 7	(45) 15	7	18		19 (45)
	C—B间	13		2	14	3		5	4	
	E及其以远	29	25		15 (45)	19	6	14 (45)	27	
	D及其以远	37	10		26	15	(45)	18	15	
	C—D间	43	9	(43)	2	6		6	3	
	待卸车	15		3	2 2	5	5	7 5	8	
	空车									
出发	B方向		12 11012		45 31002	17 31004		50 11014		43 31006
	D方向			41 42001	30 22011		5 32001	31 22013		

图 11-3-2　C 技术站编车计划表

2. 区段管内车辆输送计划的编制

区段管内车辆输送计划是中间站完成装卸车任务的保证。区段管内重车和空车是以整列输送或以摘挂列车、小运转列车输送，应根据列车编组计划和运输方案的规定，利用“技术站及区段管内日(班)计划表运调 11 乙”编制，如图 11-3-3 所示。

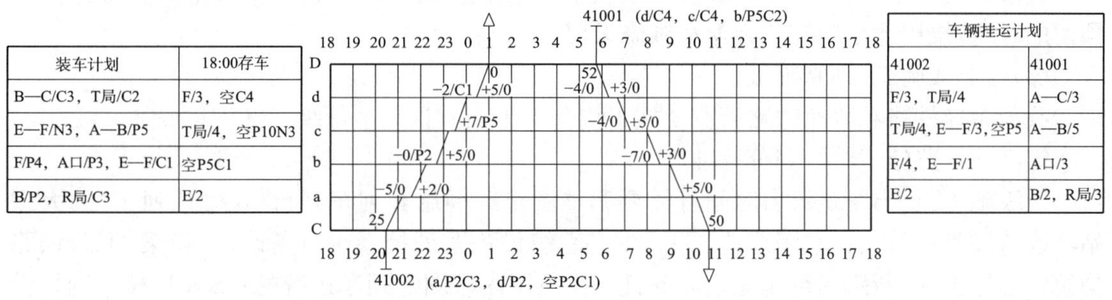

装车计划	18:00存车
B—C/C3，T局/C2	F/3，空C4
E—F/N3，A—B/P5	T局/4，空P10N3
F/P4，A口/P3，E—F/C1	空P5C1
B/P2，R局/C3	E/2

车辆挂运计划	
41002	41001
F/3，T局/4	A—C/3
T局/4，E—F/3，空P5	A—B/5
F/4，E—F/1	A口/3
E/2	B/2，R局/3

图 11-3-3　运调 11-乙区段管内日班计划表

管内重空车输送计划是根据预计各站当日 18:00(早 6:00)的结存车数(包括待发重车、空车及待卸车)，技术站的列车工作计划，邻局列车到达预确报及各车站次日装车任务，按照列车运行图及运输方案的规定，确定各站的配空及各种列车在区段内的甩挂作业计划。

(三)机车车辆工作计划

机车车辆工作计划的内容包括：

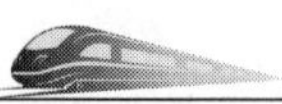

1. 机车运用计划

(1)各区段(含跨局)机车周转图。次日各区段计划开行的列车车次经列车工作计划确定后,机车调度员需要根据机车在自外段的停留时间标准及乘务员的作息时间在各区段的列车工作计划上勾画机车交路,为区段内开行的每一列车指定担当牵引任务的机车。勾画了机车交路、为每一列车运行线指定了牵引机车的列车工作计划即为机车周转图。根据机车周转图即可确定机车运用台数、机车沿线走行公里及机车日车公里等指标。

(2)各机务段机车运用台数、整备和检修、回送计划。

2. 车辆和动车组检修计划

(1)各车辆检修基地扣修、修竣车辆取送计划;各沿线车站停留故障车检修,跨局及局管内客、货回送计划。

(2)动车组车底运用方案及检修计划。

(四)施工日计划

为加强铁路营业线施工安全管理,做到运输、施工兼顾,铁路局调度所设施工调度,负责编制施工日计划,发布运行揭示调度命令、施工调度命令,协调组织施工按计划进行,确保施工期间行车安全。

1. 铁路施工管理的基本概念

(1)铁路营业线施工和维修

铁路营业线施工是指影响营业线设备稳定、使用和行车安全的作业,主要包括设备大修、中修和技术改造;铁路营业线维修是指作业前无行车限制条件、结束后须达到正常放行列车条件,在维修天窗时间内能完成的设备检查、维护、修理作业。

(2)施工天窗和维修天窗

天窗是指列车运行图中不铺画列车运行线或调整、抽减列车运行线为施工和维修作业预留的时间,按用途分为施工天窗和维修天窗。

(3)营业线施工、维修等级

我国高速铁路和普速铁路营业线施工均分为Ⅰ、Ⅱ、Ⅲ三个等级。

①高速铁路施工等级划分标准

Ⅰ级施工:超出图定天窗时间且需要调整图定跨局旅客列车开行(含确认列车)的大型站场改造,新线引入、信联闭改造、CTC中心系统设备及列控系统设备改造、换梁、上跨铁路构筑物等施工,中断跨局行车通信业务且影响范围内有图定列车运行的GSM-R核心网络设备施工。

Ⅱ级施工:不需要调整图定跨局旅客列车开行(含确认列车)的站场改造,新线引入、全站信联闭改造、CTC中心系统设备及列控系统设备改造、整锚段更换接触线或承力索、换梁、上跨铁路构筑物、中断行车通信业务的通信网络设备等施工;中断跨局行车通信业务且影响范围内没有图定列车运行,以及中断本铁路局行车通信业务且影响范围内有图定列车运行的通信网络设备施工。

Ⅲ级施工:除Ⅰ级、Ⅱ级施工以外的各类施工都归于Ⅲ级施工。

②普速铁路施工等级划分标准

Ⅰ级施工:繁忙干线封锁 5 h 及以上、干线封锁 6 h 及以上或繁忙干线和干线影响信联闭 8 h 及以上的大型站场改造、新线引入、信联闭改造、电气化改造施工;CTC 中心系统设备改造;繁忙干线和干线大型换梁施工;繁忙干线和干线封锁 2 h 及以上的大型上跨铁路结构物施工;中断繁忙干线 6 h 及以上或干线 7 h 及以上且同时中断两站以上行车通信业务的通信网络设备施工。

Ⅱ级施工:繁忙干线封锁正线 3 h 及以上,影响全站(全场)信联闭 4 h 及以上的施工;干线封锁正线 4 h 及以上,影响全站(全场)信联闭 6 h 及以上的施工;繁忙干线和干线其他换梁施工;中断繁忙干线 4 h 以上或干线 5 h 以上且同时中断两站以上行车通信业务的通信网络设备施工。

Ⅲ级施工:除Ⅰ级、Ⅱ级施工以外的各类施工都归于Ⅲ级施工。

我国高速铁路和普速铁路维修划分为Ⅰ级维修项目和Ⅱ级维修项目 2 个等级。不同维修等级的工作内容,在《国铁集团铁路营业线施工管理办法》中,高速铁路分别按工务、电务、供电、房建、车辆设备,普速铁路按高速铁路按工务、电务、供电、房建、车辆和货运设备有明确规定。

(4)集中修

集中修是指调配施工机械、人员、路料,综合利用施工天窗,集中完成一条线路行车设备大中修、技术改造和维修任务的施工组织形式。这种施工方式有利于提高施工效率和质量,缩短施工期间,减少施工对运输的整体影响,主要适应于通过能力紧张的铁路干线。

2. 营业线施工组织

(1)营业线施工领导机构

铁路局集团公司是营业线施工管理的责任主体,参与营业线施工的各单位主要负责人是本单位营业线施工安全生产第一责任人,对本单位的安全生产工作全面负责,其他负责人对职责范围内的安全生产工作负责。

为加强营业线施工的组织领导,铁路局集团公司应成立由分管运输的副总经理为组长的营业线施工领导小组,副组长由分管工电、建设副总经理担任,成员由施工办、运输、客运、货运、安监、工务、电务、供电、建设、调度等部门负责人组成,负责制定营业线施工管理制度办法,批准年度轮廓施工计划和运输组织方案,组织营业线施工考核,协调解决营业线施工管理重大问题。

铁路局、站段针对每次施工应成立相应的施工协调小组:

Ⅰ级施工由铁路局分管运输副总经理、有关分管副总经理担任施工协调小组正、副组长,成员由行车组织、设备管理、建设管理、勘察设计、施工、监理、安监等有关部门和单位负责人组成。

Ⅱ级施工由铁路局集团公司施工办主任(副主任)、施工没主体项目业务部室主任(副主任)担任施工协调小组正、副组长,成员由行车组织、设备管理、建设、设计、施工、监理、安监等有关部门和单位主管人员组成。

Ⅲ级施工由车务段(直属站)主管副段长(副站长)、设备管理单位主管副段长(或以上单位的指定人员)担任施工领导小组正、副组长,成员由行车组织、设备管理、建设、施工等有关

单位成员组成。

铁路局集团公司施工办负责营业线施工领导小组日常工作，承担营业线施工管理，施工与运输组织协调等职责。

(2)施工计划的制定

施工计划分为年度轮廓施工计划、月度施工计划、施工日计划和维修计划。国铁集团调度中心负责组织编制全路繁忙干线集中修年度轮廓计划，审批国铁集团管理的月度施工计划和繁忙干线、干线施工分界口施工货物列车停运计划，审核国铁集团管理的日计划；铁路局集团公司施工办负责组织编制铁路局集团公司年度施工轮廓计划、月度施工计划、施工日计划和高速铁路维修计划；车务段(直属站)负责组织编制普速铁路维修计划。

(3)施工登销记程序

进行施工和维修作业时，施工负责人应确认已做好一切施工准备，于施工开始前40 min，由施工负责人(或驻站联络员)在车站“行车设备施工登记簿”内登记，通过车站值班员向列车调度员申请施工，车站值班员应尽速与列车调度员联系，由列车调度员向有关车站和单位发布实际施工调度命令；在调度所登记的，由列车调度员签认；在机务段、车辆段、非车务负责行车组织的动车段(所)登记的，由机务段、车辆段、动车段(所)签认。

封锁施工时，施工单位在车站行车室设驻站联络员，施工地点设现场防护员。驻站联络员与现场防护员要保持随时通信状态，掌握施工现场和列车运行情况，做好邻线通过列车时的安全防护，发现异常及时通知车站值班员和施工负责人。

施工单位应在实际施工调度命令的起止时间内完成施工作业，施工单位作业完成后，经施工、设备管理单位检查达到放行列车条件，由施工负责人(或驻站联络员)、设备单位检查人(或设备单位指定人员)办理开通登记(施工销记)，车站值班员签认后，由车站值班员报告列车调度员开通线路。

扰动道床不能预先轧道的线路、道岔施工区段，开通后第一趟列车不准为旅客列车，大型机械施工经过稳定车作业，施工后经过单机或重型轨道车牵引的施工列车可视为轧道。速度160 km/h以上区段施工和维修作业开通后，第一趟列车不准为动车组。

3. 施工日计划

施工日计划是施工调度室根据月度施工计划及主管业务处提报的施工计划编制的次日0:00～24:00施工计划。

(1)施工日计划的基本内容

施工日计划的主要内容包括线路施工后的限速要求和次日施工项目。施工日计划的主要内容包括：

①施工编号、等级、项目。

②施工日期、作业内容、地点和时间。

③施工限速、行车方式变化及设备变化。

④施工单位及配合单位、施工负责人。

⑤施工作业车进出施工地段方案。

(2)施工日计划的申报

施工单位于施工前3 d将施工计划申请报铁路局集团公司主管业务部室，其中，建设项目施工计划应先报项目管理机构预审，再报主管业务部室。主管业务部室审核后，于施工前2 d 9:00前向施工办提报施工日计划申请。

Ⅰ级施工、高速铁路和繁忙干线国铁集团管理的施工计划，铁路局集团公司施工办于施工前2 d 15:00前将施工日计划提报国铁集团调度中心，调度中心根据国铁集团月度施工计划和批准的施工文电进行审核后，于施工前 2 d 18:00 前反馈相关铁路局集团公司施工办，施工办据此编制施工日计划。

(3)施工日计划的审批和下达执行

编制施工日计划以月度施工计划为依据，施工调度室将主管业务处提报的施工计划与月度施工计划(临时施工与批复文电)进行核对，发现有与计划不符、擅自扩大施工范围等情况应予以纠正。

施工日计划，经施工办主任(副主任)审批后，纳入调度日计划。施工办于施工前 1 d 12:00 前(0:00—4:00 执行的施工日计划于前 1 d 8:00 前)将施工日计划下达有关机务段、动车段、车务段(直属站)传主管业务部室和相关计划台、列车调度台、供电调度台。主管业务处负责通知施工单位、配合单位，车务段(直属站)负责通知相关车站。

(4)施工日计划变更及临时施工

未纳入月度施工计划的施工项目原则上不准施工。特殊情况必须施工时：施工单位必须按规定向局施工办提出申请，经审核、分管运输副总经理(总调度长)批准后，施工办才能安排施工；需增加国铁集团管理的施工计划时，需按规定的提前数天由局施工办向国铁集团调度中心提出申请，经批准方可施工。

月度施工计划原则上不准变更。特殊情况必须进行调整时，由施工单位提前 5 d 向铁路局集团公司主管业务部室和施工办提出申请，由施工办调整施工计划。涉及 LKJ 基础数据变化的施工日期不得提前。

纳入月度施工计划的施工项目原则上不准停止施工，因专特运等原因需停止施工时，须经分管运输副总经理(总调度长)批准并于前日 14:00 前以调度命令通知有关单位。已批准的国铁集团管理的施工项目需停止施工时，须经国铁集团调度中心主任(副主任)批准。对于停止的施工，国铁集团调度中心和铁路局施工办应尽快重新安排，因停止施工引起的本月未按月计划完成的连续性施工，可顺延至下月。

施工日计划下达后，不得随意取消。因特殊原因临时取消时，应经铁路局分管运输副总经理(总调度长)批准，Ⅰ级施工、高速铁路和繁忙干线施工计划还应经国铁集团调度中心主任或副主任批准，并采取行车安全措施后，以调度命令办理取消。

未纳入月度施工计划的施工项目原则上不准进行施工。特殊情况必须施工时，由施工单位提出施工申请，并签订安全协议，制定安全措施，通过主管业务处审查，经主管运输副局长(总调度长)批准，由运输处安排施工。须增加繁忙干线部管施工项目时，铁路局提前 5 d 向运输局提出申请电报，涉及需修改 LKJ 基础数据的，必须提前 15 d 提出申请电报，经运输局批准后，方可安排施工。

对突发性设备故障和灾害的紧急抢修及轨道状态超过临时补修标准处所的临时补修等临时封锁要点施工。按下列程序办理：

①需临时封锁要点时，由设备管理单位向铁路局集团公司主管业务部室提出申请，主管业务部室审查，经分管运输副总经理(总调度长)批准后，由调度所安排施工。

②危及行车安全需立即抢修时，设备管理单位按规定登记，通过车站值班员报告铁路局列车调度员，经调度所值班主任批准，发布调度命令进行抢修。设备管理单位同时通知配合单位和铁路局主管业务处。

(5)施工考核和安全奖惩制度

铁路局应加强对营业线施工的考核工作，建立经济考核制度和奖惩办法，对施工计划和施工、维修天窗的兑现率、利用率进行考核。运输部门考核兑现率，兑现率是指运输组织部门实际给点时间、次数与计划时间、次数之比。设备管理部门考核利用率，利用率是指施工单位实际作业时间、次数、工作量完成与计划时间、次数、工作量之比。根据实际情况，确定"两率"基数，严格按月考核。对超过"两率"基数的要给予奖励，对达不到"两率"基数的要给予处罚。

二、日计划的审批和修正

日计划编制后，局主管运输工作的领导必须亲自审批，并应重点注意如下几点：

(1)主要品类及去向别装车是否符合旬计划或上级调度布置的日间调整任务。

(2)卸车计划是否达到应卸车标准，铁路局间管内重车的移交是否正常、及时。

(3)排空数量是否符合要求，排空列车及重点配空列车的车流有无保证。

(4)编组站出发列车是否均衡，车流有无积压，机车运用是否经济合理。

(5)主要技术指标(货车周转时间，机车日车公里，运用车保有量)能否达到月度技术计划标准。

局日计划经批准后，报国铁集团，并下达各站段。但是18:00(6:00)至21:00(9:00)的列车工作计划应提前于16:00(4:00)前下达有关车站，以便保证各阶段间工作的衔接。

局日计划分两班执行。前半个日计划就是第一班计划。后半个日计划应根据前半日计划的执行情况于每日6:00前进行部分调整，作为第二班计划，以便更好地实现日计划任务。

后半日计划的修正工作，由铁路局调度所主任或值班主任负责，计划调度员、货运调度员和机车调度员参加。

1. 铁路局调度日(班)计划包括哪些内容？

2. 铁路局货调在制定货运工作计划时审批运输需求计划的基本原则是什么？怎样确定次日站别应卸车数？

3. 列车工作计划的主要内容是什么？在制定技术站编车计划时怎样选定列车运行线？

4. 机车周转图的作用是什么？

5. 铁路营业线施工等级是怎样划分的？进行施工和维修作业怎样履行登销记程序？

学习任务4 列车运行调整

学习内容

1. 列车调度指挥的基本原则。
2. 列车运行调整计划的编制方法。

相关理论知识

列车调度员是一个调度区段行车的指挥者，其主要职责是组织、指挥列车运行，协调本区段车、机、工、电、辆、供电等部门与行车有关人员的工作，实现按图行车。

一、列车调度指挥的基本原则

1. 安全生产的原则

在列车调度指挥工作中，必须坚持安全生产的原则，不能发布没有安全保障依据的命令和指示。当得到有关危及行车安全的信息时，要正确、及时处理，以保证旅客列车安全为重点，组织列车安全运行。

2. 按图行车的原则

列车正点率是铁路运输产品质量的重要技术指标，也是铁路运输组织管理水平的综合反映。只有按图行车，才能保持正常的运输秩序。编制和执行列车运行调整计划的目的就在于当列车运行偏离图定时刻时，采取调度调整措施使晚点列车不增晚、恢复正点，把对其他列车的影响减小到最低限度，保持按图行车的良好列车运行秩序。

3. 单一指挥的原则

为了保证行车安全和进行有效的调度指挥，行车工作必须严格执行单一指挥的原则。当班列车调度员是一个调度区段行车的统一指挥者，有关行车人员必须执行列车调度员的命令、指示，不得违反。

4. 下级调度服从上级调度的原则

相邻铁路局间在排送空车、分界站列车交接工作上应保持密切联系，对出现的问题，双方要主动协商解决，当双方意见不能一致时，应上报国铁集团调度，一经上级调度决定，有关人员必须无条件执行。

5. 按列车等级进行调整的原则

列车调度员要按列车运行图指挥列车运行，当列车不能按图运行时，除特殊情况外，要按《铁路技术管理规程》(普速铁路部分)规定的动车组列车、特快旅客列车、特快货物班列、快速旅客列车、普通旅客列车、军用列车、货物列车、路用列车的列车运行等级顺序(单机根据用途按规定条件运行)和先跨局后管内的原则调整。开往事故现场救援、抢修、抢救的列车应优先办理。

6. 提高列车区段速度

进行列车运行调整时:在可能的条件下,例如与停运的列车运行线交会,应尽量使货物列车不停车通过车站;列车早点到达时,可以提前发车,以提高列车旅行速度。但为了不影响旅客乘车,旅客列车在有停点的车站早点到达时,不能提前开车。

二、列车出发组织

保证列车正点出发、组织列车按图运行是列车调度员的基本职责。列车正点出发是列车正点运行和维护良好的区段行车秩序的基础。通过周密组织,列车出发正点容易实现;但如果出发晚点,恢复正点则要困难得多。因此,必须在列车出发前,做好各方面的准备工作,确保列车正点出发。

1. 旅客列车出发组织

旅客列车晚点,耽误了旅客的宝贵时间,严重影响铁路的声誉。同时,由于旅客列车的等级高,货物列车必须等会或待避旅客列车,对运输秩序造成的干扰也更大。所以在列车运行调整中一般都把旅客列车的出发和运行正点作为关键工作。

(1)始发旅客列车出发组织工作

旅客列车的始发工作涉及客车车底的整备、检修,客运机车整备、出库,客运乘务组出乘,行包装卸、旅客放行等方面的工作,列车调度员应做好始发旅客列车的车底取送,行包、邮件装车,机务段机车出库等工作的检查督促,及时解决临时发生的问题,保证列车正点出发。当列车车底到达晚点,造成折返时间不足时,应及时通知和组织车站、客车车辆段、客运段等部门,及时调送车辆、加速检修和整备作业。必要时,可不送客车整备线,而直接在到发线上整备,以缩短作业时间。

(2)邻区段接入旅客列车出发组织工作

对于由邻区段接入的旅客列车,列车调度员应及时查看邻台实绩运行图,及时了解列车的运行情况,向客运调度员了解本区段旅客、行包作业量,做到心中有数。列车晚点到达时,应与客运调度员取得联系,加强旅客乘降和行包装卸组织,缩短停站时间,保证正点发车。

2. 货物列车出发组织

(1)始发货物列车的出发组织工作

列车调度员对货物列车的出发组织工作主要在于检查出发车流、督促车站按时编车、监督机务段运用车间按时派送机车出库。

发现编组站某次出发列车车流不足时:应有预见地及早组织小运转列车,将枢纽及邻近区段产生的车流及时送往编车站;或加快放行供流列车,组织车站优先该列车的到达和解体作业。

当由于到达列车晚点,机车赶不上交路时,应与车站和机车调度员联系,快速放行机车入库整备或选派待班机车担当自编始发列车的牵引任务。

由于列车运行调整的需要,组织货物列车早点始发时,应及早通知车站调整解编顺序、提前编车,机务段及时放行牵引机车出段。但早点时间不应超过 15 min。

(2)邻区段接入货物列车的出发组织工作

对于由邻区段接入的货物列车,列车调度员应及时了解邻台(所)列车正、晚点情况。如有晚点时,可采取组织技术站快速中转,以缩短停站时间,保证不增晚,争取正点发车。按图定接续运行线运行的中转列车早点或晚点到达技术站时,可利用空闲运行线运行,但车次不能更改,仍应使用日班计划车次。

三、列车运行组织

列车运行调整的目的在于安全地实现本调度区段列车工作计划规定的车流输送任务,使晚点列车恢复正点,最大限度地减少晚点和早点列车对其他列车正点出发和运行的影响,保证按图行车的良好运行秩序,提高货物列车的旅行速度。列车调度员通过编制列车运行调整的 3～4 h 阶段计划指挥列车运行。

列车运行调整的主要方法:

1. 组织列车按允许速度运行

为了使晚点列车恢复正点运行,或为了使列车赶到指定的车站会车、待避,或为了赶机车交路、车流接续、变无效车为有效车等,可以采取充分利用线路和机车车辆的允许速度,缩短列车区间运行时分的调整方法。

列车调度员在组织列车赶点时,应了解列车在区间的图定运行速度与线路、机车车辆允许速度的差值及司机的技术水平,对赶点的幅度做到心中有数,防止盲目地要求司机超速行驶,造成安全隐患。

如图 11-4-1 所示,10002 次图定通过 c 站,在 b 站等会 10003 次,由于在 d 站出发时晚点 2 min,按正常区间运行时分,将造成 10001 次晚点 2 min 从 c 站开出、10003 次在 b 站机外停车,并将进一步影响到其他列车的运行。列车调度员如能组织 10002 次在 d—c 区间和 c—b 区间分别赶点 1 分,则 10002 次到达 b 站时已恢复正点,不会影响 10003 次正点通过;再组织 10001 次在 c—d 区间赶点 1 min,就可以消除 10002 晚点的影响。

2. 选择合理的会让站

当有列车发生早点、晚点、停运或加开情况时,常常需要变更会车地点和会车方式。

(1)变更会车地点

如图 11-4-2 所示:下行货物列车在 b—c 区间纯运行时分 17 min,列车起动、停车附加时分分别为 2 min 和 1 min,列车不同时到达车站时间间隔 4 min,会车间隔 2 min;31007 次列车图定 20:48 到达 b 站等会 T72,20:54 从 b 站出发,21:13 通过 c 站。由于 T72 晚点 33 min 于 21:09 通过 c 站,影响了 31007 次列车正点运行。列车调度员在阶段计划中,改变会车地点,令 31007 次通过 b 站,于 21:05(20:48 加 b—c 区间运行 17 min)赶到 c 站等会 T72,21:01 从 c 站出发,保证了 31007 正点运行。

(2)变更列车会车方式

如图 11-4-3 所示,31001 次图定 16:02 在 d 站停车等会 31002 次,待 31002 于 16:06 通过 d 站后,16:08 由 d 站出发。当日 31001 由于预计晚点 8 min(16:10)到达 d 站,列车调度员在列车运行调整计划中改为 31002 次提前 2 min 从 B 站出发于 16:05(停车延误 1 min,实

际早到 1 min)到达 d 站等会，让 31001 次 16:09(省去停车附加时分 1 min)通过 d 站，早点 1 min 到达终点 B 站，31002 次在 d 站于 16:11 出发，晚点 7 min(包括启动附加时分 2 min)，有望在到达 A 站前恢复正点。

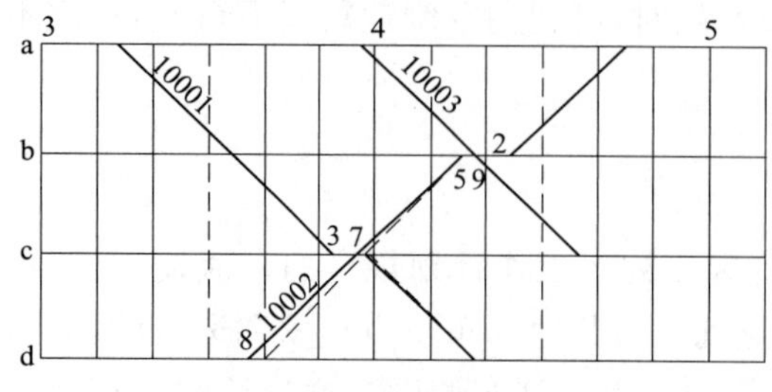

图 11-4-1　组织列车赶点

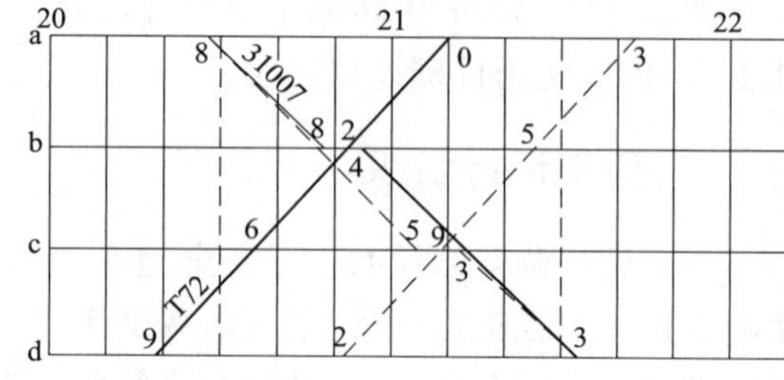

图 11-4-2　变更会车地点

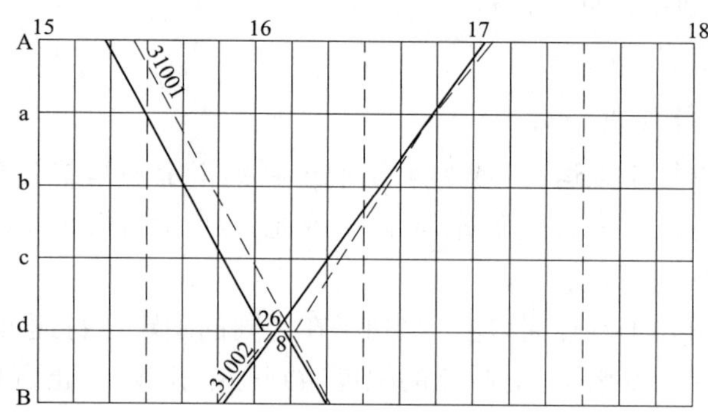

图 11-4-3　变更列车会让方式

3. 组织技术站始发或中转列车早开

列车在运行图或日(班)计划规定的出发时刻之前提早开出，称为列车早开。组织列车早开以赶上在指定站交会，也是列车调度员采用的运行调整方法之一。但有停点的旅客列车及混合列车不准早开。

如图 11-4-4 所示，20013 次列车图定 7:28 从 A 站始发，7:48 在 b 站停车等会 12012 次。当日 12012 次晚点 19 min，于 8:11 通过 b 站。如 20013 次仍在 b 站等会也将晚点，但因时间不足又不能铺画到 c 站。如能组织 20013 次提前 14 min 从 A 站出发，则可于 7:51 赶到 c 站与 12012 会车，避免了 20013 次列车运行晚点。由于 20013 早点到达，又为调度调整提供了余地。

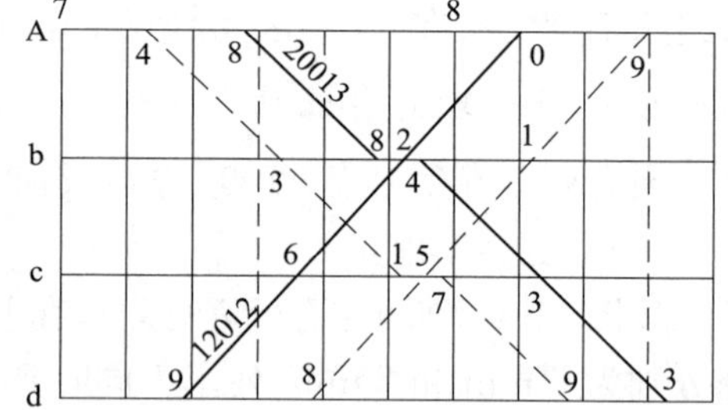

图 11-4-4　组织始发或中转列车提前从技术站发车

有时可以把组织列车早点出发和赶点结合使用，如图 11-4-5 所示，40003 次摘挂列车图定在 b、c 站均有停点，根据当日情况，40003 次 b 站没有作业，而在 c 站作业量大。为了保证列车 c 站有足够的作业时间，可组织 40003 通过 b 站，到 c 站会 10002。但 a—b 和 b—c 两区间下行货物列车纯运行时间 17 min、15 min，加、起停附加时分 3 min，计 35 min，将于 7:19 到达 c 站，与 10002 的间隔时间仅有 1 min，不足不同时到达时间间隔。在 b 站等会

10002 又会因 c 站作业时间不足，不得不晚点出发，进而影响其他列车运行。如列车调度员有预见地组织 40003 次列车早点从 A 站出发，只有 2 min 的余地，在 a—b 和 b—c 两区间再赶点 1 min，可于 7:16(6:42＋起动 2 min＋17 min＋15 min＋停车 1 min－1 min)赶到 c 站会 10002，则可延长 40003 在 c 站的作业时间，避免了从 c 站晚点出发。

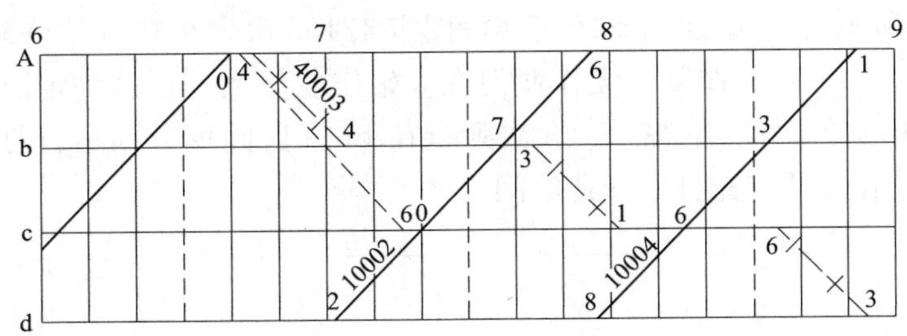

图 11-4-5　根据作业需要组织摘挂列车运行

4. 组织列车在站快速、平行作业，缩短停站时分

缩短列车停站时间：为使晚点列车恢复正点，列车调度员应把握压缩列车区间运行时分和在站作业时间的可能性。对于晚点列车，缩短在有作业车站的停站时间是减少晚点或恢复正点的非常有效的方法。在采用这一方法时，列车调度员应及时与车站和列车乘务组联系，组织车站提前做好准备，进行快速作业，按可能发车的最早时刻发出列车。

5. 利用列车接续的宽余时间

在运行图中，列车在站的停点，特别是在技术站，往往有一定弹性。图定停站时间的宽余部分也是列车调度员可以利用的运行图资源。

如图 11-4-6 所示，直通列车在 B 站的无改编中转作业时间标准为 40 min，图定 10003 次列车在 B 站的中转停站时间为 55 min。10001 图定 20:40 通过 k 站，由于晚点 6 min 造成 32002 次列车晚点至 20:48 可以从 k 站发车，并进一步影响到 10003 在 j 站机外停车。考虑到 10003 在 B 站的接续时间有宽余，决定改变 32002 与 10003 在 j 站的列车交会方式：让 32002 次列车通过、10003 停车等会。32002 次最早可以在 20:48 从 k 站发车、21:08 通过 j 站，但这样安排与 10003 间的不同时到达间隔时间不足。列车调度员令：10003 在 i—j 区间赶点 1 min，于 21:07 到达 j 站等会 32002；32002 推迟至 20:51 从 k 站出发、21:11 通过 j 站，可以正点到达 i 站；10003 次 21:13 晚点 6 min 从 j 站出发。这一措施，使 32002 次列车免于晚点，10003 次列车晚点 8 min 到达 B 站，可以正点由 B 站出发，消除了 10001 次列车晚点的影响。

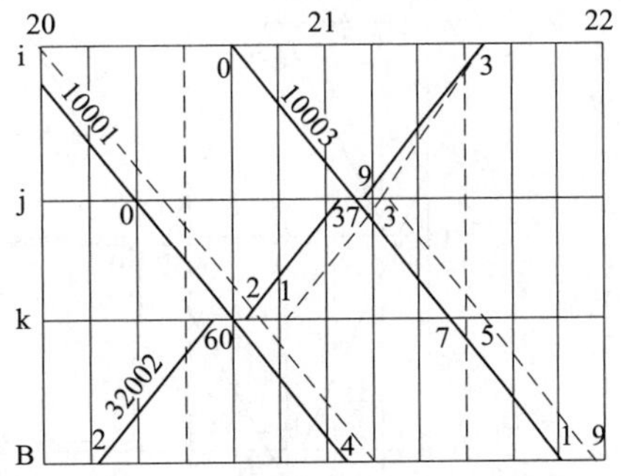

图 11-4-6　利用图定停站时间的宽裕部分

6. 组织列车反方向行车

当双线区段中一条正线由于封锁施工、发生自然灾害或受事故影响中断行车，或一方向列车密度大，而另一方向列车密度小，可以按《技规》规定组织列车反方向运行。反方向行车

一般在双线铁路只有一条正线行车的情况下或双线非自动闭塞区段采用。

在组织列车反方向运行时，必须停止基本闭塞法，改用电话闭塞。同时，因接车站无反方向进站信号机，须采用引导接车，列车调度员必须查明区间空闲以后，方可向两端站发布准许列车反方向运行的调度命令。

如图 11-4-7 所示，在双线半自动闭塞区段图定 42158 次列车在 b 站待避 K324 次，当日 25665 次因故停运，42158 次在 b 站无作业但在 a 站作业量大。在这种情况下，列车调度员可利用下行正线的空闲时间，组织 42158 次列车在 b—a 区间反方向运行赶到 a 站，以保证 42158 次摘挂列车在 a 站有充分的作业时间。

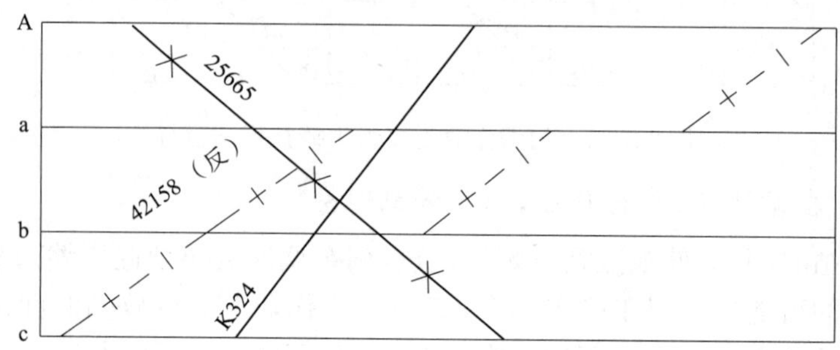

图 11-4-7　组织列车反方向运行

7. 组织列车合并运行

组织列车合并运行是将两个在途列车(包括单机)合并利用一条运行线运行，是缓和区间和车站到发线通过能力紧张所采取的一种运行调整方法。一般在放行单机或牵引辆数较少而前方又无作业的列车时采用此方法。

如图 11-4-8 所示，由于线路接触网检修，依据调度命令 19:00～20:50a—b 区间封锁施工，施工销记后，列车调度员组织了两趟组合列车，加快了恢复列车运行秩序的步伐。

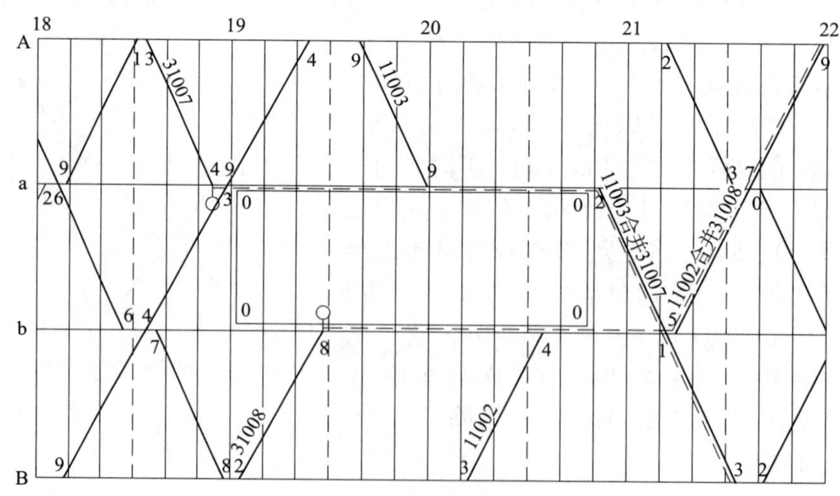

图 11-4-8　组合列车合并运行

在线路运输能力紧张的路段，通常采取机车重联或挂补机的方式放行单机，以避免单机运行占用过多的通过能力。

1. 列车运行调整的基本原则是什么？
2. 组织客、货列车正点出发有什么意义？怎样组织？
3. 列车运行调整一般可以采用哪些方法？

参 考 文 献

[1] 郑时德,吴汉琳. 铁路行车组织[M]. 北京:中国铁道出版社,1988.
[2] 赵矿英. 铁路行车组织[M]. 北京:中国铁道出版社,2007.
[3] 冯俊杰. 铁路运输基本技能训练[M]. 北京:中国铁道出版社. 2008.
[4] 宋建业. 铁路运输组织的理论与实践[M]. 北京:中国铁道出版社,2010.